中国地理学会系列出版物16-01

中国人文与经济地理学者的学术探究和社会贡献

樊　杰　等著

商务印书馆
创于1897　The Commercial Press
2016年·北京

图书在版编目（CIP）数据

中国人文与经济地理学者的学术探究和社会贡献/樊杰等著. —北京：商务印书馆，2016
ISBN 978-7-100-12421-8

Ⅰ. ①中… Ⅱ. ①樊… Ⅲ. ①人文地理学—研究—中国 ②经济地理学—研究—中国 Ⅳ. ①K901②F129.9

中国版本图书馆 CIP 数据核字（2016）第 172921 号

中国人文与经济地理学者的学术探究和社会贡献
樊杰 等著

商 务 印 书 馆 出 版
（北京王府井大街36号 邮政编码100710）
商 务 印 书 馆 发 行
北 京 冠 中 印 刷 厂 印 刷
ISBN 978-7-100-12421-8

2016年8月第1版　开本 787×1092 1/16
2016年8月北京第1次印刷　印张 20¾

定价：68.00元

2013年9月8日，中国地理学会原理事长、中国科学院地理研究所原所长、中国科学院院士、中国人文与经济地理学家陆大道研究员参加国务院总理李克强主持召开的座谈会，就“关于走符合我国国情的城镇化道路的认知和建议”发表咨询意见。

四位中国人文与经济地理学者走进中南海，在胡锦涛总书记主持的中共中央政治局的集体学习中，进行讲解。他们是：

周一星（左2），北京大学教授，2005年9月29日，讲解题目：“国外城市化发展模式和中国特色的城镇化道路”；

樊　杰（左3），中国科学院地理科学与资源研究所研究员，2007年2月15日，讲解题目：“国外区域发展情况和促进我国区域协调发展”；

隆国强（左1），国务院发展研究中心研究员，2007年9月28日，讲解题目：“扩大对外开放和维护国家经济安全”；

林　坚（左4），北京大学教授，2011年8月23日，讲解题目：“完善我国土地管理制度问题”。

前　言

本书没有系统综述中国人文与经济地理学者60多年中在应用领域所创造的全部业绩，只是选择了若干代表性的研究案例，反映中国人文与经济地理学者对中国发展所做出的突出贡献。本书没有全面阐述中国人文与经济地理学者的学术探究活动，而是结合所选择的研究案例，分析中国人文与经济地理学者是通过怎样的学术探究才做出了这样突出的社会贡献。即使是从某个人文与经济地理学分支学科入手，如城市地理学、旅游地理学，也同样是紧扣社会贡献的主线，进行学术探究的梳理，而非对学科研究和实际应用的全面系统综述和讨论。

按照这样的想法，选择了七个典型案例，分别是产生于20世纪五六十年代的农业区划，始于七八十年代的城市规划和旅游产业，八九十年代重点研究的土地利用和点—轴理论，以及本世纪正在开展的主体功能区和资源环境承载能力研究实践。这些案例所反映的无疑是半个多世纪以来中国人文与经济地理学者在重塑中国可持续发展的地理格局中产生实质作用，具有重大社会影响的贡献。这七个案例构成了本书的前七章内容。

其中，农业区划的研究和成果，改变了中国农业管理体系和农业生产布局，开辟了运用综合性和区域性的地理学理论方法解决国家重大需求问题的中国人文与经济地理学学术探究先河。城市规划因城市地理学的融入，在丰富城镇空间组织内容的同时，越来越多地影响到中国城市化的战略方针，城市地理学也在同城市规划的互动中成为中国人文与经济地理学新兴学科中发展最迅速、研究力量最强大的一门分支学科。旅游产业因借助旅游地理学，成为为数不多的从兴起到壮大能够按照科学研究成果指引发展的产业部门，旅游地理学也因此形成了应用性突出和专业经济效益突出的双重特征。土地利用的人文与经济地理学研究将中国地理学研究的系统性提升到新的阶段，并奠定了人地关系地域系统理论的研究基础。点—轴系统理论的研究将人文与经济地理学研究的理论性提升到新的高度，形成的T字形空间结构至今仍在深刻影响着中国国土开发战略和空间格局的变化。人文与经济地理学者从基础理论研究、研究方法开发到方案草案研制，全面支撑了中央政府的主体功能区规划、战略和制度的形成，首次系统地将资源环境承载能力的综合评价与预警运用到国家重大规划和决策当中，成为生态文明背景下地表人类活动分布格局优化配置的科学基础，深刻影响着中国可持续发展的进程。

采用这样的方式著述本书，旨在推介中国人文与经济地理学的学术研究特色和成就。中国人文与经济地理学的成就突出表现在学术成果对中国现实发展产生的实质影响，这在全球人文地理学发展历史上是不多见的。中国人文与经济地理学的研究特色，是以国家发展的重大需求为导向的研究范式，通过解决现实问题凸显社会贡献、提升学科价值，通过解决问题的学术探究发展中国人文与经济地理学、提升服务现实需求的能力。因此，本书期望的读者对象，首先是国外的地理学者，特别是国外的人文地理学者，希望他们能够了解中国人文与经济地理学发展的特色；其次是中国的地理学者，乃至更为广泛的地学工作者、科学工作者以及管理者和社会公众，希望他们能够了解中国人文与经济地理学者的贡献。

出于以上考虑，本书每章都试图按照相似的主线讲述“故事”：从介绍现实需求入手，讲解需求产生的时代背景，帮助读者理解当时的国情。中国人文与经济地理学者从现实需求中发现了哪些人文与经济地理问题，采用怎样的学术思想认识和理解这些问题？学者如何构造解决这些问题的途径，包括建立理论解释框架或理论基础、提出研究方法或技术方案、解决关键科学难题以及提出应对策略？通过多年科研项目的组织实施，产出了怎样的学术成果，这些成果是如何被决策者采用并在现实发展中发挥了怎样的作用？对人文与经济地理学科建设有哪些促进作用，包括反思和对未来的启迪？当然，我们没有教条地遵循这样的结构，但这些基本元素在各章中都有所体现。

故事中，出现了四位主人翁的名字，他们是侯仁之院士、周立三院士、吴传钧院士和陆大道院士。他们的学术成就和社会贡献是中国人文与经济地理学者的典范，他们引领中国人文与经济地理学走上一条健康发展的道路。如同没有全数列举学术成果和社会贡献一样，本书也没有列出每个案例科研团队的全体成员，以及每个人文与经济地理学分支学科学术带头人的名字，他们的名字随同他们的贡献已经写在了中国的大地上，并希望随同本书的传播使他们的学术影响扩散到全世界。

目　　录

第一章　农业区划——中国农业生产格局的科学配置方案

1949 年的中国是一个典型的农业国家，农业在国民经济中的占比高达 69.96%。当时全国人口 5.42 亿人，粮食产量 1.13 亿吨。20 世纪五六十年代，随着人口大规模增加，粮食产量也在大幅度提高。到 1978 年改革开放时，中国人口总量比 1949 年增加了 77.71%，达到 9.63 亿人，粮食产量增加了 169.27%，达到 3.04 亿吨。如何在有限的国土资源条件下，通过耕地数量增加、农业技术推广、农村生产方式改革，增加粮食产量以满足不断增长的人口粮食需求？以及如何通过调整农业用地结构、提高其他经济作物生产的比重，以适应人们生活水平的提高对多样化农副产品的需求？归根结底，就是如何在全国范围内科学布局农业生产，这成为新中国最早面临的一个人文与经济地理学命题。

中国是一个地域辽阔、地貌与气候类型多样、生物多样性丰富和水文变化复杂的国家。人口多、耕地少、人均资源相对不足的现实国情，决定了中国农业生产在国民经济发展中的基础地位。在国民经济部门中，农业经济在传统生产方式和大尺度空间布局方面，是对光热水土等自然地理环境依赖性最强的部门，自然条件的地域分异无疑是农业生产空间分布的基础条件。从自然地理环境入手，充分考虑产业部门的技术经济要求，在对生产布局条件进行综合评价基础上，确立合理布局方案，是中国早期人文与经济地理学学科优势所在，也是早期中国人文与经济地理学者学术思想的基本特征。“区划”无疑是地理学研究空间分异规律的一个重要方法论，中国人文与经济地理学者不仅在研究农业生产格局的科学配置方案时采用区划方法，而且在而后进行全国、地方有关国土空间开发保护格局的研究和应用实践中，“区划”始终是最具地理特色的方法工具。可见，农业区划的研究是以国家重大战略需求为牵引，依托自然地理学和产业部门的技术经济学开展综合研究，采用地理区划的方法表达地域性，开辟了中国人文与经济地理学者主流学术探究的先河，也成为人文与经济地理学实现学科价值并为社会做出突出贡献的范例。

周立三先生作为一代人文与经济地理学的宗师，秉承地理学区域性和综合性思想，20世纪50年代，在与吴传钧先生等共同完成的“中国农业区划的初步意见”基础上，结合新疆综合考察成果，完成了新疆农业区划，强调因地制宜，按不同地区的生产条件和基础，合理安排农业生产。该研究对以后中国开展的同类区划具有重要的先导作用。随后周先生主持完成的中国综合农业区划研究，系统揭示了中国农业地域分异规律，综合评述了中国农业资源的特点，将中国划分为十个一级区、38个二级区，并对资源利用矛盾较多的重点地区提出了合理利用和综合治理的建议，不仅对中国区域地理学发展起到了重要的推动作用，而且为中国因地制宜推进农业大发展做出了巨大的贡献。

农业区划的研究，转变为中国政府对农业生产的管理模式；农业区划的研究成果，成为中国各级政府进行农业生产布局的依据。20世纪60年代初，全国部分省份设立农业区划委员会；1979年，国务院成立全国农业区划委员会，农业区划委员会成为全国农业系统从中央到县级政府都设立的管理机构。同时，全国系统开展农业区划的研制工作，从省的层面到县的层面都完成了农业区划方案的编制，用于指导农业生产布局。中国人文与经济地理学启动了农业区划研究和应用，并成为不同空间尺度的农业化区划方案研制中骨干和指导力量。可以说，在中国人文与经济地理学发展之初，周立三、吴传钧等老一代人文与经济地理学者高瞻远瞩，确立了以国家重大战略需求为导向，以地理学综合性和地域性研究为途径，将学科发展与社会贡献相融合，只有高水平的科学研究成果才能够解决中国发展现实中的难点问题，只有在解决重大需求的关键问题中才有助于组织大团队、实施大项目、攻克大难题、实现学科大发展。这成为今天中国人文与经济地理学学科特色以及学科能够繁荣的法宝，也成为中国人文与经济地理学者能够在中国每个关键的发展阶段影响中国决策和现实发展的主导原因。中国人文与经济地理学者关于农业区划的研究改变了中国农业发展格局，铺垫了中国人文与经济地理学发展之路。

近二三十年来，中国的农业生产取得令世界瞩目的成绩，耕地面积仅占全球6.8%，生产的粮食约占全球的22%，养活了占全球19%左右的人口。中国农业生产的巨大进步，不仅为中国的持续稳定发展奠定了坚实的基础，而且也为维护世界粮食安全与和平稳定作出了不可替代的贡献。农业区划作为中国农业生产格局的科学配置方案，为中国因地制宜发挥农业资源优势，科学指导农业快速健康发展生产作出了历史性贡献。

第一节　农业区划的背景与作用

一、中国农业生产的自然条件和特点

农业生产是对自然条件依赖性最强的经济部门。其中，土地是农业生产中不可替代的最基本的生产资料。而中国的基本地理国情是“人多地少”，全国平均每人占有的土地是全球人均水平的30%，由此决定了科学布局农业生产、合理发展农业经济在中国可持续发展中占据极端重要的地位。

1. 自然条件概况

中国陆域国土面积960万平方千米，约占世界陆地面积的1/15，居世界第三位。其中，山地占66%，海拔在3 000米以上的高山和高原占25%。全国每年总降水量为6万亿立方米，地表径流总量2.6万多亿立方米，居世界第六位。水资源的年际和季节间的变幅很大，地区分布很不平衡，东南部多，西北部少。长江和珠江流域面积占全国的1/4，地表径流却占全国的1/2。黄、淮、海三河流域面积占全国的1/7，而地表径流只占全国的1/25。从作物生长的热量条件来看，除去寒温带和青藏高原，全国72.1%的地区都较好。由于季风的影响，全年降水量的80%集中在下半年，雨、热同季，有利于农作物的生长；并使夏半年南北之间温差缩小，与世界同纬度地区相比，中国一年生喜温作物的北界大大向北推移。

由于山地多和干旱地区面积大，根据资源调查资料，中国耕地面积大约19亿亩，仅占土地面积的10.4%，现有耕地中质量好的和高产稳产的大约只占1/3，存在各种障碍因素的耕地（即盐碱、涝洼、水土流失、风沙干旱、红壤丘陵等）大约占35%。中国已利用或可利用于农、林、牧、渔业的土地，大约占国土面积的70%左右。全国有林地18.3亿亩，森林覆盖率12.7%，大大低于世界平均数22%，居世界第120位。北方可利用草地33.5亿亩，其中60%以上为荒漠和高寒草地，中南部还有草山、草坡约6.7亿亩。全国内陆水域约4.0亿亩，92%分布在东南部地区，其中江河1.8亿亩，湖泊1.2亿亩，池塘水库1.0亿亩。全国有5 000多个岛屿，约有3 000万亩海涂，200米等深线大陆架23亿亩，－15米浅海面积2.11亿亩。预估今后可供进一步开发利用的农、林、牧地，共约18.8亿亩，其中可供开垦种植农作物和人工牧草的宜农荒地仅5亿亩。在宜农荒地中，质量较好和中等的约1.5亿亩。可供发展水产养殖的淡水面积

7 500万亩，浅海滩涂 740 万亩。

中国最显著的特点是人口众多，每平方千米的人口密度已超过 100 人，为世界平均密度的 3 倍，其中东南部的人口密度已达 190 人。全国人均占有的土地、耕地、林地、草地和地表径流量，分别为世界人均的 30％、27％、12％、40％和 25％。人多地少是中国的基本地理国情。

2. 农业生产特点

结合中国农业发展的自然条件，认清农业自然资源与农业生产的特点，是合理布局农业生产的基础性工作，也是农业地理学者建构农业区划工作的学术思想的基点。

（1）土地对中国农业发展具有特殊重要性。在其他经济部门的生产过程中，土地仅仅是劳动的场所。在农业生产中，土地不仅是劳动场所，更是提供动植物生长发育所必需的水分和养料的主要来源，是动植物生长发育的重要环境条件。因此，土地的数量、质量和位置都是农业生产的重要制约因素。土地在地球上的位置决定了当地的温、光、水、热、气等动植物生长的自然条件，因而也在相当程度上决定了当地农业生产的类型、方式和技术。当然，通过适当的水利工程、农业设施和耕作、栽培、施肥技术，可在一定程度上改变土地的质量。中国陆域土地数量有限，人多地少又是基本地理国情，保护耕地数量和质量对中国农业稳定发展具有决定性意义。

（2）自然环境对农业生产的影响强大。农业生产的社会分工不仅表现为生产过程的分工，更表现为生产地域的分工，即农业生产具有强烈的区域化趋势。与工业生产不同，农业生产主要在广阔的田野上进行。同时，由于农业生产又是动植物的自然再生产过程，现有动植物的生长发育特点主要是长期自然选择的结果，因而农业生产必然受自然环境的强大影响。自然环境的影响首先表现为各地区具有不同的气候、地形、土壤和植被等自然条件，从而形成各地独特的农业生产类型、品种、耕作制度和栽培管理技术。因此，必须正视自然环境的影响，因地制宜进行农业生产的布局，建立合理的农业区域生产结构。

（3）农业生产具有周期性和季节性。农业生产周期长，生产时间和劳动时间不一致，同时具有比较强的季节性。农业生产周期取决于动植物的生长发育周期，通常长达数月以至数年。动植物的生长发育贯穿整个生产过程，但人类的劳动并不需要持续整个生产过程。动植物生长发育的周期受温、光、水、热、气等自然条件的影响，各种农业生产的适宜时间通常固定在一定的时间段，对于大多数种类的农业生产来说，农业劳动时间即人类劳动作用于劳动对象的时间，仅仅占动植物生长周期的一小部分。农业生产的季节性从时间维度上说明农业生产对自然条件的依赖性，也为农户多种经营和兼业经营提供可行性。

二、1949年中华人民共和国成立后农业生产面临的问题

1949年后的头30多年，加快农业发展是基本国策。然而，滥用农业生产的自然资源和自然条件，违反因地制宜的农业生产布局原则，滥垦乱伐推行“增产措施”，“以粮为纲、其他砍光”的错误发展方针，盲目推广优良品种和推广技术，注重农业生产关系变革而始终以“小而全”的自给性生产占主导地位的农业组织方式，导致农业生产力起伏较大、发展缓慢，全国农业生产面临诸多严峻的问题，主要表现在以下几个方面。

1. 不顾及农业自然资源的约束，盲目增加农业产量

为了解决人口快速增大的食物保障问题，农业增产始终放在农业发展的首位。但农业经济的发展也如同期国民经济其他领域一样，在30多年的时间中更多的采用政治运动的办法搞经济建设，付出自然资源遭受破坏的巨大代价，但农业增产依然乏力。其中，“大跃进”和“文化大革命”将这种错误推向了极致。“大跃进”实行农业经济发展赶超战略，鼓吹“人有多大胆，地有多大产”，忽略农业自然资源的合理利用，结果导致20世纪60年代初出现农业大倒退。1962年同1957年相比，主要农产品产量都出现大幅度下降。其中，粮食18%，棉花54%，油料52%。人均粮食产量从306千克减少到238千克（图1—1），全国食物供应出现极端紧张，人民生活十分困难。“文化大革命”盛行农业瞎指挥、一刀切等恶劣的作风，农业自然资源和生产条件被滥用，全国相当大的区域范围在不同程度上实行了农业掠夺式的经营方式，农业生态受到极大破坏，农业发展的资源可持续利用的能力明显降低。到“文化大革命”结束，全国农村仍有2.5亿人的温饱问题没有得到解决。1978年，中国粮食亩产也仅为203.9千克，人均粮食占有量316.6千克，远低于农业发达国家的平均水平。

在中华人民共和国成立后的头30年，不顾及农业自然资源的约束，农业掠夺式经营和恶性循环，导致中国农业生产尽管有过大幅提升的短暂时期，但总体上一直停滞不前，农业资源受到极大破坏，农业生态系统趋于恶化。具体表现在：种植业广种薄收，重用轻养；林业过量采伐，重采轻造；草原超载过牧，靠天养畜；渔业酷渔滥捕，重捕轻养。全国水土流失面积建国初期就有150万平方千米，边治理边破坏，有些地方破坏的面积大于治理面积；土地沙漠化面积15年间增加约4 000多万亩；草场退化面积达7.7亿亩，占可利用草地的23%；森林资源、渔业资源和部分地区的耕地土壤肥力，也明显衰退；旱涝保收的高产稳产粮田不到耕地面积的1/4。水资源利用不合理的问题也

很突出，尤其北方农区不按地下水源合理布井，超量开采而形成地下漏斗区。全国七大江河及主要支流，都受到不同程度的污染，有的已十分严重。

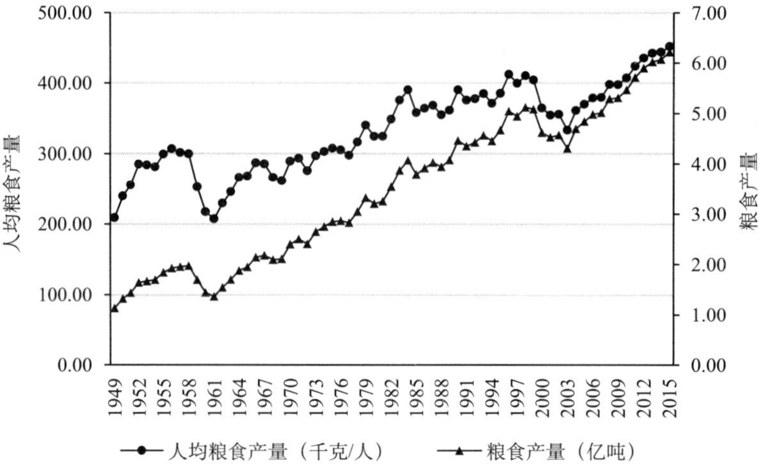

图 1—1　1949～2015 年中国粮食总产量、人均粮食产量增长情况

2. 不顾及农业生产内部结构的协调，片面突出“以粮为纲”

除了忽视农业资源合理利用之外，中国农业发展受到政治路线斗争影响最严重的方面，莫过于实践中贯彻的“以粮为纲、其他砍光”的发展战略，忽视经济作物和林、牧、副、渔业的发展。同样也是在 1958～1978 年期间的两次重大的政治运动时期，即“大跃进”和“文化大革命”期间，这一发展战略的恶劣影响达到极致。农业发展片面追求粮食产量，把发展种植业与多种经营生产对立起来，并以粮食生产排挤多种经营。大跃进时期，在全国大范围内进行毁林开荒、毁草开荒和围湖造田运动；“文化大革命”时期，大砍经济作物和林牧副渔业，使本来就很薄弱的多种经营更加薄弱，农业内部结构关系趋于恶化。

1979 年农业总产值构成中，种植业占 66.9%，林业占 2.8%，牧业占 14%，副业占 15.1%，渔业占 1.2%；1965 年的农业产值结构中，林业占 2%，牧业占 14%，副业占 6.5%，渔业占 1.7%。1965～1979 年的 13 年间五业结构几乎没有太大变化，副业比重虽然有所增长，但主要是由于社办工业的发展，如果扣除这一因素影响，副业比重还低。农业生产结构的不合理，严重影响了农业发展和农民收入水平的提高。粮食、棉花、油料、糖料等均需进口补充，除了粮食和棉花人均占有量占世界平均水平 70%以上外，其余农产品人均占有量只占世界平均水平的 10%～40%。据 1979 年收益分配资料，当年农村劳动力年平均收入仅 220 元，全国有 12%的县（旗）农民人均分配收入在50元以下，属于贫穷县（旗），这些贫穷的县（旗）主要分布在多种经营程度很低的黄土高原、云贵高原和黄淮海部分地区。

3. 不顾及技术进步的区域差别，盲目推广先进技术

中国农业生产的光热资源比较丰富，但土地与水域类型多样，72 %的国土为温带、亚热带和部分热带所覆盖，特别是南方亚热带占全国总面积约1/4，具有发展大农业的优越条件。但由于农业科技落后，在长期低投入的传统开发利用过程中，减弱甚至失去了农业自然资源恢复更新的机能，土地产出率极低。加之土地后备资源不足，人口规模不断增长，不合理利用造成的耕地质量下降问题日益显现，导致人地关系矛盾日益紧张。因此，依托农业技术进步，成为增强农业生产能力的有效途径，在一定程度上还抵消了因农业发展战略失误导致的消极影响，包括平整土地并提高肥力、扩大稳产高产田面积，实施“农业的根本出路在于机械化”的方针，强调“水利是农业的命脉”等等。但由于人口增长过快和农业发展战略的失误，人均粮食占有量始终在300千克徘徊，这种压力反馈到推广先进技术方面，也时常采用政治运动的方法，瞎指挥、一刀切，欲使“人有多大胆，地有多大产”变为现实。突出的问题是，不顾及地域特点和技术适应性，在大规模兴修水利、改良土壤，以及推广高产农作物品种和栽培技术等方面，出现盲目性。

4. 不顾及农业组织形式的现代化，始终注重农业生产关系的调整

30多年中，一直关注农业生产关系的调整，而忽略了农业生产方式和组织管理方式的优化。一方面，中国的农业生产基本上还是以人畜力和手工劳动为主的小规模生产，“小而全”的自给性生产仍占主导地位。另一方面，在20世纪50年代初实现了土地改革、把农用土地分给了无地少地的农民以及解放了农业生产力的基础上，超前过快地实现农村合作化，并迅速推进公有化改革，1950年底全国农村普遍实现了人民公社化。生产关系与生产方式之间不协调，也成为农业生产起伏不稳、发展缓慢的重要的制度原因。此间尽管也开展了农业区划工作，但区划理念也未达到后来的高度，主要围绕因地制宜采取生产措施，而忽略农业区域专业化问题，这在一定程度上也影响到农业现代化的进程。至1978年改革开放前夕，中国每个农业劳动力的生产量，粮食为1 020千克、棉花7千克、油料21千克、糖料80千克、肉类35千克，创造的农业总产值为511元，与当时农业发达国家相比差距极大。

此外，作为农业现代化建设一项基础性工作，在中国长时期被忽略，这就是农业生产的自然资源家底不清、条件不明。1949年后，中国虽然有些地方和部门进行过一些农业资源调查，但由于各部门各地区分散进行，标准不统一，很多资料缺乏系统的整理和全面总结，有获取的调查研究资料成果在“文化大革命”时期又遭到大量销毁。随着人们对于自然界的利用改造，各地的农业资源无不发生变化，因而无论是全国的或是地方的农业资源的“家底”仍然不清。显然，只有通过查清农业资源，才能为更好地利用农业资源提供科学的依据。

三、农业区划的预期作用

面对中国农业生产存在的问题，经过对中国基本地理国情和农业自然资源分布特征的系统分析，以周立三先生为代表的中国人文与经济地理学家认识到，影响中国农业发展的根本原因，是农业发展战略和农业生产方针严重违背自然规律和经济规律，农业自然资源利用不合理，农业生产布局不科学。因此，有必要摸清中国农业自然资源家底，通过开展农业区划研究，提出合理利用农业自然资源方案，科学指导全国的农业生产布局，因地制宜发展农业生产。农业区划将在以下四个方面发挥重要作用：

（1）为农业现代化摸清资源家底。从中国的地理国情可以清楚地看出，影响农业生产的气候资源、水资源、土地资源和生物资源在地理分布上有明显的地域性。各地拥有的资源种类、数量、质量和潜力是不同的，各种农业自然资源之间的组合方式是不一样的。同是一种农业自然资源，由于利用方式的不同，经济效果也是有差别的。再者，对动植物来说，许多农业自然资源，只有在质量、数量适宜的情况下，才对于它们生长有利，否则不但无利，反而有害。因此，农业区划工作首先要做的事情，是科学认识农业自然资源条件，通过系统调查，摸清资源“家底”，提出科学资料，开展综合分析，在此基础上提出合理开发利用农业资源的途径。

（2）为实现因地制宜合理布局农业生产。从合理利用农业自然资源、因地制宜布局农业生产的原则出发，农业区划就是要研制农业生产的布局方案，建立一个既能符合自然生态系统要求又能取得良好经济效果的最优农业生产结构，使农业生产在各个地区之间以及区域内部各个部门都有一个合理的生产布局，以更多更好的农产品满足国计民生的需要。这就要求农业区划必须综合评价各地的自然、经济条件，研究主要作物、林木、畜禽等适生区域，考虑各种自然条件、经济条件的可能性和布局现状，在此基础上进行的农业生产布局才是具有科学性、合理性的方案。因此，农业区划工作是实现农业合理布局的科学手段，也是农业现代化不可缺少的一项重要的基础性工作。作为一个能反映农业生产地域分异客观规律的农业区划方案，应该能够明确各农业区的生产发展方向，合理的农业结构和实现农业现代化的步骤、途径，使农业生产布局、基地建设和农业现代化建立在科学的基础上。

（3）为农业技术现代化提供差别化指南。推进农业生产的技术进步是农业现代化的必由之路，而农业生产是在广阔的土地上进行的，各地的自然和经济条件千差万别，人们所采取的生产措施和一系列的生产活动，必须在深刻认识地区生产特点、掌握自然规律的前提下进行。任何一种农业技术措施都不可能适合于所有地区，一种农业技术措施，在此时此地是适合的、能够增产和收效的，因而也是先进的。但在彼时彼地因为条件的不同，则可能是不适宜的、行不通的，有时甚至反而招致减产和失败。农业区划有助于在实行农业技术改革和采取技术措施时，克服主观主义、避免瞎指挥，特别是在20世纪五六十年代加速农业机械化、水利化、电气化、化学化，或者实行农业技术改革的进程中，能够分区提出有针对性的农业技术要求，可以显著提高农业生产技术措施的经济效果，实行农业的区别化管理。

（4）为制定农业发展战略和规划提供基础平台。农业发展战略和农业生产规划的指标、比例、速度和采取的措施，必须根据不同地区的条件和特点，因地制宜，遵循农业生产的客观规律。农业区划是在科学认识各个地区发展农业生产的条件和特点的基础上，对不同地区农业生产的一个布局方案，这无疑是为战略和规划的制定提供了一个基础平台，使农业发展战略方向的确定克服盲目性，使农业生产规划避免指标偏高偏低，战略和规划符合客观实际，实现分区分类指导，才能成为全面合理发展农业生产的行动纲领。此外，农业现代化还要求有相适应的管理体制和管理措施配合，而各地的自然、经济技术条件不同，经济体制改革和经济管理措施、方案、方法和各种经济定额等，同样必须从当地实际出发，有更大的适应性和灵活性才能奏效。农业区划同样也在管理体制现代化中可以发挥基础平台的作用。

第二节　农业区划学术思想形成过程与理论体系

农业生产具有强烈的地域性特征，这就客观上决定了农业生产必须因地制宜。农业区划是依托地理学理论方法、面向当时国民经济建设重大需求的一项科学研究工作，农业区划就是编制农业生产因地制宜的布局方案。中国人文与经济地理学者在前瞻性的提出开展农业区划工作、解决制约中国农业现代化问题建议的同时，从地方入手逐渐拓展到全国，积极开展农业区划的科学研究和应用示范，在实践中提升理论方法，在实践中体现应用价值。可以说，农业区划学术思想的形成过程，是影响决策者和中国农业现代化建设的过程。高质量的农业区划研究成果和随之形成的农业区划理论体系，成为有力支撑中央和地方政府运用农业区划实行农业生产合理布局和科学管理的根本保障。

一、人文与经济地理学开展农业区划研究的历程

中国的农业区域划分研究以1934年中国人文与经济地理学者发表的“江苏省之农业区划”为最早，此文将江苏分为棉区、旱粮区、籼稻区、稻丝区。1949年中华人民共和国成立后，农业区划研究历程大体分为两个阶段：到“文化大革命”开始的1966年为前期，1978年改革开放之后到1990年代初为后期。前期，中国人文与经济地理学者开展了农业区划的探索性研究，周立三院士、吴传钧院士等在完成“中国农业区划的初步意见”基础上，开展了“甘青农牧交错地区农业区划初步研究”以及新疆和江苏农业区划研究。期间成立农业区划研究小组，出版了《中国农业区划方法论研究》。后期，中国人文与经济地理学进一步完善农业区划理论方法，出版了《中国农业区划的理论与实践》，周立三院士主持完成的《中国综合农业区划》，将农业区划研究推向了空前的高度。

40多年中，农业区划研究数次被列为国家长期研究规划的重要任务之一。从全国到各省、市、自治区，乃至各县，都曾多次进行不同层级和不同程度的农业资源调查和农业区划研究。先后参加农业资源调查和农业区划工作的人员达数十万人次，规模之大、人数之众、专业之全、成果之多，为世界各国同类工作所罕见。其中，人文与经济地理学者开展农业区划研究具有重要意义的事件如下：

（1）主持完成新疆农业区划研究。新疆农业区划研究开辟了现代农业区划研究的先河。1956～1960年由周立三院士负责的新疆综合考察，是国家《1956～1967年科学技术发展远景规划纲要》（简称《十二年规划》）中的一项，新疆综合考察队以农业自然资源研究为重点，通过几年的实地考察调研，取得了大量科学数据和研究成果。新疆农业区划是这次综合考察总结派生的重大科研成果之一，也是农业区划研究历程中具有里程碑意义的科研工作。

（2）关于开展农业区划研究的倡议被中央决策层采纳。1963年中共中央和国务院召开的全国农业科学技术工作会议上，地理学家关于开展中国农业区划研究的倡议，得到了中国高层领导的高度重视，由此揭开了中国人文与经济地理学家发挥自然与人文交叉研究特色，遵循区域性和综合性学术思想，通过农业区划研究为国家农业生产布局和农业生产结构优化服务的序幕。农业自然资源调查和农业区划被列为全国科学技术发展

规划的第一项任务。1963～1966 年，先是在江苏，接着在全国大多数省区成立了农业区划委员会或农业区划领导小组，组织了大批科学技术人员，大规模开展农业区划工作，人文与经济地理学者成为农业区划工作的核心科技力量。

（3）推动农业区划工作再上新台阶。1964 年年初，国家科学技术委员会在北京举办了以农业区划为主要内容的农业科学研究成果展览会，主展室一半壁面展示的是周立三先生主持完成的江苏省综合农业区划成果。周先生为包括李富春、谭震林副总理在内的中央领导作了讲解，又专门汇报了农业区划工作以及农业区划在全国基本农田建设规划中的作用，并建议成立全国农业区划委员会，领导全国农业区划工作，得到领导的充分肯定。1964 年 5 月，国家科学技术委员会在无锡召开全国农业区划经验交流会，竺可桢、丁颖等著名科学家和各省有关农业领导参加了会议。《人民日报》1964 年 6 月 9 日发表“用严格的科学态度领导农业生产”的社论，号召大力开展农业区划工作，农业区划工作受到党和国家的高度重视。28 个省市的代表达成共识，即农业区划研究是因地制宜领导农业生产的基本功。周恩来总理也肯定了农业区划工作“搞得对”。但随后的“文化大革命”期间，农业区划被批为修正主义，工作被迫中断，农业区划机构被撤销，调查研究资料成果被销毁。

（4）引领农业区划工作迎来第二个春天。1978 年，全国科学大会宣布的《1978～1985 年全国科学技术发展规划纲要（草案）》再次将农业资源调查与农业区划提升到 108 项重点项目的第一项。1979 年国务院成立了全国农业自然资源调查和农业区划委员会，并于 4 月召开全国第一次农业区划工作会议。1980 年召开了全国第二次农业区划工作会议，农业区划工作重点转向省、地市、县级农业资源调查与区划，并在全国迅速铺开。这期间共组织 40 余万人对中国土地、生物、气候、水等自然资源以及农村社会资源进行了全面深入的调查，在全国形成了数万份的资源调查区划图件、实物标本、数据、报告等成果，结束了中国长期以来在农业资源，尤其是土地资源方面家底不清、数据不实的局面，初步形成了中国农业资源区划工作和理论体系，为中国各级政府部门组织农业资源合理利用和综合开发提供了科学依据。1981 年，周立三院士主编完成了《中国综合农业区划》报告，系统揭示了中国农业地域分异规律，综合评述了中国农业资源的特点，将中国划分为十个一级区，38 个二级区，并对重点地区提出了合理利用和综合治理的建议。人文与经济地理学者关于农业区划的系统研究和重量级成果产出，引领了中国农业区划工作，使农业区划工作掀起了新一轮高潮。

二、农业区划学术思想的源起

农业区划源于西方国家，西方对农业区划理论与方法有影响的成果以德国、美国和英国学者最具代表性，如德国的农业地带、美国的农业区，以及英国的农业类型区等研究。苏联在农业布局和农业区划等方面进行了大量研究，代表性成果有1947年完成的以气候、土壤、植被为依据的自然—历史区划，1958年又在区划方法论基础上进行了大范围农业专业化地带的研究。

1. 解决农业问题的学术思想

正如上文所述，中国现代农业区划研究首先来自于大规模的区域自然资源综合考察。在区域自然资源综合考察，中国人文与经济地理学者面对中国农业生产发展存在的一系列问题，形成了两个方面主要的学术思想：

（1）需要合理调整地区和部门农业生产结构。农业生产结构调整要考虑地区布局和部门结构两个方面。农业的地区布局和部门结构是有联系的，它们相互促进，又相互制约。任何一个地区有合理的农业部门结构，才能有合理的布局。反之，布局合理了，也可促使部门结构合理化。因此，需要根据不同地区的自然和社会经济条件，结合国民经济发展的客观需要，并根据一定的技术经济指标来综合评价土地资源，确定农业发展的合理方向和结构比例，包括地区结构和部门结构。农业生产结构有不同层次。第一层次是种植业、林业、畜牧业、渔业等各生产部门在农业中所占的比重及其相互关系。第二层次是种植业、畜牧业、林业、渔业等各生产部门内部按生产种类划分的各种生产所占的比重及其相互关系。例如，种植业内部可分为粮、棉、油、麻、烟、糖、蚕、茶、果、蔬菜、药材等各种生产，它们在种植业中所占的比重及其相互关系，就是种植业的生产结构。有的还可以进一步做第三层次的划分，例如，粮食中又可分为水稻、小麦、玉米等在粮食中所占的比重及其相互关系。中国农业生产结构中，仍然以种植业结构占绝对优势，种植业中又以粮食作物为主。随着时间的推移，经济作物、畜牧业、渔业等比重将会逐步上升，种植业比重下降，五业结构会趋向合理。

（2）要进行科学合理的分区。农业是由多部门和各种作物生产构成的一个大系统。它的空间分布尽管因地而异，千差万别，但仍然有其规律可循。农业区域的形成，是历经不同的社会经济发展阶段，长期劳动地域分工的结果。一个地区发展什么样的农业，怎样安排农业各种部门和各种作物，达到多大规模，采取何种经营方式，往往要取决于一定时期的国民经济需要和可能，以及农业的生产水平。从农业自给性生产到发达的商品性专业化、现代化生产，要有一个长期的发展过程。因此，为了充分开发利用当地的自然和经济资源，因地制宜，扬长避短，促进农产品的不断增产，就有必要通过深入调查，分析各地生产条件和特点，进行农业区划，通过分类指导，合理布局，分级实施，从而避免农业生产的盲目性。

2. 农业区划研究的基本思路

基于以上科学认识，新疆农业区划重大科研成果首次明确了农业区划研究的基本方法和基本原则，奠定了中国农业区划的总体思路，对以后农业区划研究全面展开具有一定先导作用。

（1）农业自然资源与自然条件的评价。由于处于内陆中心的地理位置与重山阻隔的大小盆地，极端大陆性干燥气候的特点明显；水量补给主要靠高山融雪和季节性的融化，径流进入山前平原后大量蒸发，这种特殊的径流形成条件和径流分布的不平衡性，对农业的发展和放牧草场的利用都有着显著的影响。另一方面，新疆的土地资源丰富，但是大部分土壤具有不同程度和不同类型的盐渍化，是农垦的不利因素；新疆的畜牧业在农业中的比重很高，山地和平原的天然草场分布广泛，一般而言山地畜牧场降水较多，蒸发较弱，牧草种类亦多，但处于荒漠的冬春牧场的条件则较差，因而四季牧场的载畜量很不平衡；森林资源丰富，特别是山区阴坡地段蓄积量很大，但采伐、利用不尽合理。根据上述特点，进一步分析了气候、水、土和植被资源及其开发条件并加以估算和评价。在此基础上完成为农业服务的自然区划，阐明各种自然资源、自然条件的分布规律，按一定指标将新疆分为2个地带、15个地区、13个大区和146个区的四级单位系统，评价各区对农牧业发展的有利和不利因素及适应发展某种农业的条件和必要的改良措施。

（2）农业现有特征和农业经济条件的评定。农业生产的地域分工不仅受自然条件的影响，很大程度上还由历史经济条件而定。就新疆当时的农业布局而言，同样是灌溉农业，南疆耕地集中、人口稠密，农垦历史悠久，耕作比较集约，畜牧业大部分为半舍饲半放牧方式；而北疆的耕作业较为分散粗放，畜牧业以四季放牧为主。这种差别不仅是自然条件的不同，更与不同民族经济和农业发展过程有关。因此农业区划研究对原有的布局及其相联系的社会经济条件作了较缜密分析，探究了形成原因、合理程度及增产的潜力；对土地利用的地区差别与作物、畜牧构成进行了分析；研究了农业劳动力资源、粮食平衡与主要农畜产品的商品率等；对农业生产水平的分析着重于多年平均单位面积产量、农业生产装备与耕作水平；同时还对民族分布、经济、生活习惯、城市与工业中心的影响、农畜产品加工及运输条件作相应的地区分析，从而对新疆的农业生产布局特征和区域特征有了明确的认识。

（3）国民经济的需要与农业发展远景规模的估算。为了研究农业发展远景，主要从国民经济的需要与发展规模作轮廓性估算。明确提出了农业生产专门化的观点，在当时的计划体制下提出了应该加强农业的商品生产。同时，研究了一定年限的农业远景发展方向和规模。为此又估算了人口增长、粮食和主要经济作物的远景需求量，相应分析了开荒条件与扩大饲料基地、发展畜牧业的远景规模。根据上述项目的估算，提出新疆可开发的土地资源、发展专门化的主导部门以及远景设想，在较长时期内对新疆的发展都有促进作用。

（4）农业区的划分原则和分级。明确农业区划三项原则：①自然与经济条件在地区分布上有类似性（并非绝对单一性），主要指农业区的自然条件和历史经济基础，具有一系列的共同特征，与邻区相比有明显的差异性；②农业的远景发展任务基本相同，具有明确的专门化方向，并与多种经营相结合；③保持一定行政区域的完整性，以便于统计分析和生产计划的制定。

3. 农业区划学术思想的不断完善

新疆农业区划成果问世后，周立三先生又主持完成了江苏农业区划研究，并在改革开放以后再次开展了江苏农业区划工作。在区划研究实践中，农业区划的学术思想得到不断完善，农业区划研究和工作取得新进展。一是由省一、二级、市级农业区划和县级农业区划组成纵向的比较完整的区划系统，特别是县级农业区划的开展，适应县级经济发展的需要；二是由农业区划、部门区划、技术改造区划、综合农业区划组成横向的区划系统，由于两个系统的结合，使省内的一、二级农业区划有了坚实的县级农业区划基础，县级农业区划充分考虑一、二级农业区的发展方向，从而有利于按发展大农业和整个农村解决的角度来研究生产、生态与经济系统的整体功能；三是组织了广泛深入的农业资源调查，包括土地资源详查和土壤、气候、水资源、生物资源普查，首次组织了海岸带、低山丘陵、废黄河滩地、太湖沿岸常绿果树适生地、沿海滩涂资源等调查，提高和深化了利用自然资源、社会经济技术条件的认识。

三、中国农业区划的理论体系

农业区划理论体系主要包含三个方面的内容，即农业区域的科学内涵、农业地域分异规律、农业经济和区域经济理论。

1. 农业区域的科学内涵

地理学上的区域概念是指地球表层有边界的一个连片部分或地段。农业区域虽然属于经济区域的一种类型，即部门经济区，就其特征讲，是农业自然—经济相关因素有机结合而成的，也可简单理解为生物和人类最基本的生存空间（周立三，1993）。

（1）农业区域的性质和分类。农业区域的属性是由农业生产的本质所决定的，是各种农业生产综合的空间反映，也是地表农业分布客观存在的现象。中国山区和平原区的农业就有明显差别，如“南方宜稻，北方宜麦”，自古就有这类地域上分布不同的说法。又如棉花产区、稻麦产区、畜牧区、林区等也是各有生产特征，互不相似，并且各有其客观的历史形成基础。但单凭农业空间分布的表象，还远不能阐明农业区域的本质，以及它发生发展的规律。每个特定的农业区域，农业结构在其形成过程中与区域条件有密切联系，既包含着农业对土地的依赖性和自然再生产的特点，同时因为可利用的土地资源是有限的，通常在一定时间和季节里利用空间就会排斥其他物质生产空间的利用，这就要求人们必须合理使用土地。就农业内部来说，宜农的土地往往也可用作牧地或林地，如何有效地利用土地空间，就有一个行为决策的选择问题，也即经营方式，合理配置生产要素和调整生产布局，使自然再生产与经济再生产密切结合，以提高农业地区的整体效益。所以农业区域是一个复杂的自然再生产与经济再生产的空间系统。

农业区域从形态上大体可分为三类：单相农业区域、复合农业区域、综合农业区域。单相农业区域是以某一部门和主要作物为研究对象，往往以统计资料为基础，绘制成作物、家畜、森林、果树等分布图，根据它们的生态习性和适生地区，划分成农业地带或农业区。复合农业区域是以作物组合、农牧结合分出主次的地域类型，或者以土地利用、土地生产力水平、农业景观等标志来划分出不同的农业分区域。综合农业区域是农业各部门组合而成的地域单元，它包括农林牧副渔等。由于农业生产活动涉及面广，联系的要素多，从自然的、生物的到社会经济的多种不同性质的要素，相互结合，构成综合的区域特征。

农业区域的生态环境与经营方式也不是固定不变的，尽管农业生产比工业生产对土地空间更具有依赖性和继承性，由于经济发展、人口增长、供求关系、科技进步，乃至市场信息等因素的影响，农业区的规模、结构、功能也是动态变化的。

（2）农业区域的规模和等级。农业区域，作为一个农业系统的空间单元，地区范围有大小，农业结构有繁简，经营规模有不同，在国内乃至全世界找不到两个完全相同的模式，但是从它们的形态特征、内在联系、发展过程中仍然可以发现它们之间的相似性。农业区域的划分主要就是以区内相似性和区间差异性为依据。因此，分级单位体系是区划的重要问题。目前国内外不论在理论上还是实践上，都还没有建立公认的统一的分级体系。例如，有人仿照自然区划分级系统，把地带性与非地带性单独分列，即前者称为农业地带、农业亚地带，后者称为农业区、农业亚区。在中国通常采用一级、二级、三级来划分等级农业区。

中国土地类型多样，农耕历史悠久，空间分布面广，种植制度极其繁杂，必须根据大小不同级别的区域，按照不同的要求和深度，由简到繁，由粗到细，采取中央与地方并举来进行调查研究，做到自上而下与自下而上相结合，将全国到县划分为不同等级的农业区，再进行逐步调整，以较快形成纵向的区划体系，以满足国民经济计划，合理配置农业生产的迫切需要。

(3) 农业区域的结构和功能。结构是一切事物普遍存在的客观属性，农业区域也不例外，它包括内部的农林牧相互结合的部门结构和作物结构，及其赖以生长发育的外在环境，这是由无机和有机物质组成的自然环境要素结构。农业生产要想取得最大产出，就必须依靠人进行大量物质和能量的投入，也即保持经济结构的合理。农业系统通过内部和外部的输入和输出的相互关系呈现出有序的结构。

农业区域在客观上不仅在区域内部有明显的横向联系，而且还存在上下纵向的层次结构。因为地球表层可以按构成要素、条件和特点、空间布局分成不同大小的地区，大至全国，小到地方。大小区域的层次结构不仅具有大同小异的相应的顺序关系，而且通过物质、能量、信息的传输在功能上也互有影响，并在宏观和微观上有不同反映。由于系统功能的整体性，子系统结构的改变，往往影响上一层次系统原有结构和功能。如太湖流域原有不少的余粮县，由于城市化和农转非的人口增加，作物之间比价竞争等原因，区际调出粮食减少，使长江三角洲失去了全国主要商品粮基地的地位。

农业区域的结构往往随着经济发展而呈现动态变化的特点。它属于典型的开放系统，不仅农业系统与环境之间不断进行能量、物质、信息的交换，农业区域之间也同样有输入和输出的转换关系，消化吸收，吐故纳新，才能新陈代谢，导致生产结构的改善和农村经济的发展，特别是商品经济的开拓。农业系统通过长时间地不断与外界交换能量、物质和信息，就有可能从原来无序状态转变为特定空间和时间或功能都呈现相对稳定的有序状态，说明农业区域的形成和发展需要有一个过程。

(4) 农业区域的限界和变化。每个农业区域都是客观存在的实体，应有明确的边界，但实际上要想准确划定任何两个农业区域之间的分界线，都不是容易的。因为农业不仅是多部门多层次的物质生产部门，而且集合了不同生态习性的生物个体与群落，同时又有不同的经营方式。每种作物有其特定的适生条件和临界限值，可分别以寒冷性、暖湿性、干燥度、土壤盐碱度等自然指标划分其分布限界；还可采用各种经济和经营指标，如距离市场远近、土地利用程度、交通运输费用及成本大小等，作为限界来区分。

研究农业区划虽然经常利用地图表示农业区域的分界线，但地球表面自然和经济的空间界线都不可能是“泾渭分明”的，实际上往往表现为渐变的、相对的过渡地带性质。即使采用某个具体的自然指标，如中国400毫米年降雨量线，因为有年际变化的差别，也不可能固定在一条线上。因此，分区的限界有比较明显或不明显之分。

此外，由于农业生产地区常与农民居住的生活空间有密切联系，这是与工业区很不相同的。特别是地少人多的情况下，农民为了扩大生产空间，不得不向不太适宜垦殖的地方推进农业限界，间接反映了农业生产成功或不成功的限界。农业限界大致可以归纳为以下三种：第一种是实际限界，指以当时当地各种作物组成或土地利用的统计为标准，来表示农业分布的实际到达的限界。第二种是利润限界，在商品经济竞争的条件下，农牧业收益达到零值的限界。第三种是技术限界，就当时生产情况而言，虽然在经济上并不合算，但由于国民经济的需要，通过技术措施，能使农业种植推进到尽可能达到的限界。这三种限界在不同的情况下也会表现出不同的变化。如在人口密度大，收入水平低，特别是食物供给缺乏时，实际限界向利润限界接近或甚至与其重合。

综上所述，农业限界不仅受生态条件的限制，而且也因社会经济的发展与技术水平而有进退变化。

① 纬度限界。由于纬度的高低，地面吸收太阳辐射及其温度显然不同，导致天然植被和人工栽培作物的南北分布有很大差异。限界主要反映在热量与温度指标上，而温度在一定条件下基本能反映热量状况。任何植物为了维持生命，保证生长发育都具有自己的最低温度（下限温度）、最适温度、最高温度（上限温度）的幅度范围。农业限界温度，通常用活动积温和年极端最低气温作为分界指标。不同作物和不同品种所需的温度是不一样的，如水稻、玉米、棉花、烟草等喜温作物与小麦、油菜等喜凉作物的上、下限温度，以及它们生长期长短不同，品种所需的积温是不同的（表1—1，表1—2）。

表1—1　各种作物生长上、下限温度　　单位:℃

作物种类	最低温度	最高温度
水稻	10～12	38～40
小麦	3～5	30～35
玉米	8～10	42～45
棉花	14～15	42～45
油菜	13～14	30～35

表 1—2　各种作物所需的 10℃以上的积温　　　单位：℃

作物种类	早熟型	中熟型	晚熟型
水稻	2 300～2 600	2 800～3 500	3 500～4 100
玉米	2 100～2 400	2 500～2 700	>3 000
高粱	2 200～2 400	2 500～2 700	>2 800
谷子	1 700～1 800	2 200～2 400	2 400～2 600
棉花	2 600～3 100	3 200～3 600	4 000

② 高度限界。种植业的高度限界，与纬度和干燥度限界相比，在陆地上往往不连片而是成岛状的。就其本质而论，它是寒冷限界，在结构上与纬度限界有相似之处，因此在高纬度地带，高度限界也逐渐变为水平的纬度限界。不同作物在不同纬度的种植上限高度是不一样的。即使是同一作物，由于纬度和地形高低在不同地理位置上，其上限高度也是各不相同的（图 1—2）。

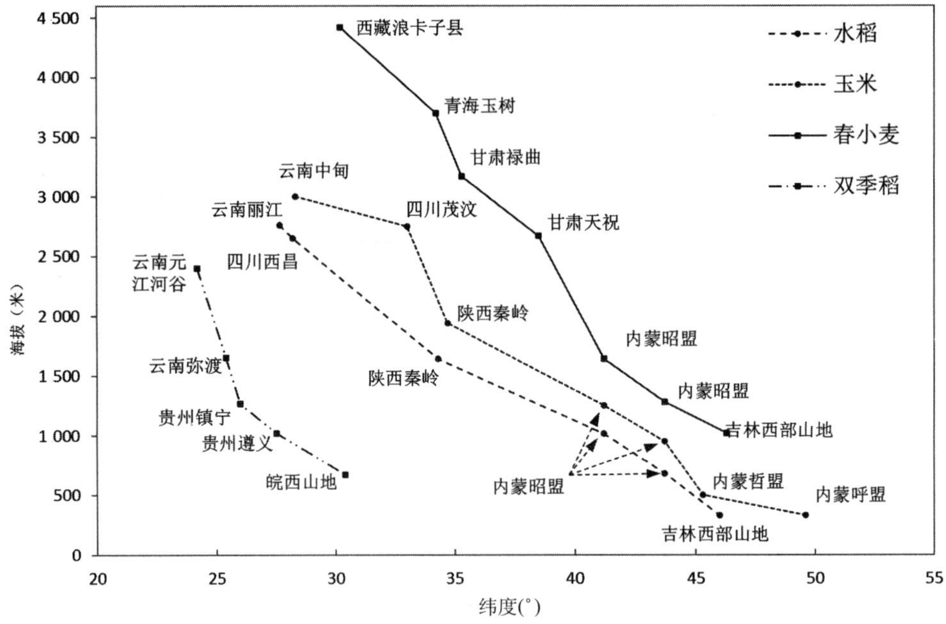

图 1—2　各种作物种植高度上限

资料来源：周立三，1993。

③ 干湿限界。中国东南部属季风气候，西北部属内陆干旱气候，因此，干湿限界在农业分区中比高度限界更为重要。全国通常以干燥度划分干旱与湿润气候（表 1—3）。

干燥度大，说明降水量减去蒸发量后尚有余能，表示气候比较干燥。反之，气候比较湿润。这对中国天然植被与人工栽培作物都具有重要意义。从表中就可以大致看出中国农业生态的限界与土地利用状况。

表 1—3 中国干旱与湿润地区特征

地区类型	干旱地区	半干旱地区	半湿润地区	湿润地区
主要分布地区	除高山山系以外的西北内蒙古新疆地区，青海西部	西藏西部，青海东部，黄土高原西北部，内蒙古东部	西藏东北部，黄土高原东南部，黄淮海平原，东北地区西部	秦岭淮河以南地区，东北地区东部和北部山地
占全国土地面积（%）	30.8	21.7	15.3	32.2
干燥度	≥4.0	1.5～4.0	1.0～1.5	≤1.0
年降水量（毫米）	<200	200～400	400～800	>800
植被	荒漠及半荒漠	草原	森林草原、草甸草原	森林
农业土地利用特点	灌溉农业	农牧业交错，农业易受干旱而减产	雨养农业，但季节性缺水，水浇地分布较广	雨养农业，水田分布广

④ 坡向和坡度限界。不同的坡向和坡度具有不同的农业生态条件，是对经营方式起着不同程度作用的制约因素和限界。在中国许多呈现东西走向的山脉，南坡和北坡接受光热水气是有差异的。南北坡的水热状况差异不仅影响到森林与作物分布高度限界，而且对作物生长发育期也有所影响。

坡度常作为农业用地划分的重要参考依据，因为坡度的陡缓对农业生产和土地利用具有直接的影响和限界。特别对种植业的耕作，影响尤大。一般陡坡土层比缓坡薄，水力冲刷大，侵蚀深度加重。地面坡度 15°以下为宜农耕地。果树则以 5°～10°的缓坡为适宜栽植，因其土层较厚，排水良好，空气流通，冬季不遭受冻害。牧草地和林地虽不像种植业严格，但一般 30°以上的土地多属林地。

⑤ 土壤限界。土壤是植物生长的重要基础，任何植物都要从土壤中吸取所需要的养料和水分，所以土壤的性状也是农业的限界。例如，种植玉米在土壤含盐量<0.5%，含氯化钠>0.1%时就不出苗或死亡。棉花在中国栽培广泛，土壤不论酸性、中性和碱性反应，一般均能生长，通常认为棉花比较耐盐碱，但仍有一定限度，土壤 pH>9.0，氯盐含量>0.05%，就不能正常出苗，或出苗也将萎蔫死亡。

⑥ 非农业用地与农业限界。土地利用除了广袤的农地之外，还有不少非农业用地，如城镇居民点、工业区、矿山、公路和铁路等，点、线状地散布于大陆地表上，而这些非农业用地也十分明显地成为阻隔农业经营的限界。中国不同农业区，由于农村聚落散居与集居情况不同，农田与居民点的限界也有差别，如成都平原的农村居民点分散，与农田均呈紧密交错状态，而华北平原大都为集居大村落，与农田的限界比较明显分开。自然水域原本也是农业的限界，但在长江中下游地区，因地狭人稠，长期以来为了扩大耕地，出现围湖造田，人为地使农业限界伸向湖泊水域，甚至不少小湖荡全部演变成为耕地。

⑦ 交通运输条件与农业限界。交通是否方便和距离销售市场远近与否，对农业限界也有较大影响，特别是在商品经济条件下，交通便捷，市场靠近，有利于农业限界推进。否则，距离市场远，对外交通情况不利，价格—费用关系亦不利。但农产品不同，情况也不相同。从农产品加工方面看，例如糖料作物甘蔗和甜菜，都是笨重的制糖原料，为了便于及时收获，运送到糖厂加工，一般尽可能在糖厂近处种植。以甘蔗的合理运输半径来说，最好不超过 30～50 千米，不致收割后延误时间过长，要求 30～40 小时内不使糖分损耗，且节约运费。

2. 农业地域分异规律

地域分异规律是指自然地理环境整体及其组成要素在某个确定方向上保持特征的相对一致性，而在另一确定方向上表现出差异性，因而发生更替的规律。普遍得到承认的地域分异规律包括：①因太阳辐射能按纬度分布不均引起的纬度地带性；②大地构造和大地形引起的地域分异；③海陆相互作用引起的从海岸向大陆中心发生变化的干湿度地带性；④随山地高度而产生的垂直带性；⑤由地方地形、地面组成物质以及地下水埋深不同引起的地方性分异。

地域分异规律是自然环境的基本规律之一，农业自然条件的地域差异是农业分布的重要制约因素。人类经营农业生产，通过对自然条件的适应、利用与改造等行为，如建造水利工程、改良土壤、培育作物品种、改进栽培技术等，可以在一定范围内影响农业生产的分布，但不能完全改变自然地域分异规律对农业分布的制约作用。农业生产类型凡适应自然规律与经济规律的，就比较合理而相对稳定。耕作制度及作物和林果的种类和品种，不仅自北到南明显地反映纬度地带性规律，而且显示经度地带性规律，例如暖温带湿润区普遍栽培的甘薯在暖温带干旱区就不适栽培。自然地域分异规律对农业生产分布的各种影响与制约作用，有以下五个方面的内容。

（1）综合作用与主导作用限制因素。自然地域分异对农业分布的影响，是地带性规律和非地带性规律同时起作用的。例如，中国亚热带有很多白垩纪到第三纪红色地层组成的红盆地，这是非地带性因素，但分布于中亚热带与南亚热带的红盆地又受地带性因素的作用，且在同一地带的东部与西部也有差异，因此不同地带与不同区域的红盆地的农业生产特征有很大差别。就单项作物来说，其分布范围受气候、地形、土壤等因素的综合作用，分布于东部湿润亚热带的油茶林和茶林，适宜酸性土壤，而不能在石灰性土上栽培。在各种因素的综合作用下，通常有起主导作用的限制因素，例如农作物熟制主要受积温的影响，亚热带经济林木的分布受极端最低气温的制约。

（2）过渡性与适宜程度。自然环境特征的分布是渐变的，除特殊地形条件外，两个地带或区域之间的实际分界是一个过渡带，而区划图上的界限是平均位置。过渡带在平原地区的大尺度分异中最为明显。受自然地域分异过渡性特征的影响，农业分布如农作物熟制与作物的地带分布也有过渡性。过渡带的农业分布不如地带内稳定，越向过渡带外缘越不稳定，因而过渡带内具有两类农业分布交错的特点。地带内的分布同样是渐变的，自作物最适宜分布的中心向外缘，适宜程度逐渐减少，在生态适应幅度范围内划分等级，可区分出不同适宜程度的分布区。

（3）地域分异的空间尺度。自然环境的地域分异具有不同的空间尺度。大尺度分异指水平地带性及大地构造——地貌分异，大尺度的自然地域分异与农业地带及地带内农业区域差异相对应。中尺度分异指垂直地带性、大地貌单位内部差异，以及地方气候引起的差异，主要与立体农业结构及大地貌单位内的农业地域差异相关联。小尺度分异指地貌部位不同引起的差异，如土地类型与农业生产特征的联系等。自然地域分异与农业分布的关联，不仅有差异性，还有区域单位之间的联系性，例如西北干旱盆地的绿洲，生产高质量的瓜果与长绒棉等产品，是山上水资源同山前光能资源与热量资源结合的产物。

（4）自然因素的变动性。自然环境明显的季节变化与农业节律的联系，影响农业的地域分布。农作物的生长变化规律适应当地气候的节奏变化，是农业稳定丰产的条件之一。如甜菜生长季节要求长日照，温度在苗期较低，繁盛期较高，成熟期又较低。东北、内蒙古与新疆的气温符合这一规律，因此甜菜产量与含糖量高，而在江苏的淮北栽培，因气温变化不完全符合，含糖量低。气候的年际变化与上述过渡带有关，如气候呈现偏暖或偏冷的趋势，则引起过渡带的位移，并可能影响农业的分布。例如采用≥10℃积温 4 900℃作为双季稻栽培的下限，双季稻种植北界在 20 世纪初的 15 年较近百年平均位置偏南，在 30 年代中期至 50 年代中期则偏北，平均位置在南通、扬州、界首、信阳、南阳一线，这是近百年的最北位置。近百年双季稻种植北界位移，平均超过一个纬距。

（5）人类活动的影响。人类活动对自然环境的影响不断加剧，在自然地域分异对农业分布的制约中不能忽视人类活动的影响。干旱是限制农业发展的重要因素，干旱化是当今人类面临的重大问题。学者普遍认为，气候干旱化主要是人类需水量增加和破坏天然植被，造成地表、地下水量分配系统的失调所致。中国干旱、半干旱地区的荒漠、草原植被受人类活动的影响显著，有些地方草原被破坏造成沙漠化，从而影响农牧业的分布。人类已经拥有在一定范围内改变地表、地下水量分配系统的能力，在一定程度上能够改变自然环境对农业分布的制约。江苏省里下河腹部地区历史上为一熟沤田，随着水利条件的改善，1974 年全部实行沤改旱，由原来的一年一熟改为一年两熟。

3. 农业经济和区域经济理论

农业作为一个部门经济，其分布和发展过程也遵循农业经济和区域经济的一般规律。因此，农业经济和区域经济的相关理论就成为农业区划理论体系中主要的基础理论（胡星池，1986；陶红军、陈体珠，2014）。主要包括：

（1）农业区位论。该理论是在 19 世纪德国农业制度改革的背景之下由农业经济学家杜能提出。是指以城市为中心，由内向外呈同心圆状分布的农业地带，因其与中心城市的距离不同而引起生产基础和利润收入的地区差异。基本原理包括：①一般在城市附近种植相对于价格而言运费高或不便运输的作物；②随着距城市的距离增加，种植相对于农产品价格而言运费低的作物；③在城市周围形成以不同农作物为主的同心圆结构。

（2）劳动地域分工理论。所谓劳动地域分工，就是社会分工的空间形式，又称生产地域分工或地理分工。与部门分工一道成为社会分工的两种基本形式。劳动地域分工通常是通过地域间的部门分工及其所反映的地域间部门结构的差异显示出来的，它是在生产地与消费地分离、靠运输进行交换的条件下形成的。通常实现分工的前提是产品在生产地的价格与运费之和低于在消费地生产同种产品的价格。其根本目的在于实现优势互补，获得最佳的整体效益和个体效益。古典经济学的劳动地域分工理论包括亚当·斯密的绝对成本理论、李嘉图比较成本理论和马克思劳动地域分工思想，新古典经济学的劳动地域分工理论包括赫克歇尔-俄林的要素禀赋等。

（3）要素禀赋理论。又称要素比例说。该理论以要素分布为客观基础，强调各个国家和地区不同要素禀赋和不同商品的不同生产函数对贸易产生的决定性作用。要素合作型 FDI 是该理论的扩展，其基本原则是转移可流动要素与不可流动要素的结合，提高各类生产要素的利用效率。赫克歇尔-俄林的理论最终形成了现在众所周知的国际贸易模型的赫克歇尔-俄林定理（HOT）：一个国家出口用其相对富足的要素密集生产的那些物品，进口该国相对稀缺的要素密集生产的那些物品。生产要素禀赋的不同既决定了各国的相对优势和贸易格局，又是进行国际贸易的基本原因。

（4）比较优势理论。大卫·李嘉图在其代表作《政治经济学及赋税原理》中提出了比较成本贸易理论（后人称为“比较优势贸易理论”）。比较优势理论认为，国际贸易的基础是生产技术的相对差别（而非绝对差别），以及由此产生的相对成本的差别。每个国家都应根据“两利相权取其重，两弊相权取其轻”的原则，集中生产并出口其具有“比较优势”的产品，进口其具有“比较劣势”的产品。比较优势贸易理论在更普遍的基础上解释了贸易产生的基础和贸易利得，大大发展了绝对优势贸易理论。

（5）农业生产专业化、区域化和社会化理论。农业生产专业化、区域化和社会化是有利于农业生产合理布局的有效途径。

① 农业生产专业化。指一个地区或生产单位，根据自然条件和社会经济条件的特点，因地制宜，突出重点，着重发展其最适合的生产部门，集中进行某种或某几种农产品的生产，全面有效地使用先进技术设备，减少生产内容、扩大生产规模，节约投资，提高利用率，以取得良好的经济效果。根据不同地区自然资源和自然条件以及经济条件的特点，实行专业化生产，充分发挥和利用不同地区的有利条件，发展其最适合的部门或作物，使各个地区在生产上都能发挥其所长，克服其所短，按照农业生产的客观要求发展农业生产，可以收到耗费少、产品数量多、质量好的效果。与此同时，生产专业化作为农业现代化不可或缺的重要内容，打破了地区、企业和部门之间缺乏协作“小而全”的生产结构，不断形成精细化的社会分工、广泛的协作，农工商一体化进程加快。农业区划的重要内容就是为了有计划地进行专业化生产的布局，发挥专业化生产的优越性，组织合理的农业生产地域分工，加快中国农业现代化进程。

② 农业生产区域化。指农业生产各个部门和作物在地区上进行集中生产，是专业化在地区上的反映。受社会经济规律与自然规律交相作用的影响，农业的地理分布具有差异化的区域现象。农业区域的形成是与农业专业化相伴而来的。在一定区域内形成某种农业产品的专业生产，这个区域就形成为该农产品的集中产区。现代化农业形成的区域已不再是主要反映农业自然特点的区域，而是主要反映人们从事农业专业化生产活动的经济区域。农业产品的生产越来越集中在自然条件适宜、经济效果最显著的地区，形成农业产品的生产基地。生产基地体现了生产的分工和地域分工，是合理利用自然和经济资源，实现合理的地区布局，加速农业发展的客观要求。农业区划是农业生产实现区域化的科学手段，通过划分农业区，把农业生产各部门和作物，安排在最适宜的地区集中生产，体现各自特点，发挥其所长，充分发掘其生产潜力，促进农业生产发展。

③ 农业生产社会化。指农业由孤立的、封闭的生产方式，转变为分工细密、协作广泛、开放型的生产方式的过程。它既体现在农业内部各个部门各环节的分工协作，又体现在农业与工业、商业的分工协作关系上，形成农工商的一体化。生产社会化的优越性既是生产力发展的必然要求，也是促进生产力向前发展的重要因素。中国是一个10多亿人口的大国，要进行农业现代化建设，必须立足于自力更生，不断提高农业社会化水平。既要使各个产品生产部门之间形成紧密协调的结构，又要使之在地区分布上各部门生产有其合适的位置，使农业生产既能与自然条件统一，又能使内外经济关系协调。在农业生产各部门、各地区之间达到相互配合、补充和衔接，形成一个社会化的农业生产体系。这就要求农业区划一方面处理好地区之间的生产地域分工和协作，又要使农业各部门之间、农业与工业之间、农业与商业及交通运输业之间、农产品的生产与需要之间，密切配合，协调发展，以保证在实现现代化、区域化生产的同时，不断地提高生产的社会化水平。

第三节　中国综合农业区划方案

农业区划是在查明农业资源的基础上，从自然、经济、技术的综合角度揭示农业资源时空分布规律和农业生产地域分工格局，研究区域资源的优势、劣势、生产发展潜力，按市场需要论证其生产方向和任务，调整农业的结构和布局，合理配置农业资源的一门应用基础科学，同时也是一门因地制宜、分区分类指导农业生产发展和农村宏观发展决策的应用科学。

农业是由多部门和各种作物生产构成的一个大系统，其空间分布尽管因地而异，千差万别，但仍然有其规律可循。农业区域的形成，不仅由于生物对环境的适生要求，而且是历经不同的社会经济发展阶段，长期劳动地域分工的结果。一个地区发展什么样的农业，怎样安排农业各种部门和各种作物，达到多大规模，采取何种经营方式，往往要取决于一定时期的国民经济需要和可能，以及农业的生产水平。从农业自给性生产到发达的商品性专业化、现代化生产，要有一个长期的发展过程。因此，一个国家，或一个较大地区，为了充分开发利用当地的自然和经济资源，因地制宜，扬长避短，促进农产品的不断增产，就有必要通过深入调查，分析各地生产条件和特点，进行农业区划工作，以利分区规划，分类指导，合理布局，分级实施，从而避免农业生产的盲目性。

一、中国农业区划的原则

1. 综合性原则和主导因素原则

综合性原则强调在进行某一级区划时，必须全面考虑构成环境的各组成成分和其本身综合特征的相似和差别，然后挑选出一些具有相互联系的指标作为确定区界的根据。贯彻综合性原则，目的是要保证所划分的单位是一个具有特点的地域综合体，在综合分析的基础上再找出区域分异的主导因素。主导因素原则强调选取反映区域分异的主导因素的某一主导标志来作为确定区界的主要根据，并且特别强调在进行某一级区划时，必须按统一的指标来划分。

2. 发生学原则

由于地域分异是长期发展的结果，具有一定的继承性，追溯发展历史以论证其发生、发展的异同是十分重要的。运用发生学原则，有利于深入研究各组成要素之间以及各区划单位之间相互联系的性质，了解区域分异规律。但是在追溯发展历史的同时，应当认识到，区划的对象是区域形成和发展的自然地理过程所产生的现阶段的自然综合体，区划最终要落实在现代自然特征上，因而必须注意古今之间发生发展过程上的联系。在高级区划单位中，某一单位所以不同于另一同级单位的基本特点，经常都是由于一定的水热条件及水热之间的比例关系而形成的，这就是在高级单位的区划中大多采用"生物气候原则"的原因。区划的低级单位是处在同一水热条件下，同级各单位之间基本特点的不同，常常是因地貌条件的差异而引起的。地貌的差异导致整个下垫面性质的差异。因而考虑地貌条件的发生，在低级单位的区划中是有意义的。

3. 区域共轭性原则

每个具体的区划单位都要求是一个连续的地域单位，不能存在着独立于区域之外而又从属于该区的单位。这一原则决定了区划单位永远是个体的，不能存在着某一区划单位的分离部分。例如，山间盆地与周围山地在自然特征上有明显差别，但根据区域共轭性原则，两者同属于更高一级的区划单位。

4. 保持行政区划完整性原则

行政区划相对比较完整是有别于自然区划的一个重要原则，在一个完整的区域内尽可能保持类型相同，即使有小的区域出现与周边区域的差别也可以归为一类，目的是便于统计分析和生产计划的制订。

二、中国农业区划的方法与依据

1. 中国农业区划的一般方法

中国农业区划方法大致可分为定性分析分区法和定量分析分区法。

定性分析分区法包括主导因素分析法、区域对比法、地图叠加法、综合平衡法等。这种方法在掌握一定资料和数据的基础上，依据区划的目的，确定分区原则和指标体系，绘制单因子分区图，再进行叠加分区，对分区中不确定的界限，采用经验分析，结合实地调查进行完善。

定量分析分区法比较常用的有聚类分析法和模糊聚类分析法。其基本步骤是根据区划目的，筛选关键因素，按照各因素对农业生产影响的重要程度确定其权重，然后进行聚类，把相似程度最大的合为一类，对聚类结果进行检验和调整。随着科技进步，线性规划、多目标规划、系统分析方法、系统动力学和多种决策技术在农业区划领域得到逐步应用，定量化研究也逐步深入。

2. 中国农业区划的依据

中国农业区划的基本依据主要包含四条：一是发展农业生产的自然条件和社会经济条件的相对一致性；二是农业生产基本特征与进一步发展方向的相对一致性；三是农业生产关键问题与建设途径的相对一致性；四是基本保持县级行政区界的完整性。

这四条依据除第四条有关区划界线外，其余三条涉及面很广，包括大量的指标，基本涵盖了农业区划涉及的自然条件评价、农业生产特点、农业生产潜力、农业发展方向、农业发展途径等全部内容。

自然条件评价是农业区划的基础，对各种自然条件和资源，如气候资源、土地资源、水资源、生物资源、各种自然灾害等，以及社会经济条件，如人口劳力、技术装备程度、交通运输条件、地区经济发展水平等进行农业发展适宜性评价，重点是开展光、热、水、土等配合条件的综合评价。

农业生产特点分析的重点是农、林、牧、副、渔现有生产基础，主要包括各部门和作物的布局现状（现有布局的自然适合性和经济合理性评价）、部门结构（各部门比例及相互关系）、生产水平（产量高低及稳定程度）、商品化程度等。

农业生产潜力估算主要是从农业生产发展的薄弱环节和关键问题（如产量不高不稳、生态平衡失调等）出发找出障碍因素和主要矛盾，从高低产典型的对比中发掘生产潜力。

农业发展方向确定是在全面评价条件、现有生产基础和发展潜力的基础上，研究区域适宜的农业生产发展方向，发展的主次轻重，做到扬长避短，发挥地区优势。同时还要有全局观点，形成合理的区域分工。

农业发展途径重点关注要实现农业生产发展方向，需要解决哪些关键问题，采取哪些重要措施，对于长远方向更要求明确由近及远的过渡步骤。

农业区划的依据虽然要全面考虑这五个方面，但其中心内容，则是生产发展方向和发展途径。每个区今后农业生产向什么方向发展，主要发展什么？要采取什么重大措施和步骤来发展？这是综合农业区划所要回答的两个主要问题，也是最带有综合性的问题。例如，黄土高原是以农为主，还是林牧为主，表面上看似乎只是农林牧相对位置的摆法问题，实际上这不仅涉及对黄土高原的自然条件、经济条件、历史和现状的评价，还涉及黄土高原治理方针的百年大计。正确拟定各地区的生产发展方向和发展途径，实际上是中国总的农业发展战略在各个地区因地制宜的落实问题，也是各地区在农业生产上如何扬长避短、发挥优势的问题，这是综合农业区划的中心任务，也是划区和分区命名的主要依据。

三、中国综合农业区划方案

1. 中国三大自然区域的地域分异与农业分布特征

根据自然环境的基本特征，首先将全国划分成东部季风区、西部干旱区和青藏高寒区。东部季风区与西部干旱区的界限大致与年降水量 400 毫米和干燥度 1.5 等值线相符。东部季风区以纬度地带性为主，西北干旱区以经度地带性为主，青藏高寒区以垂直地带性为主。对东部季风区而言，热量条件是决定种植制度与农业布局的重要因素，南北之间的农业巨大差异与水分收支平衡状况有关，900 毫米年降水量线以南大部分地区水分盈余，以北为旱地农业区。本区作物种类、品种结构以及耕作制度呈现出过渡性特征。三大自然区域主要特征和农业种植制度差异分别见表 1—4 和图 1—3。

2. 中国农业区划体系

农业区划分为纵向和横向两个体系。纵向体系指国家、省市、县级等多层次农业区划；横向体系包含自然区划—部门农业区划—综合农业区划。

中国地广人众、生产水平差别较大，必须形成不同尺度的农业区划方案。除全国层面宏观区划以外，各省、市、自治区以至各县市层面也需形成自身的区划，自上而下、

表 1—4　三大自然区域的主要特征

自然区域	自然带与亚带	温度指标			主要植被和土壤	农业特征
		>10℃积温	最冷月气温	年平均极端最低气温		
东部季风区	温带	<4 500	<0	<—10		有“死”冬
	寒温带	<1 700	<—30	<—45	针叶林、漂灰土	一年极早熟作物
	中温带	1 700～3 500	—30～—10	—45～—25	针阔混交林、暗棕壤	一年一熟，春麦为主
	暖温带	3 500～4 500	—10～0	—25～—10	落叶阔叶林、棕壤	两年三熟，冬麦为主
	亚热带	4 500～8 000	0～15	—10～5		冷季喜凉作物、热季喜温作物
	北亚热带	4 500～5 300	0～5	—10～—5	常绿落叶阔叶林、黄棕壤	稻麦两熟
	中亚热带	5 300～6 500	5～10	—5～0	常绿阔叶林、黄、红壤	双季稻两年五熟
	南亚热带	6 500～8 000	10～15	0～5	季风常绿阔叶林、赤红壤	双季稻一年三熟
	热带	>8 000	>15	>5		喜温作物全年生长
	边缘热带	8 000～8 500	15～18	5～8	半常绿季雨林、砖红壤	喜温作物、一年三熟
	中热带	>8 500	>18	>8	季雨林、砖红壤	木本作物为主
	赤道热带	>9 000	>25	>20	珊瑚岛常绿林、磷质石灰土	可种热带作物
西北干旱区	干旱中温带	<4 000	<—10	<—20	草原与荒漠、棕钙土	一年一熟，有冬麦和棉花
	干旱暖温带	>4 000	>—10	>—20	灌丛与荒漠、棕漠土	两年三熟、一年两熟
青藏高寒区		≥0℃积温	最暖月气温			
	高原寒带	<500	<6		高寒荒漠、高寒荒漠土	无人区
	高原亚寒带	500～1 500	6～10		高寒草原、高寒草原土	只有牧业
	高原温带	1 500～3 000	10～18		山地针叶林、山地森林土	有农林业

资料来源：中国科学院，1989。

自下而上相结合。既要考虑全国统一规划，又要因时因地制宜；既要承担全国或全省（区）农业生产计划任务，也要适当兼顾当地的需要，即做到商品性生产与自给性生产相结合，统筹兼顾，扬长避短，发挥优势，合理配置，构成一个从全国、省市区到县市不同等级农业区自上而下有机衔接的纵向区划体系。

农业区划不仅在于客观地认识自然，而且更在于认识自然规律，能动地利用和改造自然。为了最大限度发挥自然生产力，要深刻查明各地区的农业自然资源的数量、质量，分析自然条件的地区结构及其潜力，有必要进行为农业服务的自然区划。包括农业气候区划、地貌区划、土壤和植被区划、水文和潜水区划等。

图 1—3　中国三大自然区域和农业种植制度分布

资料来源：周立三，1993。

《中国综合自然区划》是20世纪80年代初全国农业区划委员会组织制定的综合自然区划，它根据中国特有的地形地貌条件和气候、土壤、植被等分布的规律性，本着综合因素与主导因素相结合、相似性与差异性相结合、重视与农业生产密切相关的自然要素等分区原则，将中国划分为3个自然区域、14个自然带、44个自然区（图1—4）。

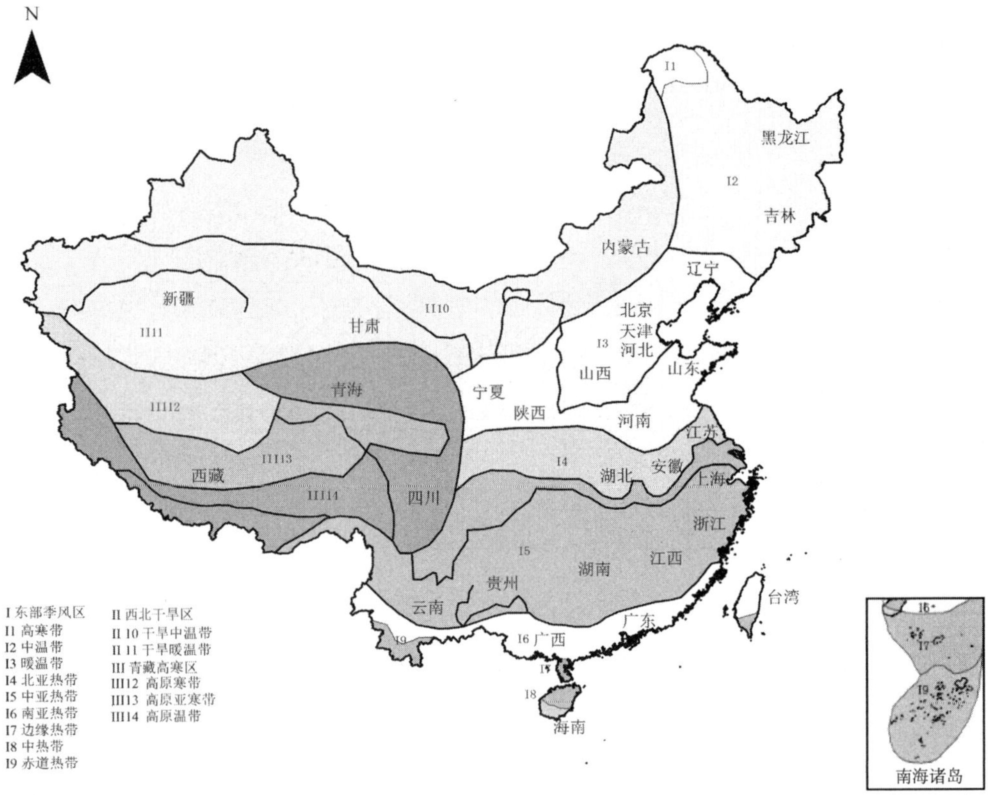

图1—4　中国综合自然区划

资料来源：中国农业区划委员会，1984。

由于农业技术的不断进步，必然引起各生产部门的专业化，因此，农业区划必须研究农业生产的专业化问题，需要分别研究农业各部门、各作物的分布现状及其原因。另一方面，要使农业生产获得全面发展，还必须从分析到综合，进行各种专业区划的调查研究，需要开展各种专业区划的研究。与面相对应，就形成一个横向的区划体系，即自然区划—部门区划—综合区划的横向农业区划体系（图1—5）。

3. 中国农业区划方案

以三大自然区域划分为基础，探讨中国农业生产地域分异的规律，区别差异性，归纳共同性，按照自上而下的方法，划分中国的农业区（全国农业区划委员会，1981）。

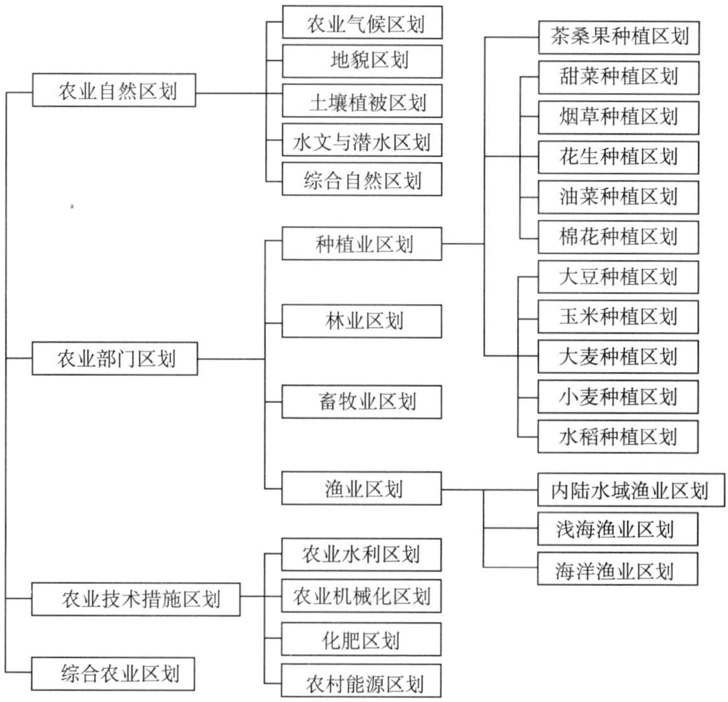

图 1—5　中国农业区划体系

首先，中国最大的农业地域差异是东部和西部差异。东部地区光热水土资源匹配条件良好，农业发展历史悠久，人口稠密，是中国绝大部分耕地、农作物、林、渔、副业的集中地区；西部地区气候干旱，光热水土资源配合有很大缺陷，农业发展历史较晚，人口稀疏，劳动力不足，农区小而分散，大部分以放牧畜牧业为主。

在东部和西部又可分为南、北两部分。东部秦岭淮河以北的北方地区，以旱作为主要的耕地形态，发展了一套旱地农业生产制度，是中国各种旱粮作物的主产区；秦岭淮河以南的南方地区，以水田作为基本形态，是水稻和各种亚热带、热带经济作物的主产区。西部祁连山以北的甘新地区，农业完全依靠灌溉，荒漠和山地畜牧业发达；祁连山以南的青藏高原，牲畜、农作物和林木都有高寒地区的特点。

在以上四大地区分析基础上，按照自然条件和农业生产的基本特征，将东部农业区进一步细分：秦岭淮河以北的北方地区进一步细分为四大农业区，即东北区、内蒙古及长城沿线区、黄淮海区、黄土高原区；秦岭淮河以南分为长江中下游、西南和华南地区，加上海水养殖区，共同构成了全国一级农业区体系，在十个一级农业区划分的基础上，进一步根据农业生产发展方向和建设途径又分成了 38 个二级农业区（图 1—6）。

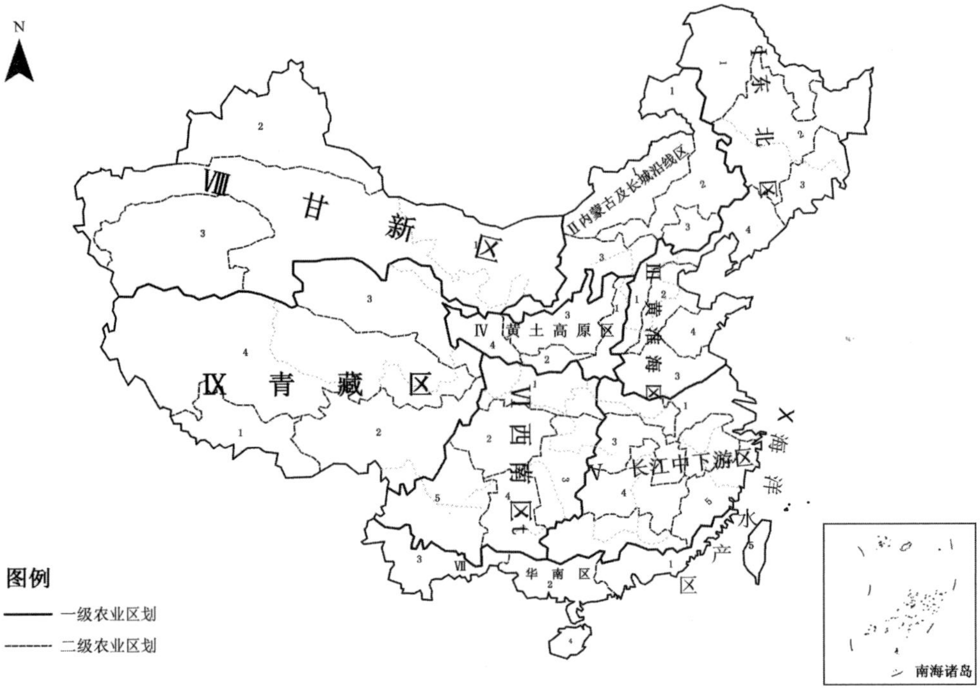

一级区	二级区
东北区	兴安岭林区
	松嫩三江平原农业区
	长白山地林农区
	辽宁平原丘陵农林区
内蒙及长城沿线区	内蒙北部牧区
	内蒙中南部牧农区
	长城沿线农牧林区
黄淮海区	燕山太行山山麓平原农业区
	冀鲁豫低洼平原农业区
	黄淮平原农业区
	山东丘陵农林区
黄土高原区	晋东豫西丘陵山地农林牧区
	汾渭谷地农业区
	晋陕甘黄土丘陵沟谷牧林农区
	陇中青东丘陵农牧区
长江中下游区	长江中下游平原丘陵农畜水产区
	豫鄂皖低山平原农林区
	长江中游平原农业水产区
	江南丘陵山地农林区
	浙闽丘陵山地林农区
	南陵丘陵山地林农区
西南区	秦岭大巴山林农区
	四川盆地农林区
	川鄂湘黔边境山地林农区
	黔桂高原山地林农牧区
	川滇高原山地林农牧区
华南区	闽南粤中农林水产区
	粤西桂南农林区
	滇南农林区
	琼雷及南海诸岛农林区
	台湾农林区
甘新区	陕甘宁农牧区
	北疆农牧林区
	南疆农牧区
青藏区	藏南农牧区
	川藏林农牧区
	青甘牧农区
	青藏高寒牧区
海洋水产区	

图 1—6　中国农业区划

资料来源：孙颔，1994。

各一级农业区农业主要特点和发展方向见表1—5所示。

表1—5　分区农业主要特点和发展方向

一级区划	主要特点	发展方向
东北区	1. 一年一熟；2. 中国人均粮食产量相对最多的地区；3. 平原广阔，土地肥沃，适宜发展种植业；4. 森林覆盖率高	1. 适当扩大耕地面积；2. 采取综合措施，提高抵御低温冷害和洪涝、盐碱、风沙等的能力；3. 林区要以营林和更新造林为中心，加强护林防火，合理利用森林资源；4. 大力发展畜牧业
内蒙古及长城沿线区	1. 雨量少而变率大，春旱严重；2. 农作物只能一年一熟；3. 水热条件不够充足；4. 北部为牧区，中部为半农半牧区，南部为农区；5. 全国生态平衡严重失调地区之一	1. 制止土地沙漠化；2. 实行以草定畜和划区轮牧；3. 建立人工饲草饲料基地和各种良种牲畜生产基地，提高出栏率和商品率；4. 半农半牧区实行以牧为主，农牧结合的方针；5. 稳定农区耕地，着力提高单产
黄淮海区	1. 3/4为平原，年降水量500～800毫米；2. 土壤盐碱化；3. 温带水果苹果、梨、柿产量居全国之首；4. 林牧业薄弱	1. 综合治理旱涝碱，大力发展节水型农业；2. 坚持用地养地相结合，培肥改土，提高单产；3. 巩固提高粮食生产，合理布局经济作物；4. 大力发展畜牧、林业和副业，改善农业生产结构
黄土高原区	1. 年降水量大部分约400～600毫米；2. 本区近70%的土地覆盖着深厚的黄土层；3. 长期滥垦陡坡导致水土流失加剧	1. 防治水土流失；2. 种草造林，尽快提高牧业和林业的比重，实行农林牧综合发展；3. 大力建设基本农田，变广种薄收为少种高产多收
长江中下游区	1. 北亚热带和中亚热带，年降水量800～2 000毫米，农作物可以一年二熟或三熟；2. 平原约占1/4，丘陵山地约占3/4，水网密布，湖泊众多	1. 加强水利建设，根除洪涝渍旱灾害；2. 用地养地相结合，改进耕作制度；3. 科学开发利用丘陵山地，大力发展林牧副业；4. 合理开发利用和保护淡水水域，积极发展利用水产业
西南区	1. 水热条件较好而光照条件较差；2. 丘陵山地和高原面积占全区的95%，农业生产地域类型复杂多样	1. 大力发展灌溉，改变冬水田、望天田和雷响田比重大的靠天吃饭局面；2. 改造低产田地，提高复种指数；3. 大力发展林牧业生产，改变山区贫困面貌
华南区	1. 唯一种植热带植物的地区；2. 高温多雨，四季常青；3. 山多田少，人多地少；4. 重要的水产品和蚕丝生产基地	1. 必须正确处理粮胶、粮蔗等关系，建设以橡胶为中心的热作生产基地和蔗糖生产基地；2. 大力改善水肥条件，提高复种指数和单产，建立区内粮食生产基地；3. 大力发展林业、果树和多种经营

续表

一级区划	主要特点	发展方向
甘新区	1. 气候干旱，以绿洲农业和荒漠放牧业为主；2. 光能资源丰富；3. 年降水量普遍小于 250 毫米；4. 永久积雪和现代冰川成为山麓地带农田灌溉的主要水源	1. 必须合理开发和节约利用水源，改良盐碱地；2. 调整季节牧场，加强草原建设，实行农牧结合；3. 造林种草、防风固沙
青藏区	1. 海拔 4 500 米以上的高原约占 2/3；2. 高寒（地势高、气温低），大部分地区热量不足；3. 太阳辐射量是全国最多的地区	1. 加速建设巩固的草料生产基地，摆脱靠天养畜状态；2. 提高牲畜质量，调整畜群结构；3. 因地制宜发展种植业，建立区内商品粮基地；4. 合理利用和保护森林资源

第四节　中国农业区划的学术影响与社会贡献

一、中国农业区划是地理学区域综合研究的典范

1. 体现区域性和综合性地理学思想

农业和国民经济其他部门的最大差异在于，它是自然再生产过程和经济再生产过程相交错的范畴。气候、地貌条件和土壤天然植被条件交错在一起，构成中国自然条件繁复的地域差异性，为发展多样化的农业生产提供了可能性，也为各地发挥优势、因地制宜发展农业生产提供了条件。尤其是中国自然条件对农业生产的不利影响比较明显，年降水量在 250 毫米以下。不适宜农作物生长的地区约占全国土地面积的 1/3，广大的山地对生产和生活带来很大的不便。还有沙漠、戈壁、高山冰川和永久积雪、寸草不长的石骨裸露地以及西藏北部的高寒荒漠，这些在目前技术和经济条件下难以利用的土地加在一起，占到全国土地面积的 22%。同时，中国又是一个多民族的国家，50 多个少数民族有不少具有特殊的生产习惯和生活需要，而且各地区发展不平衡，原有经济基础也不一样，农业生产的部门结构和生产水平也都存在差异。中国农业区划顺应中国自然条件与经济社会发展特点及地域差异，遵循地理学区域性和综合性的学术思想，统筹水土气生各自然要素和人口劳动力与发展水平等经济社会要素，兼顾国家、省市区和县不同地域单元，从而形成不同等级农业区自上而下有机衔接和自然社会各要素相辅相成的综合农业区划体系，具有极强的科学性和指导性。

2. 遵循地带性、非地带性地域分异规律

农业具有地域分异特点。农业自然区划作为农业区划的一项基础性工作，主要揭示自然地域分异与农业分布的关系，是农业必须因地制宜的根本原因，也是农业区划重要的客观依据。地带性规律就是受地带性因素影响而表现出来的，其中气候是地带性因素中的主导因素。气候主要受纬度因素制约，水文、植物、土壤等的分布也都受到气候因素的影响，它们的分布一般都呈带状分布，是农业区划遵循的最基本规律。有些因素如海陆分布、地形、岩石等，它们的分布与太阳辐射能没有联系或没有直接联系，而是受内力因素、主要是地质构造控制，其分布不成带状，称为非地带性因素，是农业生产过程中必须考虑的局地因素。

人类经营农业生产，通过对自然条件的适应、改造，可以在一定程度上影响农业生产的分布，但不能完全改变自然地域分异规律对农业分布的影响。耕作制度及作物品种，不仅自北到南明显反映纬度地带性规律，而且显示经度地带性规律。

农业区划受到地带性和非地带性因素的综合影响，既需要考虑以气候为主的地带性因素，也需要考虑地形、地貌等非地带性因素的影响。如山地开发，要充分考虑垂直地带性因素的作用。新疆南疆和北疆地区的农业区划和农业开发，要综合考虑地带性及非地带性因素的影响。中国农业区划首先根据自然地理环境特征，将中国分成东部季风区、西部干旱区和青藏高寒区，然后再根据地带性和非地带性因素进一步分为十个一级农业区和 38 个二级区，充分体现了地带与非地带性结合的特点。

3. 体现自然与人文交叉的研究方法

农业区划是一门涉及自然生态、社会经济和多种技术，横跨自然、技术、社会经济等多学科高度综合的边缘交叉性学科，包含了农业、林业、牧业、渔业，以及水文、土壤、环保、气候、生态等自然学科和社会、经济、规划区划等人文学科领域，也包含遥感和 GIS 等学科先进技术应用。中国农业区划研究充分体现了自然与人文交叉的区域综合研究思路，推动了中国区域（流域）地理学发展。

二、农业区划对全国农业发展的贡献

1. 创新农业科学管理方式

农业区划在中国的兴起，在农业生产科学布局中发挥关键作用，在政府进行农业发展管理中履行着不可替代的功能，同人文与经济地理学者的咨询建议、研究探索以及应用实践是紧密相关的。1963 年和 1964 年人文与经济地理学者关于开展中国农业区划研究倡议得到决策层采纳，人文与经济地理学者主持研制的省区农业区划成果得到中央领导的肯定和高度重视，“农业区划研究是因地制宜领导农业生产的基本功”成为各级政府的共识，全国大多数省区成立了农业区划委员会或农业区划领导小组，农业区划工作进入第一轮高潮期。1979 年国务院成立了全国农业自然资源调查和农业区划委员会，组织开展不同空间尺度、不同农业经济领域的横纵交织的农业区划工作。为推广和系统应用农业区划成果，中国成立了从中央、省、市、县四级农业区划委员会及其办事机构。时至今日，中国农业区划还在发挥着不可替代的重要作用。1981 年周立三院士主编完成的《中国综合农业区划》报告成为中国第二轮农业区划高潮的代表性成果。

以周立三先生为代表的中国人文与经济地理学者以实践为基础，从理论上对农业区划作了阐述，指出农业生产具有明显的地域性、严格的节律性、较长的周期性和生产上的不稳定性；阐明现代化的农业必须实行区域化、专业化生产，同时又必须结合中国国情、因地制宜地逐步实现；指出农业生产的地域差异是现实的存在，成为研究农业区划的客观基础；同时强调自然条件始终作用于农业生产，而且在不同程度上影响劳动地域分工。农业区划的理论与实践，改变了中国农业发展的路径，塑造了中国农业生产的分布格局，影响了中国农业经济管理的方式，是人文与经济地理学者在中国现代化建设初期阶段，面向国家经济建设重大需求所作出的最突出的贡献。

2. 影响国家农业发展战略和规划

中国农业区划形成了系列成果。作为中国农业区划研究的代表性成果《中国综合农业区划》，是中国首部全面、系统论述中国农业资源与农业区划的专著，为分区规划、分类指导和调整农业生产结构与布局发挥了重要作用。专著《中国农业区划的理论与实践》系统总结了中国农业生产特点和地域分异规律，并对农业区划理论、方法作了全面探讨。基于农业区划研究成果编制完成的《中华人民共和国国家农业地图集》为中国第一部国家大地图集，系统反映中国农业生产条件特征、分布规律以及 1949 年以来农业生产成就和最新研究成果，为国家农业生产结构和布局的宏观决策提供了重要的科学依据。中国农业区划的系列成果，对于克服长期以来农业上瞎指挥、一刀切的危害，对改革开放以来农业调整作出了有益的贡献；为原国家农委及中央组织部培训中央及省区农业领导干部起了重要作用；为各省开展农业区划起了重要的示范作用；为国家计委制订农业发展中长期规划，为中央书记处农村政策研究室及国务院农村发展研究中心制定《1986～2000 年中国农村发展纲要》提供了重要的背景材料。

中国农业区划综合评述了中国农业自然资源特点，指出制订规划和指导农业生产必须从资源实际情况出发，充分发挥和利用有利因素，适应和改造不利因素，因地制宜合理安排生产布局和实行农业技术改造；对当时利用中矛盾较多及具有开发潜力的生地资源，如宜农荒地、草地、南方丘陵山地、沿海滩涂、黄土高原、盐碱地、沙漠化土地等分别作了具体分析和评价，提出了合理利用和综合治理的建议和措施；分析了主要作物及林业、畜牧业、渔业生产的状况，指出农林牧渔业生产中相当普遍地存在着掠夺性的经营方式，强调实行集约经营，提高单产；提出了合理调整农业结构和布局、选建商品生产基地以及从中国国情出发，大搞农业水利建设，大力发展农业机械化的依据和建议。区划系统揭示了中国农业地域分异规律，并结合区划方案对各农业区的特点、农业生产发展方向和发展途径分别作了系统阐述。

从“七五”（1986～1990 年）开始，农业区划工作的重点转移到区域规划和区域开发方面，全国农业区划委员会先后同国家计委合作，开展了西部地区农村经济发展研究、农村产业结构的战略对策研究、粮食区域平衡研究，农业区划延伸到一个新的阶段，使它更加适应农村改革和农业发展的时代需要。

3. 成为优化全国农业布局的依据

1981 年，周立三先生主持全面完成《中国综合农业区划》，针对农业普遍存在的问题，对全国的农业资源利用和农业生产布局优化进行了系统深入的研究，成为农业生产科学布局的依据。

（1）要逐步改粗放经营为集约经营。种植业必须加强农业基本建设，充分注意养地和用地相结合，积极推广先进技术，实行精耕细作，努力提高单产。同时，有计划地开垦一部分质量较好的宜农荒地。

粮食生产要继续抓紧，这是关系到 10 亿人民吃饭的头等大事。在地区布局上，应当着重抓好两头：一是发挥余粮地区的生产优势，建立商品粮基地，保证大城市、工矿区和经济作物集中产区的粮食供应，以及国家必要的调剂和储备；二是加强多灾、低产、缺粮地区的综合治理，因地制宜建设好基本农田，力争做到粮食基本自给或自给。商品粮基地，应选择人均占有粮食产量在 400 千克以上、商品率在 25%以上、每年调出粮食 2 500 万千克以上的县，集中连片建立。

加快发展棉花、油料、糖料等生产，积极发展多种经营。经济作物要改变布局日趋分散的状况，按照“因地制宜，适当集中”的原则，调整生产布局，改变日趋分散的现象。长江和黄河中下游平原，是中国棉花的主产区。江汉平原和长江下游滨海、沿江棉区，是棉田面积集中的高产棉区，应该利用现有基础，加速其现代化建设，进一步巩固提高。黄河中下游棉区应该稳定并适当扩大面积，合理调整，适当集中，加强建设，提高单产。南疆的塔里木和吐鲁番盆地，是中国最适宜的植棉区，应该积极创造条件，逐步建设成为中国的优质棉和长绒棉基地。各种经济作物都应在调查研究的基础上，因地制宜地进行合理调整。

林业生产的发展要以造林更新、森林抚育为中心，在建设好东北、西南两大林区的同时，充分发挥南方广大山区林业生产潜力，加强平原和盆地农区的“四旁”绿化和小片造林，搞好“三北”防护林建设。因地制宜安排林种结构，用材林、防护林、薪炭林、经济林等统筹兼顾，群众燃料紧缺地区要特别注意营造薪炭林。积极发展畜牧业，加强基础设施建设，大力提高生猪的出栏率和商品率。同时积极发展牛、羊、兔、鹅等草食畜禽。大城市郊区要建立饲料工业，发展工厂化畜禽饲养，努力增加鲜活畜产品的供应。牧区和半农半牧区，要积极地、有选择地加强基础建设，提高出栏率，建立一批基地。

渔业生产要积极发展人工养殖，加强近海渔业资源保护和资源增殖，因地制宜地安排生产布局和结构。

(2) 从实际出发，有步骤、有重点地进行农业技术改造。农业技术改造应以提高土地的单位面积产量为重点，应用现代农业生物科学的成果，推广行之有效的传统增产技术；充分利用劳动积累，进行治水、改土等各项农业基本建设；积极用现代工业武装农业，有计划、有选择地发展农业机械化、电气化和化学化。总之，要根据各地的实际情况，因地因时制宜，各有侧重，采取综合措施，造成一个良好的农业生态环境和建立一套高产、稳产、优质、低耗的技术体系。

大力开展农田基本建设和水土保持工作，搞好工程配套，实行科学用水，充分发挥现有水利设施的作用。同时要因地制宜进行防、蓄、引、提、排、灌等措施，逐步做到在一定标准下遇旱能灌、遇涝能排、遇洪能防，配合其他农业技术措施，促进农业的稳产高产。

农业机械化，要从中国人口多、耕地少、家底薄，以及自然条件复杂、作物和耕作制度多样的实际出发，发展速度和规模要与资金积累、劳动力转移、能源供应等相适应，优先实施最急需、最见效的地区和项目。

加快发展农用化学工业。化肥工业除增加数量外，要向高浓、复合、混合、长效、颗粒方向发展，同时解决氮、磷、钾肥比例失调问题。农药生产要以高效、低毒、低残留为目标，积极改进品种，提高质量，降低成本，调整布局。

农村能源，特别是生活能源，是亟待解决的重大问题。各地应从实际出发，改革现在使用生物能的落后方式，积极发展沼气，开发小水电、太阳能、风能、地热、潮汐能等资源，实行多能互补的方针。

（3）要尽快扭转农业生产中的恶性循环，必须改变掠夺性的经营方式。种植业要加强农田基本建设，充分注意用地和养地结合，实行精耕细作。对已不合理开垦的水土流失严重的陡坡地、风蚀沙化严重的草场、影响水产资源增殖和蓄洪灌溉严重的湖田，要逐步退耕还林还牧还渔；林业要适当控制采伐量，在采伐量不超过生产量的前提下确定木材生产任务，加强林道的维修和增建，开发边远林区，选择肥沃迹地培育速生丰产林，建设永久性的木材生产基地。要改变无节制片面追求存栏头数和净增率的错误做法，而致力于提高总增率、商品率和质量，采用大面积天然草场与一定面积集约化的人工草场相结合的办法，实行分区轮牧和轮流打草，使草场有一定的恢复期。要控制近海捕捞强度，因地制宜规定捕捞限额。

三、农业区划在地方农业现代化建设中的作用

农业区划在各地的农业现代化建设中都发挥了重要作用。以江苏省农业区划为例，周立三先生曾于 20 世纪 60 年代初期和 70 年代末期，两次主持研制江苏农业区划。第一轮形成的全省六大农业区的框架和积累的自然与社会经济学科资料，仍然是第二轮农业区划的基础。两轮农业区划为江苏省调整农业生产和土地利用、引导区域协调发展，都发挥了重要作用（中国科学院南京地理与湖泊研究所，2010）。

一是综论中提出的基本观点，诸如地处中纬度地区，跨南北三个生物气候带，农业气候兼有南北之长，农业生产宜坚持多作物、多种类、多熟制，但需严格注意生态适宜范围与加强对雨涝、台风和低温防御的观点；仍要把发展粮棉油为主的种植业作为主要任务，相应发展与农区特点相适应的多种经营，实行农牧、农林农渔结合，建立良好的生态—经济系统的观点。地处江淮下游，水系特别发达，除要进一步扩大江水北调、东调工程，提高跨流域调度能力之外，要把重点放在巩固提高江海河湖堤防、增强农田抗洪、排涝与治盐能力的观点；由于人多地少、人口密集，要严格控制人口增长和非耕地扩大的观点；滨海临江，港口多，大中城市多，水陆交通比较发达，农业生产要为城市和发展内外贸易服务的观点等，都得到了江苏省委省政府的认可，并经时任省委书记签发，印送省党代会和农业会议讨论参考。

二是对六个一级农业区和 45 个二级农业区的资源条件、生产特点、发展方向和治理途径作了比较详细的分析和探讨，较好地突出了地域的概念和位置，与第一次农业区划相比，在第二次区划中，除了 45 个二级农业区因农田基本建设和乡镇企业发展而导致结构布局的较大变化，作了较大调整外，六个一级农业区都基本保持了原来的范围，

只是在沿江东部与沿海南部交接处作了局部的调整。这说明，经过近20年的实践，不仅在农业区划的基础上渐次形成了区域经济实体，同时也反映了抓住经常而稳定作用的大的地带性因素和大的农业地貌差异，结合资源潜力的开发利用方向所确定的区域划分原则是恰当的，经得起历史考验的。

三是充分发挥了农业区划纵向和横向两个系统的作用，较好地协调了省内一、二级区划和县级区划的关系，为全省大范围内的农业结构布局，如粮食作物布局、经济作物布局，以及"旱改水"、"沤改旱"、"单改双"地区布局的重新调整等问题创造了较好的条件，基本上把棉花和油料生产面积控制在国家计划之内。

四是农业分区被广泛应用于分类规划、分类指导上。江苏农业区划所确定的农业基本建设项目和区域开发重点项目，都基本实施，江淮东部平原、宜桑宜蚕，形成当时新的重点蚕区。太湖沿岸常绿果树带栽种面积扩大了一倍以上，废黄河滩地按照区划所确定的农林果牧相结合的原则，顺利调整了产业结构与布局。

第五节 讨论与展望

中国农业区划取得了重要的理论和实践进展，在国内学术界占有非常重要地位。原有的农业区划方案至今仍然没有太大变化，这充分体现了农业区划体系的严谨性和科学性。

（1）建立了自然要素与经济要素相结合的综合区划理论体系与方法。中国农业区划研究是地理学区域性和综合性核心学术思想在中国的重要发展和实践成果。区划强调对气候、土地、水与生物资源和自然灾害等各种自然条件以及人口、劳动力、农业技术、交通运输条件与地区经济发展水平等社会经济条件进行农业发展适宜性评价，并在此基础上，通过以县域为单元的自然与经济要素的综合叠加，判别各地农业生产条件优劣和农业适宜发展方向。区划采取自上而下和自下而上相结合的方法，重视全国统一和因地制宜的统筹，各种自然与经济条件的兼顾，构建从全国、省市区到县市不同等级农业区自上而下有机衔接的纵向区划体系和气候、地貌、水文、土壤和植被区划相辅相成的横向区划体系高度融合的中国农业区划体系。

（2）形成了中国农业发展的方向、途径与农业生产格局的科学配置方案。基于中国农业自然资源与农业经济要素的综合评价和中国基本国情的系统分析，指出了中国农业发展面临农业资源人均占有量少，农业结构不合理，基本上处于粗放经营和恶性循环的现实问题，农林牧渔业生产中相当普遍地存在着掠夺性的经营方式，提出“变粗放经营为集约型经营，变恶性循环为良性循环”的经营理念和既要考虑全国统一规划，又要因时因地制宜；既要承担全国或全省（区）农业生产计划任务，也要适当兼顾当地的需要，即做到商品性生产与自给性生产相结合，做到统筹兼顾，扬长避短，发挥优势，合理配置的中国农业发展基本方向。形成了符合中国农业地域分异规律的十个一级农业区和38个二级农业区的农业生产格局科学配置方案及有针对性的各自农业生产发展方向与途径。

（3）开辟了任务带学科和地理学为国民经济发展服务的地理学发展途径。中国地理学家一贯坚持科学研究为国民经济服务的理念，在长期的地理学研究中十分重视针对不同时期国家国民经济发展中出现的问题或站在国家层面上分析与发现问题，组织重大科研项目，开展多学科协同攻关，在完成生产任务的基础上总结提炼，发展学科理论与方法，中国农业区划就是成功的典范。周立三先生认为，无论在经济建设、社会发展、国家防卫、民族意识与文化教育建设的诸多方面，地理学只要运用有方，都能适应时代需要而发挥其应有的作用。这也是中国地理学研究成果能在国家层面得到重视和应用的重要法宝。

随着发展形势的不断变化，以土地资源为核心的农业自然资源合理利用的重点逐步聚焦到面向新农村建设、耕地保护和城乡土地统筹配置“三位一体”的长远目标，原有研究内容从单纯的农业资源评价和农业生产发展演变成为农业、农村、农民“三农”问题，包括土地利用/覆被变化对生态系统服务的影响、乡村地域类型分异与乡村系统功能多样性、城乡关系与空间结构重构、农村空心化与农村要素非农化效应等（刘彦随、龙花楼、张小林等，2011；梁世夫、姚惊波，2008）。

参考文献

胡星池：“农业区划的理论基础探究”，《北京农学院学报》，1986年第3期。
梁世夫、姚惊波：“农业多功能性理论与我国农业补贴政策的改进”，《调研世界》，2008年第4期。
刘彦随、龙花楼、张小林等：“中国农业与乡村地理研究进展与展望”，《地理科学进展》，2011年第12期。
全国农业区划委员会：《中国综合农业区划》，农业出版社，1981年。
孙颔：《中国农业自然资源与区域发展》，江苏科学技术出版社，1994年。
陶红军、陈体珠：“农业区划理论和实践研究文献综述”，《中国农业资源区划》，2014年第2期。
中国科学院：《中华人民共和国国家农业地图集》，中国地图出版社，1989年。
中国科学院南京地理与湖泊研究所：《湖泊科学与区域地理学研究进展与展望》，科学出版社，2010。
中国农业区划委员会：《中国自然区划概要》，科学出版社，1984年。
周立三：《中国农业区划的理论与实践》，中国科学技术大学出版社，1993年。

第二章 城市地理学进入城市规划领域的学术优势与协同发展

1949年以来，尽管中国国家经济体制的总体定位有所变动，但“有计划”的定位却没有改变。然而，即使是在改革开放前的完全计划经济时代，中国也没有关注空间布局类规划，没有一张对全国国土空间开发保护格局规划的蓝图，没有不同空间尺度相互衔接和重点有所侧重的空间规划体系。当人口规模和经济总量在不断增长，工业化、城市化和农业生产空间布局就出现了资源利用、环境保护、不同用地功能协调、开发效率和国土品质等一系列问题。特别是在改革开放以后经济迅速发展、国土空间开发强度迅速提高的过程中，由于缺乏空间管制的制度设计，缺乏空间布局规划的指引和约束，全国范围内国土开发无序，地方工业化城市化盲目，空间布局混乱，区域发展协调性差等，成为改革开放以来高速经济增长过程中存在的主要问题。空间布局的问题成为加剧人口经济和资源环境冲突、社会进步滞后于经济增长、城乡和区域发展差距扩大等问题的主要原因，直接影响到中国可持续发展的能力，影响到参与全球化的竞争能力，影响到社会公平和人民福祉水平。因此，空间布局类规划开始在中国受到高度关注，并在近年来有了显著进步。

在空间布局类规划整体薄弱、大多数欠缺的背景下，城市规划一直是支撑中国空间布局类规划的最主要的类型。从历史的悠久性和常态化程度、规划研制的规范化程度、规划实际应用程度、科学与决策管理的认可程度等四个方面衡量，城市规划在改革开放之前是唯一一项具备全面衡量标准的空间布局规划，改革开放之后也是少有的具备全面衡量标准的空间布局规划类型之一。但是，城市规划在中国学科体系定位、人才培养方向以及专家知识结构的偏向方面，长期被列为工程技术类，这就从根本上削弱了城市规划学科的理论基础建构能力，以及对重大问题需要通过复杂性研究才能得以解决的能力。比如：如何确定一个城市合理的人口规模和城市未来发展的性质？如何理解一个城市同其紧密相关的区域之间的相互依赖性并能够给出合理的规划应对方案？如何认知不同空间尺度的区域内城镇发育的整体结构及其演变规律？当缺失了从整体上理解一个具体的城市、从城市一腹地间相互联系中把握一个城市，从城市成因机理上认知一个城市的发育和成长过程，城市规划的基本前提就不存在了，城市规划就无法追求应有的长远效益和综合效益。因此，城市规划要走向科学化的轨道，就迫切需要借助相关学科的支撑，建立作为工程技术门类的城市规划学科的应用基础学科。事实上，发达国家的地理学步入城市规划领域也是适应城市规划的客观需求得以实现的。中国地理学在这方面与国外不同：一是步入城市规划的地理学主要或基本上是人文与经济地理学者。地理学进入城市规划领域，对提升城市规划的科学性、特别是改变中国以城市规划引领的城市与区域治理体系创新，影响城镇化模式和人口经济空间布局方针等重大战略问题，发挥了重要作用。二是人文与经济地理学内新兴的城市地理学与服务城市规划的进程基本同步，是改革开放以来才真正步入了加速的过程；城市地理学得以快速发展，人文与经济地理学与城市规划实现了高度融合。三是随着城市地理学与城市规划的协同发展，短短30多年时间，又出现了学科分异。从城市地理学派生出来的城乡规划等专业相对独立，直接融入城市规划学科。重新梳理城市地理学和城市规划的学科关系，重新理解城市地理学作为城市规划的一门应用基础科学的学科定位，再审视城市地理学对城市规划的作用和优势，不仅对城市规划的科学性和创新性具有决定性的意义，而且对城市地理学和人文与经济地理学的发展也有很强的助推作用。

城市地理学是研究在不同的地理环境下，城市形成发展、组合分布、空间结构变化的科学，既是人文与经济地理学的重要分支，又是城市科学的重要组成部分（许学强、朱剑如，1988；许学强，1977；周一星，1995）。改革开放后，伴随中国快速城市化的进程，城市地理学获得了较快发展，成为人文与经济地理学乃至整个地理学界最为活跃的研究领域之一。城市地理学在进入城市规划领域后，在三个方面很好地发挥了学术优势。第一是关于城镇化战略问题的研究及对中央决策的咨询，对中国城镇化道路和方针产生了实质性影响。第二是对城镇体系的研究及开拓性的应用，建立了以“三结构，一网络”（等级规模结构、职能类型结构、地域空间结构和城镇网络结构）分析为主体的城镇体系规划，并应用于省、市、县等不同等级的行政区域。第三是加深对城市性质、城市规模等城市规划的重大问题的研究，为城市规划健全和完善城市科学理论与方法做出了贡献。因此，对比西方发达国家，中国城市地理学尽管兴起和快速发展仅仅30多年时间，但已经实现了从知识生产到知识应用、反馈、知识再生产的良性循环过程，在通过城市规划影响国家健康城镇化进程的同时，逐步在可持续城镇化战略、城乡发展一体化、区域城镇化模式等领域形成了人文与经济地理学的新生研究领域，通过直接影响国家战略决策而改变着中国城镇化进程。

第一节　城市地理学进入城市规划领域的背景

一、改革开放以来中国进入了城市化的快车道

1978年之后，中国实施改革开放政策，社会生产力得到了极大释放，国民经济实力迅速提升，人民生活水平显著改善，中国步入了快速城镇化时期（许学强、李郇，2009；许学强、叶嘉安，1986）。2015年同1978年相比，城镇化率从17.9%增长到54.7%，平均每年增长1个百分点；城镇总人口从17 245万增长到77 116万人，平均每年增长1 618万人；100万人以上的城市数量从29个增长到142个，平均每年新增3个百万人口的城市。城市规模的迅速扩大、城市数量的急剧增加，都对城市规划提出了前所未有的紧迫需求。就全国而言，新增的城市将会或应该出现在哪些区域？每个城市未来发展的前景如何或打造什么样的城市才能使城市更美好？除了这些最基本的城市规划问题，还有一系列新问题给城市规划提出地理挑战。一方面，中国城市发展的基本动力从计划经济形态下的模式开始转换，影响城市发展的“计划因素”逐渐减少，“非计划因素”逐渐增多。主要体现在：一是在公有制为主的前提下发展多种经济成分，二是城市土地的有偿使用制度引致了城市土地和住宅逐步回归商品化，三是城市的流通职能进一步突出。这些变化都是随着市场经济的不断发育而发生的。另一方面，经济和社会发展和组织重构也同样对城市建设和城市发展产生直接影响：一是从政府主导、“自上而下”的指令式发展，向以企业、个人为主导、“自下而上”的自发式城市发展转变（宁越敏，1998；崔功豪、马润潮，1999）；二是城乡居民户籍制度逐渐淡化，农业人口大量涌入城市；三是城市多功能作用日益加强（中国城市规划学会，1999）。

可见，中国城市化进程的加速，中国经济发展阶段的跃升，影响中国发展的因素和机制的改变，客观要求城市规划必须有响应的改变，才能够适应新时期城市化和城市发展的需要。城市越来越开放，就意味着一个具体的城市同全球、国家和区域，或者其他城市的相关联系越来越密切，相互依赖性在不断加强，城市的发展已经跳出了城市地域边界，这就要求对城市的理解具有全球视野和开放视野。同时，城市化和城市发展的动力的变化，城市管理和运营模式的变化，城市产业功能和城市居民需求目标的变化，以及支撑城市的基础设施体系及城市文化的变化，要求建构全新的知识体系来认知现代城

市，并通过城市规划实现对城市变化的适应和调控。

二、城市规划学科的应对与缺陷

显然，面对改革开放带来的城市化和城市发展、城市建设的变化，中国的城市规划尚未到位，不可能局限在城市规划领域内部通过适应性的调整和变革以满足需求变化。中国的城市规划也如同多数国家一样，脱胎于建筑学，是研究城市布局的科学，具有显著的应用性质。从某种意义来说，早期的城市规划方案，实质上是建筑群设计的放大，主要关注建筑物的空间结构和用地组织（中国地理学会经济地理专业学术会议，1981）。随着“城镇化”进程的发展，城市逐步成为工业、商业、交通运输业、行政和文化教育等各类物质和非物质要素构成的有机整体，成为组织现代社会生活的集中体现；城市和区域间的互动越发紧密，城市的发展越来越受到所处区域的制约。在这样的发展过程中，城市规划逐渐在完善着学科体系和知识架构，围绕两大核心问题的探讨和实践，实现城市规划的进步。一是根据现代社会生产生活的需要对城市空间结构和用地布局进行统筹安排，二是根据未来国家和区域发展的要求对城市性质和城市规模进行确定（宋家泰，1982）。

城市规划对这些关键问题的解决，总体上评价，由于城市规划的工科背景，解决问题缺乏理论依据，因此解决问题的方法就存在明显缺陷。特别是1949年以后城市规划一度受苏联模式的影响，带有浓厚的工业理想主义和计划经济色彩。很长一段时期，中国的城市规划实质上是一本工程手册，对人均用地、楼层设计、城市布局等进行了详尽规定（雅·普·列普琴科，1954），将规划视作标准化的工程流程；城市规划从业人员主要毕业于清华大学和同济大学等工科院校，还有许多人是从建筑师改行而来，不可避免的出现“重设计、轻研究”的倾向。传统的城市规划理论和方法无法阐释新时期城市发展的科学机理，在城市发展战略和城市用地布局等一系列问题上全面缺乏科学依据。从当时具有代表性的两本城市规划专著——1979年清华大学编纂的《城市规划原理——总体规划讲义》（简称《讲义》）和1980年同济大学编纂的《城市规划原理》（简称《原理》）来看，主要采取如下方法：

（1）城市性质确定。主要从城市自身的发展特性进行确定。举例说明，以工业为主的城市，从工业的产值构成、职工构成、用地组成及工业产品的构成进行分析，以超过50％～60％的一两个工业部门作为城市性质。另一方面，《原理》提出按照城市的基本功能确定城市性质。城市的主要功能即为城市以外的地区提供服务的部门，而非基本功能则是指为本市提供服务的部门。例如，山东省青岛市具有以外贸海港为主，并有疗养、度假休闲、工业等职能，其中主要为青岛以外的地区服务的部门是外贸海港，因此其城市性质为海港城市。显然，这种从城市自身特质确定城市性质的方法存在的根本缺陷是，假设了未来城市发展的动力与轨迹是现状的简单延伸，现状的优势部门似乎就可以作为城市的性质而成为未来继续打造的发展方向，忽视了城市转型、升级。此外，很容易导致以城市的"共性"特征作为城市性质，因为在中国城市发展到工业化中期的阶段时，多数城市具有"共性"，而改革开放带来的机遇，对不同的城市产生的影响程度和作用方向及其未来可能产生的作用效果一定是不同的，现状共性的城市将会发生分异，这种分异的依据在当时的城市规划理论方法中是无法揭示的。当然，在城市规划实际操作中，由于理论方法不健全，势必普遍存在着不分城市基本要素的主次的偏差。现在普遍共识的，城市性质应该定义为城市在"区域"中的作用，"区域"才是确定城市性质的核心依据（周一星，1987)。《讲义》与《原理》都有限地强调了区域的作用，但对于区域重要性的认识，更主要的是如何探究区域作用和怎样认识区域作用，都没有给出理论基础和方法体系。

（2）人口规模预测。主要采用"就人口论人口"的方法进行城市人口规模的预测。《讲义》和《原理》提及的人口预测方法包括综合增长率法、劳动平衡法、职工带眷系数法、综合平衡法等。这些方法均是以人口结构、人口增长率等指标确定人口规模，而忽略了城市自身发展的客观规律。例如，某新建城市人口基数10万人，过去10年人口年平均增长率为5%，若采用综合增长率法预测，50年后的城市人口规模将达到115万人，100年后将达到1 315万人。可见，按照这样的方法，每个城市只要做城市规划，势必得出的结论都是该城市人口规模继续增长，中国截至今天每个城市规模都在膨胀的事实在很大程度上反映了城市规划早年的理念。从城市规划理论方法到决策层、全社会等，无法理解和接受一个城市的人口规模是同城市的产业功能、城市的基本性质、城市在整个城镇体系和国家或地方的定位相互关联的，同当地的资源环境承载能力和地理位置、地缘政治经济关系相适应的。也就是说，存在着一个影子合理规模，一个城市的规模不可能无限、无序扩张。而这一点，在《讲义》和《原理》的相关章节来看，都没有给出一个明确的原理、原则和理论方法指南。

（3）城市总体布局。主要描述城市各组成要素的布局特点以及城市总体布局的基本原则。以工业要素的布局为例，《原理》强调工业布局应遵从"靠近水质、水量均能满足生产需求的水源"、"必须有可靠的能源"、"远离居住区"、"靠近交通运输道路"，然而对不同工业的区位因素和区位选择原理、不同工业空间组织及布局规律和工业化进程带来的工业布局变化前景却很少涉及。如果一个城市布局，不了解产业区位和产业空间结构产生的原因、演变的规律和可能的趋势，在城市化和工业化从时空两个维度都高度吻合、城市化在很大程度上是工业化的结果的发展阶段，城市规划的科学性必将大打折扣。在城市规划布局原则层面，《讲义》提出“全局统筹、节约用地、统一安排、远近结合、利于生活”五条原则，《原理》则提出“点面结合、功能明确、结构清晰、阶段配合协调”四条原则。而以原则和规程、标准等方式反映出的理念和方法，因缺乏坚实的理论基础而对城市规划者认识问题和解决问题能力的培养方面往往是苍白无力的。总体来看，到改革开放之初，中国的城市规划对于城市布局演化的机理阐释还远远不足。其实，无论是城市组成要素的布局还是城市总体布局，均有其规律可循。如产业集群理论视角下，城市的工业布局具有强烈的集聚效益，相似类型的产业以及配套产业在空间上的集聚可以产生巨大的经济效益。因此，在布局城市工业时应注重产业的集中布局，典型开发模式为产业区。又如几乎所有现代城市都遵循的地租理论视角下，越靠近市中心，土地的价格越高，促使“资本”代替“土地”要素。在空间上表现为：土地价格随着与城市中心的距离增加递减；每个微观主体在自身竞租能力的约束下选择在城市中的位置。由此演化出同心圆式布局、扇形布局、多核心布局等一系列城市布局模式。随着城市化进程的发展，城市布局又会出现郊区化、逆城市化、再城市化等过程。这些理论思想，其实已经在地理学中的工业地理学、区位理论等中有了很长历史的研究积累，尽管城市地理学尚未在中国登台亮相，但地理学中与城市布局相关的理论已经可以用于指导城市布局，提升城市规划的理论水平和科学水平。

显然，解决这两大问题，需要建立在对社会、经济、自然要素的科学分析基础上。改革开放之后提出的更具挑战性的问题，使城市规划传统的理论方法更难以阐释新时期城市发展的科学机理，因而在城市发展战略、城市用地布局等一系列问题上全面缺乏科学依据。因此，城市规划必须广泛吸纳经济学、社会学、地理学、环境学等跨学科的科学方法，以应对新时期的城市挑战。

三、城市规划召唤城市地理学的融入

可见，改革开放带来了城市化和城市发展新形势，城市发展的动力机制、约束条件、发展目标呈现全面的复杂性，同时城市系统本身也趋于复杂性，必然引致城市性质、城市规模、城市空间布局的复杂性。但城市规划学科建设和城市规划实践领域的现状同这一变化的需求却存在着很大差距。因此，城市规划在一系列重大问题的研究和解决方面需要城市地理学的介入，主要体现在以下三点：

(1) 中国城市发展战略的多元化需要城市地理学的研究视角。城市发展战略是在城市发展战略和城市规划中所拟定的一定时期内城市经济、社会、环境等系统的发展所应达到的目的和指标。当前，中国城市的发展战略目标呈现多元化趋势，而发展目标的多元化必然引致实施路径的多元化，进而带动了城市规划的多元化。然而，以物质性规划为核心的传统城市规划在解决城市发展战略层面存在局限性。在这样的背景下，需要中国城市地理学者对不同发展战略导向下城市的战略要点、动力机制、约束条件、空间布局进行研究，为后续城市规划工作的开展奠定基础。

(2) 中国城乡地域识别和城市规模、性质的确定方法需要城市地理学的技术借鉴。城市地域的划分是城市规划相关研究的基础性问题，包括城市的实体地域和行政地域两个基本概念。中国缺少城市实体地域的概念，通常以城市的行政地域划分城乡，加之改革开放以来县改市、县并市、乡改镇等一系列行为，客观上造成了城镇人口统计混乱、城乡概念混淆、规划边界不明确、不同时期城镇人口数不可比的弊端（周一星、史育龙，1995；周一星，1986）。城市地理学的研究特长可以有效介入这一问题。通过创新中国城乡边界划分方法、创新城市地域空间概念、运用数理方法提出可操作的城镇人口修补方案、运用 GIS 方法建立城镇人口动态监测系统，中国城市地理学为城市规划的开展提供了科学依据。上文已经讨论的城市人口和城市性质的界定方法，也是困扰城市规划的一大难题。

(3) 中国规划体系的不健全需要城市地理学的填充和替补。在中国，客观上存在发展规划和空间规划两大系列。全国、省、市、县编制的国民经济和社会发展五年计划、十年规划设想或更长远的发展战略规划，均属发展规划系列，主要是时间序列对发展目标、速度、结构和重大任务的部署。城市规划则属空间布局规划系列。中国长期在空间布局规划系列中只有城市规划一枝独秀，但因为区域规划、国土规划等较城市规划更上位的规划缺失，因此城市规划的发展，特别是新规划类型的出现及其城市规划重点的拓展所要解决的问题或达到的目的，原本应该通过空间规划体系的健全来实现，城市规划却一直努力通过自身的完善来弥补这种缺失，来提升城市规划的合理性。由此，城市规划才产生了对地理学的客观需求。严格意义上说，在城市化高度发达、城市区域出现和城市群出现之前，地理学的众多原理和方法，更适宜大空间尺度如国家和跨省区及大省区，以及中尺度空间如小省区及跨地市的区域规划。正是由于空间规划体系不健全，以及城市规划领域的拓展，中国城市地理学才能够更多地发挥在城市规划应用领域的作用。

城市地理学首先是应中国人文与经济地理学的复兴的机遇而出现，但从出现之日就对城市规划学科建设和城市规划实践发挥的重要作用。从城市地理学而言，城市规划是其最重要的应用领域和互动领域；从城市规划而言，城市地理学又是对城市规划影响作用最强的学科。城市地理学秉承了地理学和人文与经济地理学的学科基本性质，即“区域性”和“综合性”。在城市地理学的视角下，一方面，城市是一定区域范围内的中心，在某种程度上是所在区域的缩影；另一方面，城市也是若干功能板块组成的复杂系统，包含了经济、技术、自然、生活相结合的复杂内容。其研究内容主要包括以下三个方面：一是点与面的关系，即城市作为中心与区域之间的联系。任何城市都不是凭空产生的，它是在一定地域范围内社会劳动分工和商品交换的过程中诞生的。因此，城市和区域是一个有机联系、不可分割的整体。城市的性质正是城市在一定区域劳动分工中发挥的功能，城市的规模也需要从区域所能提供的支撑条件以及需求中寻找答案。二是点与点的关系，即城市与区域范围内其他城市之间的关系。一个区域通常包含相互联系的一组城市，地理学者称之为城镇体系。在这一体系中，既有与之竞争的城市，亦有与其协作的城市，因而一个城市的规模和性质往往受到区域城镇体系的制约。三是点内的联系，即城市内部各物质要素系统，包括工业、商业、交通运输业等系统的相互关系。这些物质系统在空间上并不是任意的组合，而是相互联系、相互制约，密集结合在一起的整体。每一种物质要素系统的分布均有其内在规律，同时还受到自然环境、经济基础、历史条件等的制约。可见，从这个意义上说，城市地理学正是针对城市规划所缺乏的科学基础而发展兴盛起来的。

第二节　城市地理学的学术优势

一、从早期地理学参与城市规划看其学术优势

1. 中国人文与经济地理学者第一次介入城市规划：城市历史地理的研究对北京城市规划的贡献

改革开放之前的中国城市，绝大多数有着深远的历史，但有些城市发展的地理环境在近千年的人类活动中已经几乎完全改变或消失殆尽，需要从历史地理学的角度对其进行回溯和反演，为未来城市的发展和规划提供参考。最具代表性的成果，是侯仁之先生在 20 世纪五六十年代对北京城址和北京城市水源的研究，这些成果对 1949 年以后北京的城市规划具有重要的参考价值。为此，侯仁之先生被北京市政府聘为都市规划委员会

委员。据不完全统计，这可能是中国地理学第一次涉足城市规划领域，彰显了地理学理论方法在城市规划领域的学科价值。可见，侯仁之先生研究与实践的代表性不只是科学成就的高度，更重要的是开拓的城市规划作为中国人文与经济地理学研究的应用对象，建立了地理学者和城市规划学者之间的关系，为而后城市地理学兴起及与城市规划的协同发展开辟了先河。

北京城市的城址起源，由于周边自然环境的改变，曾经是学界的难解之谜，不少外国学者甚至将北京的起源归结于“巫术”（Griffith，1964）。侯仁之先生通过文献查阅和实地调研的方法，首次对北京城址起源及其和周边历史地理环境的关系进行阐释，提出北京是由永定河上的交通要冲发展而来。从宏观地理环境论证了“今日卢沟桥所代表的永定河上的古代渡口，才能顺利进入北京小平原，是来往行旅汇聚之处，就为一个城市的成长，提供了良好的条件。”从微观地理环境分析，“永定河的流量反映了华北降雨的特性，极不稳定。有时暴雨成灾、洪水泛滥，卢沟桥所代表的古代渡口去永定河出山之口不远，最易遭受洪水的冲击”（侯仁之，1979）。因此，本应在渡口上成长的城市，只好在去渡口最近而又不受洪水威胁的地方开始成长起来，也就是古代南北大道上的分歧点（图 2—1）。

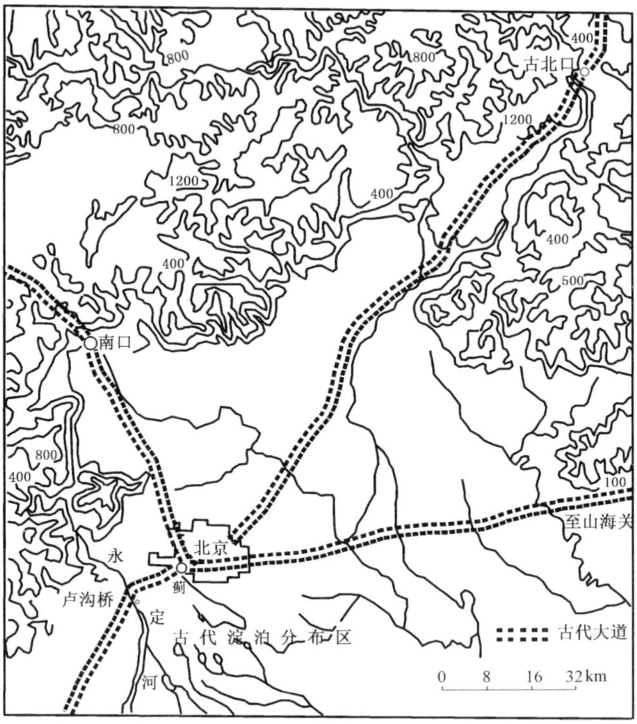

图 2—1　北京小平原古代大道

资料来源：侯仁之，1979

在北京城址起源的基础上，侯仁之先生（1979）进一步论述了近代北京城址变迁和水源的关系。北京的城址恰好位于古代永定河冲积扇的背脊上，处于潜水溢出带的边缘，为北京的早期发展提供了有利的供水条件。然而，在金朝建都之后，北京逐步上升为全国的政治中心，周边水源已不能满足北京日益增长的供水要求。因此，元朝定都北京之后，放弃了原有城址，转而在东北方建立新城，其核心因素在于水源，这一点在元大都的平面设计中被明确地体现出来（图 2—2）。这一研究表明了水资源承载能力是决定北京城市规模和产业布局的基本限制条件。

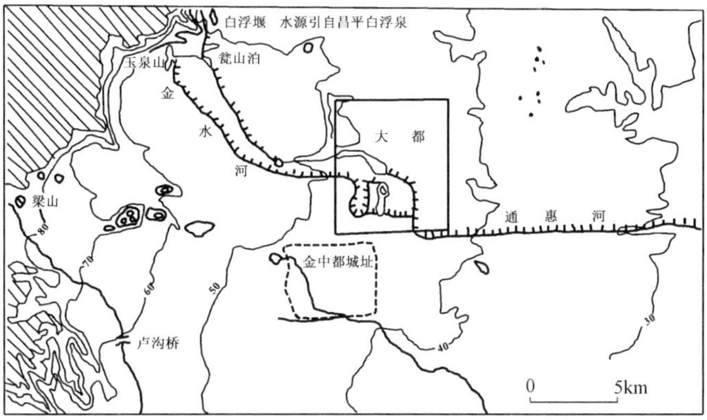

图 2—2　元大都与水源的关系

资料来源：侯仁之，1979。

2. 中国人文与经济地理学者深度影响城市规划的典型案例：主导风向问题

中国改革开放之前，中国人文与经济地理学的一个重要发展指向，就是增强服务社会主义建设的能力。其中，中国人文与经济地理学者对城市规划影响最大且改变了中国城市规划的科学失误的典型成果，首推主导风向问题。风向是和城市规划密切相关的地面大气水平特征。第一次世界大战后，欧洲许多城市和工业区重建过程中，将风向对城市环境的影响作为城市规划的标准。苏联吸收了西欧国家的相关理念，采用主导风向原则进行工业区、住宅区的布局，把城市一年中最大风向的频率作为主导风向，在上风安排居住区、下风安排工业区，以此达到减少空气污染的目的。1949 年以后，这个原则被广泛应用于中国城镇、工业区规划中。然而，这样的原则布局下的城市污染不减反增，使得中国广大城市规划者对这一原则产生怀疑（杨吾扬、董黎明，1979）。

中国地理学界对这一问题进行研究，发现西方和苏联采取主导风向布局是由特殊地理一气候环境决定的，并不适用于中国。在气象学中，将某地风频最多的风向称为盛行风向，但如果出现多个方向不同、但风频较大的风向，都可视为盛行风向。欧洲位于中高纬度的欧亚大陆西岸，大部分地区处于盛行西风带，全年以及各季普遍盛行西风或西南风，盛行风的频率占全部风频的40%～60%，因此，欧洲和苏联所采取的主导风向只是盛行风向的特例。中国位于中低纬度的欧亚大陆东岸，特别是位于行星风系的西风带，被青藏高原和中亚山丛阻隔，同时受到季风环流的破坏，因而盛行风向与欧洲截然不同。中国广大东部季风区冬季受内蒙古高压控制，除黑龙江、吉林两省盛行西南风外，其他地区普遍盛行偏北风；夏季受太平洋、印度洋高压影响，普遍盛行偏南风（朱炳海，1965）。因此，中国多数城市拥有偏南风、偏北风两个盛行风向，按照一个主导风向布局并不能消除工业对居住区的污染。

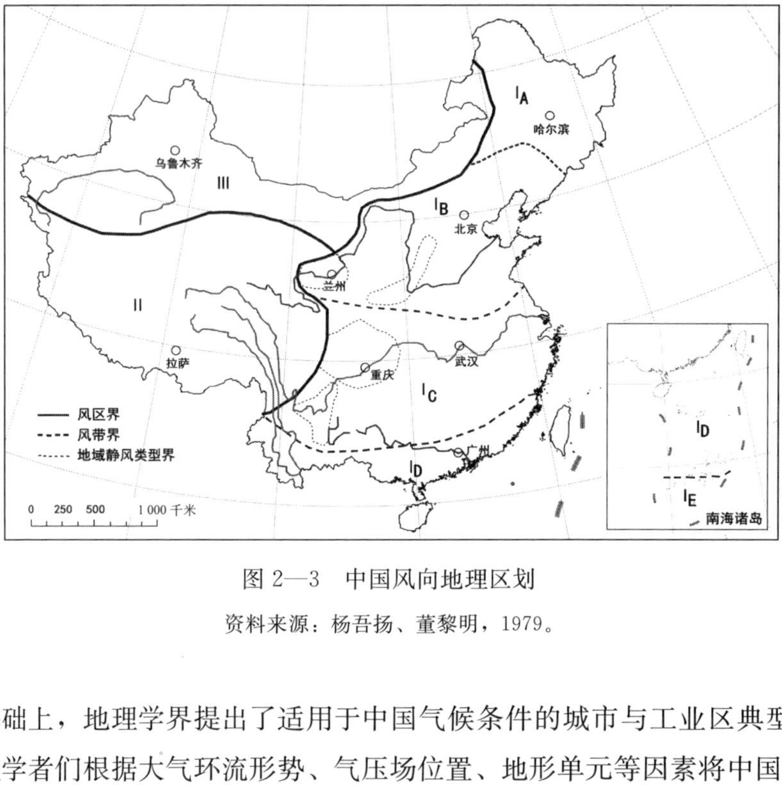

图2—3　中国风向地理区划

资料来源：杨吾扬、董黎明，1979。

在此基础上，地理学界提出了适用于中国气候条件的城市与工业区典型布局模式。首先，地理学者们根据大气环流形势、气压场位置、地形单元等因素将中国领域分为三个风向大区（高由禧、章立名，1956），其中东部和南部季风区可再分为五个风向带和一个静风地域类型（图2—3），由此，就从地理一气候方面找出了风向在全国范围的地域分异规律性，作为城市规划和工业建设布局的借鉴。其次，根据盛行风向、风向旋转、最小风频等指标，将城镇功能区布局分为十个典型布局模式（图2—4）。这一新模式获得中国城市规划界的高度认同，并入选中国高校城市规划学院普遍采用的《城市规划原理》教科书中。

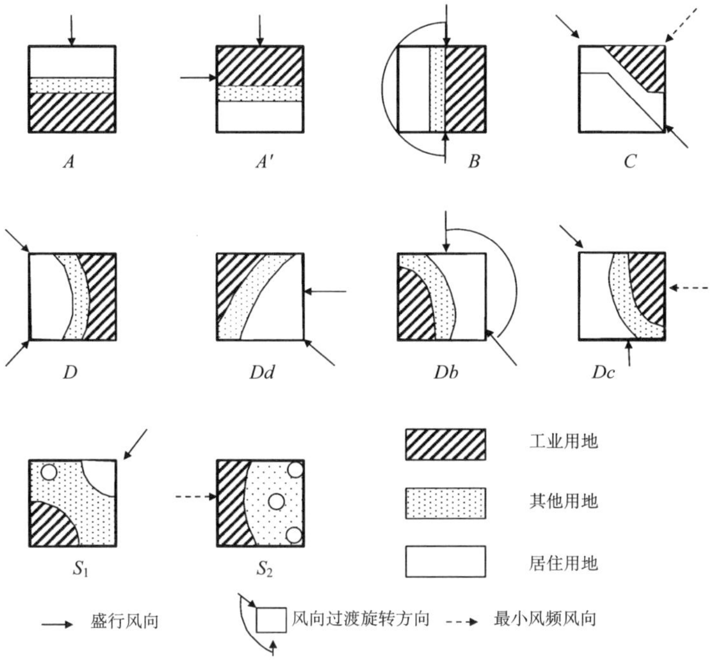

图 2—4　中国风向布局典型模式

3. 中国人文与经济地理学者首次独立开展城市规划工作：淄博市城市总体规划

城市规划对人文与经济地理学的认可和接受，更多是在知识结构和理论方法方面。1974 年，北京大学和北京市城市规划管理局携手在北京郊区平谷合办城市规划培训班，地理学者和城市规划学者相互学习，并共同编制了“平谷县总体规划”。1975 年，中国城建总局在石家庄召开城市规划会议，邀请了北京大学、南京大学、中山大学、杭州大学（今浙江大学）等高校的经济地理学者，标志着经济地理学正式进入城市规划领域。彼时城市规划的人才极其缺乏，上述大学的经济地理专业先后转向城市规划，为中国城市规划界输送了亟需的人才。这一时期，城市地理学科体系尚未健全，地理学者参与城市规划的核心思想就是把经济地理学中产业地理学、人口地理学的基本理论运用到城市规划中，为城市规划中人口预测、城市性质确定等提供理论支撑（周一星，1991；沈道齐、崔功豪，1990）。

1975 年，北京大学地理系承担了淄博市城市总体规划的相关工作，这是中国地理学界最早独立承担的城市总体规划之一。当时，淄博市拥有 2 900 平方千米的辽阔土地，居住着 156 万农业人口及 58 万非农业人口，拥有 20 多个小城市组成的城镇居民点体系，没有一个超过20万人的中等城市（董黎明，1982）。未来是继续发展小城市，还是优先扶持培育大城市，是该城市要首先解决的战略选择。地理学者运用人口地理学的相关思想，对淄博城市化道路提出了极具前瞻性的研判。以前，城市规划学界往往采用联合国法①等趋势外推的方法来确定城镇人口规模。然而，在中国城镇人口整体增长的背景下，这种算法无形中得到一个结论，即所有的城镇人口规模都在增长（周一星，1995），显然是不符合科学规律的。人口地理学对这一问题的贡献体现在以下两个方面：第一，引入城市生命周期的思想，强调城市的发展存在产生、成长、繁荣、衰落的生命过程。在生命周期不同阶段，城市应采取不同的规模控制策略（周一星，1984）。第二，引入区域城镇体系的思想。区域城镇体系中的每一个城镇，在长期的历史发展和劳动地域分工中都承担着一定的任务，具有不同的性质和职能；各城镇居民点之间相互依存、相互制约，具有密切的联系，引致城镇居民点的数量和规模总是按一定的比例有规律的组织在一起。因此，确定城市的发展规模，首先要考虑其生命周期过程和在区域城镇体系中的地位。

从城镇体系角度出发，地理学者分析了淄博市的城镇结构与城镇类型，并因地制宜的制定了每个城镇的发展策略。首先，按城镇人口将城镇分为六个等级，发现淄博城镇体系整体呈现“金字塔形”（图2—5），0.5～1万人的城镇最多，随着人口规模的增加，城镇数量逐级减少，整体呈现等级差数。这表明淄博市具有较高的城镇化质量。其次，按照城镇规模、产业结构、开发历史将城镇分为综合职能城镇、工业城镇、采矿工业城

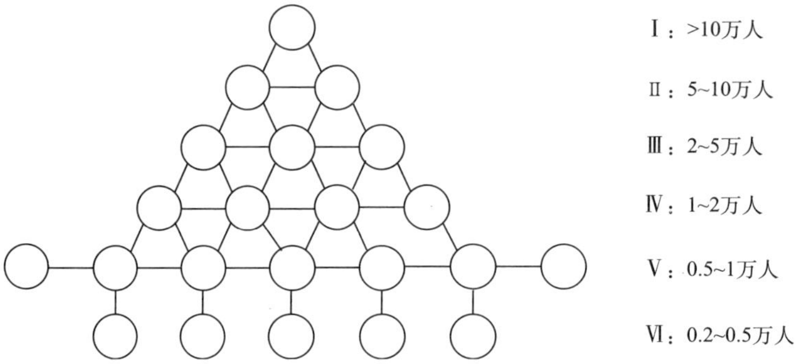

图2—5　淄博城镇居民点体系的规模等级结构

资料来源：董黎明，1982。

① 这是联合国用来定期预测世界各国、各地区城镇人口比重时常用的方法。它的关键是根据已知的两次人口普查的城镇人口和乡村人口，求取城乡人口增长率差，假设城乡人口增长率差在预测期保持不变，则外推可求得预测期末的城镇人口比重。

镇三个大类、若干小类。最后，分别对每一类城市进行规划指引，形成了各具特色的城镇发展战略体系（董黎明，1982）。

二、城市地理学的兴起与起初关注的城市规划问题

改革开放后城市地理学的兴起、壮大，并且在30年间成为中国人文与经济地理学最大分支学科之一，是中国人文与经济地理学在改革开放中显著变化的标志。城市地理学开始大量借鉴发达国家的研究经验，以城市发展规律、城市与区域关系和城市的空间形态作为主要研究对象，迅速取得大量成果（崔功豪，1990）。同一时期，随着工业化进程的不断推进，中国城市步入高速发展阶段，进而出现了诸多新问题：城市为何在某些特定的区位形成发展？如何运用区域观点分析城市性质？如何合理布局城市各功能板块？由于缺乏相关理论基础，城市规划学在回答上述问题时往往捉襟见肘。城市地理学的研究特长恰好和这一时期城市规划的迫切需求相耦合，城市规划旺盛的需求又带动了城市地理学壮大，进而全面加速了城市地理学进入城市规划领域的进程。

中国城市地理学诞生之初，即是瞄准城市发展和布局的科学问题建立学科体系和理论方法的，而其捷径，是吸取国外、特别是美国等城市地理学的范式。中国城市地理学关注的城市规划问题主要集中在三个方面：如何理解城市发展规律，如何认识城市和区域的关系，怎样分析城市的地域结构。

1. 如何理解城市发展规律

认识城市的发展规律，是进行城市规划的科学基础。然而，中国城市规划学界广泛接受的规划思想，如田园城市、卫星城市、有机疏散等，其本质是城市发展的“理念”而非“规律”，是“终极蓝图”而非“实施路径”，因此常常造成“规划”和“规律”间的错位。城市地理学者在城市发展规律研究上独树一帜，西方学者提出了解释城市形成与发展的若干经典理论，如佩鲁提出的“增长极理论”、默德尔提出的“因果循环理论”、弗里德曼提出的“核心—边缘理论”。中国城市地理学者对中国城市的产生与发展提出了规律性的总结，主要包括：

（1）城市发展普适性规律研究。提出了决定城市发展规律的根本要素和基本要素。其中，根本要素是社会物质的生产方式，即一定历史发展阶段社会政治经济发展形势对城市提出的要求；基本要素则包括城市发展的地理条件和区域经济基础，前者是指城市的地理位置、建设条件、资源条件，后者则是指城市所在区域对城市的支撑能力（宋家泰，1980）。此外，其他学者提出城市发展具有其特有的生命周期规律，因而在生命周

期的不同阶段应采取不同的城市发展策略（周一星，1984）。

（2）不同类型城市发展规律研究。探讨了不同类型的城市具有个性化的演变规律。例如，港口城市一般有形成期（港口主宰城市）、发展期（港口—工业城市）、定型期（工业—港口城市）。再如矿工城市一般有开发早期（采掘型）、开发中期（采掘—加工至加工—采掘）、开发后期（工业摆脱矿区）（陈可文、陈湘舸，1982）。分析了不同城市发育阶段，城市规划面临不同的特性问题（李文彦，1978）。

（3）城市空间形态的演化规律研究。城市空间是城市功能的载体，城市功能随着城市的发展不断演替，必然造成城市空间形态的改变。其中，交通运输是影响城市空间形态变化的关键因素，大多数城市都是在有利的交通地理位置成长，沿着对外交通线扩展，形成各种各样的地理形态。地理学者将城市空间形态总结为块状、带状、星状等，并提出城市空间形态的一般演化模式（图 2—6）（周丽，1986）。

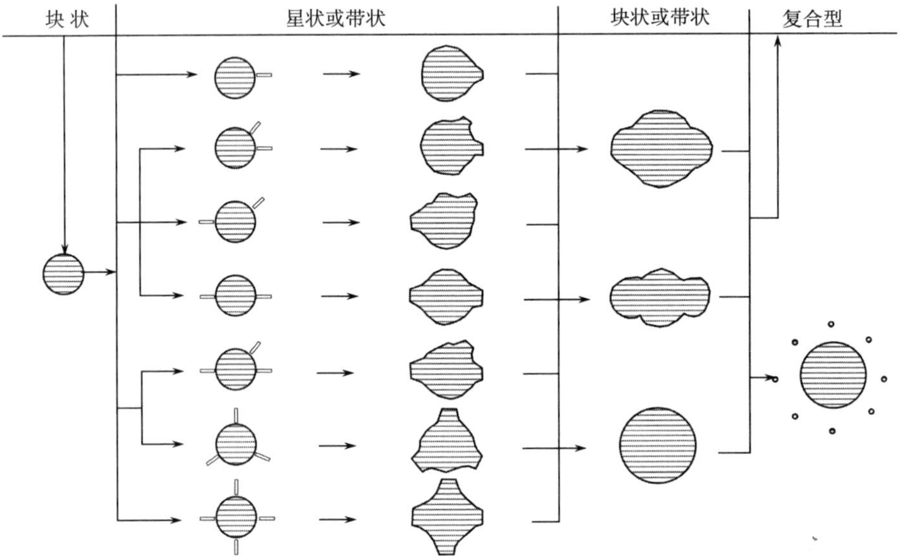

图 2—6　城市空间形态演化模式

资料来源：周丽，1986。

2. 如何认识城市和区域的关系

确定城市的发展方向、城市性质、城市规模，首先需要认识城市与区域的本质关系。经济地理学者在区域研究方面具备较深的造诣，西方城市规划界很早就接受了地理学的“区域”思想。1933 年现代建筑国际会议（CIAM）讨论通过的《雅典宪章》和 1977 年 12 月在秘鲁开会所讨论通过的《马丘比丘宪章》都首先十分强调“城市及其周围区域之间存在着基本的统一性”。中国城市规划界对这一认识较为缺乏，在规划过程中往往陷入“就城市论城市”的弊端，其结果必然是将城市置于“无本之木、无源之水”的境地。中国城市地理学者于1980年首次提出了“城市—区域”概念，并提出了一套研究城市发展的区域经济基础的方法（宋家泰，1980；胡序威，1984）。其理论出发点在于城市并非是封闭系统，而是开放系统，具体来说：第一，城市是区域的中心，城市的发展动力主要源于城市为本城市以及所在区域提供产品和服务的职能；第二，城市的规模、性质和空间形态的布局，除了受到自身条件的影响外，还受到所在区域的制约；第三，城市是一种脆弱的生态环境，城市的复杂功能注定其要与外界环境发生密切联系（周一星，1996）。“区域”理念对于中国城市规划的发展产生了深远的影响。

（1）为城市性质、城市规模的确定奠定了科学基础。一方面，确定城市性质是城市规划的主要任务之一。地理学者通过对区域内发展条件的分析，依据国家的区域发展政策和远景生产力布局，对城市的结构（城市用地结构、经济结构、就业结构）的现状分析与预测，以及区域内各城市的职能分工，确定城市的性质及其在区域内城市体系中的地位，为城市规划提供了科学依据。另一方面，预测城市人口增长的程度与探讨城市的合理规模成为地理学者在编制城市规划中的主要任务（沈道齐、崔功豪，1990）。他们采用各种数学方法进行了城市人口规模的定量预测。

（2）促进了城镇体系研究的兴起。城镇体系是社会发展到一定阶段的产物。城镇通过区域内外各生产要素的优化配置，相互之间的合理分工和空间组合，从无序到有序，形成带动区内外经济社会发展的有机整体。这是城镇作为一种先进的社会形态应有的作用，也是社会发展的要求，从而也成为城市地理学一个重要的研究内容（沈道齐、崔功豪，1990）。地理学者进行了中国城市体系形成发展的历史研究（顾朝林，1992），从中国早期城市体系的产生、机制分析、组织结构和基本特征起，按职能、等级规模、地域空间结构这三个基本部分探讨了秦汉以来至1979年前中国城市体系的发展与演变。更多的学者进行中国城镇规模等级类型分布及其演变、中国城市的职能类型方面研究等。城市体系的理论研究也已起步，涌现出不少关于城镇体系（许学强，1982；周一星、杨齐，1986）与体系规划理论（宋家泰、顾朝林，1988；严重敏，1985；杨吾扬，1987）方面的研究成果。

3. 怎样分析城市的地域结构

城市地域结构是工业、交通、居住、道路、商业服务设施、工程管线等城市各物质要素在城市这个空间载体的分布、组合与演化，是城市地理学的核心内容。城市地域结构的理论，是城市地理学理论体系中的重要组成部分，如伯吉斯的同心圆学说、霍伊特的扇形学说、哈里斯和乌尔曼的多核心学说等（于洪俊、宁越敏，1983）；不同功能的城市地域具有不同的分布规律，如城市商业空间分布基本遵循“中心地理论”，城市工业空间遵循“工业区位理论”等；城市化对城市地域结构带来的演化诸如郊区化、逆城市化等。中国城市地理学者讨论和研究了城市地域结构的概念、类型、地域结构演变阶段及动因机制、发展模式等，着重开展了中国城市地域结构的实证分析（武进，1990），以及城市地域结构的演化机理分析（崔功豪，1990；冯健、周一星，2003）。

4. 小结

(1) 城市地理学和城市规划的学科性质互为补充。综上所述，城市规划和城市地理学均是以“城市”为主要研究客体的空间科学，城市规划关注“怎么办”（如何解决城市问题），城市地理学关注“为什么”（城市问题产生的原因）。二者的学科性质互为补充，形成了实践应用与基础理论的学科建制关系。中国自 1949 年以来，城市规划和城市地理学在曲折中走过了一条相互借鉴、相互融合的道路，二者的关系体现在以下两个方面：

一方面，城市地理学的兴起为城市规划学提供了理论基础。中国的城市规划脱胎于苏联，带有浓厚的工业理想主义和计划经济色彩。在这样的背景下，城市地理学者带头开展了中国特色的城镇化研究、城市发展方针研究、城镇规模体系研究、城市性质研究、城市内部空间结构研究等，为中国城市规划事业提供了坚实的理论基础。

另一方面，城市规划学的发展为城市地理学提供了实践舞台。自 1974 年城市地理学者第一次承担城市总体规划以来，城市地理学者参与或独立完成了数以千计的市镇规划和有关专题的研究。在大量实践基础上发表了许多城市规划理论和方法方面具有明显地理学特色的论文（周一星，1998）。特别是在城市的职能性质、规模预测、吸引范围分析、功能区布局等问题上发挥了地理学的学科优势，提出了一系列极具前瞻性的意见。同时，城市规划也成为城市地理学者发现新问题的土壤，若干具有代表性的科学成果，如城镇体系理论方法、城市边缘区研究、城市社会空间结构研究等均是在规划实践中得出的。

(2) 城市地理学的学术优势。从早期地理学介入城市规划的学术优势考量，一是突出了对人文与经济地理事像以自然地理研究为基础的研究思维。这种思维恰恰是地理学综合性的体现，并高度重视区域差异性，采用地理区划的方法揭示同一事像的空间分异特征，使研究成果的应用价值得到显著提升。可见，采用自然地理学和人文与经济地理学复合研究、解决社会经济发展的中复杂问题，在城市规划应用的初期就得到了体现。而地理区划的方式以及空间分异研究方法成为地理学者体现学科价值的最大亮点，也成为经典方法。二是注重发展规律的探究，把历史地理作为时间纵深的探究维度，通过城市发育和成长过程的控制性因素和成因机理的分析，把握城市发展基本过程和规律，为今后城市规划提供依据。从侯仁之先生的研究实践也反映出，只有坚持不懈地针对问题开展深入细致的研究，研究成果的含金量才能大幅度提升，支撑城市规划等应用的力度才有可能大幅度提升。

而后，城市地理出现并融入城市规划，反映出的学术优势也集中体现在两个方面。一是城市地理学的学术性。城市规划之所以一开始是通过人才培训等召唤城市地理学融入城市规划学界，主要还是因为城市地理学在阐释城市成因、演变规律，以及空间形态等方面的理论建树是具有知识高度和理论深度的，弥补了城市规划在学理阐释方面的严重不足。二是城市地理学所具备的综合探究的研究视角和方法。除了早期已经体现的地域差异性研究思维和历史沿革把握城市演变规律的学术优势外，能够把城市—区域的整体性、城镇居民点的体系化研究、城市的人口—经济—社会相关作用关系的集成研究等综合研究视角，恰恰是解决越来越复杂的城市发展和规划的有效途径。因此，无论是同城市规划合作、还是独立开展城市规划工作，城市地理学所表现的最擅长的领域及最具亮点的成果，往往是城市规划界以往最薄弱的环节和方面。

总之，城市地理学能够进入城市规划的学术优势集中表现在三个维度上。时间的维度上，有历史的纵深和对未来预测预见的科学基础，有利于揭示城市演变规律，有助于在把握城市过程中对其进行科学合理的调控与规划；空间维度上，具有地理学的研究的基本范式，突出局地与整体、城际或区际，以及城市内部降尺度过程的研究，由此便于解决包括城市规模和城市性质、城市体系等关键问题；在研究范畴和视角方面，突出综合性，包括物质空间和非物质空间，突出基于个体和部门等微观机理的揭示，突出宏观空间结构的成因和演变机理分析。

可见，城市地理学的学术优势正是依托地理学且直接针对城市规划科学性不足而形成的，城市规划学界吸收、融入了城市地理学的诸多理论方法，进而提升了自身的科学性。通过将 2010 年同济大学最新编纂出版的《城市规划原理》和《讲义》、《原理》进行对比后发现（表 2—1），城市地理学的“区域”思想已经完全扎根于城市规划界的土壤之中；同时，城市地理学的各种理论、布局思想亦成为城市规划界解决复杂城市问题的有效方法。

体现城市地理学学术优势的另一个很容易被认同的事例，就是为城市规划界输送人才。城市地理学者进入城市规划领域后，逐步进入了城市规划学术界的核心层，为中国城市规划事业的发展做出了贡献。老一辈城市地理学者在国家建设中取得了重大成就，

表 2—1　不同时期城市规划主流教材的表述

<table>
<tr><th colspan="2"></th><th>1979 年清华大学《讲义》
1980 年同济大学《原理》</th><th>2010 年同济大学《城市规划原理》</th></tr>
<tr><td colspan="2">城市性质确定</td><td>从城市自身的发展特性进行确定，有限强调区域作用；
定性与定量方法；
基本功能判断法；</td><td>强调从区域角度确定城市性质；
分析城市在区域中的作用，以及与相关区域中的其他城市之间的关系</td></tr>
<tr><td colspan="2">人口规模预测</td><td>“就人口论人口”的方法；
综合增长率法、劳动平衡法、职工带眷系数法、综合平衡</td><td>强调城市人口规模和城市社会、经济发展的战略目标相匹配；
强调人口预测应符合城市的环境承载力和生态环境容量</td></tr>
<tr><td>城市
总体
布局</td><td>工业
布局

总体
布局</td><td>描述工业布局的一般特点；
“靠近水源、能源，远离居住区”。
描述城市总体布局的基本原则；
“全局统筹、节约用地、统一安排、远近结合、利于生活”；
“点面结合、功能明确、结构清晰、阶段配合协调”</td><td>关注城市工业空间发展的内在机制；
关注产业集群、增长极模式、点—轴开发模式。
强调城市的发展要立足区域，和城市所在的自然环境、工农业生产、交通运输能力相匹配；关注城市总体布局的典型模式，包括网络状、环形放射状、组团状、带状、星状、环状等</td></tr>
</table>

受到城市规划界的广泛尊重。2015 年城市规划年会邀请四位城市规划学界著名学者给青年城市规划学者颁奖，他们全部是德高望重的城市地理学家。目前，中国城市规划学会理事会中，理事长和副理事长共 10 人，有地理学背景的共 2 人；常务理事共 57 人，有地理学背景的共 10 人。中国城市规划设计最权威的机构——中国城市规划设计研究院新任院长，也是地理学者。

第三节　城市地理学关于城镇体系问题的学术探究

从城市规划的应用角度看城市地理学的学科价值，集中体现在其学术性和方法论方面。而解决问题的理论方法系统性最强、实际应用的可操作性最强的贡献，集中在对城市规模和城市性质确定的理论方法、在城市总体规划中的程式化应用和对城镇体系研究的理论方法成果及城镇体系规划的创立和常态化研制。近年来，城市地理学又开拓了对城市化战略问题的研究新领域，并同城市规划界一起，对国家和地方政府健康城镇化的决策产生着影响。其中，城市地理学对城镇体系的研究成就，能够全面体现其学术价值和在城市规划中的应用价值。城市地理学构建了关于中国城市的理论图景，即任何规模等级的城市，都拥有与之相应的支撑区域，区域的空间层级性和相互依赖性，正是地理学的内核。这就决定了作为区域中心的城市构成了从上到下一套完整的城镇居民点体系。这种相互嵌套、多层次的“城市—区域”体系，是阐释中国城市成因、发展规律的最本质特征，也成为城市地理学者创造出的城市规划新类型和新方法的基点。以区域理念为核心，城市地理学者提出城市—区域分析法和城市合理规模分析法；以城镇体系理念为核心，城市地理学者创新了城镇体系规划这一全新的规划范式，提出了“三结构一网络”规划方法（图 2—7）。

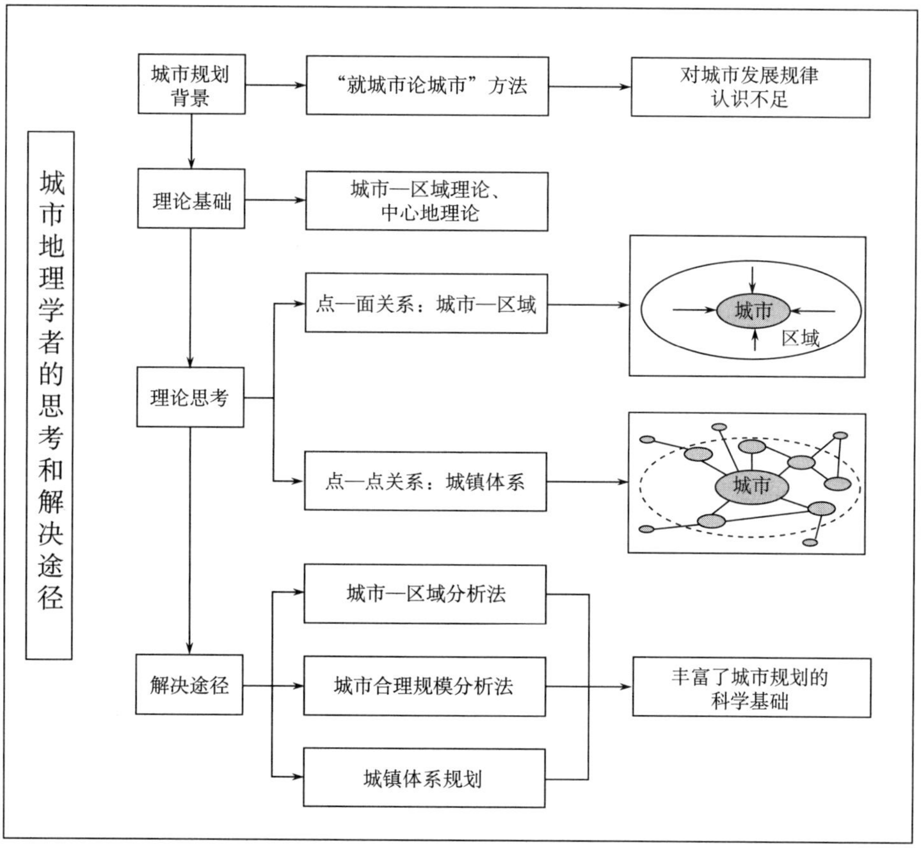

图 2—7　城市地理学者的思考和解决城市规划领域有关问题的途径

一、城镇体系研究的理论框架

城镇体系研究，就是研究和揭示城镇体系规划前后状态变化的基本规律。城镇体系规划布局就是在规划基础理论的指导下，编制一个切实可行的城镇体系“理想状态”，通过城镇体系内容要素及其内部功能结构的组合，使“现实状态”比较稳定地逐步过渡到城镇体系客观过程所需要的相对的“理想状态”。城镇体系规划的基本内容是：作为节点的城镇研究，包括地域空间结构、等级规模结构和职能组织结构；反映节点间相互关系的研究，包括城镇联系与扩散形式和城镇网络系统。一般地说，城镇体系研究主要有如下四个方面的基本内容（顾朝林，2005）。

1. 地域空间结构：集中与分散布局

城镇体系规划的“地域空间结构”是地域范围内城镇之间的空间组合形式，是地域经济结构、社会结构、自然环境在城镇体系布局上的空间投影。由于城镇体系的发展机制表现为集聚与辐射两个方面，其空间组织也必然同时受区域和城市的影响制约。地域城镇体系布局具有多种空间结构形式，其最基本的形态不外乎集中或分散布局两种，而集中又可分为集中型、集中—分散型，分散也可分为分散型和分散—集中型多种。总的看来，城镇体系的地域空间布局结构已表现为由单一中心到主次中心、多中心组群结构，由自给自足封闭型转为有机联系开敞型结构的变化趋势。城镇体系规划布局，究竟采取何种空间结构形态，需根据各地地理条件、经济、社会发展基础，生产发展基础，生产力发展水平和各类城镇的性质与规模等进行具体的论证。

2. 等级规模结构：等级与规模的关系

城市的存在与发展取决于其作为一个中心对周围的吸引力和辐射力。这种中心功能，由于其影响范围的大小不同，形成了地域空间的等级体系特征（图 2—8）。在中国的经济社会条件下，城市经济区域的类型一般可分为全国性、区域性、地方性三大类别。中国地域城镇体系也相应形成了全国性、区域性、地方性的城市（镇）网。城镇体系的等级体系及其空间组合如图所示。根据中国人口众多，城镇人口绝对数量大的特点，参照国家城市等级规模分类和配套相应服务设施的经济规模，中国地域城镇体系的等级规模系列拟分为十个层次（表 2—2）。

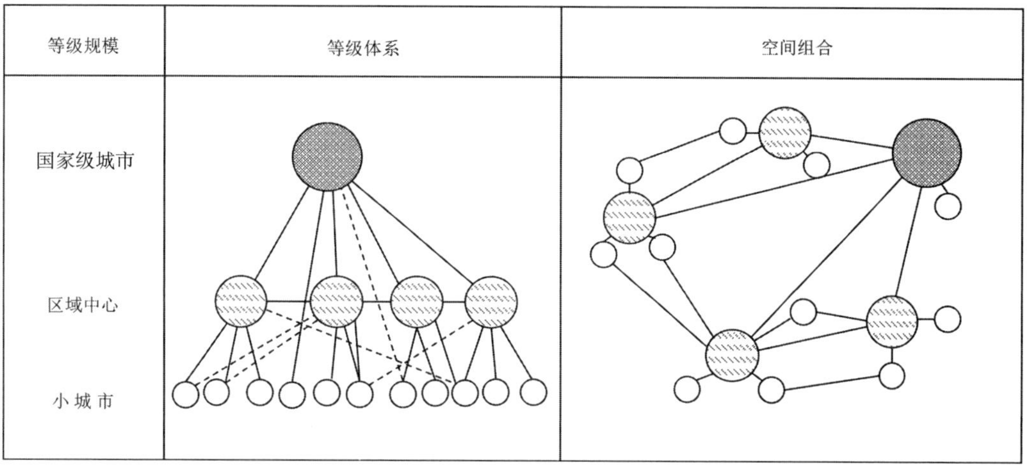

图 2—8　城镇体系等级体系及其空间组合

资料来源：顾朝林，2005。

表 2—2　中国地域城镇体系研究的等级规模系列

等级	名称	人口规模	备注
Ⅰ	巨型城市	800 万以上	
Ⅱ	超大城市	300～800 万	
Ⅲ	特大城市	100～300 万	
Ⅳ	大城市	50～100 万	
Ⅴ	中等城市	20～50 万	
Ⅵ	小城市	10～20 万	人口规模可在 10 万以下
Ⅶ	县城	5～10 万	县城规模也可分为亚级，约有 5、7、10 万三个档次
Ⅷ	重点镇	3～5 万	
Ⅸ	建制镇	1～3 万	
Ⅹ	一般集镇	1 万以下	

资料来源：顾朝林，2005。

3. 职能类型结构：类型组合与职能协调

由于地域发展条件、基础和过程不同，导致了城镇体系内部经济结构的地域差异。如矿产资源丰富的地区，城镇体系一般以矿工型城镇为主；矿产缺乏，农业、技术发达的地带，可依靠水陆交通方便、地理位置优越的条件，发展以加工型为主的城镇；在水力、森林资源丰富的地区，城镇体系则围绕水力、森林资源开发为主等。

地域城镇体系研究的另一个基本内容即是城镇间的类型有机组合与职能协调。从中国实际情况出发，城镇职能体系一般分为以下几个基本类型：①行政中心体系。由于中国历史悠久，农业发达，长期形成了整套自上而下的各级行政管理中心，系列特征为：首都—省会—地区级城市—县级市—县城—镇。②交通中心体系。这一体系由铁路枢纽、港口城镇、公路中心城镇、航空港城市四个次级体系构成，形成了中国商品流通、交通运输的中心体系。③矿工业（包括农副产品加工）城镇体系。由于地区资源的差异和矿业、工业企业之间横向联系的地区性，这类城镇体系以块状形式出现，构成中国的区域生产综合体和不同类型的工业城镇体系。④旅游中心城镇体系。中国旅游资源丰富，自然风景名胜地和历史文化古城众多，构成了一个完整的大系统，随着全国旅游区、旅游热线和旅游点的不断开辟，这一职能体系将得到完善和加强。

就地域城镇体系职能结构组合而言，城镇的职能和类型也是为地域经济的发展而服务的。因此，城镇体系内，同层次的城镇（基层除外）应当尽可能避免其职能的雷同性。当然，对于不同层次城镇之间的职能类型也不是完全相同，只是有其类似性（图2—9）。

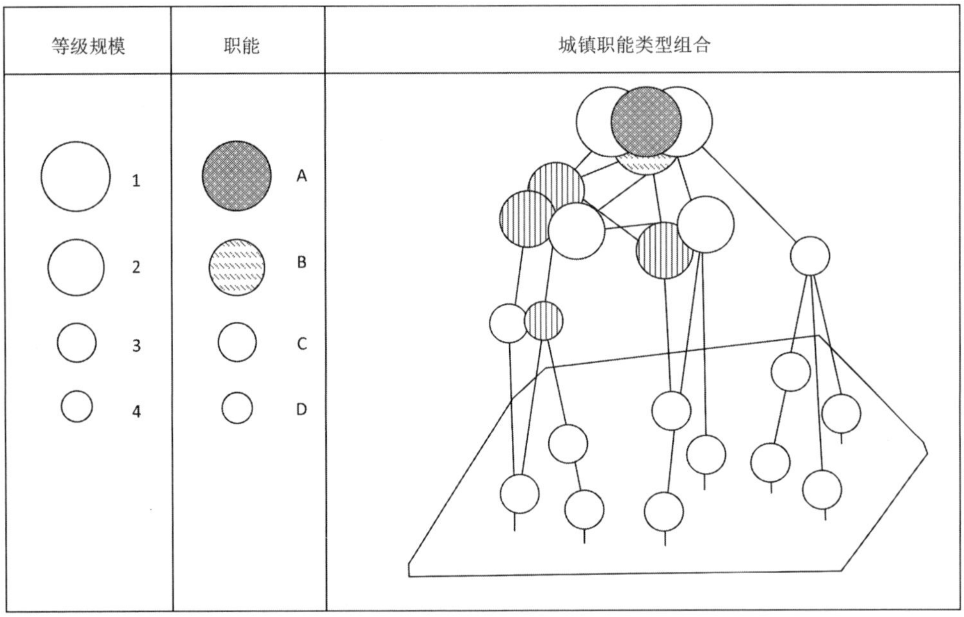

图 2—9　城镇体系职能类型结构

资料来源：顾朝林，2005。

实际上，地域城镇体系的职能组合是以一定城市类型的结合为基础的。这些城市类型是由于地域城市某一时期所固有的经济布局和人口移动规律共同作用的结果，与地域城市化进程、地域劳动分工深度密切相关。地域城镇体系的职能结构组合可分为矿产资源、农业、重加工、轻加工、综合发展等几种基本类型。

4. 网络系统组织：城镇联系与网络组织

城镇体系规划最终的目的就是要形成城乡协调发展的网状有机系统。这种网络系统呈现多种形态：有发生在生产过程的，也有发生在流通过程的，有按照隶属系统从上到下的纵向联系，也有经济单位之间的横向联系；有以一个经济单位、一个经济部门为中心形成的，也有以一个城市一个地区为中心而形成的。不言而喻，城镇体系的网络组织依赖于体系内部各城镇之间的联系以及体系之间的信息、能量和物质交流。地域城镇体系研究的空间发展主要有如下联系（表2—3）。

表2—3　地域城镇体系空间发展联系

类型	形式
自然及交通联系	道路网络，河流及水运网、铁路网、生态相互关系等
经济联系	市场网络，原材料及半成品流、资金流、生产联系（包括“产前”、“产后”和“横向”联系）、收入流、部门及区际日用品流等
人口活动联系	移民流（临时和永久性）、工作通勤流、旅行与旅游流等
技术联系	技术扩散形式（集聚型和分散型）、灌溉系统、电信系统等
社会联系	居民原籍关系，亲属关系，风俗，礼节和宗教活动，社会团体相互关系等
服务性联系	能源供应与网络、信贷与财政网、教育训练进修联系，卫生医疗网，交通服务系统，商品供应系统等
行政管理联系	机构关系，政府预算过程及其形成，权力—批准—监督机构关系，组织党派关系及其组合，日常政策制定执行及其监督等

资料来源：顾朝林，2005。

区域城镇体系的城镇网络研究主要在于：按照国家和地方国民经济、社会发展的总要求，从地域的具体条件出发，参考各城镇总体规划目标，确定各自城镇的发展方向、性质、规模和布局等，并综合成为一个以中心城市为依托，以各级城镇为节点，组成经济上相互联系，职能上互有分工，规模上具有等级系列特征的综合城镇体系网络。在此基础上，编制好工业、交通、商业、科技情报、文化、教育、卫生、财政、金融等区域网络规划，提高全地域城乡间联系，推动地域经济的发展。

二、城镇体系的地域空间结构形态与测算方法

城镇体系的地域空间结构是指城镇体系内各个城镇在空间上的分布、联系及其组合

状态。从本质上讲，它是一个国家或一定地域范围内经济和社会物质实体——城镇的空间组织形式，也是地域经济结构、社会结构和自然环境的空间投影。其表示一般从分布密度、连接形式和空间形态特征类型三方面来反映。如以中心城市数量多寡的组合方式可以分为：①单中心体系类型。指一个中心城市的城镇体系，其中又可分为：以大城市为核心，集中分布在大城市地域范围的体系类型；以各级行政中心或经济中心为核心，分散的城镇体系类型。②多中心城镇体系类型。其中又可分为：大中城市集聚的城市群类型；以多个各级行政中心或经济中心组合为核心，分散的城镇体系类型。由于城镇体系的发展机制表现为集聚与辐射两个方面，地域城镇体系布局虽具有多种地域空间类型，究其基本的形态，不外乎集中和分散两类，集中型又可以分为集中型、集中—分散型；分散型也可以分为分散型和分散—集中型。

1. 集中的地域空间结构

集中布局地域城镇体系的地域空间结构，就是在经济空间优势的条件下发展城镇体系的增长极（表 2—4）。在地理概念上，增长极是指集中于一定地区建设和投资，建立核心—边缘模式。地域经济开发以大城市为出发点，扶植区域经济发展的增长中心或增长轴。随着区域资源和资本的核心集聚，经济发展呈现明显的极化作用，而外围区的发展则依赖于发展极的滴流作用（trikle down）。

表 2—4　集中布局的地域城镇体系空间结构

<table>
<tr><th>型</th><th>式</th><th>图式模型</th><th>特征</th></tr>
<tr><td rowspan="2">集中型</td><td>单心圈层式</td><td>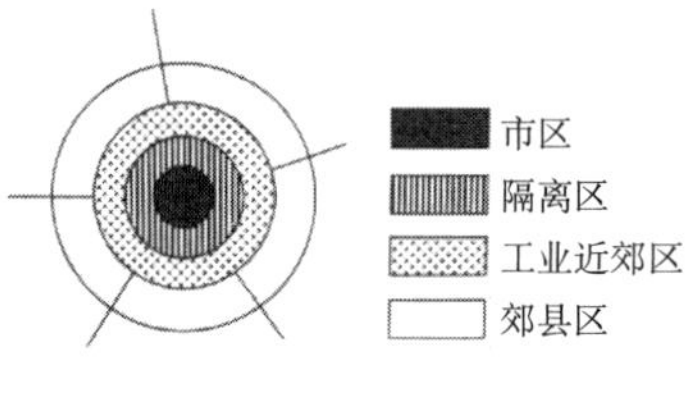
</td><td>围绕市区由内向外，把市和郊县的全部地域分为各具功能又互相联系、有机组成的“市—郊—县城—乡镇”四个层次</td></tr>
<tr><td>紧凑集中封闭式</td><td>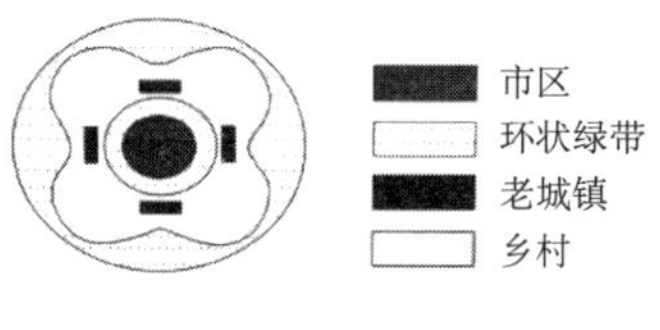
</td><td>在城市蔓延区周围保留永久性的环状绿带，在绿带外面发展老城镇，并在有的乡村或原野上建新城</td></tr>
</table>

续表

型	式	图式模型	特征
集中—分散型	均衡分散封闭式	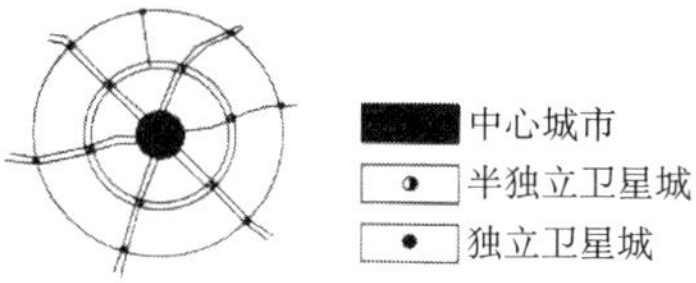	增加规模适当、职能单一、设施齐全的独立或半独立性卫星城镇来疏导中心城市不断增长的社会压力
	多中心组团式	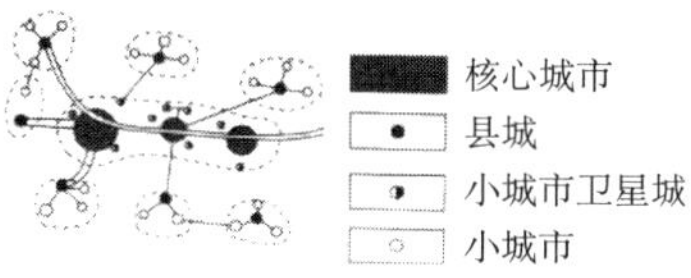	建立在以大、中城市为体系核心，注重中心城市之间、中心城市与次级城镇之间的生产联系和协作分工

2. 分散的地域空间结构

经验表明，当某一城市 GDP 的增长连续几年超过 10%，人口迁入量连续几年超过 5%，郊区与城区的低价差达到一定比例的时候，就会产生跨越式发展的势头。这个时候如果能够通过城镇体系规划合理安排卫星城或卫星镇，实现大城市有机疏散，就可以防止城市“摊大饼”式发展。分散布局城镇体系改变了过去地域城镇体系集中型发展的一般概念，是“梯度理论”、“超越理论”等地域经济发展模式的具体体现，把地域内城镇的发展视为地域经济空间的梯度变异，要么“浸润发展”，要么“跳跃发展”，建立在现代交通流、信息流、资本流基础上，呈轴向或群集的城镇体系发展模式（表 2—5）。

3. 变异型城市体系

最近以来，一些城市密集地区正在经历着城市体系结构的质变，走廊城市和网络城市得到发展。这类城市的发展主要在于高效基础设施走廊将知识密集中心和大都市联系在一起。一方面，城市体系的地域空间结构开始形成“走廊式城市”结构，这些新城市区已经没有明显的核心和可定义的边界，而是多中心的城市蔓延地区。另一方面，由于多中心结构的演化，这些城市体系能被认为是一种新兴的“网络城市”，这种网络城市的不同节点结合形成独一无二的弹性交流环境。经济学家将网络城市看成是一种市场区竞争的异质产物。它们的多中心结构和功能弹性滋生出新的垄断优势。

4. 城镇体系的地域空间结构测算方法

区域城镇的空间分布具有无标度性，显示出统计分形（fractal）特征。城镇体系的自相似性意味着人文与经济地理系统的自组织演化受到某种隐含规则的支配，具有优化趋向。分形不能用一般的测度进行度量，描绘分形的有效参数是分形维数，而维数是反映空间现象的重要参量。刻画城镇体系的空间结构有三种基本分维：其一是聚集维数，借助回转半径测算，故可称之为半径维数；其二是网格维数，是利用区域的网格化方法测算；其三是空间关联维数，是利用城镇之间的欧氏距离测得（刘继生、陈彦光等，1999）。

表 2—5　分散布局的地域城镇体系空间结构

<table>
<tr><th>型</th><th colspan="2">式</th><th>图式模型</th><th colspan="2">特征</th></tr>
<tr><td rowspan="5">分散型</td><td colspan="2">带形开敞式</td><td>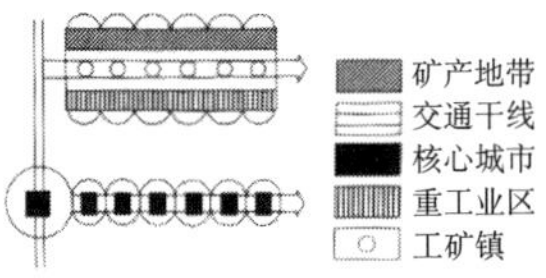
</td><td colspan="2">矿产地带和重要交通干线相结合，城镇的发展随着资源的开发和交通干线的延伸呈带状发展，形成多中心城镇集聚带</td></tr>
<tr><td rowspan="3">定向带形开敞式</td><td>线形布局</td><td>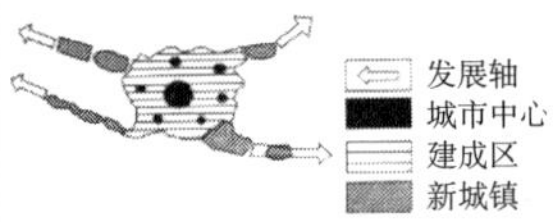
</td><td>发展区域次一级中心，把新的建设点群集于具有优势条件的发展轴线</td><td rowspan="3">地域城镇沿一定方向发展；核心城市占绝对优势，区域城镇化加剧；以高速交通、自然环境为基础形成城镇聚集群</td></tr>
<tr><td>指状布局</td><td>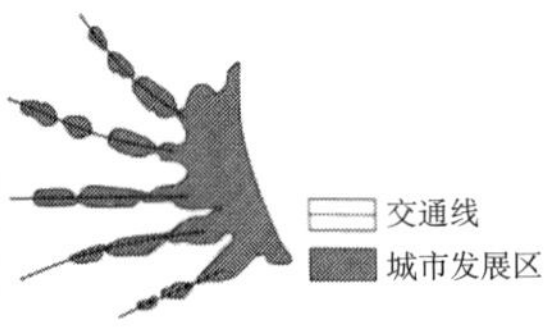
</td><td>建设一批半独立性的城镇群，与核心城市之间以及它们彼此间有快速交通相互连接</td></tr>
<tr><td>环状布局</td><td>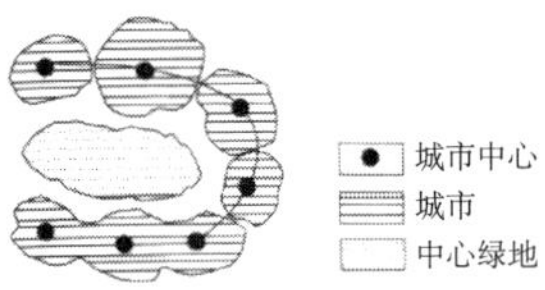
</td><td>城镇的线性扩张和楔状绿地使城镇群体既沿交通线扩展</td></tr>
<tr><td colspan="2">分散放射开敞式</td><td>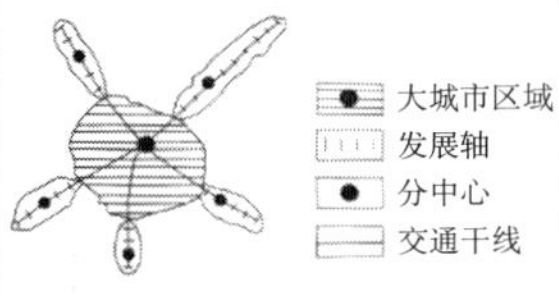
</td><td colspan="2">定向带形开敞式城镇布局过多选择发展轴的结果，会丧失城镇投资低廉和接近自然环境的优势，造成全地域恶性蔓延</td></tr>
</table>

续表

型	式	图式模型	特征
分散—集中型	星座组群式	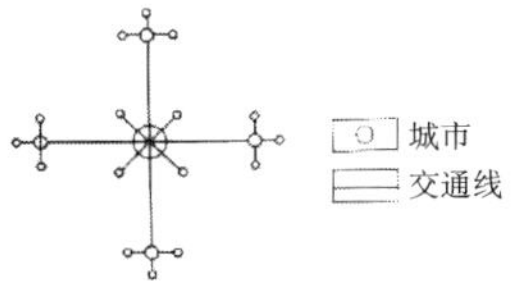	以大城市为“星座”的核心，包括卫星城和农村居民点一系列“行星”的地域综合体
	双磁极式	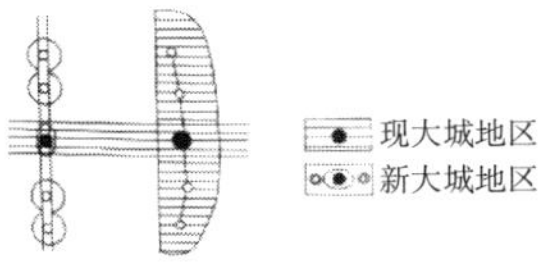	以中心城市以外的区域城市形成对中心城市的反吸引力，来抵消中心城市的引力，达到分散的目的

三、确定城镇规模的方法

城市的规模受到城市性质、环境容量、用地条件和区域内其他城市的制约，不能无序、无限扩张。在特定的发展条件下，城市应该存在一个大致的合理规模。城市规划的人口规模确定，就是要预测预见城镇在规划期内的合理规模，即确定在城镇人口增长的自然与经济规律下，为生产事业的发展和居民各项活动提供方便与良好的条件和环境，并取得最优的经济、社会、生态效果所应达到的人口规模。城市地理学者率先提出“城市合理规模”的概念，并提出认识城市合理规模的四种理念：一是区域理念。即“城市—区域”理念，任何一个城市规模都受到区域经济社会发展的客观条件的制约，同时还受到城市在区域中的分工及地位的影响。二是经济理念。城市的合理规模应该实现城市经济效益的最优化，可以分为宏观和微观两个层次，宏观经济效益是城市对国家和地区经济的贡献，微观层次是城市自身的经济效益。城市的合理规模要实现宏观、微观经济效益的统一。三是社会理念。城市是一个错综复杂的社会，城市的规模过大或过小都会导致社会效益的下降，城市的合理规模应以社会效益的最优化为目标。四是生态理念。城市的合理规模应符合资源环境承载能力的约束，包括用地的合理容量、水资源容量、大气容量、生物容量等。总体而言，城市的合理规模应该是符合区域分工条件和生态环境容量，同时取得最优的经济、社会效果所应达到的人口规模（《城镇合理规模》课题调研组，1986）。

1. 影响城市合理规模的因素

城市的合理规模不仅是一个数量的概念，更是一个结构的概念。只有城市规模中的各类成分满足特定的比例关系，城市的发展才是合理的、可持续的。具体来看，应该包括三类结构：城市经济结构、城市人口结构、城市用地结构。

(1) 城市经济结构。城市经济结构是指各经济要素、各经济成分、各经济组织，以及社会再生产各个方面的构成及其相互联系、相互制约的关系，一般包括主导部门、协作配套部门和基础设施部门组成。主导部门是城市经济的主体，反映着城市在劳动地域分工中承担的任务，决定了城市的性质。协作配套部门主要为主导部门提供服务。基础设施部门为当地的生产、流通和人民物质与精神生活提供服务。具体来看，又包括以下因素：一是城市性质。不同性质的城市，由于组成物质要素不同，在国家和地区整治、经济和文化生活中的功能和作用不同，所以各有不同的发展规模。因此，确定城市的合理规模，首先要正确认识城市的性质。二是城市工业结构。工业是推动城市形成最基本、最主要的因素，工业的发展速度和规模制约着城市发展的速度和规模。三是基础设施。一方面，城市的商业服务、文化教育、医疗卫生等的规模和水平直接决定了城市发展规模的上限；另一方面，为了充分利用这些基础设施，城市也应该存在一定的门槛人口。

(2) 城市人口结构。城市人口包括自然结构（性别、年龄结构）和社会结构（各部门劳动职工占人口的百分比），这些都影响着城市人口发展规模及其合理性。其中，人口的社会结构是主导因素。城市的形成发展是为了适应政治、经济、文化需要，这就要求付出各种不同的和一定数量的社会总劳动量，进而在国民经济各部门中形成一定的分配比例。如果社会劳动在各部门间的比例不当，就会导致各部门产品不能协作进行，生产和生活就不能配套建设，城市的政治、经济、文化生活就不能有序的进行。具体来看，包括以下因素：一是城市与郊区关系（非农人口与农业人口的比重），城市郊区分布着与市区有机联系的工业、交通运输业、仓库堆场和大专院校和科研单位，对城市环境和自然资源的开发利用有很大影响。二是城市人口劳动构成，即基本人口、服务人口和被抚养人口比例要适度，生产性和非生产性劳动职工比例要适度。

(3) 城市用地结构。城市用地合理容量是指在城市布局基本合理和人口密度适中的条件下，在一定的范围内适宜于建设的用地数量及其可容纳的人口规模。它区别于单纯的可用地数量的计算，而是以城市布局合理为条件，在用地评定的基础上对一定范围内的用地容量进行计算。最重要的因素是城市合理布局的分析，城市合理布局是正确选择城市发展用地，确定其合理范围和容量的关键问题。有的城市可发展用地似乎不少，但由于布局不合理，或与农业发展有矛盾，真正合理容量并不大。因此，研究城市用地发展范围和合理容量，应与合理布局密切结合起来。

2. 确定城市合理规模的普适性方法流程

确定城市发展合理规模的方法流程如图 2—10 所示：

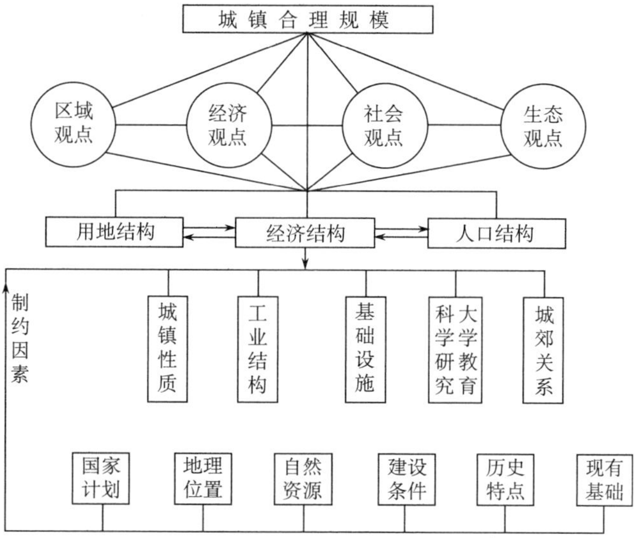

图 2—10　确定城市合理规模的一般流程

资料来源：《城镇合理规模》课题调研组，1986。

(1) 调查分析城市的发展条件及其在全国或地区所处的地位和作用。在城市发展条件上，主要是调查城市所处的地理位置、建设条件、历史特点、现有基础及其存在问题以及城市及其周围地区的自然资源，分析其优势和制约因素。

(2) 根据国家和地区国民经济的部署，以及本城市的优势和实际情况，确定城市经济社会发展战略目标，特别是确定城市的性质和发展方向，建立具有自身特色的经济结构，这是确定城市合理规模的关键。

(3) 在上述分析的基础上，根据建立合理的城市人口结构的要求，运用一定的方法推算城市人口发展规模。

(4) 研究城市的合理容量，分析上述城市人口发展规模及城市的环境是否能够为城市居民的各项活动提供良好的条件和环境。在全面分析城市环境容量的基础上，应着重分析城市用地的合理容量。

(5) 通过综合平衡，以及不同发展规模的方案对比，均衡得失，确定城市人口发展规模。

四、确定城市性质的方法

城市性质是指一个城市在国家或区域政治、文化、经济中所起的作用和所承担的分工。城市性质分类的实质是在城市体系的背景上，对各个城市进行现状工业职能的比较研究，明确各城市在全国或区域中的地位和作用。城市性质分类可以为经济和城市发展的宏观、中观尺度的国土规划，城镇体系规划和城市总体规划奠定科学基础。城市地理学者敏锐的将“区域”观点引入城市性质领域，提出了“城市—区域”理念。该理念强调，城市是区域的中心，城市的发展动力主要源于城市为本城市以及所在区域提供产品和服务的职能。城市的性质正是城市在一定区域劳动分工中发挥的功能。因此，城市性质的确定不应局限在“就城市论城市”，而应该放大到合理的区域范畴内，从区域条件以及区域内其他城市的关系等角度，来确定城市性质和未来的发展方向。以“城市—区域”理念为核心，城市地理学者创新了城市—区域分析法，将城市规划和区域分析两种相互独立的范式结合在一起，为城市性质的确定提供了科学依据。

1. 影响城市性质确定的因素

(1) 城市—区域的自然基础。城市是一种脆弱的生态环境，同时又是经济、社会、基础设施等要素构成的复杂系统，因此注定其要与外界环境发生密切联系。城市—区域的自然与资源承载能力既是城市性质、城市规模的限制性因因素，又是城市发展的有利条件。具体来看，又可以分为两个部分：一是区域自然条件，包括地质、地貌、气候、水文、土壤、植被等多项因素。其中，最为重要的是地貌类型及流域、水文条件的分析，因为这两个因素主要影响土地利用类型、生产布局以及生产潜力的评价，同时对毗邻地区界线的划分具有重要意义。二是区域资源条件，包括土地资源、矿产资源和劳动力资源。土地资源包括农、林、牧、水各类用地（已利用和待利用）数量、分布、利用潜力等。农、林、水产等资源可结合土地资源进行，矿产资源、种类、数量（储量）分布、开采条件，已利用和可利用情况等，着重分析其分布与发展对中心城市发展的具体影响与要求。劳动力资源，着重查明其数量分布，目前利用结构情况。

(2) 城市—区域产业发展与布局。城市和区域的产业发展存在无法分割的联系，城市是工业和现代服务业的集聚区，而区域则以农业为主，城市居民的生产、生活离不开区域的农产品供应，区域的经济发展离不开城市提供的工业产品和现代服务。具体来看，包括以下主要内容：一是区域农业生产发展与布局，包括粮食原料对城市工业发展的保证程度（与区内其他经济中心及农村合理分工条件下）及要求——可能提供原料的种类和数量；为农村生活提供的服务和产品，等等。二是区域工业生产发展与布局，包括区域内现有工业基础，满足农业、工业、人民生活多方面需要的程度，特别是满足农业生产需要的程度；农产品加工利用情况。三是区域交通运输与布局，包括区域交通运输方式、线路及其与周围地区交通运输联系特点。可与城市交通运输特点（主要货件运输联系，流量与流向情况）结合进行。四是区域城市经济中心分布特点，即区域其他城市的分布、分级及其职能影响范围等。

（3）城市—区域内部地域差异与区内、区际的经济联系。城市—区域并非独立存在，而是处于纵向、横向的相互联系中。纵向联系是指城市区域和本层级之上和之下的城市—区域的联系，横向联系是和在同一地域范围内其他同等级城市—区域的联系。具体来看，包括以下内容：一是区域经济分片与经济联系。从经济联系和区内分工上入手，对区内主要城市—区域进行划分。二是本城市在省（区）内的经济地位及地理分工任务，通过对全省的基本了解与分析，在建立省经济体系、工业体系中的地位与作用，明确本地区主要经济中心的发展方向。对一般县城，可了解其在地区中（或省内经济区中）的地位及省内承担的某些特殊任务，后者一般与其自身的条件（交通运输、地理位置，某种特殊资源或传统工艺等）有密切关系。三是本城市—区域与周边毗邻地区的经济联系。一般可通过主要货种流量流向加以分析，据以明确属于本城市区域的经济影响范围或相互交错的经济联系范围。

2. 城市—区域调查法技术流程

将上述影响因素的研究落实在工作流程上，形成如图 2—11 的技术路线。

（1）从点到面，点面结合。即以本城市为中心，按其城市规划的特定要求，摸清城市区域内上述各个主要方面，弄清点、面之间的具体联系和关系。在实践过程中，可先从本城市出发，明确点与面之间的联系和问题，分析其具体条件、地理位置、历史发展和现有基础，现有工业生产与周围地区的联系、城市农副产品目前供应情况，对外交通运输与各城市的联系等。在此基础上，再进一步查明周围地区各方面对本城市的具体影响和要求。

（2）从上到下，上下结合。根据“城市—区域”理念，中国可以划分为相互嵌套、多层次的城市—区域。任何一个城市—区域的发展目标应该和上一级城市—区域对其的要求、作用相一致，同时也应该和下一级城市—区域的诉求相统一。然而，由于中国的国土规划常年缺位，导致城市规划不成体系，重复建设和盲目夸大现象严重。为了避免这些弊端，在进行城市—区域调查分析过程中，必须首先明确本城市和地区在全省（或国家）经济社会中的分工和地位，据此确定城市的性质和规模。同时，也应将本层级城

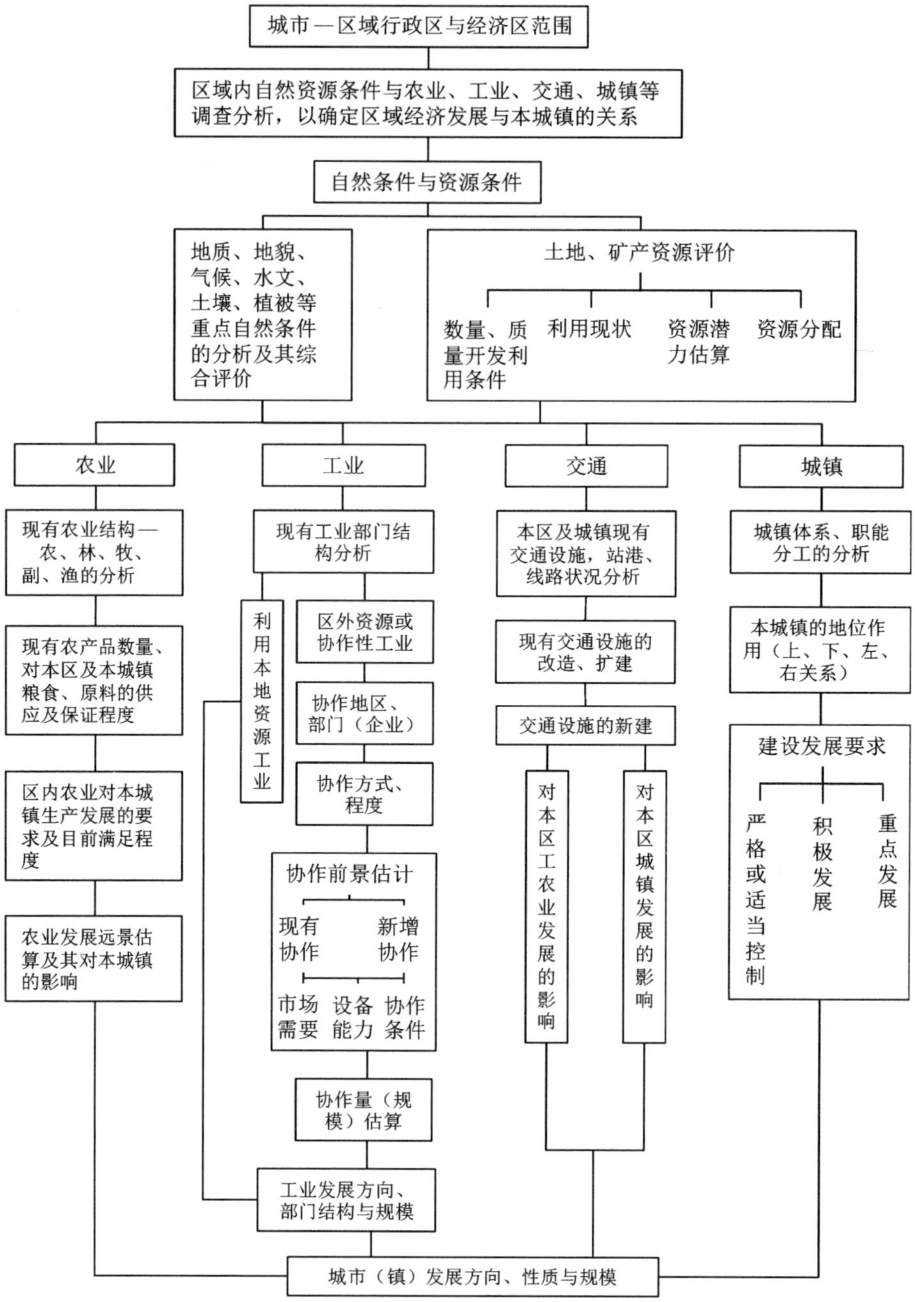

图 2—11 城市—区域调查法技术路线

资料来源：宋家泰，1980。

市—区域的经济社会分工落实到下一层级的城市—区域。两者相辅相成、互为补充。

（3）由内到外，内外结合。这是指本城市、本地区与毗邻经济中心、地区的联系和关系，重点是主要的经济联系方面，分析研究其现存关系及合理性，有的可据以作调整行政区界线或扩大市区范围的依据。其中，地方性经济区范围比较容易确定，因范围较小联系密切，但这是很主要的；而“区域性”经济区范围，则比较复杂，这要从更大的范围内来研究，往往是一个综合性经济区划问题。

（4）由近到远，远近结合。城市和区域，两者皆存在产生、发展、兴盛、衰亡的过程，因此城市和区域呈现动态统一的特征。所以必须根据区域基础条件，从现状基础出发，分析研究其今后发展（远景经济发展）的现实可能性，具体明确其对城市远景发展的影响。一个有科学依据的城市—区域调查必须在查明现有条件、情况的基础上，作出合乎实际的远景城市—区域发展方向。当然，近远结合，仍应以近为主。例如，城市规划的远景人口控制规模（理解为定型规模）就是建立在以近为主的基础上拟定的城市合理规模。

五、城镇体系规划的程序

（1）历史基础分析。研究地域城镇的历史发展过程，地域内各城镇的形成、发展的影响因素以及地域城镇发展、演变的规律，可为地域城镇的发展提供历史依据。主要研究地域城镇产生、形成、发展的历史基础，地域城镇的历史发展过程，地域城镇形成发展因素及其特点，地域城镇体系发展战略的历史依据等。

（2）发展现状分析。城镇体系规划是以“现状态”为基本出发点的。城镇体系现状分析包括：城镇体系的现状特征、城镇分布状况、区域城镇化水平差异、城镇人口规模等级体系、城镇体系内各城镇的主要职能、城镇体系存在的主要问题等。

（3）区域发展条件及制约因素分析。区域发展条件是城镇体系赖以发展的基础。主要分析地理位置条件、区域自然条件、区域自然资源储量与利用、区域运输体系及容量、土地利用及其水资源潜力、区域经济结构与发展、区域人口构成与增长、区域经济、技术条件、区域自然—经济景观及其环境等。在进行发展条件分析的同时，找出制约地域城镇发展的因素，拟定克服不利因素的措施。

（4）城镇体系规划布局。根据区域发展条件和制约因素，拟定区域经济发展的总目标和开发模式。在此基础上，确定规划期城镇体系规划的指导思想，并从人口、劳动力、区域城镇化水平、产业、土地利用、交通运输部门发展预测，进而规划布局城镇体系的组织结构。

（5）城市经济区划分及其发展设想。依据地域城镇体系规划布局和自然—经济景观，合理划分各城镇的经济吸引范围；按照规划城镇体系的内外经济联系，进行城市经济区划分，并根据各区的具体情况，讨论各区域城镇发展方向、城镇分工与联系网络，以及重点城镇发展问题。

（6）实施规划的对策和措施。为了实施城镇体系规划，对实施部门提出建议，要求及引起重视的诸问题（图2—12）。

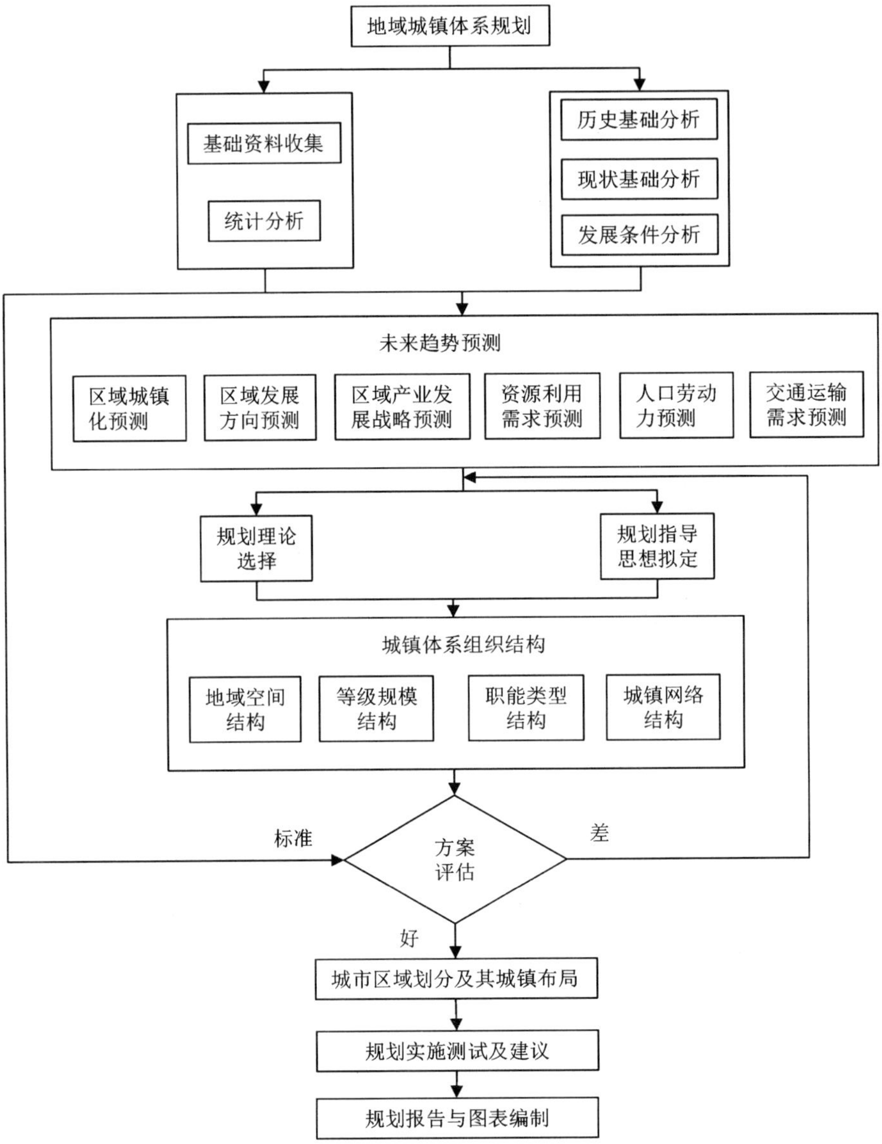

图2—12　城镇体系规划程序

资料来源：顾朝林，2005。

第四节 城市地理学拓展研究及社会贡献

城市地理学与城市规划的协同发展过程中，中国城镇化问题和城市建设问题也在发生着重大变化，为城市地理学和城市规划不断提出新的学科命题和应用需求。城市化与资源环境可持续利用的矛盾冲突越来越加剧，城市人口和产业过度集中带来人居环境恶化等问题越来越严重，产业区位和新产业业态的不断更新为产城发展的布局方略提出越来越多的挑战，城市群、城市区域和半城市化等多种新型城市地域空间类型在中国城市化过程中所占比重越来越大（许学强、程玉鸿，2006；许学强、周春山，1994）。2013年中国提出“新型城镇化”战略试图解决这些新问题，实现城镇化率超过50%之后的健康城镇化过程。这样的社会需求，促使城市地理学进一步拓展研究内容和主导方向。城市地理学的社会贡献从影响城市规划、进而影响中国城市化进程，开始转向直接影响城市化决策、从而影响中国城市化战略选择。

一、城市地理通过影响城市规划实现对城市化进程的影响

1. 主导城镇体系规划成为法定规划

现代城镇体系规划是以城市地理学者提炼出城镇体系规划的核心内容是“三结构一网络”为标志的。“三结构一网络”是指等级规模结构、职能类型结构、地域空间结构和城镇网络结构。1984年的《城市规划条例》第一次提出“直辖市和市的总体规划应当把行政区域作为统一的整体，合理部署城镇体系”。1990年实施的《中华人民共和国城市规划法》中明确规定“全国和各省、自治区、直辖市都要分别编制城镇体系规划，用以指导城市规划的编制工作”，“设市城市和县级人民政府所在地的总体规划，应当包括市或县的行政区域的城镇体系规划”，并专门出台了《城镇体系规划编制办法》。从此，城镇体系规划在中国各地、各个层面得以普遍推广，该项规划也是中国唯一进入法定规划体系的区域性规划。

城镇体系规划是一种具有浓郁中国特色的区域发展管制工具，集成了发展政策、计划投资、设施建设、空间管制等诸多手段，试图建立一套区域空间有序发展的控制体系，体现了典型的自上而下、计划经济思维的传统特征。虽然城镇体系及其规划的研究是一个来自于西方世界的“舶来品”，但是在西方自由市场经济体系中无法施展用途而

仅仅停留在理论研究领域的“城镇体系规划”却在中国的政治与经济体制环境中大放异彩。特别是当双轨制时期及后来的市场经济初步建立的探索期中，由于国家计划经济部门对规划的迷茫，几乎在整个90年代基本放弃了区域规划、国土规划的职能之际，城镇体系规划本应只是作为综合性国土规划中的一项“子规划”，而恰恰是在这段区域规划“主管部门”缺位的时期，城镇体系规划为了应对现实需求而不断扩充完善、发展壮大，事实上承担了“区域规划”、“国土规划”的职能。当然，由于建设部门缺乏对区域发展进行综合协调的权力、手段与资源，计划经济体制也在不断衰退之中，国家也缺乏对区域规划的足够重视和政策、制度保障，所以这一时期的城镇体系规划，其实际效用也是比较有限的。

2. 创新城市规划方向

城市地理学的理论方法进入城市规划领域，促进了全新规划范式——概念性规划的诞生，这是从战略角度对城市未来的发展方向进行研判（夏杰、林炳耀，2003）。改革开放以来，一方面，城市—区域发展的紧密一体化、大都市区的出现与成长，需要有战略性、宏观性的规划补充；另一方面，中国城市规划编制体系长期存在缺陷，缺乏区域规划、国土规划等上位规划的战略指引，急需在城市总体规划之前进行城市发展战略研究。从技术角度来看，概念性规划脱胎于城市地理学，主要采用区域分析方法和城市结构理论作为理论方法，其概念、目的、特征和技术路线和传统的城市总体规划存在本质性的差别（表2—6）（张兵，2001）。此外，城市战略规划也同概念规划是异曲同工、本质同源的。

表2—6　中国城市概念规划和城市总体规划比较

	城市概念规划	城市总体规划
概念	实现城市的可持续发展能力、区域竞争力；采取的利用和分配城市有限资源的思想方法及行动计划	实现一定期限城市的经济和社会发展目标；城市性质、城市土地利用、空间布局、基础设施部署的综合部署和具体安排
目的	谋求长远发展定位、目标；对影响城市发展的重大问题进行深度研究；为政府提供发展的思路、策略和决策咨询方案	按城市自身建设条件和现状特点；协调生产、生活、生态的功能和布局关系；发挥城市土地空间资源的最大效益
特征	纲领性、目标性、长远性、抗争性	全局性、综合性、长期性、控制性
技术路线	问题导向和目标导向兼顾；寻找问题—拟定目标—途径策略—行动计划	技术理性和综合规划范式；获取信息—分析评估—定位目标—远期方案—近期实施

续表

	城市概念规划	城市总体规划
主要内容	在区域中找准城市的发展地位，诊断城市发展问题、发掘城市发展动力； 提出城市整体发展策略、土地空间开发的政策的宏观框架； 制定经济、社会、环境等发展引导策略	确定城市性质、城市规模、城市用地的功能分区、各项建设的总体布局； 布置城市道路交通运输、市政基础设施系统、郊区生活供给基地； 制定近期建设规划实施步骤和计划
法定地位	非法定规划，体现地方政府发展意图	法定规划，体现上级政府的管制意图

资料来源：赵艳莉、郑声轩、张卓如，2012。

概念规划和战略规划的开展满足了中国经济社会发展的时代需要，丰富了城市规划的研究方法，推进了中国城乡规划编制体系的改革创新，同时得到了中央政府的支持。中国建设部《关于加强城市总体规划修编和审批工作的通知》明确提出“各地在修编城市总体规划前，要组织空间发展战略规划研究，前瞻性地研究城市的定位和空间布局等战略性问题”。

3. 设市预测与规划

设市是国家政权建设的重要组成部分，与国家经济社会发展密切相关。设市规划是对全国或省区一定时期内设市的发展目标、时序安排及空间分布所进行的战略部署，是设市管理的重要依据（马清裕、陈田，1991）。

长期以来，中国设市存在一定盲目性和被动性，城市地理学者从城镇发展的内在规律出发，提出具有科学依据的设市规划，是中国城市规划面临的重要命题。《中国设市预测与规划》报告首先运用一套指标体系对城镇的综合发展状况、建设条件、区域基础进行评价，测出城镇的发展潜力。其次，根据发展潜力排序，设定近期、中期、远期三个时限的设市顺序。最后，对预期能达到设市标准的新城市的设置，在时序安排和地域分布上进行区域社会经济的宏观论证（马清裕、陈田，1991）。此外，规划报告分析了中国设市的历史过程和综合性城镇与特殊类型城镇的设市条件，提出了全国设市总量预测与规划方案、设市的空间布局规划方案和省区设市时序规划方案（方创琳、陈田、刘盛和，2001）。通过规划的实施，中国从1990年以来的设市状况得到明显改观，设市规划研究的不断修编和深入，有力地推动中国设市工作进入科学发展轨道。

二、城市地理学研究城市化重大战略问题对城市化决策的影响

城市地理学以大、中空间尺度见长，以综合性和战略性的问题研究更具优势，加之

有雄厚的理论方法为支撑，当现实的城市化问题需要科学决策和科学论证时，城市地理学及时开辟了社会应用的另一大领域，即通过对重大战略问题的研究和战略咨询，实现对城市化决策的影响。其中，中国人文与经济地理学者和城市地理学者给中央提交城镇化主题的系列咨询报告并向国务院总理当面阐释科学引领中国城市化健康发展，在中央政治局集体学习中对城镇化方针和城镇化速度的讲解，对中国城市化问题提升到国家战略层面，以及中国新型城镇化战略的形成，产生了重要影响。

1. 系列战略咨询报告得到总书记批示与当面向国务院总理汇报

对中国城市化战略的研究是城市地理学者和人文与经济地理学者共同关注的命题。陆大道院士于2006年、2009年、2012年、2013年连续四次主持开展城镇化重大问题咨询研究，分别针对“冒进式城镇化和空间失控”、“警惕借各类新区建设规划实施大规模造城”、“城乡统筹方针下我国城市化合理进程”、“科学引领我国城镇化健康发展”形成城镇化系列咨询报告。报告以城镇化与经济社会发展的耦合关系、城镇化的资源环境支撑条件、世界城镇化过程的演变规律来审视中国工业化和城镇化进程不断加快背景下，各地过分强调城镇化速度，盲目做大城市规模所导致的区域发展问题。其中，陆大道院士论证得出了土地城镇化速度远远高于人口城镇化速度的结论；并深刻分析了问题产生的原因和后果，包括：新城新区开发大量占用耕地，城市化建设用地标准过高而导致城市用地效率下降，工业结构调整下的就业岗位增长满足不了城镇化非农就业需要、失地农民大量增加等，引起胡锦涛总书记的高度重视，批示要求“务必把好规划、用地审批关。”陆院士主持起草的“关于走符合我国国情的城镇化道路的认知和建议”的报告，应李克强总理邀请做当面汇报。咨询报告深刻总结了中国城镇化高速发展中的突出问题及主要原因，重点强调了中国特色城镇化道路要与中国资源环境条件相适应，论证了中国当前产业结构特点及未来提供的就业空间，明确指出中国未来城镇化速度不宜过快。该报告的主要结论得到中央政府采纳，国家发改委组织了11部委开展了针对该咨询报告的系统研究，并对城镇化战略方针逐步实行了重大调整。

2. 为中央政治局讲解城镇化问题

在很长时间里，中国决策层对城镇化基本持否定态度，意图推进一条“非城镇化”的工业化道路。中国城市地理学者适时总结国际城镇化经验，总结20世纪50年代以来城镇化过程曲折发展的经验与教训，尖锐地指出中国要现代化必然也要城镇化（周一星，1998），为国家城镇化战略的制定提供了坚实的科学基础。困扰中国现代化进程的一个战略问题是对“究竟以大城市为主导还是以中小城市为主导”的城市发展方针的长期讨论与政策的摇摆不定，城市地理学家认为用城市规模政策作为城市发展方针是片面的，主张积极促进城市健康发展，脱离“城市规模政策”的框框，应针对城市发展历史、地理位置、建设条件、空间布局形式和职能结构的不同，确定差异化的方针。城镇化速度是中国城镇化战略问题中可量化和度量的一项内容，如何客观掌握中国城市化的真实速度，这是推进城市化的方针制定基础工作。城市地理学者首次系统阐述了中国城镇人口统计口径问题，提出了可操作性的数据修正方案，并对中国城镇化速度进行了客观评价。这些战略问题的研究成果，在2005年9月中共中央政治局第25次集体学习中，中国城市地理学家做了系统讲解。胡锦涛总书记听完讲解后指出，“要深入认识和全面把握城镇化的发展规律，认真听取专家的意见，研究制定科学合理的规划，保证规划经得起实践和时间的检验。要加快全国城镇体系规划的编制。要通过全国城镇体系规划、城市总体规划、村庄和集镇规划以及土地利用规划等，合理引导城镇化发展的规模、速度、节奏，优化结构和布局。”此次讲解为全国“十一五”规划有关城镇化发展策略的制定和中国城镇体系规划工作的开展产生了重大影响。

3. GIS/RS的应用及其社会服务功能

城市地理学和城市规划协同发展中，大量应用GIS/RS空间信息技术，不仅显著提升了研究和规划的技术水平，更重要的是，这些先进技术的应用成果在规划实施、城市管理、居民生活中的延伸使用，改变了城市组织和城市生活的品质。城市地理学和城市规划应用GIS/RS技术方法并延伸实现其社会服务功能，在中国人文与经济地理学各分支科学中处于领先地位的。

城市规划业务本身需要收集、处理、分析和展示大量的与规划区地表空间位置相关的空间和属性信息，历史上就与信息系统和地图密不可分。GIS/RS技术是对地球表层空间中的有关地理分布数据进行采集、储存、管理、运算、分析、显示和描述的技术系统，也是现代地理学的核心技术手段。以城市地理学为中介，GIS/RS空间信息技术也越来越多地应用到城市规划领域，成为确定城市规划的有力工具：一是作为空间数据管理工具，GIS/RS可以把社会、经济、人口等属性信息与地表空间位置相连，以组成完整的规划信息数据库，方便查询、管理、分析、调用和显示；二是作为规划设计决策工具，利用其空间数据管理和展示功能及简单的空间分析对传统的前期辅助分析进行直观的图形（如各类专题地图）表达以作为规划的依据；三是作为公众参与平台，GIS和网络技术的结合（网络GIS），为居民的规划诉求创造了十分良好的条件，居民可以了解现状并提出自己对未来的设想，其意见进入GIS数据库后，规划人员可方便地调阅、汇总、分析、并生成居民构想图辅助规划。近年来，城市地理学者基于GIS/RS技术和大数据，提出数字城市、智慧城市等概念，进一步丰富了城市规划的内涵。

第五节　城市地理学的研究展望

纵观中国城市地理学发展历程及其在中国城市规划领域的融入过程，经历了由浅入深、由低级到高级的发展阶段（许学强、姚华松，2009）。中华人民共和国成立初期，地理学依靠地理学经典思维和传统学科方法对城市规划的原则、重点城市的规划进行修正，是间接介入阶段。“文革”之后，城市地理学者进入城市规划工作，承担了人才培养、合作编制规划、独立开展规划工作等功能，是直接介入阶段。改革开放之后，城市地理学兴起，为城市规划提供理论基础，城市地理学与城市规划协同发展，并逐步拓展了城市规划的新领域，是分工合作阶段（许学强、周素红，1994）。近年来，城市地理学和城市规划的分工合作进入一个重整、再定位的发展阶段。在中国，与城市规划合作深入，以至于完全融合的大专院校，便放弃了城市地理学或地理学的名号，直接转入城市规划领域的大阵营；而注重保持城市地理学相对独立性，或者说还是以发挥城市地理学学术价值和学科优势为核心的科研院校，在发展城市地理学科的同时，积极参与城乡规划和更为拓展的空间布局类规划。未来，如何理解城市地理学和城市规划学，不仅关系到城市地理学和人文与经济地理学的走向，也直接影响到中国城市规划乃至空间规划的前景。历史的实践证明，只有将应用基础学科建设的扎实，应用学科的成就才更具有科学性和创新性。因此，是否可以考虑将城市地理学建构为城市规划的应用基础科学，而城市规划学则是基于应用基础科学之上的工程技术学科，实现相互促进的双赢目标，改变目前城市地理学与城市规划学无缝整合、城市规划学拓展建设人居环境科学的取向。无论怎样，未来城市地理学将在全球化和信息化的大背景下，着力资源环境协调、科技创新驱动和社会空间重构的研究，在新型城镇化过程中出现的新事像和新机制、新规划类型的牵引下，拓展城市地理学的新领域，将为城市规划创造全新的规划范式，继续深化和完善“基础理论—应用实践”的学科建制关系。

一、全球化和信息化的影响及适应

城市地理学对全球化的研究将着力在全球化大背景下的内部化效应和响应，对信息化的研究着力在内部基础设施的外部化效应和响应。在全球化和信息化的影响下，空间集聚和扩散的过程将呈现非等级现象，从而改变经典空间结构理论和现实空间格局，核心—边行缘的地理范围正在扩大到国家或区域，新的国际劳动地域分工、经济的全球化正推动着新的世界城市体系的形成，现代信息和通信技术的发展使在全球范围内组织生产链及地区间的联系发生更大强度的“时空压缩”（许学强、叶嘉安、张蓉，1995）。因此，一方面，研究要导向开放系统中和流空间的格局重构问题。如基于信息网络“流空间”枢纽理论的世界城市、全球关键城市（Friedmann，1986）研究和世界城市体系研究，城市的流动空间与新的流动范式及其对城市与区域空间关系、空间要素的集聚与扩散、城市空间结构、城市形态等产生重构作用的研究。另一方面，研究流动性的增强将对重新理解和重塑传统的人—地互动关系，如对“人”的理解从自然人转向情感关怀、需求不断满足和智慧化生活，对“地”的认识从地理环境、自然资源条件等转向要素流动、科技创新、网络关系等方面的理解（甄峰、秦萧、席广亮，2015），并进一步探讨全球化和信息技术影响下城市运行的新机制。

二、资源环境协调、科技创新驱动和社会空间重构的研究导向

扭转中国城镇化模式的关键是协调城镇发展与资源环境的关系，适应新型城镇化主导驱动力转变的关键是把握科技创新驱动的作用，面对现代城市新事像的主要方面是重视社会空间重构的效应。未来中国城市化进程中的水土资源保障形势和生态环境保障形势十分严峻，城市化及城市发展的资源环境效益及可持续发展模式成为中国城市地理学界的主要命题，涉及的核心研究领域包括资源环境承载力研究。随着创新战略的实施，以高技术产业、知识服务业、创新人才和创新文化为核心的创新资源在城市经济发展中日益发挥更为重要的作用，以创新为核心驱动力的创新城市发展模式将成为城市地理学研究的重要命题。未来城市将从侧重物质空间而开始转向物质空间和社会空间并重的发展阶段，社会空间在城市可持续发展中的比重提高，必然引导城市地理学将越来越重视城市居民的精神生活和物质环境间的关系、城市社会空间分化过程与格局（Yeh，Xu，Hu，1995；许学强、胡华颖、叶嘉安，1989）以及社会空间公平的研究。

三、新型城镇化的新事像、新机制、新规划类型的牵引

新型城镇化将助推一批新空间作为城市化中的新事像出现和发育，如基于信息化的创新空间、基于城乡发展一体化的“半城市化”空间、城市群的城市间“填充空间”和大都市区的边缘区等。如城市边缘区是城市化发展到一定阶段所形成的独特的地域实

体，是城乡互为渗透、城市化发展迅速和城乡矛盾尖锐的城乡过渡地带及土地利用转变地带（武进、马清亮，1990；崔功豪、武进，1990），应进一步深化城市边缘区的特征、空间结构和演化机理研究。而推进新型城镇化的新动力势必改变着城镇化过程和格局演变的机制。除科技创新驱动产生的新机制外，体制机制的创新和文化的创新的机制效应越来越对城市发展产生重要所用，而以人的发展为核心的理念引领的城市规划、运营和管理模式创新取向是具有生命力的。在考虑自然地理环境与社会地理环境条件下，强调从“人”的主体性角度理解行为和其所处空间的关系，探索认知地图和城市意象、居住空间、消费行为、城市空间结构等内容。不断涌现的现代城市的新理念，不断自动生产新的城市规划类型，或者更准确地说是专项目标导向下对规划工具的应用，为此，城市地理学如何阐释其政策工具的调控机理，便成为新规划类型的理论基础。

面向新的城市规划类型开展的适应性研究主要包括：气候变化视角下的低碳城市规划的基础研究，重点探讨如何实现以产业结构的调整和发展模式的转变，合理促进低碳经济从而增加城市发展的持久动力和生活品质等问题，论证公共交通导向原则、土地混合利用原则等低碳城市规划原则的目标导向的科学依据。资源环境约束下的生态城市规划的基础研究，重点是将生态原理和城市规划相结合，研究社会—经济—自然复合生态系统，并应用生态工程、社会工程、系统工程等现代科学与技术手段而建设的经济高效、生态良性循环的人类居住区，论证以资源环境承载力为依据的土地利用原则、城市—区域整理规划原则等的科学依据。信息技术支撑下的智慧城市规划的基础研究，重点是建立在数字城市的基础上，通过无所不在的传感网将它与现实城市关联起来，将海量数据存储、计算、分析和决策交由云计算平台处理，并按照分析决策结果对各种设施进行自动化的控制。探索数字城市建设实现“可持续”城市理念、“以居民需求为中心”理念、“精明增长”理念的途径和模式。创新因素驱动下的创新城市规划的基础研究，重点是适应知识经济发展和创新驱动转型，研究如何创新主体间的物质和制度环境、如何建立面向创新型人才的公共服务体系等问题。

参考文献

Castells M. 1989. *The informational city: information technology, economic restructuring, and the urban-regional process*. Oxford: Blackwell.

Harvey D. 1989. *The condition of postmodernity: an enquiry into the origins of culture*. Cambridge, MA: Blackwell.

J. Friedmann. 1986. The World City Hypothesis. *Development & Change*, Vol. 17, No. 3, pp. 69-83.

Laurence J C M and Cui G. 1987. Administrative Changes and Urban Population in China. *Annals of the*

Association of American Geographers, Vol. 77, No. 3, pp. 373 - 395.
Orleans L A and Burnham L. 1984. The Enigma of China's Urban Population. *Asian Survey*, Vol. 24, No. 7, pp. 788-804.
Sassen S. 1995. Cities and Communities in the Global Economy. *American Behavioral Scientist*, Vol. 39, No. 1, pp. 148-151.
Taylor T G. 1964. *Urban geography*. Metheun & Company.
Yeh A G O and Xu X Q and Hu H Y. 1995. The Social Space of Guangzhou City, China. *Urban Geography*, Vol. 16, No. 7, pp. 595 - 621.
《城镇合理规模》课题调研组：《研究城镇合理规模的理论与方法》，南京大学出版社，1986 年。
柴彦威："行为地理学研究的方法论问题"，《地域研究与开发》，2005 第 2 期。
柴彦威、申悦、马修军等："北京居民活动与出行行为时空数据采集与管理"，《地理研究》，2013 年第 3 期。
陈宝珠、刘金生、伊凡："涅槃之美——写于唐山地震 30 周年际"，《城建档案》，2006 年第 7 期。
陈可文、陈湘舸："论城市化不是唯一的道路——兼与宗寒同志商榷"，《求索》，1982 年第 5 期。
崔功豪："九十年代的中国城市和城市地理研究"，《云南地理环境研究》，1990 年第 2 期。
崔功豪、马润潮："中国自下而上城市化的发展及其机制"，《地理学报》，1999 年第 2 期。
崔功豪、武进："中国城市边缘区空间结构特征及其发展——以南京等城市为例"，《地理学报》，1990 年第 4 期。
董黎明："淄博市城镇居民点体系的结构与类型"，《经济地理》，1982 年第 3 期。
董黎明、冯长春："城市土地综合经济评价的理论方法初探"，《地理学报》，1989 年第 3 期。
方创琳："中国快速城市化过程中的资源环境保障问题与对策建议"，《中国科学院院刊》，2009 年第 5 期。
方创琳："中国城市发展方针的演变调整与城市规模新格局"，《地理研究》，2014 年第 4 期。
方创琳、陈田、刘盛和："走进新时代的中国城市地理学——建所 70 周年城市地理与城市发展研究成果及展望"，《地理科学进展》，2011 年第 4 期。
冯健、周一星："中国城市内部空间结构研究进展与展望"，《地理科学进展》，2003 年第 3 期。
高由禧、章名立："有关东亚季风的一些问题"，《科学通报》，1956 年第 1 期。
顾朝林：《中国城镇体系：历史・现状・展望》，商务印书馆，1992 年。
顾朝林：《城镇体系规划——理论、方法、实例》，建筑工业出版社，2005 年。
郭来喜等：《中美人文地理学研讨会文集》，科学出版社，1988 年。
侯仁之："城市历史地理的研究与城市规划"，《地理学报》，1979 年第 4 期。
胡序威："城市发展的区域研究"，《经济地理》，1984 年第 1 期。
李恩平："基于六普、五普的城镇化人口统计数据修补"，《人口与经济》，2012 年第 4 期。
李文彦："煤矿城市的工业发展与城市规划问题"，《地理学报》，1978 年第 1 期。
林坚："2000 年以来人口城镇化水平变动省际差异分析——基于统计数据的校正和修补"，《城市规划》，2010 年第 3 期。
刘继生、陈彦光："城镇体系空间结构的分形维数及其测算方法"，《地理研究》，1999 年第 2 期。
刘玉亭、顾朝林、郑弘毅："新世纪我国城镇体系规划的基本思路及完善途径"，《城市规划》，2001 年第 7 期。
吕拉昌："全球城市理论与中国的国际城市建设"，《地理科学》，2007 年第 4 期。
马静、柴彦威、刘志林："基于居民出行行为的北京市交通碳排放影响机理"，《地理学报》，2011 年第 8 期。
马清裕、陈田："设市规划的理论与方法初探"，《经济地理》，1991 年第 2 期。
宁越敏："新城市化进程——90 年代中国城市化动力机制和特点探讨"，《地理学报》，1998 年第 5 期。
宁越敏："建设中国特色的城市地理学——中国城市地理学的研究进展评述"，《人文地理》，2008 年第 2 期。
清华大学建工系城市规划教研组：《城市规划原理（总体规划讲义）》，清华大学出版社，1979 年。
沈道齐、崔功豪："中国城市地理学近期进展"，《地理学报》，1990 年第 2 期。
沈建法："1982 年以来中国省级区域城市化水平趋势"，《地理学报》，2005 年第 4 期。
宋家泰："城市—区域与城市区域调查研究一——城市发展的区域经济基础调查研究"，《地理学报》，1980 年第 4 期。
宋家泰："努力提高经济地理学科学水平——更好地为城市规划建设服务"，《城市规划》，1982 年第 1 期。
宋家泰、顾朝林："城镇体系规划的理论与方法初探"，《地理学报》，1988 年第 2 期。
孙盘寿："辽宁中部地区城市发展的主要因素和城市类型"，《经济地理》，1981 年第 2 期。
孙盘寿、杨廷秀："西南三省城镇的职能分类"，《地理研究》，1984 年第 3 期。
田文祝、周一星："中国城市体系的工业职能结构"，《地理研究》，1991 年第 1 期。
同济大学：《城市规划原理》，中国建筑工业出版社，1981 年。
王建军、许学强："城市职能演变的回顾与展望"，《人文地理》，2004 年第 3 期。
武进：《中国城市形态：结构、特征及其演变》，江苏科学技术出版社，1990 年。
武进、马清亮："城市边缘区空间结构演化的机制分析"，《城市规划》，1990 年第 2 期。
夏杰、林炳耀："从国外概念规划引起的思考"，《城市规划学刊》，2003 年第 1 期。
许学强："我国城镇规模体系的演变和预测"，《中山大学学报：哲学社会科学版》，1982 年第 3 期。
许学强：《城市地理学》，高等教育出版社，1997 年。
许学强、叶嘉安："我国城市化的省际差异"，《地理学报》，1986 年第 1 期。
许学强、朱剑如：《现代城市地理学》，中国建筑工业出版社，1988 年。
许学强、周春山："论珠江三角洲大都会区的形成"，《城市问题》，1994 年第 3 期。
许学强、周素红："20 世纪 80 年代以来我国城市地理学研究的回顾与展望"，《经济地理》，2003 年第 4 期。
许学强、程玉鸿："珠江三角洲城市群的城市竞争力时空演变"，《地理科学》，2006 年第 3 期。
许学强、李郇："改革开放 30 年珠江三角洲城镇化的回顾与展望"，《经济地理》，2009 年第 1 期。
许学强、姚华松："百年来中国城市地理学研究回顾及展望"，《经济地理》，2009 年第 9 期。
许学强、胡华颖、叶嘉安："广州市社会空间结构的因子生态分析"，1989 年第 4 期。
许学强、叶嘉安、张蓉："我国经济的全球化及其对城镇体系的影响"，《地理研究》，1995 年第 3 期。
雅·普·列普琴科，丰文彬译：《城市规划：技术经济指标及计算》，建筑工业出版社，1954 年。
严重敏："区域开发中城镇体系的理论与实践"，《地理与地理信息科学》，1985 年第 2 期。
阎小培："近年来我国城市地理学主要研究领域的新进展"，《地理学报》，1994 年第 6 期。
杨吾扬："论城市体系"，《地理研究》，1987 年第 3 期。
杨吾扬、董黎明："关于风象在城市规划和工业布局中的应用"，《中国科学》，1979 年第 11 期。
佚名："北京大学周一星教授、同济大学唐子来教授应邀在中共中央政治局集体学习会上作讲解"，《城市规划学刊》，2005 年第 6 期。
佚名："踏遍城乡人未老　一代名师育后人——访宋家泰教授"，《城市规划》，1995 年第 4 期。

于洪俊、宁越敏：《城市地理概论》，安徽科学技术出版社，1983。
张兵："关于"概念规划"方法的初步研究——以'广州城市总体发展概念规划'实践为例"，《城市规划》，2001年第3期。
张京祥、罗震东：《中国当代城乡规划思潮》，东南大学出版社，2015年。
张文奎、刘继生、王力："论中国城市的职能分类"，《人文地理》，1990年第3期。
赵艳莉、郑声轩、张卓如："从战略规划与总体规划关系探讨两者技术改革"，《城市规划》，2012年第8期。
甄峰、秦萧、席广亮："信息时代的地理学与人文地理学创新"，《地理科学》，2015年第1期。
中国城市规划学会：《五十年回眸——新中国的城市规划》，商务印书馆，1999年。
中国地理学会经济地理专业学术会议：《工业布局与城市规划》，科学出版社，1981年。
周丽："城市发展轴与城市地理形态"，《经济地理》，1986年第3期。
周一星："城市发展战略要有阶段论观点"，《地理学报》，1984年第4期。
周一星："关于明确我国城镇概念和城镇人口统计口径的建议"，《城市规划》，1986年第3期。
周一星："确定城市性质需要解决的几个问题"，《经济地理》，1987年第3期。
周一星："中国的城市地理学：评价和展望"，《人文地理》，1991年第2期。
周一星：《城市地理学》，商务印书馆，1995年。
周一星："区域城镇体系规划应避免'就区域论区域'"，《城市规划》，1996年第2期。
周一星："二十世纪的中国城市地理学"，载《二十一世纪的中国与世界国际地理学讨论会论文集》，中国香港，1998年。
周一星：《山东半岛城市群发展战略研究》，中国建筑工业出版社，2004年。
周一星："城镇化速度不是越快越好"，《科学决策》，2005年第8期。
周一星："关于中国城镇化速度的思考"，《城市规划》，2006年第11B期。
周一星、R. 布雷德肖："中国城市（包括辖县）的工业职能分类——理论、方法和结果"，《地理学报》，1988年第4期。
周一星、史育龙："建立中国城市的实体地域概念"，《地理学报》，1995年第4期。
周一星、杨齐："我国城镇等级体系变动的回顾及其省区地域类型"，《地理学报》，1986年第2期。
周一星、张勤："关于我国城市规划中确定城市性质问题"，《地理科学》，1984年第1期。
朱炳海："东亚及西太平洋地区大气流场的演变"，《气象学报》，1965年第1期。

第三章　旅游地理学发展及其对旅游产业壮大的科技支撑

20 世纪 70 年代末，中国人文与经济地理学进入大发展阶段，一个突出表现是一批新兴的人文与经济地理学分支学科涌现出来，并蓬勃发展。其中，旅游地理学在中国从无到有，经过不到 40 年的发展，已成为中国人文与经济地理学科体系中的一个重要组成部分。旅游地理学的发展及其社会贡献具有三个突出特点：一是旅游学科发展迅速，与旅游业的兴起基本同步，并有力地助推了旅游产业在中国的壮大。一个学科与一个产业相互助推，并同步得到显著发展，旅游地理学成为人文与经济地理学的一门重要分支，旅游产业成为新兴产业体系中的一个战略性产业，这在地理学其他分支领域是没有的。二是旅游产业发展从起步到壮大的过程中，旅游地理学在旅游资源评价标准和方法的制定、旅游业战略规划和旅游景区设计、旅游人才培养和旅游行业评估管理等方面都起到了重要的科技支撑作用，使得旅游产业发展自始至今能够依据融入地理学思想的科学规划和科学评价，形成完整的不同尺度空间和不同类型部门的规划体系与评价体系，这在中国的产业发展中是不多见的。三是在旅游地理学的引领下，在旅游产业发展的需求拉动下，一大批以旅游为研究对象的新学科迅猛发展，推动了旅游科学体系的逐步形成。随着旅游产业发展带来的环境问题，旅游地理学又适时扩展研究空间，聚焦地理学的优势领域之一——可持续旅游和生态旅游，开展重点研究，成为旅游产业与旅游研究中较具影响的学科方向和发展方向。一个分支学科（旅游地理学）能够在一个科学领域（旅游学科）的形成发展中起到重要的骨干作用，这在中国人文与经济地理学的其他分支学科中也是难得的。

可见，旅游地理学是人文与经济地理科学体系中的一个新生分支学科，在不长的时间中已经发展成为学术研究力量规模大、渗透社会和服务产业的广度和深度都非常显著的一门学科，成为在中国旅游业实践过程中形成的体系最完善、作用最突出的科研力量，对中国旅游业的高速和健康发展起到了重要的科技引领作用。纵观这一过程，旅游地理学学术探究的脉络表现为：一方面，着眼于旅游供给（旅游开发条件评估）基础理论体系的建立。如果说旅游资源分类和评价是旅游地理学的基石，旅游规划是旅游地理学的应用出口，那么可以说，旅游地理学的学科骨架是从基石到应用全程面向旅游供给条件评估而建构的。人文与经济地理学尽管是研究人类生产和生活活动空间分布规律的一门学科，但很少有分支学科是以产品的供给条件为导向建构理论方法体系的。正是由于人类随着收入水平和生活水平的提高，旅游活动将在人类收入支出结构中的比重及其体现现代生活水准的重要程度不断提高，旅游业将无疑是现代社会最重要且越来越重要的生活服务业部门，这就客观上决定了旅游地理的研究及为社会贡献的前景将无疑是远大而光明的。另一方面，旅游地理学又紧紧依托人文与经济地理学和地理学研究的学术优势，把旅游业的空间结构组织和旅游业发展的资源环境作为理论体系建构的主体内容，最大限度地发挥了旅游地理学在旅游规划中的理论基础作用，这也成为旅游地理学始终是人文与经济地理学分支学科大家庭一员的主要原因。当然，如同城市地理学与城市规划相互融合产生的后效——城市规划更强的社会需求对城市地理学的“侵蚀”作用导致城市地理学部分力量倒向城市规划一样，旅游地理学也面临着旅游科学的壮大可能并发的后效。

因此，旅游地理学必须围绕应用基础学科性质，加快学科建设的步伐，只有这样才能够保障旅游地理学的持续发展，才能在未来日益增长的旅游经济中发挥更强大的科技支撑作用。但恰恰是在学科建设方面，旅游地理学同上述社会贡献和学科贡献的三大特点相比，存在着一定的差距，特别是在基础理论建设方面相对薄弱。由此反映出，旅游地理学这样一门人文与经济地理学分支学科，试图全新构筑面向产品供给的理论框架和学科体系是相当不易的。未来，加强旅游地理学的基础理论研究，完善旅游地理学科学体系，是中国旅游地理学者责无旁贷的责任。

第一节 旅游地理学与旅游业的发展脉络

旅游地理学的研究对象是旅游业。中国人文与经济地理学从 1949 年中华人民共和国成立到 1978 年改革开放，主要集中在历史地理学、农业地理学、以能源和矿产资源开发为主导的工业地理学以及围绕工业基地建设兴起的交通地理学等门类，这些门类研究的对象也正是中国 1949 年以后重点发展的产业部门。改革开放以后，中国人文与经济地理学门类才多样化。旅游业如同其他第三产业一样，在改革开放之前的发展相当落后。直到进入1980年代之后，随着人们收入水平的提高和生活消费结构的变化，加之开放政策为内外交流提供了方便，旅游业才得以迅速发展。在中国，从温饱型向小康型转变的一个重要标志，就是在生活的支出结构中开始有一定规模的资金用于旅游消费，这个时间点大概发生在20世纪八九十年代的中国城市地区，城市居民人均年收入水平达到1 000元左右。在中国乡村地区，这一时间点滞后了近20年，在2000年以后，中国的富裕乡村才步入了旅游消费时代。从小康型继续提升到富裕型生活的重要标志，就是旅游消费支出在生活支出结构中成为一项重要的内容。这是发生在近10年中国的城市地区，城市人均年收入达到20 000元（2010年）左右，其中将近有1/5的收入用于旅游性消费支出。这一过程目前已开始从城市地区向富裕的农村地区拓展。

中国旅游业发展是沿着“从外事接待到国内大众旅游，再到入境旅游与国内旅游并驾齐驱”这一主线逐步壮大起来的。中国旅游地理学的发展与改革开放30年旅游业大发展相伴而生，逐步形成了具有中国特色的理论研究脉络，在解决阶段性发展的现实问题和科学理论实践中，起到了巨大作用。

一、20世纪80年代：旅游地理与旅游业的同步兴起

改革开放前，中国长期实行对外封闭政策，人民生活水平落后，没有真正意义上的旅游产业。当时的中国国家旅游局设在外交部，主要职责是外事接待，不具备旅游产业的政府管理职能，且对外接待对象主要是出于外交目的的友好国家的政府官员、民间团体和友好人士，活动范围被严格限定在狭小的指定区域。经济水平低下和人口流动限制影响了国内旅游业的发展。这个时期的旅游资源也是极其显性的，以著名的文物古迹和自然景观为主，无需复杂的旅游资源评估；旅游业作为专项规划是不存在的，旅游发展融入到国民经济发展规划和城市总体规划当中，无需专业规划队伍和专业知识结构；旅游活动的组织和配套设施建设也无需专业队伍的设计与运作，旅游资源和旅游环境的保护也因旅游强度的有限而无需考虑。因此，在改革开放前，中国没有真正意义上的旅游业，也没有旅游地理学。

改革开放后，中国步入经济快速发展的道路，首先是开放带来的外国人到中国旅游的旺盛需求，成为中国对外开放经济的一个重要增长极，也成为具有旅游资源优势的区域发展外向型经济的一个重要抓手。其次是中国人民生活水平的提高，特别是富裕阶层的出现，产生了极大的示范和带动作用。中国人文与经济地理学者审时度势，不仅及时把握住中国经济发展和社会变革提出的旅游业新命题，而且科学地预见到旅游业将在人

民生活消费和国民经济发展中的地位越来越高的前景，迅速筹划旅游地理学。1979 年年底，中国科学院地理研究所组建旅游地理学科组，标志着中国旅游地理学进入系统研究阶段。1982 年，中国科学院地理研究所旅游地理组编撰出版了中国改革开放后的第一部旅游地理论文集①（图 3—1）。在文集中，中国人文与经济地理学者和旅游地理学者提出“中国是世界上旅游资源最丰富的国家，应积极开展旅游地理研究”，认为“旅游地理属于地理学的一个分支学科”。此后，不少学者发挥地理学的综合性、区域性和实践性的特点，同旅游开发实践相结合，使旅游地理学在实践中逐步形成和发展起来。

图 3—1　中国第一部旅游地理学研究成果

与此同时，在国内外双重需求的拉动下，旅游业进入了中央决策层的视野。1981 年国务院召开第一次全国旅游工作会议，明确指出“旅游事业是一项综合性的经济事业，是国民经济的一个组成部分，是关系国计民生的一项不可缺少的事业”。随后制定了一系列有关旅游业的开放政策。1985 年，中国颁布第一部关于外国人入境管理的政府规章《中华人民共和国外国人入境出境管理法》，中国 244 个地区正式对外国人开放。1985 年的入境旅游者人数达到了 1 783.3 万人次，旅游外汇收入达到 12.50 亿美元，分别是 1978 年的 9.86 倍和 4.81 倍。1978 年，中国入境旅游接待人数仅为世界国际旅游人数的 0.7%，旅游创汇占全球的 0.038%，分别居世界的第 41 位和第 47 位。到 1985 年，世界排名上升为第 13 位和第 21 位，目前已居世界前 5 位。旅游业完成了从“事业型”到“产业型”的转变，重点发展入境游、积极发展国内游成为该阶段的主要特点，

① 中国科学院地理研究所旅游地理组编：《旅游地理文集》，1982 年 11 月。

旅游和外贸共同成为国家获取外汇的重要来源，旅游产品主要以观光接待型旅游为主。

该阶段，旅游业作为新兴的特殊产业部门得到了迅速的发展，但旅游资源家底不清、低水平的资源导向式、旅游地发展缺乏技术指导等大量的实际问题，也制约着旅游业的发展。顺应这些现实要求，旅游地理学在诞生之初将注意力主要放在探讨如何合理开发利用旅游资源以促进旅游事业的发展上，同时对中国如何发展旅游事业和规划、布局旅游区等重大问题也相应地做了一些探讨，1982～1989 年，中国主要的地理学刊物[①]和《旅游学刊》上共发表旅游地理学论文 101 篇，区域旅游开发类的有 72 篇，占 71.29%。

二、20 世纪 90 年代：旅游地理学与旅游业的快速互动发展

20 世纪 90 年代，随着国内居民收入的大幅提高，国内旅游快速兴起（图 3—2），迅速取代国际旅游，成为中国旅游市场的主导力量和推动国家第三产业发展的重要因素。旅游业在这十年发展具有两个显著的特点：一是中央政府不断加大力度，旅游业被决策层关注的程度达到历史上的顶峰；二是各相关部门、地方政府和投资商们，抓住旅游业旺盛需求和中央政府的政策导向，尽可能地开发各类旅游资源，获取经济增长收益，旅游业产出达到了历史上增速最快的时期。政府的高度关注和旅游业高速增长，迫切需要在政策导向和旅游开发中建立科学的指引，这就是旅游规划。旅游地理学在这个阶段以旅游规划理论方法研究、旅游规划编制实践为两条主线，在推进旅游地理学迅速发展和成熟的同时，也为中国旅游业的健康发展提供的科学保障。从 80 年代算起到 90 年代末，旅游地理学在不到 20 年的时间里从无到有，发展成为中国人文与经济地理学分支学科中最强大的一门新兴学科，且在服务社会和面向实际方面走在了最前列。

在中央关注旅游业发展方面，1992 年党的十四大发布《中共中央、国务院关于加快发展第三产业的决定》，将旅游业列入投资少、收效快、效益好、就业容量大、与经济发展和人民生活关系密切的第三产业，列入国家重点发展的产业。1993 年，国务院办公厅转发国家旅游局《关于积极发展国内旅游业的意见》，提出五条关于快速发展旅游业，尤其是国内旅游业的指导意见。1995 年国务院发布《国务院关于修改〈国务院关于职工工作时间的规定〉的决定》，国家开始实行双休制，辐射大都市周边区域的短

① 统计的地理学刊物为：《地理学报》、《地理研究》、《地理科学》、《自然资源学报》、《经济地理》、《地理学与国土研究》、《地域研究与开发》、《山地研究》、《干旱区地理》。

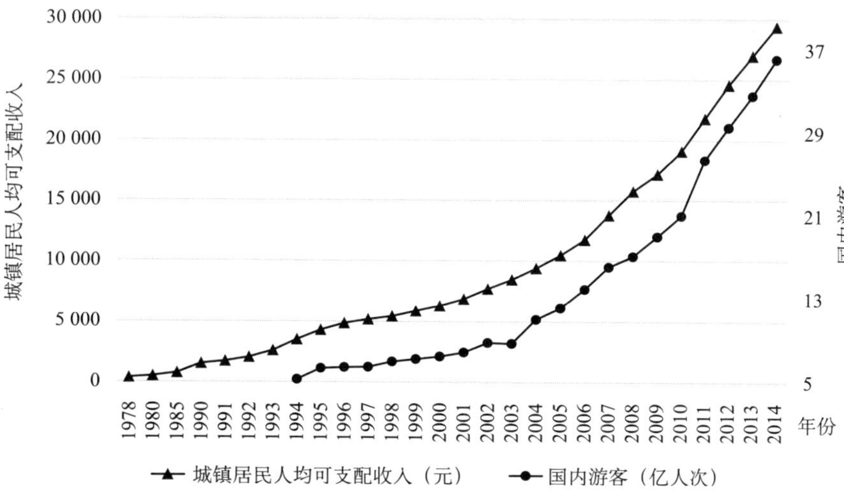

图 3—2　城镇居民人均可支配收入与国内旅游人数增长

途周末游兴起。1998 年中央经济工作会议，提出把旅游业培育成为新的经济增长点，旅游业受到了前所未有的重视。1999 年，国务院公布《全国年节及纪念日放假办法》，形成全年三个七天长假的“黄金周”。双休日和黄金周制度的实施，职工闲暇时间大幅度增加，旅游步人大众化发展阶段，成为居民生活的重要组成部分。2000 年国庆第一个黄金周，全国出游人数达 2 800 万人次，旅游综合收入 141 亿元。长假制度的出现使得中国旅游业又迈上一个新的台阶，成为国家拉动内需、促进消费的重要产业。

在社会开发旅游业方面，随着国内旅游人数的快速增长，旅游开发热潮出现。20 世纪 90 年代，除了旅游部门外，各地城建园林、文化艺术、宗教、工业、农业、林业、水利、地质、海洋、经贸、科教、体育等部门，纷纷在各自管辖的城镇、农村、厂矿、森林、草原、风景名胜区、自然保护区、文博院馆、寺庙观堂等地开发了旅游项目，具有一定规模的旅游景区达到了上万家。该时期，伴随中国旅游业爆发式发展，大多数旅游区旅游点的机构设置、服务方式、分配制度等多是遵循传统计划经济模式，运营机制陈旧，市场观念和应变能力差，创新能力不强，信息不通畅；旅游资源开发利用不合理，资源标准规范不统一，导致低层次重复建设；旅游产业发展的配套要素较为滞后，旅游产品品种单一的弊病日益凸显。由此，各级政府开始重视旅游规划，对旅游规划的需求前所未有。

为了解决旅游资源开发和旅游目的地建设问题，中国旅游地理学开始探索旅游资源标准技术规范和区域旅游规划的理论发展。首先，国家旅游局委托中国科学院地理研究所牵头起草。1993年出台了《中国旅游资源普查规范（试行稿）》，为制定中长期旅游规划提供了科学依据。其次，旅游规划的现实需求极大，旅游地理研究由重视概念与范式转入强调对旅游区域的评价与规划研究（保继刚等，2011）。该阶段旅游业的兴起与发展的现实需求下，中国旅游地理学在科学实践中快速成长起来，在大量个案经验的基础上，对区域旅游开发规划理论和模式有了初步总结，完成了一大批较高使用价值的可研报告，旅游地理学者成为旅游规划的主力军。旅游地理学理论在实践中得到进一步验证和提高，研究领域和内容也逐步扩大和深入（刘锋，1999）。

三、21世纪以来：旅游地理学聚焦与旅游业全面繁荣的共生发展

旅游地理学从一开始就遵循人文与经济地理学的核心理论——人地关系地域系统，高度关注旅游可持续发展，并在旅游资源评价、旅游规划等方面将这一理念贯穿始终。但在旅游产业的开发实践中，旅游业也没有摆脱中国经济高速发展的基本模式：以资源环境为代价换取经济增长；旅游业也存在着中国经济发展面临的关键问题：人口经济与资源环境的不协调及严重冲突。旅游业忽视旅游资源的可持续利用，忽视旅游产品的可持续供给，忽视旅游业的可持续发展。在许多区域，旅游大发展意味着生态大破坏；旅游业低品质大开发，意味着人文和自然资产的大破坏；旅游业的超常规建设，意味着地方传统特色文化的大走样；旅游人群的大集聚和高消费，意味着区域环境的大污染。总之，旅游业发展也步入了一个转型发展阶段。同时，随着旅游业的蓬勃壮大，旅游业涉及的领域不断拓展和多样，旅游科学体系逐渐发育健全。旅游地理学面对旅游业出现的新问题和学科发展的新背景，重新定位旅游地理学对该学科的持续发展也是至关重要的。现今旅游地理学开始聚焦旅游业可持续发展和生态旅游的研究，是凸显地理学和人文与经济地理学学术优势的合理方向，也是对中国发展方式转型、生态文明建设、人们消费热点的准确应对。

2000年以来，中国旅游业保持着快速发展的势头。1999年国务院改革出台的“黄金周”法定休假制度、1999年昆明世博会、2008年北京奥运会、2010年上海世博会等一系列宏观政策和重大节事活动推动了国内旅游市场扩大和入境游市场的发展，旅游产品、旅游服务设施、旅游线路等基础要素建设逐渐完备，旅游业在国民经济发展中的地位显著提高。《国务院关于加快发展旅游业的意见》、《国务院关于促进旅游业改革发展的若干意见》、《国务院办公厅关于进一步促进旅游投资和消费的若干意见》等确立了旅游业的支柱产业地位（图3—3），大大地促进了旅游业的快速发展。该阶段快速的旅游

需求扩张使得中国旅游业发展中的深层次问题逐步显现，由于旅游资源的过度开发利用，旅游资源利用与自然生态保护之间的矛盾突出，旅游环境影响问题日渐突出，如旅游区的大气污染、水质污染、噪声污染、生物多样性减少等，引起了旅游和环境等相关学科研究者的关注（丁任重、廖瑾，2004），旅游可持续发展成为核心问题。

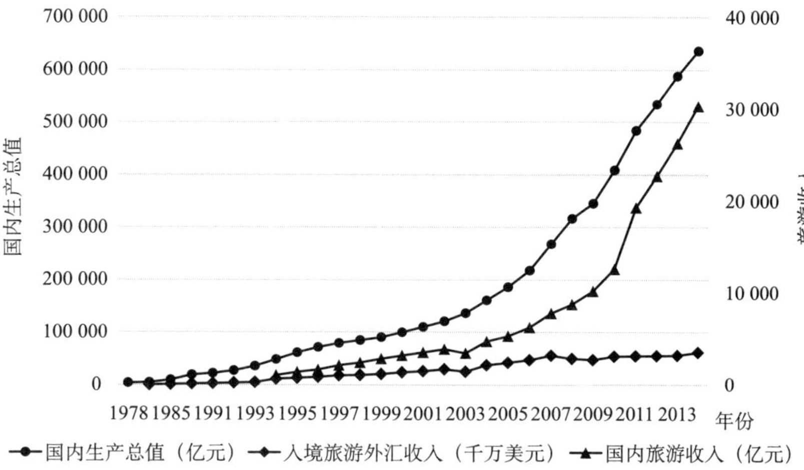

图 3—3　旅游收入与国内生产总值增长

旅游地理学在长期关注旅游业发展与资源环境相协调的基础上，面对旅游业壮大过程中的关键问题，把旅游可持续发展的理论研究与实践推广，作为新时期旅游地理学研究和应用的一个重要导向。旅游地理学者倡导 1999 年为中国“生态环境游年”，标志着生态旅游研究正在成为旅游地理学中新兴内容的焦点。中国旅游地理学重点关注协调旅游人地关系，优化旅游人地关系地域系统，促进旅游人地之间耦合、共生、协调、可持续发展（吴传钧，2008；黄震方等，2015)。2015 年启动编制的《全国生态旅游发展规划（2016～2025）》，是按照《国务院关于促进旅游业改革发展的若干意见（国发［2014］31 号）》的要求编制，是国家尺度的旅游专项规划，由旅游地理学者主持，是未来全国生态旅游发展的依据。这项工作表明，旅游业界对旅游地理学者在生态旅游研究与实践中的引领作用和权威性是充分认可的。

第二节　旅游地理学者的学术思考

旅游地理学是地理学和旅游学之间的交叉学科。地理学主要研究地表环境、地域系统及其变化规律，而对人地关系的认识，素来是地理学的研究核心（吴传钧，1991；陆大道，2002）。旅游学主要研究旅游活动及其对经济、社会和环境的影响，侧重于对人的旅游活动的研究。旅游地理学的研究核心应着眼于旅游学与地理学的结合点和相关点，既要研究人的旅游活动，更要研究其与地理环境的关系，体现旅游性、区域性、综合性和应用性特点；既要有跨学科融合研究的多元化视角，更要凝练主要科学问题，形成本学科独有的研究对象和学科领域。而且事实上，旅游活动作为地球表层人类活动的一种特殊形式，都依附于一定的地域，并与相关地理环境产生相互作用。因此，中国旅游地理学者认为，作为地理学的分支学科，旅游地理学应该将旅游人地关系作为研究的核心（黄震方，2015）。而在旅游人地关系中，旅游地理学者发挥自身学科优势，主要着眼于旅游地域系统，以人地关系协调、可持续发展为目标，结合中国旅游产业不同发展阶段的实际需求，聚焦于旅游资源评价、区域旅游规划和旅游业可持续发展研究，为中国旅游业实践提供支撑。

一、对旅游人地关系的学术认知

对旅游人地关系的学术认知，是旅游地理学的基石。旅游地理学者认为，旅游人地关系中的“人”是指与旅游活动相关的社会人，包括旅游者、旅游经营者、旅游管理者和社区居民；“人”在旅游人地关系中居于主动地位，可以能动地认识、利用、改变、保护地理环境；研究“人”落脚点是提高旅游满意度。“地”是指与旅游活动相关的地理环境，包括旅游地的自然环境、人文环境及其复合环境；地理环境是人类旅游活动的物质基础和空间场所，地理环境影响人类旅游活动的地域特性，制约着旅游活动的深度、广度和速度；研究“地”落脚点是有效保护和可持续利用旅游地资源与环境。

这样，“旅游人地关系”就是指在特定的旅游地域中所形成的相关制约、相互依存的客观关系，包括人的旅游活动对地理环境的依存关系、地理环境对人的旅游活动制约关系、人的旅游活动与地理环境相互作用的因果关系和人为旅游活动影响地理环境的社会经济关系；旅游活动与地理环境之间形成的动态人地关系是一种具有社会和历史特性的辩证关系（吴传钧，2008）。旅游发展可能会导致人地冲突，旅游人地关系异化反过来又会影响乃至阻碍旅游的发展。而且不同地区和旅游发展不同阶段，旅游人地关系均表现出差异性。协调旅游人地关系与优化旅游人地关系地域系统成为旅游地理学研究的主要目标。

二、对旅游资源的科学界定

旅游资源是旅游业发展的基础和先决条件，怎样科学认识旅游资源对于旅游业可持续发展具有重要意义。正是由于长期以来对旅游资源概念不统一、旅游资源分类混乱、旅游资源品位不等，导致了旅游资源开发利用水平较低。中国旅游地理学者从地理学的视角把旅游资源界定为："自然界和人类社会凡能对旅游者产生吸引力，可以为旅游业开发利用，并可产生经济效益、社会效益和环境效益的各种事物和因素。"并特别强调，旅游资源作为一种吸引对象，无论是物质的还是非物质的，有自身独立性质和一个特指概念，在认定和分类时要坚持以下几个原则（尹泽生等，2006）。

1. 不把旅游资源的赋存环境当作旅游资源

环境包括的面较为广泛，它的核心概念就是"周围的境况"。旅游环境就是旅游资源周围的境况，实际上是旅游资源生成、演化和现实存在所依托的自然、历史文化和社会条件。赋存环境对于开发旅游固然也是主要考虑的因素，但它本身和旅游资源是两个不同的体系。旅游环境的许多要素，如地理区位、旅游容量、物资供应、经济状况、土地利用条件、发展潜力、管理和服务等，是一个与旅游资源本身有一定距离的外围空间，比较抽象，不是真正意义上的旅游资源。旅游资源必须是能够吸引人的事物和因素，旅游环境则不然，许多环境要素并不吸引人，有的还是被旅游所排斥。

2. 不把旅游产品当作旅游资源

旅游产品是旅游吸引物、旅游服务和旅游设施的总和，所含的内容比较宽泛；而旅游资源指的是其自身，只是旅游产品中旅游吸引物的一部分，不是旅游产品的全部。应该避免把旅游产品，如旅游区（点）、旅游项目、旅游线路等列为旅游资源类型。通俗地说，旅游区（点）和旅游资源是"产品"和"原料"的关系，旅游区（点）是人为开发、利用旅游资源的结果，是旅游产品形态。旅游区（点）如果是由单一性质的事物个体，或者是由单一性质的事物集合体构成，将其视为旅游资源还说得过去，因为它们的性质统一，具有专指的客观事物属性，认定的标准是一致的，分类时不会产生疑义。但如果它们是由不同性质事物组合体构成的，而事物组合体又是由不同性质的多介质、多因素、多显示的综合产物，就不能够将其视为旅游资源。

3. 不把旅游开发条件当作旅游资源

旅游资源开发所面临的交通、客源数量、滞留时间、吸引距离、开放时间等开发条件和因素受原生的旅游环境、人为创造的基础设施、旅游服务等旅游业发展状况的影响，是旅游资源被有效利用的前提，是外加的内容，它们不能构成旅游资源类型。旅游开发条件与人的主观意识和主观努力有关。而旅游资源是一种特定的对象、独立的事物和因素。它自身的性质特点并不因为它能不能开发，或开发条件的好坏而发生变化。产生这一误解的根本原因是将旅游资源和旅游资源开发混为一谈。比如从质量价值的角度来看，按照既定标准评价出来的旅游资源品质等级，并不因为某些条件的改善，如由于交通线路的通达，或者由于投资力度的加大，甚至由于受到某些关注而提升档次。反之，也不会由于这些条件的缺失和不足而降低档次。

总之，旅游资源是一种与生俱来的、不被外界左右的、以自身特质而具有吸引力的事物和因素。旅游资源当然也有变化，但这种变化是只有符合自身的演变规律时才会发生，频繁发生的外界环境要素的变化一般不影响旅游资源本质属性的变化。

三、区域旅游规划的学术思想

区域旅游是指在旅游资源分布相对一致的空间内，依据自然地域、历史联系和一定的经济、社会条件，根据旅游者的需要，经过人工的开发和建设，形成有特点的旅游空间，即各类型的旅游区，以吸引旅游者在一定区域内旅游（陈传康，1997）。区域旅游规划是对未来区域旅游发展的构想和安排，从地理学的视角，是旅游产业要素在区域旅游空间的布局。

旅游地理学家作为最早进入旅游研究领域的群体，成为区域空间尺度旅游规划的主要力量。相当长一段时间，中国省级区域旅游规划大多数是旅游地理学家主持的。在上述背景下，以辅助决策为目的的区域旅游规划研究成为研究的热点领域，为国家和地方决策提供依据成为旅游地理研究的主要方向。与早期的“描述＋模型”的研究方法不同，区域旅游规划要求回答政府提出的一系列发展中遇到的各种问题，并要求给出发展路径，包括旅游资源的认定、如何开发、产业要素如何配制、政策与资金等多方面的问题。基本研究路径是“为政府提出旅游业发展目标，找出与发展目标的差距，分析影响实现目标的问题所在，分析产生问题的原因，制订解决问题、达到目标的方案与实施路径。”可见，以区域旅游规划为服务对象的旅游地理学思考与探究主要分为两个方面：一方面是从已发展相对成熟的旅游区中抽象、总结出带有普遍性的规律和问题，如旅游发展的阶段性特征、旅游发展的“瓶颈”等，为政府提出新的发展目标与对策，属战略层次；另一方面是具体的实施规划，即在资源评价、环境容量、旅游通道、旅游流、旅游行为研究的基础上，对一个旅游区或旅游地编制具体规划，包括旅游资源的合理开发利用、旅游基础设施规划、旅游路线设计、旅游客源组织规划、旅游环境保护、人才培训、旅游商品供应、旅游管理机构设置等。从规划研究的发展历程看，经过以资源为导向的旅游规划、套用城市规划模式的旅游规划两个阶段后，进入了综合性的旅游规划阶段（保继刚、楚义芳，2012）。

总之，旅游地理学者紧紧依托地理学的空间结构基本理论架构，叠加旅游产业要素，反映人类旅游活动作用于旅游区域这个特定地域范围所形成的组织形式。构成支撑区域旅游规划的基本理念，主要包括旅游区位、地域分异和旅游系统三个方面。

1. 旅游区位

旅游区位有两层基本含义：一是人类活动的空间选择，即在区位主体已知的条件下，从区位主体本身的固有特征出发，分析适合该区位主体的可能空间，然后从中优选最佳区位；二是在空间区位已知的情况下，根据该空间的地理特征、经济和社会状况等因素，研究区位主体即人类活动的最佳组合方式和空间形态（李小建，2006）。区域旅游规划是对旅游空间发展的设计，必定涉及空间要素识别、空间组织优化等问题，着眼旅游区位，可从三个层面认知区域旅游规划的侧重点：①宏观层面上，突出规划区的区位分析，即规划区相对于旅游客源地、其他旅游区域的空间关系；②中观层面上，突出规划区内部的空间关系，即区域内部的旅游目的地、旅游点、旅游集散地、旅游廊道之间的空间关系；③微观层面上，突出旅游项目的空间分布，即旅游项目具体选址的区位分析，含地理位置因素、资源环境承载力、经济技术因素、社会政治因素和管理机构因素等。

2. 地域分异

地域分异是地理学者研究的基本规律，也是地理思维的特征性体现。研究地域分异规律是认识地表自然地理环境特征的重要途径，对于合理利用自然资源，因地制宜进行生产布局有指导作用。旅游地理学者将地域分异的思维用于旅游规划领域，突出各旅游区域之间的差异性认知和应对。旅游区域差异是造成旅游者空间流动、产生旅游活动的根本因素。相应地，旅游规划必须按照地域分异规律来进行设计，使这种差异性以有利于旅游发展的方式充分体现出来，据此形成了两个旅游规划基本思想：①寻求区域差异，突出整体特色，即通过旅游规划基础环节寻找区域差异，突出区域旅游特色及发展优势；②合理安排区域内部功能分区，即在区域内部对更小的旅游区域差异进行识别，根据地域分异规律进行明确的功能划分、定位，以便建立合理的区域旅游空间体系，发挥区域整体效应。

3. 旅游系统

系统论把要研究和处理的对象都看成是一个系统，从整体上考虑问题，特别注意各个子系统之间的有机联系以及系统与外部环境之间的相互联系和相互制约。系统论为旅游规划提供了整体视角和思维，并充实了旅游规划方法。旅游规划中的系统论思想主要体现在：①把区域旅游看作一个系统，从整体发展需要出发，综合考虑资源配置、市场开拓、空间布局、产品开发、项目设计、设施安排、影响评估等各个子系统内部、子系统之间、子系统与外部环境的协调运作，优化旅游系统的结构，最大化结构效益；②把旅游规划设计过程看作一个系统工程，在旅游规划中，需要委托方、规划编制人员、规划顾问等不断产生信息交流、意见交换等，并经过信息的反复迭代，以达到最佳规划设计的目的。

四、可持续旅游的理念

在旅游业快速发展的情况下，推动旅游业向可持续旅游业转变，是中国旅游业面临的一个重大而紧迫的课题。旅游可持续发展的核心思路是必须协调好旅游与生态、社会、文化和经济的关系，既要使旅游的经营主体获得相应的经济效益，提高旅游地声誉并且满足人们的旅游需求，又要对旅游资源和旅游环境进行保护，使后人具有同等的旅游发展机会和权利，确保生态、社会、文化和经济的可持续发展。其中旅游经济可持续性是核心，旅游社会可持续性是目标，旅游生态可持续性是保障（万幼清，2004）。基于此，旅游地理学者认为旅游业可持续性的基本标准是：社会发展标准，如旅游业能否保证开发成本和收益的公平分配，社区能否参与旅游决策等；旅游经济标准，旅游业经济能否实现持续增长；环境保护标准，旅游业能否促进自然和文化资源的保护，旅游业的发展能否促使旅游者和当地居民对自然环境保护持支持态度等（牛亚菲、王文彤，2003）。

旅游可持续发展的理念在于旅游人地关系地域系统的协调共生，强调“人地综合”的旅游可持续发展。在人类旅游活动与地理环境之间，发生着错综复杂的人类游览行为关系、旅游开发利用关系、产业经营经济关系、社区居民参与关系、政府政策调控关系等（黄震方、黄睿，2015）。因此，旅游业可持续发展路径主要有提倡生态旅游发展模式、减缓旅游环境负面影响、实施旅游环境容量调控、科学进行空间开发管制。其中，生态旅游是旅游地理学越来越聚焦的研究和规划对象，而减缓旅游环境负面影响是研究可持续旅游的出发点和落脚点。

1. 旅游资源可持续利用——生态旅游

生态旅游是以可持续发展为理念，以实现人与自然和谐为准则，以保护生态环境为前提，依托良好的自然生态环境和与之共生的人文生态，开展生态体验、生态认知、生态教育并获得身心愉悦的旅游方式。作为20世纪为适应人们“回归自然”和保护环境的需要而产生的一种新型旅游形式，生态旅游的提出与发展是对旅游人地关系认识的重大进步。中国旅游地理学者认为生态旅游具有自然性、保护性、参与性、普及性等特点（杨桂华、钟林生、明庆忠，2010）。其中自然性是指旅游者所到的旅游区域具有独特的自然风光与人文生态，地理位置偏僻，人口相对稀少，交通条件落后，工业化进程慢，保存了相对完整的自然生态环境系统。保护性的实质是旅游者和旅游业行为要尊重保护旅游资源和旅游环境，对于旅游开发规划者而言，保护性体现生态旅游产品开发中，遵循自然生态规律和倡导人与自然和谐统一进行旅游产品开发设计；对于旅游开发商来说，保护性体现在充分认识旅游资源的经济价值，将资源的价值纳入成本核算，在科学的规划开发基础上谋求持续的投资效益。参与性主要表现在通过参与来保证旅游者获得与众不同的经历和充分的旅游体验，而且，生态旅游本身就是旅游者、旅游地居民、旅游经营者和政府、社团组织及研究人员广泛参与的一种旅游活动。此外，生态旅游还具有普及性，在生态旅游开展初期，参与者多为特定族群，一般来说是具有较高的教育背景或文化素养的人。随着社会进步，生态旅游朝着普及化的方向发展，越来越多的普通工人、职员、学生等都加入到生态旅游的队伍当中。

2. 旅游环境可持续

尽可能缩减旅游环境的负面影响，是旅游环境可持续的主要途径。通过对旅游发展引致的自然环境、经济、社会、文化等负面影响进行调控，以达到减少或消除负面影响的目的，是实现旅游可持续发展的重要途径。

（1）自然环境。旅游自然环境影响研究探讨旅游对自然环境和生态过程影响的一般机制和规律，为旅游地环境管理策略的制定提供依据。如何将旅游环境影响的研究成果应用于旅游地生态管理、对现有管理方法有效性的进一步验证及生态管理系统的完善是旅游环境影响研究的重要内容。其应用主要包括旅游地环境资源利用方式与保护措施，旅游活动类型和旅游活动方式的限制与管理，游客的教育与管理等。由于管理涉及的使用限制不仅与自然过程有关，还与游客的感知等因素相关，因此这方面的研究将旅游影响的生态效应和社会效应相结合，在最小化负面影响的同时最大限度地满足旅游需求，以求达到最佳管理效果（巩劼、陆林，2007）。

（2）社会与文化。旅游对目的地社会文化的负面影响主要有道德水平的下降、本地文化的变迁、民族风情的失真、传统工艺的商品化等。在这些问题上，任何“他者”都只能起到教化的作用，研究者能给予的是如何让文化持有者更早地认识到传统文化对他们自身社会的有用性（郭山，2007）。因此，首先应加强对当地居民特别是年轻一代的本土文化教育，努力提高其文化自豪感，培养保护文化的责任心和使命感；其次要让社区居民切实感受到本土文化所蕴藏的潜在经济利益，主动保护本民族、本地区的优秀文化旅游资源。为此，要重视旅游接待地居民的利益，使其从当地旅游开发中得到切实的经济收益，成为本地区旅游开发的主人，只有这样，才能使社区居民养成保护文化的自觉意识并落实为具体行动（马晓京，2000）。同时，旅游地理工作者认为，应该加强文化旅游资源的整理工作，对濒临失传的民族文化，应尽快抢救；对于受到冲击、污染、面临变异、消失的民族文化，应及时进行保护。优化社区参与也是减少社会文化负面影响的有效手段。

（3）经济。旅游业的发展给经济带来的负面影响，如目的地物价、房价上涨和通货膨胀，增加对外部经济的依赖性，旅游目的地居民就业的季节性等，近年来逐渐引起了旅游地理研究者的重视。研究旅游业带来的负面经济影响，并对之采取有效的解决措施，是旅游业得以持续健康发展的关键所在。旅游地理学者提出的调控措施主要有：开发适当的旅游产品以克服季节性对就业的影响，提高旅游投资与地方经济发展的协调性，加强区域间的旅游开发与合作及如何更好地发挥旅游业对相关产业的关联带动作用等方面，尤其是在旅游产品的“全季”开发、区域旅游合作等方面均取得了有益成果。

第三节　旅游地理学的主要理论方法建树

中国旅游地理学者们将旅游地理学的研究内容归纳为：旅游地理学的概念与理论体系研究；旅游者需求、行为（尤其是旅游需求空间模式与旅游空间行为）与旅游流研究；旅游资源评价及其开发研究；旅游地域系统（旅游地）的特征、演化与作用机制及旅游地域差异研究；旅游空间结构及其演化研究；旅游产业地理特征、结构、布局和优化研究；旅游区划与旅游规划研究；旅游活动对旅游地环境、经济、社会、文化的影响及其优化调控研究；生态旅游、旅游环境保护和可持续发展研究；旅游地理学技术方法应用与创新研究（保继刚、楚义芳，2012；黄震方、黄睿，2015）。

在旅游地理学助推旅游产业不断壮大、旅游业拉动旅游地理学发展过程中，旅游业逐渐形成了一整套理论方法体系。其突出特征是，理论方法能够聚焦在旅游业发展需要解决的重大问题上，理论内涵与方法范式同地理学和人文与经济地理学基本一致，实用性显著。相比之下，方法论比较成熟，理论性比较欠缺。旅游资源、旅游规划、生态旅游等方面的研究成果成为中国旅游地理学的主要理论方法建树。

一、旅游资源分类与评价方法

1. 旅游资源分类方法

旅游资源分类是旅游资源研究的基础。与一般的分类学强调同一属性事物内的类型划分不同，旅游资源是不同属性事物的类型划分，分类目标是更适用于旅游资源的开发与保护、旅游规划与项目建设、旅游行业管理与旅游法规建设、旅游资源信息管理。分类遵循的两个基本原则是：①相互独立原则，即所划分出的类型相互之间是独立的，不会出现互相包容或重叠的情况；②简明原则，即分类体系应该尽量简单明了，不宜繁多。

根据上述原则，由旅游地理学者完成的《旅游资源分类、调查与评价（GB/T18972—2003）》（以下简称标准（GB/T18972—2003））依据旅游资源自身的性状，即现存状况、形态、特性、特征作为旅游资源的分类标准。该标准将稳定的、客观存在的实体旅游资源和不稳定的、客观存在的事物和现象分为三个层次，依次称为“主类”、“亚类”、“基本类型”。其中，主类 8 种，亚类 31 种，基本类型 155 种（表 3—1）。

标准（GB/T18972—2003）规定，如果发现此分类没有包括的基本类型时，使用者可自行增加。增加的基本类型可归入相应亚类，置于最后，最多可增加两个。

2. 旅游资源评价方法

在旅游资源评价方面，发挥地理学综合性优势，提出“旅游资源共有因子评价”方法。系统设“评价项目”和“评价因子”两个档次。评价项目为“资源要素价值”、“资

表 3—1 旅游资源分类

主类	亚类	基本类型
A 地文景观	AA 综合自然旅游地	AAA 山丘型旅游地 AAB 谷地型旅游地 AAC 沙砾石地型旅游地 AAD 滩地型旅游地 AAE 奇异自然现象 AAF 自然标志地 AAG 垂直自然地带
	AB 沉积与构造	ABA 断层景观 ABB 褶曲景观 ABC 节理景观 ABD 地层剖面 ABE 钙华与泉华 ABF 矿点矿脉与矿石积聚地 ABG 生物化石点

续表

主类	亚类	基本类型
A 地文景观	AC 地质地貌过程形迹	ACA 凸峰　ACB 独峰　ACC 峰丛　ACD 石（土）林　ACE 奇特与象形山石　ACF 岩壁与岩缝　ACG 峡谷段落　ACH 沟壑地　ACI 丹霞　ACJ 雅丹　ACK 堆石洞　ACL 岩石洞与岩穴　ACM 沙丘地　ACN 岸滩
	AD 自然变动遗迹	ADA 重力堆积体　ADB 泥石流堆积　ADC 地震遗迹　ADD 陷落地　ADE 火山与熔岩　ADF 冰川堆积体　ADG 冰川侵蚀遗迹
	AE 岛礁	AEA 岛区　AEB 岩礁
B 水域风光	BA 河段	BAA 观光游憩河段　BAB 暗河河段　BAC 古河道段落
	BB 天然湖泊与池沼	BBA 观光游憩湖区　BBB 沼泽与湿地　BBC 潭池
	BC 瀑布	BCA 悬瀑　BCB 跌水
	BD 泉	BDA 冷泉　BDB 地热与温泉
	BE 河口与海面	BEA 观光游憩海域　BEB 涌潮现象　BEC 击浪现象
	BF 冰雪地	BFA 冰川观光地　BFB 常年积雪地
C 生物景观	CA 树木	CAA 林地　CAB 丛树　CAC 独树
	CB 草原与草地	CBA 草地　CBB 疏林草地
	CC 花卉地	CCA 草场花卉地　CCB 林间花卉地
	CD 野生动物栖息地	CDA 水生动物栖息地　CDB 陆地动物栖息地　CDC 鸟类栖息地　CDE 蝶类栖息地
D 天象与气候景观	DA 光现象	DAA 日月星辰观察地　DAB 光环现象观察地　DAC 海市蜃楼现象多发地
	DB 天气与气候现象	DBA 云雾多发区　DBB 避暑气候地　DBC 避寒气候地　DBD 极端与特殊气候显示地　DBE 物候景观
E 遗址遗迹	EA 史前人类活动场所	EAA 人类活动遗址　EAB 文化层　EAC 文物散落地　EAD 原始聚落
	EB 社会经济文化活动遗址遗迹	EBA 历史事件发生地　EBB 军事遗址与古战场　EBC 废弃寺庙　EBD 废弃生产地　EBE 交通遗迹　EBF 废城与聚落遗迹　EBG 长城遗迹　EBH 烽燧

续表

主类	亚类	基本类型
F 建筑与设施	FA 综合人文旅游地	FAA 教学科研实验场所　FAB 康体游乐休闲度假地　FAC 宗教与祭祀活动场所　FAD 园林游憩区域　FAE 文化活动场所　FAF 建设工程与生产地　FAG 社会与商贸活动场所　FAH 动物与植物展示地　FAI 军事观光地　FAJ 边境口岸　FAK 景物观赏点
	FB 单体活动场馆	FBA 聚会接待厅堂（室）　FBB 祭拜场馆　FBC 展示演示场馆　FBD 体育健身馆场　FBE 歌舞游乐场馆
	FC 景观建筑与附属型建筑	FCA 佛塔　FCB 塔形建筑物　FCC 楼阁　FCD 石窟　FCE 长城段落　FCF 城（堡）　FCG 摩崖字画　FCH 碑碣（林）　FCI 广场　FCJ 人工洞穴　FCK 建筑小品
	FD 居住地与社区	FDA 传统与乡土建筑　FDB 特色街巷　FDC 特色社区　FDD 名人故居与历史纪念建筑　FDE 书院　FDF 会馆　FDG 特色店铺　FDH 特色市场
	FE 归葬地	FEA 陵区陵园　FEB 墓（群）　FEC 悬棺
	FF 交通建筑	FFA 桥　FFB 车站　FFC 港口渡口与码头　FFD 航空港　FFE 栈道
	FG 水工建筑	FGA 水库观光游憩区段　FGB 水井　FGC 运河与渠道段落　FGD 堤坝段落　FGE 灌区　FGF 提水设施
G 旅游商品	GA 地方旅游商品	GAA 菜品饮食　GAB 农林畜产品与制品　GAC 水产品与制品　GAD 中草药材及制品　GAE 传统手工产品与工艺品　GAF 日用工业品 GAG 其他物品
H 人文活动	HA 人事记录	HAA 人物　HAB 事件
	HB 艺术	HBA 文艺团体　HBB 文学艺术作品
	HC 民间习俗	HCA 地方风俗与民间礼仪　HCB 民间节庆　HCC 民间演艺　HCD 民间健身活动与赛事　HCE 宗教活动　HCF 庙会与民间集会　HCG 饮食习俗　HGH 特色服饰
	HD 现代节庆	HDA 旅游节　HDB 文化节　HDC 商贸农事节　HDD 体育节
数 量 统 计		
8 主类	31 亚类	155 基本类型

源影响力”、“附加值”。其中，“资源要素价值”项目中含“观赏游憩使用价值”、“历史文化科学艺术价值”、“珍稀奇特程度”、“规模、丰度与几率”、“完整性”五个评价因子。“资源影响力”项目中含“知名度和影响力”、“适游期或使用范围”两个评价因子。“附加值”项目中含“环境保护与环境安全”一个评价因子。

评价项目和评价因子用量值表示。资源要素价值和资源影响力总分值为100分。其中：“资源要素价值”为85分，分配如下：“观赏游憩使用价值”30分，“历史科学文化艺术价值”25分，“珍稀或奇特程度”15分，“规模、丰度与几率”10分，“完整性”5分；“资源影响力”为15分，其中：“知名度和影响力”10分，“适游期或使用范围”5分。“附加值”中“环境保护与环境安全”，分正分和负分。每一评价因子分为四个档次，其因子分值相应分为四档（表3—2）。

表3—2　旅游资源评价赋分标准

<table>
<tr><th>评价项目</th><th>评价因子</th><th>评价依据</th><th>赋值</th></tr>
<tr><td rowspan="12">资源要素价值（85分）</td><td rowspan="4">观赏游憩使用价值（30分）</td><td>全部或其中一项具有极高的观赏价值、游憩价值、使用价值</td><td>30～22</td></tr>
<tr><td>全部或其中一项具有很高的观赏价值、游憩价值、使用价值</td><td>21～13</td></tr>
<tr><td>全部或其中一项具有较高的观赏价值、游憩价值、使用价值</td><td>12～6</td></tr>
<tr><td>全部或其中一项具有一般观赏价值、游憩价值、使用价值</td><td>5～1</td></tr>
<tr><td rowspan="4">历史文化科学艺术价值（25分）</td><td>同时或其中一项具有世界意义的历史价值、文化价值、科学价值、艺术价值</td><td>25～20</td></tr>
<tr><td>同时或其中一项具有全国意义的历史价值、文化价值、科学价值、艺术价值</td><td>19～13</td></tr>
<tr><td>同时或其中一项具有省级意义的历史价值、文化价值、科学价值、艺术价值</td><td>12～6</td></tr>
<tr><td>历史价值、或文化价值、或科学价值，或艺术价值具有地区意义</td><td>5～1</td></tr>
<tr><td rowspan="4">珍稀奇特程度（15分）</td><td>有大量珍稀物种，或景观异常奇特，或此类现象在其他地区罕见</td><td>15～13</td></tr>
<tr><td>有较多珍稀物种，或景观奇特，或此类现象在其他地区很少见</td><td>12～9</td></tr>
<tr><td>有少量珍稀物种，或景观突出，或此类现象在其他地区少见</td><td>8～4</td></tr>
<tr><td>有个别珍稀物种，或景观比较突出，或此类现象在其他地区较多见</td><td>3～1</td></tr>
</table>

续表

评价项目	评价因子	评价依据	赋值
资源要素价值（85分）	规模、丰度与几率（10分）	独立型旅游资源单体规模、体量巨大；集合型旅游资源单体结构完美、疏密度优良级；自然景象和人文活动周期性发生或频率极高	10～8
		独立型旅游资源单体规模、体量较大；集合型旅游资源单体结构很和谐、疏密度良好；自然景象和人文活动周期性发生或频率很高	7～5
		独立型旅游资源单体规模、体量中等；集合型旅游资源单体结构和谐、疏密度较好；自然景象和人文活动周期性发生或频率较高	4～3
		独立型旅游资源单体规模、体量较小；集合型旅游资源单体结构较和谐、疏密度一般；自然景象和人文活动周期性发生或频率较小	2～1
	完整性（5分）	形态与结构保持完整	5～4
		形态与结构有少量变化，但不明显	3
		形态与结构有明显变化	2
		形态与结构有重大变化	1
资源影响力（15分）	知名度和影响力（10分）	在世界范围内知名，或构成世界承认的名牌	10～8
		在全国范围内知名，或构成全国性的名牌	7～5
		在本省范围内知名，或构成省内的名牌	4～3
	适游期或使用范围（5分）	在本地区范围内知名，或构成本地区名牌	2～1
		适宜游览的日期每年超过300天，或适宜于所有游客使用和参与	5～4
		适宜游览的日期每年超过250天，或适宜于80%左右游客使用和参与	3
		适宜游览的日期超过150天，或适宜于60%左右游客使用和参与	2
		适宜游览的日期每年超过100天，或适宜于40%左右游客使用和参与	1
附加值	环境保护与环境安全	已受到严重污染，或存在严重安全隐患	−5
		已受到中度污染，或存在明显安全隐患	−4
		已受到轻度污染，或存在一定安全隐患	−3
		已有工程保护措施，环境安全得到保证	3

依据旅游资源单体评价总分，将其分为五级，从高到低依次为：五级旅游资源，得分值域≥90分；四级旅游资源，得分值域为75～89分；三级旅游资源，得分值域为60～74分；二级旅游资源，得分值域为45～59分；一级旅游资源，得分值域为30～44分。此外还有未获等级旅游资源，得分值域≤29分。

二、区域旅游规划理论和技术流程

旅游地理学者沿用地理学和人文与经济地理学探讨地表人类活动现象的分布格局所采用的经典理论体系，构建区域旅游空间结构理论。区域旅游空间结构是指人类旅游活动作用于旅游区域这个特定地域范围所形成的组织形式，它反映了区域旅游系统中各要素之间的空间组织关系。因此，区域旅游空间结构理论是区域旅游规划的主要理论基础。在西方学者研究的基础上，中国旅游地理学者主要完善了旅游区位理论、地域分异规律、旅游系统理论等旅游空间结构理论。

旅游系统理论的基本思想来源于系统论，强调一个系统是由许多相互关联、相互作用的要素组成的整体，每个要素都有其特定的功能，系统本身具有整体功能，且几个系统可联合成更大的系统；整体性、关联性、等级结构性、动态平衡性、时序性等是所有系统共同的基本特征。旅游系统论坚持从旅游发展的整体上考虑旅游规划问题，注意旅游各个子系统之间的有机联系以及旅游系统与外部环境之间的相互联系和相互制约，为旅游规划提供了整体视角和思维，并充实了旅游规划方法。

鉴于旅游系统的复杂性，分析、模拟和规划旅游系统必须借助3S智能分析技术方法，即地理信息系统（GIS）、遥感（RS）和全球定位系统（GPS）的技术方法。利用3S技术建立的旅游规划信息系统，具有规划基础信息采集、存储与更新，规划要素空间分析与查询，可视化图文显示与情景模拟和智能化辅助决策的功能（图3—4），从而能全面实现区域旅游规划的任务和目的，辅助解决资源与市场、开发与社区发展等问题（武光等，2012）。

旅游地理学者开发应用、并得到旅游业界普遍接受采用的区域旅游规划的技术流程如下：

1. 基础调研

（1）规划情景分析。包括宏观背景分析、旅游产业分析、政策背景分析及SWOT分析等，全面评估规划所需要的社会、经济、文化、环境及政府行为等方面的影响，这一系列详细的分析过程是旅游发展目标形成和旅游规划制定的立足点（吴必虎、俞曦，

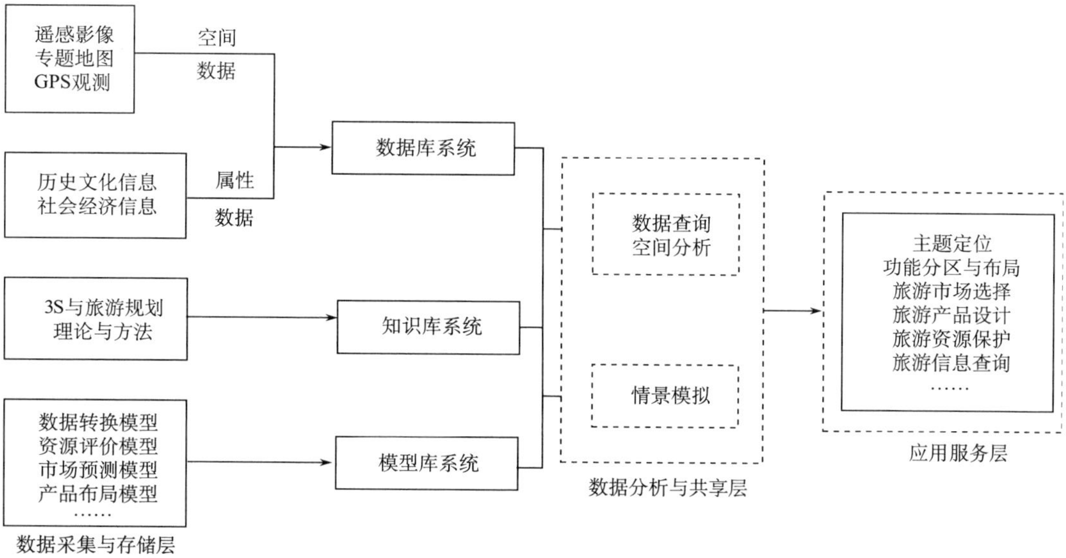

图 3—4　3S 技术系统结构在区域旅游规划中的功能

资料来源：孔雪松、刘艳芳，2010。

2010）。

（2）旅游资源调查与分析。对旅游资源进行调查与分析，重点是进行旅游资源开发为旅游产品的转化适宜性评价。对规划区内旅游资源的类别、品位进行全面调查，编制规划区内旅游资源分类明细表，绘制旅游资源分析图，具备条件时可根据需要建立旅游资源数据库，确定其旅游容量。调查方法可参照标准（GB/T 18972-2003）。

（3）旅游客源市场分析。以市场为导向编制旅游发展规划，首先需要分析规划区针对的旅游市场，为旅游资源的开发和项目策划提供依据。在对规划区的旅游者数量和结构、地理和季节性分布、旅游方式、旅游目的、旅游偏好、停留时间、消费水平进行全面调查分析的基础上，研究并提出规划区旅游客源市场未来的总量、结构和水平［见：中华人民共和国国家质量监督检验检疫总局《旅游规划通则》（GB/T18971-2003）］。

（4）旅游竞合分析。对规划区旅游业发展进行竞争与合作分析，确立规划区在交通可进入性、基础设施、景点现状、服务设施、广告宣传等各方面的区域比较优势，综合分析和评价各种制约因素及机遇。

2. 方案编制

（1）制定目标体系。这一目标的确定，将决定区域旅游业的产业地位和发展速度，是整个规划围绕的核心，是旅游发展纲领性指标体系。基于规划基础调研，从构建旅游产业体系的目标出发，预测规划期内旅游产业的积极地位，以及旅游业对某些行业的重要性和联动效应；估计旅游业的收益乘数效应和就业乘数效应。规划中预测的具体指标一般包括：旅游业在整个地区经济中的地位，包括旅游业收益占 GDP 的百分比。在总体目标之下，细分为旅游人数指标、旅游收入指标、旅游就业人数指标等具体指标（吴必虎、俞曦，2010）。

（2）制定发展战略。确定发展目标后，要对实现目标的途径进行统筹部署，形成规划区的旅游发展战略，提出规划实施的措施、方案和步骤，包括政策支持、经营管理体制、宣传促销、融资方式、教育培训等。

（3）以产品和项目为中心的方案设计。主要包括三方面内容：一是直接吸引旅游者前来参与旅游活动的旅游吸引物，即狭义的旅游产品和开发项目的设计和布局；二是指为前来的旅游者提供各种旅游服务，包括交通、住宿、餐饮、娱乐、购物等服务的旅游相关行业、设施和服务的设计和布局；三是指规划区内外的物质环境和社会环境的设计与协调。同时确定这三方面内容的投资规模及经济、社会和环境影响评价。

（4）支持系统与规划实施。区域旅游规划是否能落实，依赖于规划的管理和支持保障措施的实施。在规划文本中，需考虑对自然环境、技术环境、社会环境、经济环境及政治环境等外部环境的变化如何影响旅游规划的实施和区域旅游业的发展，并对这些外部因素的变化进行识别、控制和应对，主要从政府管理与政策法规、土地供给、资金保障、人力资源保障等内容进行研究（图 3—5）。

3. 报批与修订

规划编制完成后，即开始形成区域旅游规划草案。规划草案形成后，规划委托方提出申请，由上一级行政主管部门组织评审进行评审，广泛征求各方意见，并在此基础上，对规划草案进行修改、充实和完善，根据评审意见完善后，由委托方报批实施。

在规划实施过程中，若规划本身因区域旅游发展环境的变化而不能满足指导需要，则需要对区域旅游规划进行修编，重新回到初期接受任务、基础调研阶段，实现系统的循环提升。

三、生态旅游模式与实施的技术路径

生态旅游模式是建构在可持续旅游理论内涵基础上的。可持续旅游把旅游活动界定为广泛存在于地理环境中的一种现象和事物。人类旅游活动系统和地理环境系统共同构成了旅游人地关系地域系统。该系统是从事旅游活动的人与地理环境两方面要素在一定

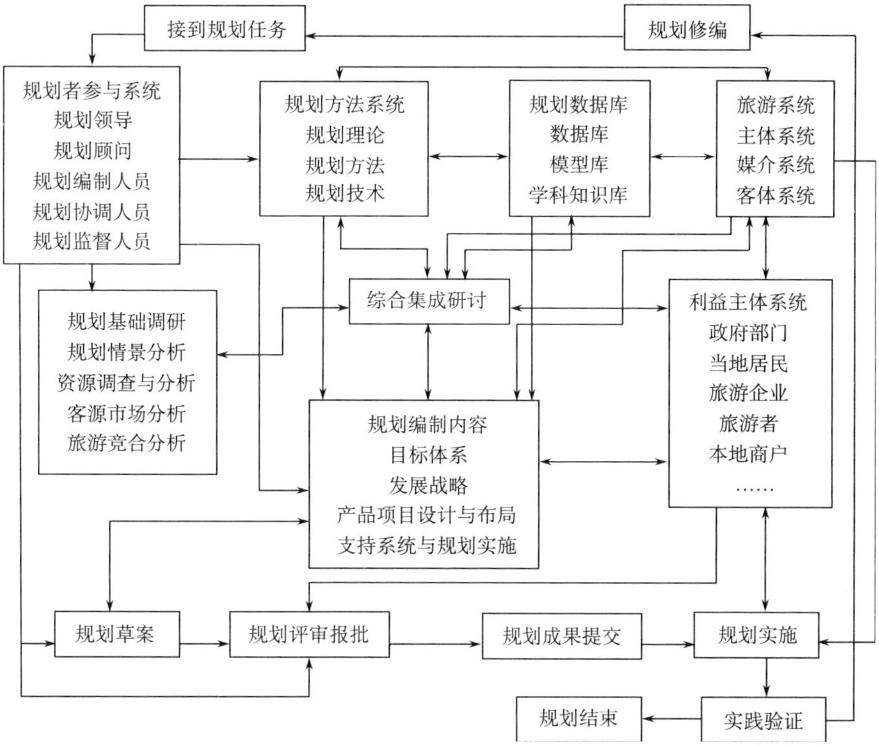

图 3—5　区域旅游规划技术规程

的地域空间范围内，按照一定的规律相互交织，构成的具有一定的结构和功能的复杂开放的系统。系统的稳定性、可持续性主要取决于能否协调旅游人地关系，协调人类旅游活动与地理环境之间的相互作用关系。其中，建立生态旅游模式是走可持续旅游发展之路的合理选择，旅游资源承载力和环境容量管理是确保可持续旅游实现的有效路径。

1. 生态旅游模式

生态旅游是在自然环境中以生态系统为对象所进行的一种旅行活动，它首先把生态环境的承受能力放在第一位考虑，重视旅游环境容量的研究和维持措施，强调游客、从业人员对保护生态环境的奉献。这些准则和措施，必然会强化旅游可持续发展（卢云亭，1996）。伴随着 20 世纪 90 年代在中国掀起的可持续发展浪潮，生态旅游在中国兴起并持续升温，20 余年来，生态旅游担当着生态文明思想的传播者、可持续发展理念的引领者、旅游产品开发的创新者、旅游社区利益的维护者、旅游环境保护的示范者等多重角色（钟林生、陈田，2013）。旅游地理学者对生态旅游的研究推动着实践中旅游发展模式的转变，各地纷纷倡导要坚持生态旅游发展模式，并从自然生态系统的保护性开发、人文生态系统的可持续发展、社区参与、旅游基础设施及旅游服务生态化、环境教育与管理等方面积极探索生态旅游研究成果的转化路径。

（1）自然生态系统的保护性开发。生态旅游开发是具有保护性的开发行为（黄静波等，2013），其目标定位在旅游业的可持续发展，内涵有三个：第一是限制性条件，即开发的限制性前提是保护生态旅游资源及其环境，开发是在强度上的控制性开发、在方式上的选择性开发。第二是最大效益，即生态旅游开发的近期目标是获得三大效益协调发展而呈现的最大综合效益。第三是可持续效益，即生态旅游开发的远期目标是获得可持续的最大效益，也就是建立在经济可持续、社会可持续、环境可持续基础上的整体三大综合效益的可持续（杨桂华、王跃华，2000）。生态系统的保护性开发要求必须从生态旅游开发与环境保护的相互关系中探寻内在规律，以加强生态旅游开发与环境保护的一体化研究；采取合适的方针政策及有关措施，促进生态旅游与自然、文化、环境融为一体（明庆忠、李宏，2000）。

（2）人文生态系统的可持续发展。中国的生态旅游资源不局限于自然生态系统，还应包括具有地域特色的人文生态系统；生态旅游对象应是自然生态及与之共生的人文生态。因此，生态旅游的保护目标还应包括与自然生态共生的人文生态系统。由此可见，中国的生态旅游发展更加强调一种人、自然、社会文化和经济和谐统一的思想，这也是旅游业可持续发展理念的延展和实践的结果（陈义彬、梁锦梅、俞万源，2005）。20 世纪 70 年代以来，在后现代主义思潮影响下不断发展的旅游地理学对空间平等、环境正义等进行了许多有益探索，给旅游地人文生态系统可持续发展提供了思路，认为保护旅游地的人文生态系统，应把公平发展放在首位；倡导旅游者和旅游地居民相互尊重、相互平等，旅游者高质量的旅游经历不应以牺牲旅游地的文化原真性为代价。

（3）提倡社区参与。通过社区参与，增强社区居民生态环境保护意识和积极性，从而提高生态效益，最终实现该区域社区居民、生态旅游者与景区生态环境等利益相关者关系的协调发展。然而，实践中，由于社区在区域旅游开发中的弱势地位，社区利益常处于被忽视的困境。为了促进社区居民参与生态旅游发展，旅游地理学提出，应从旅游规划制定、环境保护、社会文化传统的维护三个方面强化社区参与（胡志毅、张兆干，2013）。具体方式有加强对社区居民的培训、提高社区参与意识与能力，建立社区参与保障机制，发挥村民委员会在社区参与中的作用，引入外来旅游企业时要强调对社区就业等方面的责任，景观建设要注重挖掘和融入当地文化以提升当地居民对景区生态景观和生态文化保护的积极性和责任感等。

（4）旅游基础设施及旅游服务生态化。应遵循生态化、低碳化的原则进行服务与基础设施规划设计与建设，从生态角度严格控制其规模、数量、色彩、用料、造型和风格（卢云亭，1996）。要加强对管理者、经营者、服务员及导游人员等的生态旅游知识及可持续发展观念的培训，使他们在进行旅游管理、经营、服务时要注意减缓对生态环境的影响，营造生态旅游氛围，贯穿可持续发展理念（冯卫红，2001）。

（5）加强环境教育与管理。主要面向三类人群：一是生态旅游管理者。要促进其重视生态旅游资源普查及科学评价、合理制定生态旅游发展规划，确定合理、科学的生态旅游发展政策、方向、目标、重点、实施方案等。二是生态旅游经营者。要对其进行生态旅游经营者资质审查、实行等级划分与管理等。三是生态旅游者。要通过建立生态博物馆、制作与宣传生态旅游者须知对其进行旅行前的生态教育，并对生态旅游者进行生态旅游环境保育技术引导（明庆忠、李宏，2000）。

从旅游系统的角度出发，根据生态旅游活动得以实现的基本条件，在旅游系统“三体说”的基础上，提出了生态旅游系统的四体模式（图 3—6）（杨桂华等，2010），由主体（生态旅游者）、客体（生态旅游资源）、媒体（生态旅游业）和载体（生态旅游环境）组成。生态旅游系统与旅游系统之间主要的差异不是组分数量上的差异，而是一种“质”的差异，这里“质”即是保护。“生态旅游系统”是生态旅游研究的对象。

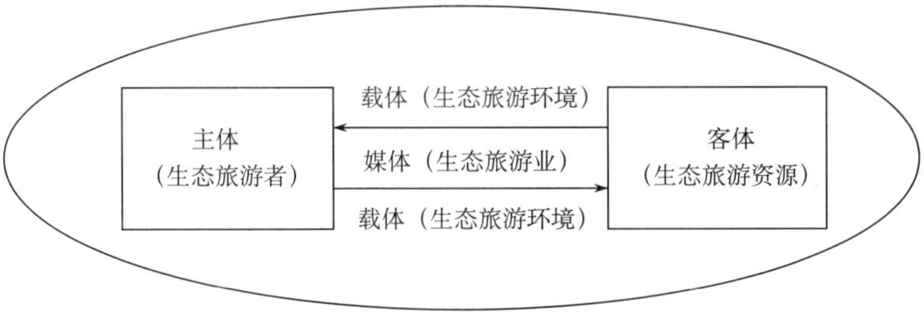

图 3—6　生态旅游系统

2. 旅游资源承载力、旅游环境容量测算和管理

采用生态旅游模式的一个基础性工作，是对旅游资源承载力和环境容量的测算；而实施生态旅游模式的一个有效的管理方式，是对旅游资源承载力和环境容量的调控。旅游资源承载力测算主要是确定旅游空间合理的开发强度。旅游可持续发展要求发生在特定地理空间上的旅游活动不破坏当地的旅游资源及生态环境，并能满足旅游者、旅游地居民和旅游经营者等利益相关者的利益诉求。中国旅游地理学者着眼旅游空间开发管制分区及管制对策制定，确定了不同区域的旅游资源承能力，确保各个旅游区的旅游活动得以顺利开展。旅游地理学者开展的旅游环境容量测算主要是基于关键性地理要素指标单因子分析及综合集成测算旅游环境容量。主要内容包括：根据旅游区域在一定时期内的经济社会管理目标以及管理工作水平，确定需要研究的具体对象，如生态环境容量、空间环境容量、设施环境容量、服务环境容量、心理环境容量；根据研究对象的不同，建立相应的旅游环境质量评价指标体系，如生态环境容量的测量指标包括空气质量、水质量、噪声、气候与气象、植被、水土流失、地表清洁度等，设施环境容量的测量指标包括交通运输设施、食宿接待设施、游览娱乐设施、旅游购物设施等（图3—7）。

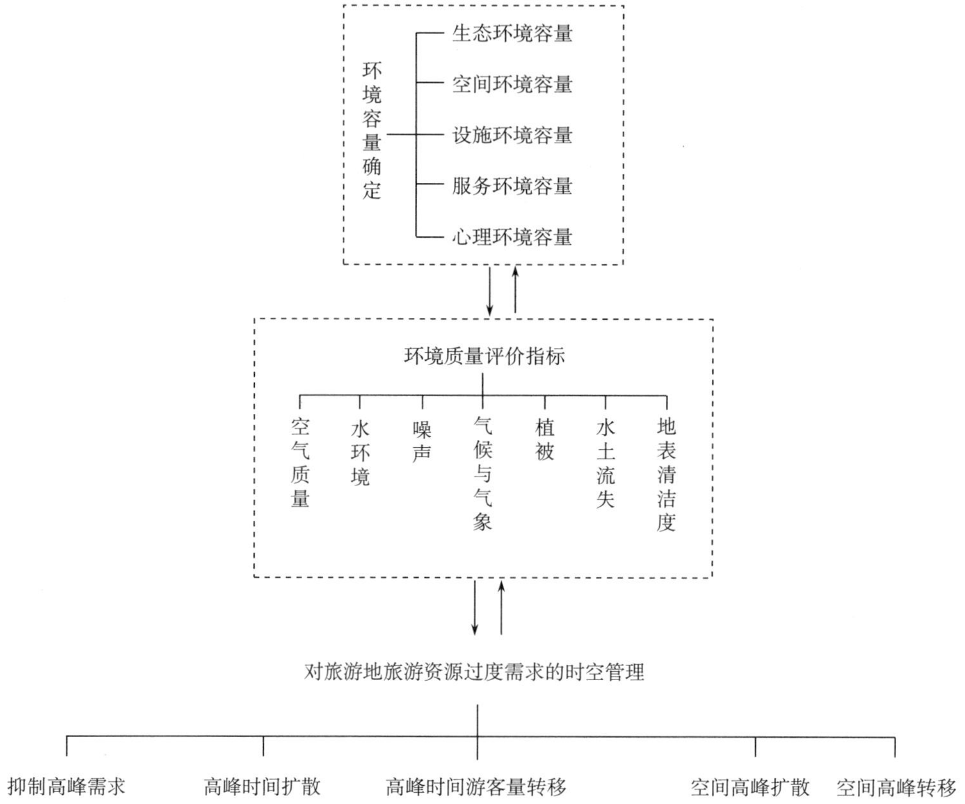

图3—7　区域旅游环境容量监控与管理

资料来源：武光等，2012。

鉴于旅游业不同于其他物质生产行业，它的生产能力不仅受到投资、经济规模等限制，还受制于自然环境因素、社会心理因素、文化因素等，如果不加限制，它的发展就极有可能超出社会、经济、生态所允许的承受能力，从而导致旅游发展的不可持续性（董观志，2009）。在区域旅游资源承载力和环境容量测算基础上，通过对旅游资源开发强度和旅游环境质量的监控和评价，实施对旅游地旅游资源环境过度需求的游客时空管理来实现不超越区域旅游资源承载力与环境容量的旅游发展，不仅是生态旅游也是整个旅游业可持续发展的主要途径（武光等，2012)。

围绕旅游资源承载力和环境容量管理的研究成果主要包括：在旅游地规划、开发及管理中，如何采用旅游环境容量与生态旅游承载力的研究成果指导旅游地找到限制其旅游环境承载能力的影响因素，进而在此基础上对这些限制影响因素进行调整改进，以达到调控以及提高旅游区的整体承载能力的目的。根据管理思路的不同，可分为游客管理与景区成长管理（熊鹰，2013)。①游客管理。主要包括游客数量管理、活动空间管理、活动强度管理等。根据旅游需求的时空分配现状、未来发展趋势及旅游环境容量，采用游客数量监测、游客活动空间监测、引导营销等手段抑制或分流疏导旅游高峰期的游客数量，以此缓解或减少旅游地过度的游客需求。如利用导游疏散游客、分时段开放空间、旅游高峰预约制度、淡旺季差异票价等措施，将某时空内超载的旅游需求导向旅游需求相对不足的时段或景点（区域)，以平衡旅游需求的时空分配。②景区成长管理。包括景区发展目标管理、景区工作人员素质管理、景区发展定位等。目标和管理水平是景区从业人员在协调景区人地关系地域系统过程中发挥主观能动性的重要表现，直接关系到景区人地关系地域系统的成长方向和发育水平。提高经营管理人员的管理、服务、监测等技能，可使景区有限的旅游环境容量得到高效利用。景区成长管理具体方式有：制定景区发展战略；建立系统的、能表征生态旅游承载力标准的环境—经济—社会等影响指标体系；依据影响程度情况，评估实施管理措施，进一步改进并提出新的管理策略等。

第四节　旅游地理学成果的重要社会影响

1. 服务国家决策，助推旅游产业成为国家战略型新兴产业

改革开放之后的第一个五年发展规划制定中，鉴于中科院地理研究所旅游地理学学者在旅游业领域取得了大量的前瞻性研究成果，国家旅游局邀请中科院旅游地理学者一道，研究和编制“六五规划”中的旅游产业发展篇章，首次将旅游业列入国家五年发展规划中，揭开了旅游业在中国发展的序幕。此后，“旅游业发展规划”成为中华人民共和国国民经济与社会发展五年规划中的一个重要专项规划。在国家旅游局主持制定的中国旅游业“十五”、“十一五”、“十二五”发展规划纲要编制中，都有旅游地理学者参加，并在旅游业区域布局等规划内容的形成中起到核心作用。在此基础上逐步形成了中国旅游业区域发展战略："东部地区要通过提高产业水平，提升产业素质，促进产业转型升级，巩固客源地与目的地的双重功能，实现旅游国际化目标。中部地区要通过完善产业体系，构建旅游目的地体系，缓解供需矛盾，实现旅游城市化目标。西部地区扩大产业规模，完善产业功能，提升基础设施档次，形成我国旅游业发展新的增长点，实现旅游产业化目标。东北地区打造旅游品牌，构建旅游聚集群，促进旅游产业与工业发展的融合，实现旅游产业引领区域转型升级"。与此同时，各地区的区域发展也不约而同地将旅游产业发展作为地方战略的组成内容之一。旅游业在中国区域开发中受到非常重视。京津冀都市圈（樊杰，2008）、长江经济带、东北老工业基地振兴等区域规划中，旅游发展都作为单独章节与其他产业并列，均由旅游地理学学者主笔起草。

除了在国家和地区战略中助推旅游产业受到重视，并在近年被提升为战略性新兴产业予以鼓励发展，通过编制国家技术规划、开展规范应用示范，也成为影响中国旅游产业发展决策和不断壮大的重要方面。1997 年旅游地理学者提出 1999 年"中国生态环境游"的宣传口号"享受自然、认识自然、尊重自然、保护环境"被国家旅游局采纳。同时旅游地理学者还建议建立旅游景点等级评价体系和生态旅游示范点（中国旅游业可持续发展编写组，1999）。这些建议促进了《旅游景区质量等级的划分与评定（GB/T 17775-1999）》和《国家生态旅游示范区建设与运营规范（GB/T 26362-2010）》的出台。另外，中国大陆旅游地理学者同台湾相关领域学者联合举办 14 届的"海峡两岸休闲产业与乡村旅游发展学术研讨会"，推动了国家农业部对乡村旅游和休闲农业的重视，国家旅游局已开始全面将乡村旅游和休闲农业的纳入到旅游产业体系中。2010 年，中科院地理研究所为农业部编制《休闲农庄建设规范》条例，对休闲农庄的建设从标准化角度给予提出规范标准。

2. 服务资源调查与规划实践，确保旅游业科学合理的发展

中国旅游地理学者长期关于旅游资源的研究，主要通过技术标准的制定，直接服务社会需求，这在人文与经济地理学其他分支学科中是不多见的。技术标准的制定对于引领旅游产业规范化发展起到重要作用。1993 年研制的《中国旅游资源普查规范》试行稿向全国推荐试行以及国家标准《旅游资源分类、调查与评价（GB/T 18972-2003）》于 2003 年在全国正式实施后，极大地推动了全国旅游资源的普查工作，很多地区开展了旅游资源调查实践。在福建、新疆、内蒙古、天津、北京、黑龙江、河南、浙江、广西、上海、甘肃、辽宁、四川、西藏、山东、河北、云南等省份开展了专项旅游资源调查或在旅游开发中的旅游资源详查，获得了大量完整的旅游资源资料，理清了各调查区旅游资源脉络，加强对旅游资源状况的整体把握，深层次挖掘旅游资源，扩充旅游资源开发领域，加大旅游资源与旅游环境保护力度。这些成果内容丰富，科学性强，2000年出版的《黑龙江省旅游资源》(上、中、下三册)，共130多万字，全面汇总了该省旅游资源的历史和现状。河南省旅游资源详查共获得近4万个旅游资源单体，分属于148个基本类型，包括自然旅游资源14 000多处，自然旅游资源25 000多处。其中属于优良级的旅游资源有18 000多处，以此确定了豫西北、豫西、豫西南、豫南四个旅游资源密集区。此外，还编制了2 000万字考察报告，200余幅旅游资源地图，积累了4万余幅旅游资源图片，160余张视听光盘。在此基础上，开发了河南省旅游资源信息管理系统软件。2014年吉林省旅游局启动了第二次全省旅游资源普查工作，该省首次旅游资源普查于2007～2008年完成。

旅游地理学家成为旅游规划的主力军，国内几乎所有的旅游规划都有旅游地理学工作者介入。旅游规划初期，中国省级区域旅游规划大多数是旅游地理学家主持完成的（陈安泽，2006)。2000～2005年，全国各省编制旅游发展总体规划，旅游地理学界承担的省级旅游发展规划占一半以上，包括内蒙古、宁夏、甘肃、重庆、江西、青海、河北、江苏、湖北等省域旅游产业发展总体规划。这些规划具体应用和检验了旅游开发和规划的相关理论，在旅游产业要素及分工、旅游资源开发利用、旅游形象策划和市场营销、旅游行业规范与管理、旅游与文化的结合以及旅游与省域经济统筹发展方面提出了新观点、新思路和新措施，为地方旅游经济的发展作出了巨大贡献。

3. 聚焦资源环境保护，推动中国生态旅游发展

在旅游地理学者的大力推动下，2005年国家旅游局和国家环保总局联合发出《关于进一步加强旅游生态环境保护工作的通知》，要求各地、各单位在旅游资源开发活动中，必须妥善处理好环境保护与旅游发展的关系，有效保护生态环境，实行科学的旅游开发、建设、经营、服务和消费行为。2013年出台的《中华人民共和国旅游法》在对旅游者的规定中要求“旅游者在旅游活动中应当爱护旅游资源，保护生态环境”，在对旅游规划与促进的规定中强调“旅游发展规划应当包括旅游资源保护和利用的要求和措施”。此外，在旅游经营中提出“有必要的环境保护设施和生态保护措施”、“景区接待旅游者不得超过景区主管部门核定的最大承载量”等，足见《中华人民共和国旅游法》对于旅游资源与生态环境保护的重视。

旅游地理学对生态旅游的研究为中国旅游资源和旅游环境保护提供了科学支撑，生态旅游开发的兴起也为旅游业可持续发展开拓了新路径。旅游地理学者依托在生态旅游领域的学术积累，积极推动生态旅游的发展。

（1）2007年对国家旅游局编制的《全国生态旅游发展纲要》、《国家生态旅游示范区建设与运营规范（GB/T 26362-2010）》提出咨询意见。

（2）2009～2010年承担国家旅游局与环境保护部“全国生态旅游发展现状调查与评估”项目。

（3）2012年承担国家旅游局与环境保护部《国家生态旅游示范区管理规程》和《国家生态旅游示范区建设与运营规范（GB/T 26362-2010）》评分实施细则，推动了国家旅游局和环境保护部联合开展国家生态旅游示范区创建，目前已创建了112处。这对于全面推动生态旅游，是一种切实的、积极的保护生态环境的手段，也是提升旅游产品品质的重要手段。

（4）2014年在旅游地理学界及其他学者的共同努力下，国家旅游局下发《景区最大承载量核定导则》，要求各大景区核算出游客最大承载量，并制订游客流量控制预案。根据《景区最大承载量核定导则》，景区将采用门禁票务系统、景点实时监控系统等技术手段，逐步推进旅游者流量监测常态化，还应针对节假日及大型活动制订相应旅游者流量控制预案。

（5）2015年承担国家旅游局委托的《全国生态旅游发展规划（2016～2025）》，该规划系统梳理中国生态旅游资源，分析生态旅游发展面临的机遇与挑战，进而对全国生态旅游发展的格局做出合理的部署，提出生态旅游协作区、重点生态旅游目的地、生态旅游线路与生态旅游风景道等发展体系，并提出资源保护、产品开发、公共服务、环境教育、社区参与、营销推广等方面的配套体系及相应的实施保障。

第五节　旅游地理学学科建设、理论研究缺憾与未来发展

一、旅游地理学学科建设

1. 学科体系逐渐成熟

旅游地理学界始终把为国民经济服务作为主攻方向，充分发挥了旅游地理学的应用性特点，紧扣中国旅游开发和建设这个主题，主动承担多种不同层次、不同类型的科研任务，完成了大量有较高实用价值的科研报告，对中国旅游业发展作出了重要贡献，提高了旅游地理学的地位。地理学的旅游应用研究拓展，也促进了地理学本身的建设和发展。1985年《人文地理学概说》首次列入旅游地理学条目，标志着旅游地理学正式成

为地理学的一门分支学科。1987 年中国地理学会人文地理专业委员会下设立了旅游地理学组，1992 年中国地理学会正式设立旅游地理专业委员会。旅游地理学界一直把旅游开发实践和理论总结置于重要的地位，积极投身于旅游开发实践中，注意进行多学科、跨学科的合成研究，注重将理论知识转化为现实的生产力。而且，基于人地关系的理论视角，探讨旅游地理学的核心科学问题，在实践中发展起来的并通过实践检验的许多理论创见，丰富与完善了旅游地理学科体系，进一步促进了现代旅游地理学的本土化和中国旅游地理研究的国际化（黄震方等，2015）。

2. 高等教育蓬勃发展

1981 年北京旅游学院筹备组邀请旅游地理学者授课，并根据授课讲义印制了《旅游资源的开发与观赏》，开创了基于地理学的旅游资源研究和旅游地理教学。据《2014 年全国旅游教育培训统计》，到 2014 年年末，全国共有高等旅游院校及开设旅游系（专业）的普通高等院校 565 所，在校生 20.12 万人；中等职业学校 933 所，在校学生 31.87 万人。旅游地理学是这些院校中的重要专业课程，尤其是在硕士和博士培养层次占有非常重要的地位，旅游地理学的人才培养体系已经比较完善。

为适应旅游地理的教学需求，一批高校的地理学者相继出版了以旅游地理教材为特色的旅游地理学著作（卢云亭，1988；雷明德，1988；陈传康、保继刚，1989；孙文昌等，1990）。这些旅游地理教材不仅成为中国旅游地理学发展初期阶段的核心成果，并且构造出了旅游地理学研究对象和研究内容的基本框架，奠定了学科基础。

3. 研究领域拓展较大

中国旅游地理学的研究人员大多数从其他相关领域转入，不同学术背景的学者带来了不同的思考方式和研究方式，也为这一学科注入新的活力。从地理学外部看，旅游地理学科呈现多维视角，包括借鉴社会学、人类学、管理学、经济学、生态学、心理学和城市规划等学科的视角和理论方法工具，增强了旅游地理学对现实问题的解释力度，使现代旅游地理学研究带有鲜明的渗透性。各学科边缘的交叉、碰撞、组合推动了旅游地理学的发展。在实用主义价值观下，区别于国外社会和文化地理倾向，中国旅游地理学研究侧重于解决旅游发展中的实际问题，从早期的自然地理学倾向发展到目前具有更丰富的经济地理学和政治地理学色彩，跨学科交流促进研究方法趋于多元化，跨学科研究成果增多，研究领域获得较大拓展。

二、理论研究相对欠缺

与旅游地理学在应用领域发挥的作用及获得的经济收益相比，与旅游地理学研究的学者规模和研究项目的数量相比，与人文与经济地理学大多数分支学科的发展状况相比，旅游地理学的理论研究相对欠缺、理论成果相对不足，在业内外基本形成了共识。从以上的综述和分析中也可以清楚地反映出，旅游地理学在旅游资源评价和管理的技术标准规范、旅游规划的研究技术规程和应用示范以及生态旅游模式和实施技术路径上成果丰硕，在中央政府制定旅游产业发展战略的重大决策中、在国家和地方制度合理布局旅游产业的发展中、在中国旅游产业规范化发展和适时转型发展中，都发挥了重要的作用。但理论研究方面，缺乏对公认理论的系统梳理是旅游地理学存在的核心问题（保继刚，2010），特别是如何从理论梳理的起点，即如何从地理学的角度看待旅游的问题。目前旅游人地关系的研究，更多强调的是人类旅游活动与旅游环境的相互作用关系，更多讨论的是旅游资源开发和旅游环境扰动为研究问题的人地关系，更多借助区位、空间结构等经典地理学分析框架和理论原型。事实上，这一理论梳理起点在彰显地理学学术优势的同时，淡化了旅游作为人类发展需求和消费活动的一个重要方面。围绕人如何揭示其旅游需求变化的动力机制及对旅游业时空过程的影响与响应，在旅游地理理论建设中尚未形成系统产出。再如，以人的流动性作为研究起点，旅游就可被看作是人口的一种空间流动方式，那么是有可能以人的流动性为理论框架建构理论体系。在人文与经济地理学诸多分支学科中，旅游地理学更接近人的消费地理学而具有人文特色。但也正是如此，在中国人文与经济地理学关于人地关系的资源环境压力响应研究主流下，旅游地理学的基础理论建设受到很大挑战，发展难度更大。当前，中国旅游地理学界存在概念体系和理论框架的缺失现象。概念体系的缺失将使研究者思考问题时难以寻求合适的变量，理论框架的不清晰更使研究者难以把握变量之间可能存在的联系。

三、未来发展

1. 加强学科建设，提高自身的可持续发展能力

旅游学者应将学科建设作为重要使命，包括理论总结、人才队伍培养、合作平台建设、学术批判精神的培育等，是一个学科进一步发展的基础。应保持独立的学术批判精神，积极运用实证主义、解释主义和批判主义等科学研究范式，注重完善包括研究对象、研究范畴、基本概念、理论框架、研究方法等在内的理论体系，不断强化学科特色。没有学科理论知识的创造、更新和积累，仅仅依靠技术手段的应用，难以进一步提高旅游地理学在国家旅游业决策中的支撑能力和相应的竞争力。

2. 把握国家重大战略需求，进一步建设好具有中国特色的旅游地理学

在当前小康社会建设、经济转型升级、文化产业繁荣、生态文明建设、科技创新发展的背景下，特别是随着旅游业的快速发展和旅游人地关系矛盾的加剧，中国旅游地理学面临着社会经济和旅游业发展带来的大量需求，将在相当长的时期内继续走“以任务带学科”的发展道路，注重旅游地理学的应用研究，有效解决旅游发展中的相关问题。要在保持自由探索精神的同时，积极主动地发现和寻找国家和社会的重大需求，更多地发挥团队精神，开展重大问题指向性研究，继续发挥好旅游地理学在国家和地方旅游业决策中的科学支撑作用。与此同时，从对现实问题的解决中提炼出具有学术价值的理论问题，进一步提高研究水平。

3. 强化优势研究领域，针对社会和国家需求不断开拓新的研究领域

要发挥旅游地理学的思维特点，紧紧抓住旅游人地关系的核心主题，积极参与旅游业相关研究，推进原创性研究，深入分析旅游地地关系的基本特征、演进趋势与基本规律，强化传统优势领域包括旅游资源调查与评价、区域旅游规划、旅游可持续发展与生态旅游等研究。同时更加重视基于 GIS 的新技术手段的应用，以及研究成果的可视化水平，积极探索地理计算、空间智能模拟、大数据分析等方法在旅游发展研究中的应用。还要针对社会和国家需求不断开拓新的研究领域。

4. 不断扩大国际学术交流，让中国的旅游地理学走向世界

应更加积极主动地让我们的学术研究走出国门，通过交流和合作促进我们学术研究的发展。一方面，要在各种各样的国际会议上听到越来越多的中国旅游地理学者的声音，积极参与全球性、区域性的双边或多边国际研究计划，加强与联合国世界旅游组织（UNWTO）的研究合作，积极申办和承接重要国际学术会议；另一方面，要加强研究人员的流动，在引进国外优秀人才的同时，通过访问、进修或联合培养等方式提高研究水平。

参考文献

保继刚：“中国旅游地理学研究问题缺失的现状与反思”，《旅游学刊》，2010 年第 10 期。
保继刚、楚义芳编著：《旅游地理学（第三版）》，高等教育出版社，2012 年。
保继刚、尹寿兵、梁增贤等：“中国旅游地理学研究进展与展望”，《地理科学进展》，2011 年第 12 期。
陈安泽：“开拓创新旅游地学 20 年：为纪念旅游地学研究会 20 周年而作”，《旅游学刊》，2006 年第 21 期。
陈传康：“区域持续发展与行业开发”，《地理学报》，1997 年第 6 期。
陈传康、保继刚编著：《北京旅游地理》，中国旅游出版社，1989 年。
陈义彬、梁锦梅、俞万源：“山区生态旅游发展模式研究——以梅州阴那山旅游区为例”，《地理科学》，2005 年第 4 期。
丁任重、廖瑾：“中国旅游业发展中的矛盾及调整思路”，《财经科学》，2004 年第 2 期。
董观志主编：《旅游学概论》，东北财经大学出版社，2009 年，第 274 页。
樊杰主编：《京津冀都市圈区域综合规划研究》，科学出版社，2008 年。
樊杰主编：《西江经济带（广西段）可持续发展研究》，科学出版社，2014 年。
冯卫红：“生态旅游地域系统与旅游地可持续发展探讨”，《经济地理》，2001 年第 1 期。
巩劼、陆林：“旅游环境影响研究进展与启示”，《自然资源学报》，2007 年第 4 期。
郭来喜：“中国生态旅游及其发展方略”，《旅游调研》，1995 年第 3 期。
郭来喜、保继刚：“中国旅游地理学的回顾与展望”，《地理研究》，1990 年第 1 期。
郭山：“旅游开发对民族传统文化的本质性影响”，《旅游学刊》，2007 年第 4 期。
黑龙江省旅游局、中国科学院地理研究所：“黑龙江省旅游资源（上、中、下册）”，中国旅游出版社，2000 年。
胡志毅、张兆干：“社区参与和旅游业可持续发展”，《人文地理》，2002 年第 2 期。
黄静波、肖海平、李纯等：“湘粤赣边界禁止开发区域生态旅游协调发展机制——以世界自然遗产丹霞山为例”，《地理学报》，2013 年第 6 期。
黄震方、侯国林、周年兴等编著：《旅游地理学》，东北财经大学出版社，2015 年。
黄震方、黄睿：“基于人地关系的旅游地理学理论透视与学术创新”，《地理研究》，2015 年第 1 期。
孔雪松、刘艳芳：“3S 智能化旅游规划信息系统构建”，《测绘科学》，2010 年第 5 期。
雷明德主编：《旅游地理学》，西北大学出版社，1988 年。
李小建主编：《经济地理学（第二版）》，高等教育出版社，2006 年，第 34～35 页。
刘锋：“旅游地理学在中国的发展回顾”，《地理研究》，1999 年第 4 期。
卢云亭主编：《现代旅游地理学》，江苏人民出版社，1988 年。
卢云亭：“生态旅游与可持续旅游发展”，《经济地理》，1996 年第 1 期。
陆大道：“关于地理学的“人—地系统”理论研究”，《地理研究》，2002 年第 2 期。
陆大道、刘毅、樊杰等著：《2000 中国区域发展报告》，科学出版社，2002 年。
马晓京：“西部地区民族旅游开发与民族文化保护”，《社会科学家》，2000 年第 5 期。
明庆忠、李宏、徐天任：“生态旅游环境问题类型及保育对策”，《经济地理》，2000 年第 4 期。
牛亚菲、王文彤：“可持续旅游概念与理论研究”，《国外城市规划》，2000 年第 3 期。
孙文昌主编：《应用旅游地理》，东北师范大学出版社，1990 年。
万幼清：“旅游业可持续发展的理论与实践”（博士论文），华中科技大学，2004 年。
吴必虎、俞曦编著：《区域旅游规划原理》，中国旅游出版社，2010 年。
吴传钧：“论地理学的研究核心：人地关系地域系统”，《经济地理》，1991 年第 11 期。
吴传钧：“人地关系地域系统的理论研究及调控”，《云南师范大学学报：哲学社会科学版》，2008 年第 2 期。
武光、张述林、王清雨等编著：《区域旅游规划关键技术研究》，科学出版社，2012 年。
熊鹰：“生态旅游承载力研究进展及其展望”，《经济地理》，2013 年第 5 期。
杨桂华、王跃华：“生态旅游保护性开发新思路”，《经济地理》，2000 年第 1 期。
杨桂华、钟林生、明庆忠编著：《生态旅游（第二版）》，高等教育出版社，2010 年。
尹泽生编著：《旅游资源详细调查实用指南》，中国标准出版社，2006 年。
尹泽生、陈田、牛亚菲等：“旅游资源调查需要注意的若干问题”，《旅游学刊》2006 年第 1 期。
赵红红：“苏州旅游环境容量问题初探”，《城市规划》，1983 年第 5 期。

中国旅游业可持续发展研究组：《中国旅游业可持续发展研究》，河北科学技术出版社，1999 年。
中华人民共和国国家旅游局：《中国旅游业发展“十五”计划和 2015 年、2020 年远景目标纲要》，中国旅游出版社，2001 年。
中华人民共和国国家旅游局：《中国旅游业发展“十一五”规划纲要》，中国旅游出版社，2006 年。
中华人民共和国国家旅游局：《中国旅游业“十二五”发展规划纲要》，中国旅游出版社，2011 年。
中华人民共和国国家质量监督检验检疫总局：《旅游规划通则》(GB/T18971-2003)。
钟林生、肖笃宁：“生态旅游及其规划与管理研究综述”，《生态学报》，2000 年第 5 期。
钟林生、陈田编著：《生态旅游发展与管理》，中国社会出版社，2013 年。

第四章　土地利用开拓性研究和新近复兴的理论与应用价值

1949年中华人民共和国成立，中国现代人文与经济地理学开始蓬勃发展。对学科建设和社会发展而言，有两项重要的基础工程是在人文与经济地理学科发展初始阶段具有划时代意义的。一是人文与经济地理学者参加《中华地理志》的编著，二是《1∶100万中国土地利用图》的研制。这两项工作，都是采用地理学最经典、最基本的方法——具有地方志特色的现代地理方志编著以及对土地利用格局的地图表达，首次全面揭示了中国人文与经济地理国情，弥补了中国人文与经济地理研究系统性和精确性成果的空白，为在此基础上的延伸研究和拓展应用打下了基础。其中，人文与经济地理学者主导的早期土地利用研究是具有开拓意义的，把土地利用作为人文与经济地理学研究对象的核心，既注重土地自然属性又注重人类利用属性的研究，引导中国人文与经济地理学从发展的起点上，就是以自然地理环境为基础，以自然和社会综合研究为学科定位，以人类活动开发利用自然的格局和过程为研究对象。这一开拓性研究，标志着中国现代人文与经济地理学主流学派开始形成，为人文与经济地理学的学科定位以及能够在国家重大战略需求中发挥作用树立了标杆，也为吴传钧先生的人地关系地域系统学术思想的建立奠定了基础。而《1∶100万中国土地利用图》的问世，在国家尺度上综合、系统、精确地表达中国人文与经济地理面貌方面实现了一次质的飞跃，中国人文与经济地理国情的研究开始迈入科学轨道。

土地资源是人类生存和发展的基础，国民经济各部门建设都要落实到土地上，土地利用的广度、深度是否合理，可以说是集中反映一个国家生产发展规模和水平的一项重要标志。由于学科背景和研究视角的不同，中国研究土地利用的主要学科有三类：一是以人地关系变化为研究核心的人文与经济地理学；二是以获取土地测量制图为重点的测绘与信息科学；三是以土地政策与制度创新为主要研究任务的公共管理学。其中，人文与经济地理学是以人地关系理论为基础，着重探讨各种人文现象的地理分布、过程、格局和变化，以及人类社会活动地域结构的形成和发展规律的一门学科。人地关系地域系统是地理学研究的核心，人文与经济地理学重点研究的城镇化进程、区域规划、产业布局、城乡发展，都与土地利用有着密切关联。特别是土地利用变化是人地关系地域系统研究的核心领域（吴传钧，1991；樊杰等，2003）。

在吴传钧先生的引领下，中国地理学者在土地利用研究方面做了大量而扎实的工作，这些工作和成果不仅推动了中国土地利用科学的发展，也为中国合理利用土地资源提供了基础资料和科学依据。人文与经济地理学者开展土地利用研究经历了一次起伏，以吴传钧先生开展的土地利用研究为代表，标示了早期人文与经济地理学者开展土地利用研究的一次高潮期。此后，越来越多的自然地理学者、特别是遥感和GIS技术兴起后地理信息系统科学学者研究土地利用，中国人文与经济地理学者从土地利用研究的主体力量中淡出，人文与经济地理学研究土地利用进入低潮期。而后，随着中国土地利用问题越来越严峻，“利用”成为土地格局变化的关键，阐释变化原因及探讨应对变化的途径为人文与经济地理学者复兴土地利用研究提出了学科和应用双重的要求。新一代人文与经济地理学者以农村空心化为主题开展土地利用研究，又一次将土地利用研究推向高潮。可以说，《1∶100万中国土地利用图》研制与空心村调查整治研究，构成了中国人文与经济地理学者面向国家战略需要深入开展土地利用研究的主体框架，也是人文与经济生地理学者服务国家发展重大决策，并在该领域做出突出贡献的重要标志。

第一节　土地资源开发无法回避的现实问题

土地利用是自然、人文与技术要素紧密结合的复杂系统过程，关乎国计民生之根本。中国是世界上最大的发展中国家和以农业人口为主的人口大国，人多地少的基本国情，决定了加强土地利用管理、正确处理人地关系、合理配置土地资源的特殊重要性和必要性（刘彦随、樊杰，2001）。随着经济社会的持续快速发展，土地在人口、资源、环境与发展复合系统中的支撑地位和保障作用日益凸显，因而逐渐成为学术研究、政府规划、科学决策的核心主题和关键问题。

一、早期土地利用问题提出的历史背景

直至1978年改革开放，中国还是一个农业大国。尽管改革开放之后农业经济在

国民经济中的比重开始大幅度下降，但解决不断增长的人口的食物保障和自然纤维为主的穿衣问题，始终是中国发展中的首要问题。而且，农业发展也成为改变土地利用结构和利用方式的主导因素。因此，掌握自然条件对土地利用的影响规律，摸清土地资源家底，合理利用土地，对农业健康发展和优化国土空间格局具有重要作用。1990 年之前土地利用基本是围绕“土地自然属性—农业土地合理利用—人口经济需求”展开的。

1. 土地资源底账不清

中国是世界上人口最多的发展中国家，农村人多地少、经济基础薄弱是其基本国情。因此，从中华人民共和国成立到 1986 年国务院直属“国家土地管理局”的成立为界点，中国农业、耕地、粮食之间形成了天然的组合，土地问题的核心是耕地调查、利用和保护，以至于在 1949 年后长达 40 多年的时间里，农业发展、土地管理、粮食生产全部由原农牧渔业部来统管，相应的土地利用也侧重于农业土地利用。然而，长期以来中国的土地资源禀赋、分布的家底不清，集中表现为“四缺乏”：一是基础资料缺乏，土地利用现状不明；二是标准规范缺乏，如全面的土地利用分类体系、制图规范等；三是组织管理缺乏，没有独立的国家土地管理机构和土地管理法律；四是专业人才缺乏，包括科研院所、高校学校地理系缺乏土地利用研究专业团队。这些突出问题决定了当时背景下中国土地利用理论、方法与技术研究的不足，甚至存在土地利用规范、标准方面的空白。因此，如何建设中国土地利用基础理论、技术规范与管理体系，成为改革开放至 20 世纪 80 年代中期，中国亟须弥补的一大“短板”。

2. 土地资源利用不合理

中国传统的种植业投入主要是依靠劳动力，可以说是劳动密集型产业。条件有利的地区也注意到人工灌溉和使用有机肥，借以维持土地生产力。20 世纪 50 年代通过土改和合作化，农田基本建设逐步改进，灌溉面积扩大，施肥水平提高，耕地生产力普遍上升。但是到了“大跃进”以后，在经营思想上着重抓产出而忽视投入，经过长期的“重用轻养”，地力下降日趋严重。很多地方由于水土流失、风沙侵蚀、污染以及其他原因（如不适当的使用农药和化肥，减少种植豆科作物和绿肥，放弃有机肥的使用，大水漫灌等），土壤有机质耗损过多，土壤结构变坏，对农业已经构成严重的威胁。中国的草地虽然占到土地总面积的 37%，但是大多数处于干旱、半干旱和高寒地区。所有草场中除了内蒙古东北部和新疆西北部利用管理较好外，绝大部分缺乏人工经营，一般草产量和载畜量都比较低，处于自生自灭状态。除此之外，中国对现有林地资源和水体资源的利用水平也不高。

3. 自然条件的不利影响

中国自然环境复杂，各种自然条件交错在一起，形成巨大的地域差异。尽管多样化的发展环境为发展多样化的产业创造了条件，但是也为区域开发带来了很多困难。首先，山地丘陵占了全国面积的66%，给生产和生活带来很大的不方便。这些山区或者由于海拔过高，或者由于坡度过陡，或者由于土层过薄，或者由于交通不便，大多不适宜农耕。过去很长一段时间里，在片面贯彻“以粮为纲”的方针的错误导向下，不管坡度多陡也要种田，不仅经济效益差，生态效益尤其令人担忧。山区还蕴藏着大量的矿产资源和丰富的水资源，多种多样的野生动植物资源，品种繁多的土特产品、药材和出口物资，还有日益重要的旅游资源。山区的落后面貌不改变，中国的现代化步伐将十分沉重。其次，中国绝大部分地区处在季风控制之下，降水量的空间和时间分布极其不均，导致旱涝灾害的频发。此外，降水量和耕地资源的分布不均，多水的地方往往沟谷纵横，干旱的地方却一马平川，也增加了开发利用的困难。

二、土地利用研究复兴的时代背景

进入21世纪以来，伴随着快速工业化和城镇化进程，土地利用出现了新的问题。作为农业用地研究主导的人文与经济地理学对土地利用研究的延伸，土地利用研究复兴依然是围绕农业农村展开的。土地利用问题导向是：工业和城镇用地扩张导致耕地面积大幅度下降、耕地质量令人担忧，农村空心化现象突出、农村建设用地在城镇化中不降反升。这两个方面的问题，前者造成为粮食安全的胁迫，后者导致中国不可持续的建设用地增长，这两个问题都影响到中国可持续发展的大局，由此推动了土地利用研究的复兴。

1. 工业化、城镇化占用耕地压力加大

中国是人口大国、农业大国，重视“藏粮于土”。保护耕地资源，对于稳定农业生产、保障国家粮食安全、促进社会发展，具有重要的战略意义。近些年来，中国工业化、城镇化快速发展与耕地资源保有面积之间存在显著的负向关系（图4—1），城乡建设占用耕地成为耕地减少的主要原因之一（表4—1）。进一步分析同一收入水平下常态城市化水平、工业化水平、非农化水平可以看出，中国城镇化总体水平尚显滞后，数以亿计的农村人口仍需向城市地区有效转移，相对落后的传统农业经济仍需向非农经济深度转换。可以预见，在未来较长时期内，中国城市规模仍将持续扩张，各类建设用地的需求仍将十分旺盛。因此，切实保护耕地与保障发展的矛盾和压力将日益加剧。当前，中国 84 个 50 万以上人口的大中城市中，有 73 个分布在全国 50 多片耕地集中分布区，最强劲的经济发展区与最需要保护的集中连片优质耕地区在地域空间上高度重叠，导致城镇建设占地与耕地保护的空间冲突尤显尖锐。坚守 18 亿亩耕地红线与保障经济发展的合理用地需求，成为持续推进我国工业化、城镇化和农业现代化，亟待协调解决的现实难题（刘彦随、郑伟元，2008）。

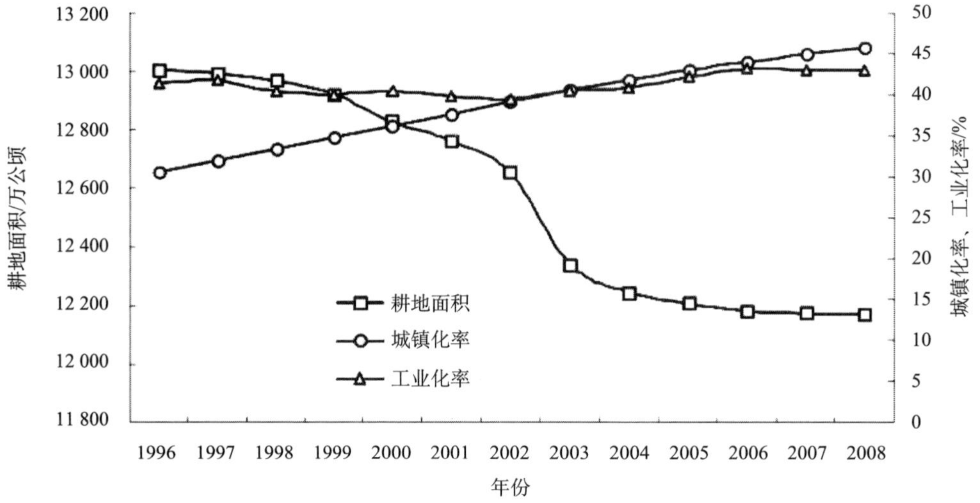

图 4—1　1996～2008 年中国城镇化、工业化与耕地面积变化

表 4—1　2004～2008 年中国耕地减少的结构

年份	年内减少耕地面积/万公顷	建设占用		灾毁耕地		生态退耕		农业结构调整	
		面积/万公顷	比例/%	面积/万公顷	比例/%	面积/万公顷	比例/%	面积/万公顷	比例/%
2004	147.8	29.3	19.8	6.3	4.3	73.3	49.6	38.9	26.3
2005	98.5	21.2	21.5	5.4	5.4	39.0	39.6	32.9	33.4
2006	102.7	25.9	25.2	3.6	3.5	33.9	33.1	39.3	38.3
2007	34.1	18.8	55.3	1.8	5.3	2.5	7.5	10.9	32.0
2008	27.8	19.2	68.9	2.5	8.9	0.8	2.7	5.4	19.4

2. 农村建设用地空置、浪费严重

随着农村生产要素非农化和传统的农业生产方式转型，农村人口及其固有的居住空间发生了显著变化，出现了农村人口生产、生活与耕地、宅基地相分离。在中国传统的农村土地制度及管理方式下，农村“人走地不动”、“建新不拆旧”，其结果是，随着大

量农村人口的非农化转移，以宅基地废弃闲置为主要特征的农村空心化加剧发展，呈现出“农村人口减少、建设用地反增”的局面（刘彦随等，2009）。1996～2007年，全国农村人口非农化转移减少1.23亿人，农业户籍人口较2000年的峰值减少3 700万人，而农村建设用地不减反增21.4×10^4公顷（图4—2）。

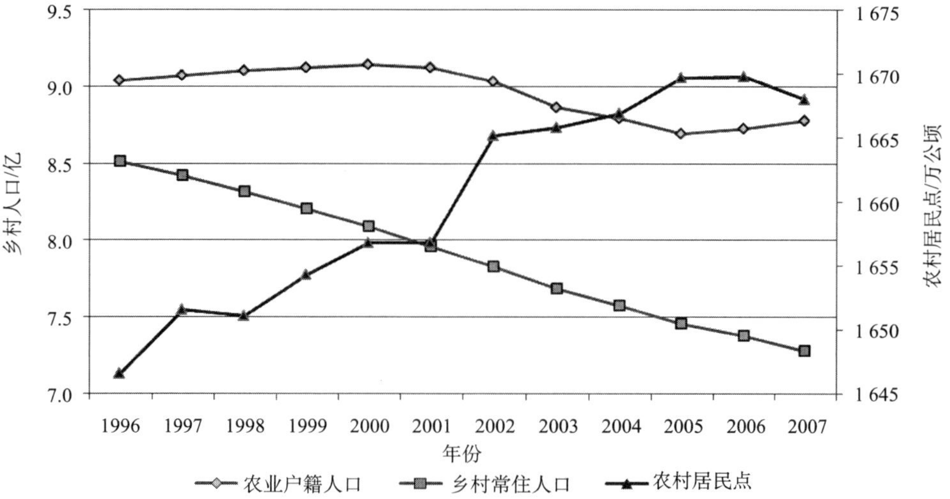

图4—2　1996～2007年中国农村人口与农村建设用地变化

据初步统计，中国约有56万个行政村、270万个自然村，近2.6亿农户、6.2亿农村人口，农村居民点用地达2.5亿亩，户均约1亩，人均达268平方米。在大部分乡村地区，农村空心化与新房扩建占地相伴而生，建新不拆旧、新房没人住，造成了大量土地的浪费和耕地资源的破坏。统计数据显示，河南省仅空心村闲置的土地至少有250万亩，在3～5年内开展空心村专项整治可以复垦出150万亩耕地；在中国东部传统农区，如山东省禹城市的农村废弃宅基地和土地综合整治潜力在40%左右，可净增耕地13%～15%。而在江苏、浙江等沿海部分地区，一些农居五年一修、“一户多宅”，农民盛行超前消费和享受，成为村庄土地利用效率低下的另一种形态。农村“两栖”占地、空心村现象日趋严重，相比城市扩张的占地需求，数量庞大、分布广阔的农村聚落扩展，对中国土地可持续利用和耕地有效保护构成了更大的威胁，对农村建设用地管理与控制的成本也更加昂贵（图4—3）（刘彦随，2011）。

废弃农宅（山东禹城莒镇乡徐集村，2009-02-23）

空置农宅（山东单县浮岗镇耿刘村，2009-11-06）

村庄环境（山东平邑铜石镇北浚村，2009-11-01）

农田盖房（河南郸城丁村乡朱楼村，2010-05-30）

图 4—3　黄淮海地区典型村域的土地利用情况

第二节　土地利用研究的学术思想基石：人地关系理论

人类社会和地理环境是一个有机整体，而对地球表层人与自然的相互影响与反馈作用即人地关系的认识，恰恰是地理学的研究核心，也是地理学理论研究的一项长期任务。在此基础上，以吴传钧先生为代表的中国地理学者认为，要解决土地合理开发利用与保护之间的关系问题，需将地理环境和人类社会两大系统作为一个整体进行研究，研究它们相互作用的机理、功能、结构和整体调控的途径和对策，为合理、有效地开发和保护环境，制定恰当的开发整治国土规划和发展社会经济战略服务。

一、人地关系理论的主要思考

中国地理学者从人地关系的视角看待空间开发和国土整治问题。在 20 世纪 80 年代初吴传钧先生就指出，以牺牲环境为代价而求得经济发展走的是一条弯路，应当引以为戒。要防止国土开发问题的进一步恶化，必须保护和恢复地球维持生命的能力，当务之急是要协调好人和自然的关系。人和自然的关系在很大程度上就是人和国土的关系，因此需要研究国土的开发、利用、治理和保护问题。国土问题涉及面很广，由于多数国土问题都具有地域性和综合性的特点，和地理学的学科性质十分接近，因而是地理学可以发挥优势的领域。国土开发整治包括国土的开发、利用、治理、保护以及为此而制定的规划，这些都是在地域基础上进行的，地理学可以广泛参与国土整治的研究工作。

人类与自然界进行物质循环和能量转换，相互依赖又相互制约，构成一个完整的人地关系系统。在这个系统中，所谓“地”是指由自然和人文要素按照一定规律相互交织，紧密结合而构成的地理环境整体。人地之间的客观关系是：第一，人对地具有依赖性，地是人赖以生存的唯一物质基础和空间场所，地理环境常常影响人类活动的地域特性，制约着人类社会活动的深度、广度和速度。这种影响与制约作用是随人对地的认识和利用能力而变化。一定的地理环境只能容纳一定数量和质量的人及其一定形式的活动，而其人数和活动形式都是随人的质量而变化。第二，在人地关系中人居于主动地位，人具有能动功能与机制，人是地的主人，地理环境是可被人类认识、利用、改变、保护的对象。人地关系协调抑或矛盾，不决定于地而取决于人。总之，人必须依赖所处的地为生存活动的基础，要主动地认识，并自觉地在地的规律下去利用和改变地，以达到使地更好为人类服务的目的，这就是人和地的客观关系。

人地关系地域系统是以地球表层一定地域为基础的人地关系系统。地域分异规律是客观存在的。在全球尺度上，海陆分异、热力分带、海陆起伏和大陆外形格局是陆地表层地域功能分异的主导因素；随着空间尺度的逐渐缩小，地带性因素的作用逐步下降，地方性因素和人类活动空间组织因素的作用逐渐增强。地球表层在不同尺度分异规律的作用下，分化为一个由多等级功能单元构成的复杂的镶嵌体系。这导致人地关系具有明显的地域差异性，在不同类型地域上所表现的结构和矛盾都不尽相同，因此必须按地域类型来协调不同的人地关系。考虑到中国各地的自然、经济、社会条件的地域差异性大，开展人地关系地域系统的研究可以根据开发建设需要的迫切性，选择一些不同类型的地域，进行典型调查研究。在典型研究的基础上，划分出全国不同层次的类型区，然后分别研究各类型区的人地关系优化组合，为制定地区综合开发建设规划提供科学依据。

人类活动和地理环境的关系并非一成不变，而是随着人类社会的进化而不断变化，不断向广度和深度发展。例如，人类需求既包括对农产品、工业品和服务产品的需求，也包括对清新空气、清洁水源、宜人气候等生态产品的需求。随着人类社会的温饱问题逐步得到解决，人们逐渐认识到这些自然要素在某种意义上也具有产品的性质。保护和扩大自然界提供生态产品能力的过程也是创造价值的过程，保护生态环境、提供生态产品的活动也是发展。因此，这种关系将随着人类文化科学技术和生产力发展水平的不断提高、认识，利用和保护地理环境的能力逐渐增强，而变得日益密切，同时也随着地理环境在人类作用下产生的变化而不断改变，这是人地关系变化的客观规律。此外必须注意的是，人类活动依托于资源环境的承载能力，但是区域的资源环境承载力存在一个极限：维持人口和经济的物质与能源是有物理极限的，吸纳人类活动垃圾产品的汇是有极限的。如果日益增长的经济规模超越其承载力，生态系统的自我调节能力将走向崩溃。这个过程往往是不可逆转的，这将最终影响到人类的生存和发展。所以，人类对自然环境的改造、人地关系的优化必要着眼于长远的发展利益。

二、土地利用优化配置：国土整治的主要理念

从人地关系地域系统可持续发展的视角，中国人文与经济地理学者对土地利用优化配置的研究，通常是着眼于国土整治的全局来认识的。针对国土开发中出现的系列问题以及潜在问题，提出了国土整治的主要理念。这些理念集中体现了人文与经济地理学者理解土地利用优化配置的学术思想。

第一，国土整治要和经济布局、生态保护结合起来。一方面，国土整治要有利于经济布局的优化调整。国土开发整治包括农业结构和布局的调整，要因地制宜、扬长避短，合理利用各地区的农业资源，建立稳产、高产、优质、低耗的大农业生产系统。工业占地虽少，却大量消耗水、能源等资源，又是吸引人口集中和促进城市化的重要因素，因此国土整治要考虑工业布局和城市化问题。要遵循经济规律，按照有利生产、方便生活、保护环境等原则，有效利用各地的人力和资源，促进生产的持续增长，确定工业基地和城市的合理规模，防止过分集中或过于分散。另一方面，国土资源的开发和保护必须同步进行。中国水、土地等资源的绝对数量不少，但按人口平均计算则很有限。随着人口的增长，生活水平的提升和现代化建设的进程，各类非农业生产和生活用地都

会增加，耕地将有所减少，土地紧张是必然趋势。保土养地已经成为一个不容忽视的大问题，必须特别注意土地资源的保护问题。同时国土的治理保护和环境保护密不可分。环境保护工作不能局限于“三废”的治理，而要考虑生态环境的保护，关注全部国土的整治。在农业方面，水土流失是中国的一个要害问题。水土流失面积的扩大，以及土壤水力侵蚀所导致的肥力丧失，是中国国土治理保护的首要问题。

第二，国土整治必须因地制宜和发挥比较优势。作为自然综合体的土地覆被受到自然规律的支配。由于国土整治和自然资源的分布以及自然环境的特点与地域差异有直接联系，吴传钧先生指出开展国土开发整治工作，要反映这种联系，做到因地制宜。同时，通过人类的改造而形成的土地利用还受到社会经济规律的支配。因此，因地制宜还要体现社会经济发展条件的差异。例如，人口和劳动力的分布各地有所不同，人的体质、文化程度、技术素养也有很大的差异；还有民族组成的差异，不同民族有不同的生产和消费习惯，对生产方式有不同的要求；各地原有的经济基础和生产水平也有差异等等。合理开发和整治国土空间，必须根据不同区域的资源环境承载能力、现有开发强度和发展潜力，统筹谋划人口分布、经济布局、国土利用和城镇化格局，确定不同区域的功能定位和开发方式，并据此明确开发方向，完善开发政策，控制开发强度，规范开发秩序，逐步形成人口、经济、资源环境相协调的国土空间开发格局。

第三，国土整治要有综合观点和长远观点。一方面，考虑国土整治一定要有综合的观点。要把国民经济各部门作为整体来考虑，而不是各部门分别孤立来考虑；考虑经济部门结构时，要联系到地区布局，部门结构和地区布局是相辅相成的；还要考虑人类活动与自然环境的关系，考虑到人类活动对自然环境的影响以及自然环境对人类活动的反馈。特别是对于涉及改造大自然的计划或工程，我们都应当十分慎重。开发利用的决策失误，往往会引起对生态环境的严重破坏，这些过程往往是不可逆的。另一方面，国土开发整治是一个长期的过程，既要立足现状，联系历史发展过程，更主要的是面向未来。完全可以设想，中国由建设平原到开发山区，由东部沿海到内地，再到西部边疆，也必须是一个很长的过程。因此国土开发整治，不能单纯迁就生产建设的现状，而要对全国各地资源开发、生产布局、经济发展可能出现的重大变化，要有所估计。远景的国土整治工作，要正确处理国土开发整治所有内容的一系列关系问题，如开发与整治的关系、部门与空间的关系、自然环境的地域差异性与行政区划的关系、沿海与内地的关系、重点与一般的关系等。

第四，国土开发整治要有重点分批次进行。国土开发整治工作，全国不可能齐头并进，要有重点分批开展。吴传钧先生指出，近期我国国土整治可先抓两头，一头是全国重要的经济中心区，另一头则是生态脆弱或经济落后地区。各大经济区中心附近，应该先行一步，成为开发整治的重点。如华北以京津唐附近为重点区，东北以沈阳附近为重点区，华东以沪宁杭为重点区，华南以珠三角为重点区等。对于生态环境特别脆弱的地区，或者原有经济基础比较薄弱的地区，都应该由国家优先给予支持。从国土整治的观点来看，落后地区就是工作的重点。这些地区既包括黄土高原、黄淮海平原和海南岛，还包括较大潜力的山地。全国 1/3 的人口在山区，1/3 的耕地在山区，1/4 的粮食生产在山区，90％以上的森林资源在山区，所以山区的重要性不容忽视。

三、土地利用研究与国土整治的发展历程

面向国家战略需求和区域发展需要，是中国地理学的一大特色，因而地理学在服务国民经济发展规划、决策的过程中，也在不断引领土地利用研究主题、科学问题、目标任务的不断演进。中国土地利用的研究和国土空间整治实践总体上经历了两个发展阶段，形成了中国地理学研究土地利用的逻辑主线和认知范式（图 4—4）。每个阶段的重大土地利用研究计划，基本上由中国人文与经济地理学者组织、主持和全程参与，中国地理学者特别是人文与经济地理学者为此做出了积极的、重大的贡献，昭示了地理学主动服务国民经济发展决策的先导和支撑作用。

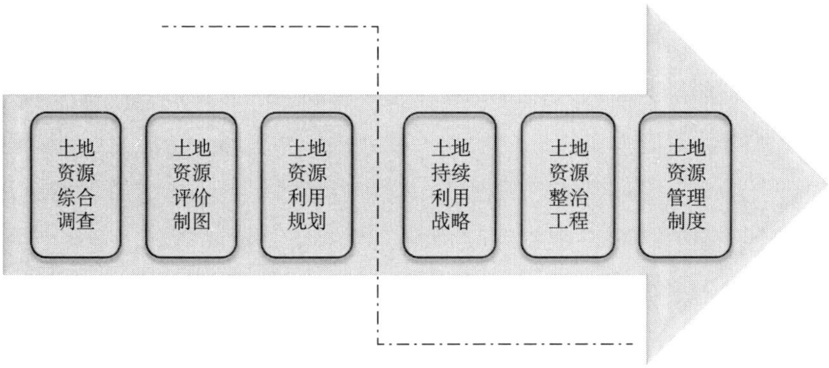

图 4—4　1949 年以来中国土地利用研究的主要阶段及主题内容

第一个阶段主要是从改革开放到 20 世纪 90 年代末。这个阶段面临的主要问题是土地家底不清、利用不明，与生产管理和现代化的要求存在很大的差距，相应的土地利用研究的主要任务是全国土地资源调查、土地利用评价制图和土地资源利用规划。

1979 年吴传钧先生在《自然资源》发表论文，提出“开展土地利用调查与制图为

农业现代化服务”，并系统阐述了开展土地利用调查与制图的必要性、可行性。同年，他又在《资源科学》撰文指出，中国土地利用分类体系需要注意“三个要”：要有生产利用的观点，要反映中国土地利用的区域差异性，要有一定的层次等级以及技术表达的可行性。吴传钧先生指出，为了摸清中国土地资源利用现状及其各类用地分布，评价土地利用的合理程度和存在问题，探讨和规划进一步开发利用的方向和途径，必须加强对全国土地利用调查规范及其图件编制的系统研究。1982 年 4 月他提出的“开展 1∶100 万中国土地利用调查与制图”建议，得到了时任国务院副总理、国家农委主任万里的批示。当时由国家土地管理局推荐并上报国务院批准，该项重大任务委托由中国科学院地理研究所负责，并指定由吴传钧研究员担任主持人。

中国科学院地理研究所接受国家科学技术委员会、农林部和中国科学院共同交办的编制《1∶100 万中国土地利用图》的任务，作为“六五”全国科技发展规划第一项重点研究课题“农业自然条件、自然资源和农业区划”的重要组成部分。为此，组成了《1∶100 万中国土地利用图》编纂委员会。中国科学院地理研究所自 1981 年开始组织了由中央和各省份的地理研究所、大学地理系、土地勘测和管理以及农业区划等 41 个单位的 300 多名科技人员共同协作，进行了自下而上的全国各省（市、自治区）的土地利用调查和制图工作。1987 年编制完成并交付印制，1990 年正式出版《1∶100 万中国土地利用图》。

第二个阶段主要是进入新世纪以来的发展阶段。这个阶段的主要目标是加强土地宏观调控和土地用途管制，引导全社会保护和合理利用土地资源。相应地，土地利用研究的主要任务是深入开展土地资源持续利用、土地资源工程、土地制度改革创新研究。这个阶段有三个标志性的成果：

一是国土资源部受国务院委托组织开展第三轮“全国土地利用总体规划”，其中“全国土地利用战略研究”任务由中国科学院地理资源所农业地理与乡村发展研究室主持完成，直接支撑了《全国土地利用总体规划纲要（2006～2020 年）》编撰和“18 亿亩耕地红线”政策制定。

二是面向中共十六届五中全会提出的“社会主义新农村建设”重大战略，2008 年中国科学院启动村庄土地调查与整治规划研究课题，由中国科学院地理资源所农业地理与乡村发展研究室主持完成，开启了中国空心村土地整治研究，支撑了国家城乡土地“增减挂钩”挂钩制度设计和“整治空心村、建设中心村、保护特色村”相关政策制定。

三是中共十八大以来全面深化改革，2014 年中办委托中国科学院开展“中国农村土地制度改革总体思路研究”，具体由中国科学院地理资源所农业地理与乡村发展研究室主持完成。该项研究成果得到国家深化改革领导小组的高度重视、国家领导人批示和国土资源部采用，为 2015 年推进中国农村土地制度改革思路的形成，以及 33 个县市试点方案的制定提供了重要依据。

第三节　两项土地利用研究成果的技术方法

一、《1∶100 万中国土地利用图》的编制方法

1. 建立全国统一的土地利用分类体系

土地利用分类是开展土地利用调查和制图的基本依据。土地利用分类是否合理，直接关系到土地利用调查和地图的质量及使用价值。为了编好《1∶100 万中国土地利用图》，吴传钧先生提出了土地利用分类系统应注意的问题，也就是制定中国土地利用分类的原则和依据：①要有生产利用观点，以反映土利用实况为主，突出利用的可能性和利用程度的差别。②反映中国土地利用的特点，表达地域差异性及其分布规律。③要分一定的层次等级，明确从属关系，体观一定的逻辑性。④在技术可能性的前提下，考虑合理的表达方法。根据上述考虑，结合中国土地利用现状实际，拟定了 1∶100 中国土地利用分类系统，共分为三个等级、66 个类型（表 4—2）。第一级主要根据国民经济部门用地结构，分为 10 个类型，即耕地、园地、林地、牧草地、水域和湿地、城镇用地、工矿用地、交通用地、特殊用地、其他土地。第二级主要根据土地利用条件和经营方式，分为 42 个类型，如耕地分为水田、水浇地、旱地、菜地，林地分为用材林、经济林、防护林、灌丛林，草地分为天然草地和人工草地。第三级主要根据地形条件和利用特点，分为 35 个类型，如水田中分为平地水田和梯田、旱地中分为平地旱地和坡旱地，用材林分为针叶林、阔叶林、混交林，天然草地分为草甸草原、干草原、荒漠草原、高寒荒漠草原、高山草地、草山草坡。这套土地利用分类系统，分类比较详细，层次清楚，能较好地反映中国土地利用现状特征和分布规律。其中耕地分为平地、坡地与梯地，就突出了中国多山的特征。这套分类系统是第一个全国三级土地利用分类系统，具有较强的科学性和实用性，对今后研究中国土地利用和编制类似地图具有重要参考价值。

2. 确定土地利用图的编制流程

全国土地利用图的编制工作，是在《1∶100 万中国土地利用图》编纂委员会的统一

领导下，由各省份协作单位参加共同完成的。土地利用图的编制程序是先由各省编制本省的 1∶50 万（少数边远省份为 1∶100 万）土地利用图，后缩编成 1∶100 万土地利用图，最后以 1∶100 万统一分幅分别进行协调汇总。编制流程基本上经过准备阶段、野外实况调查阶段、室内编图阶段、量算面积和总结阶段、地图制印阶段等五个阶段（图 4—5）。

表 4—2　《1∶100 万中国土地利用图》分类系统

一级	二级	三级	一级	二级	三级
耕地	水田	平地水田、梯田	林地	用材林	针叶林、阔叶林、混交林、竹林、迹地
	水浇地	平地水浇地、梯地		经济林	木本油料、作场
	旱地	平底旱地、坡旱地		疏林地	
	菜地			灌丛	
园地	果园			防护林地	
	茶园		牧草地	人工草地	
	桑园			天然草地	草甸、草甸草原、干草原、荒漠、高寒荒漠、高山及亚高山草甸、草山及草坡、低洼草地
	热带作物		城镇用地	大城市	
	基塘			小城市	
水域和湿地	河流	常年河、时令河		城镇	
	运河		工矿用地	工矿区	
	湖泊	淡水湖、咸水湖、盐湖		盐场	
	水库		特殊用地	自然保护区	
	滩涂	沙滩、泥滩		旅游地	
	珊瑚礁		其他土地	冰川、雪地	
	养殖场			沙地	
	沼泽地			沙漠	
	芦苇地			戈壁	
交通用地	铁路			盐碱地	
	公路			裸露地	裸岩、裸土
	海港				
	机场				

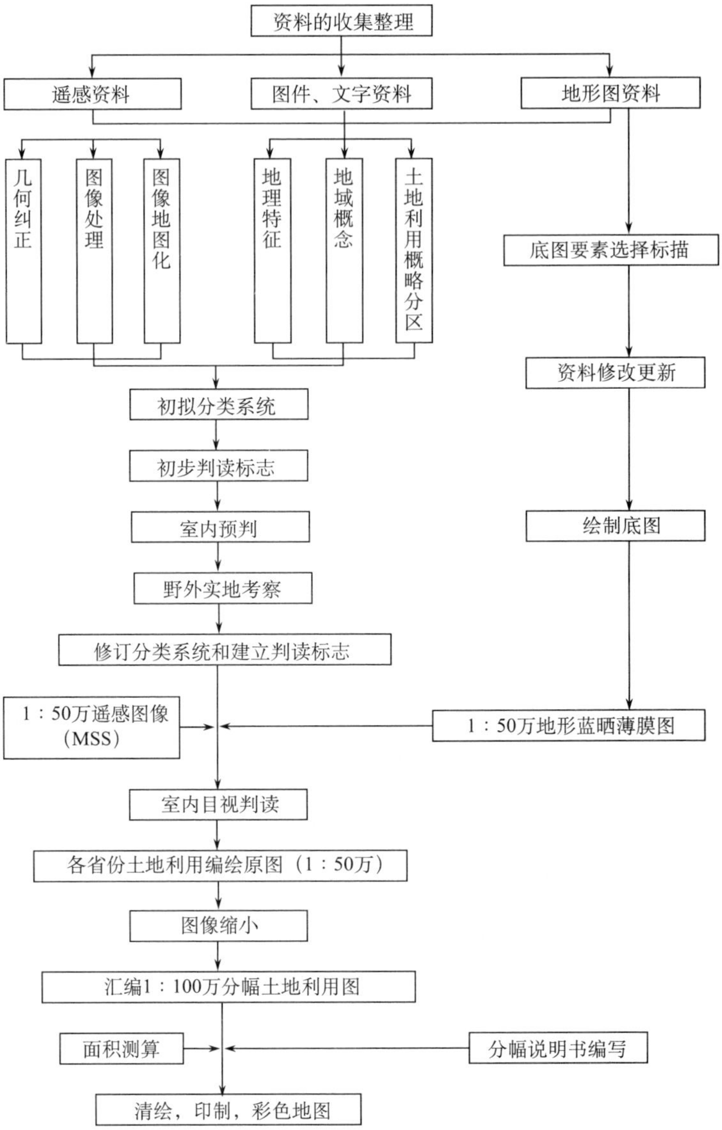

图 4—5　《1：100 万中国土地利用图》编制流程

资料来源：吴传钧、郭焕成，1994。

3. 完善土地利用图的设计方法

土地利用图的编织设计，首先决定于制图的任务、目的和选择的地图比例尺。同时，还要考虑制图区域的地理环境特征、土地利用类型的复杂程度和编图资料的累计状况等。中国幅员广大，土地辽阔，土地资源类型十分复杂，加上各地对土地利用研究的深度参差不齐，给全国范围的制图带来一定困难。为了圆满完成该项任务，中国地理学家根据实际情况采取了灵活多样的编制方法，着重加强地图质量的保证措施，以达到全国协调统一的目标。

（1）地图投影和地图分幅的选择。《1∶100万中国土地利用图》采用与中国1∶100万国家基本比例尺地形图相一致的正轴等角圆锥投影。地图分幅按国际百万分之一图统一分幅，每幅图纬差4°，经差6°。全国陆地范围图幅共64幅。

（2）专题内容的拟定。土地利用图上的专题内容就是土地利用类型，是基于土地利用学科分类系统上建立起来的制图图例系统。《1∶100万中国土地利用图》图例系统是在总结了国内外土地利用分类研究成果的基础上，考虑到中国土地利用类型形成和发展的特点而拟定的，共划分为10个一级类型，42个二级类型和35个三级类型，并规定了不同的权值大小。

（3）编制技术和方法的选择。编制全国范围的土地利用图，建立统一的分类系统，这在当时还是首次。鉴于各地研究土地利用的深度不一，制图技术水平相差甚远，因此在制图方法上坚持因地区而宜，不强求一致，传统方法与先进技术相结合，试图以遥感图像判读为基础，多信息综合分析制图与地面调查相结合的方法。为了保证全图的统一，在制图方法上着重加强了遥感图像的应用和统一协调，以弥补传统制图方法的不足和欠缺。

图4—6　《1∶100万中国土地利用图》封面

（4）土地利用图的制图综合。土地利用图的制图综合是遵循一定的原则，通过科学分析、逻辑归纳，对土地利用内容进行综合和取舍，揭示土地利用的本质特征和基本规律。根据各类型的研究程度和资料的详略程度，并有利于显示地图内容的主次和分布规律原则，确定《1∶100万中国土地利用图》（图4—6）全图的最小图斑为2平方毫米。但在集中连片分布区为4平方毫米，零星分布区为2平方毫米，若在极少分布而又必须反映水田分布北界规律的地区可为1平方毫米。分布在西北广大的荒无人烟地区的沙漠、戈壁，最小图斑为16平方毫米等。采用不同的最小图斑值，可以达到更真实地反映全国土地利用的分布规律和基本特征。此外，在缩编土地利用图中，对图例系统也作了相应简化，对土地利用类型界线进行合理地取舍和概括，以真实地反映土地利用的基本特征和地域分布的差异性，正确反映土地利用类型轮廓与地理环境的相互关系，保持各类土地面积的对比关系。

二、空心村治理区划编制的技术流程

1. 建立农村土地精准分类系统

面向小尺度、高精度的村域尺度土地资源利用与管理需求，中国地理学家参考《土地利用现状分类》国家标准以及中科高清遥感数据0.25m的可解译精度，创建了村域尺度土地精准分类系统（1∶2000），明确各地类的主要含义、范围边界以及基于高分遥感影像的村庄用地制图规范与精度要求，并在村庄用地调查中得到成功应用。如在山东省禹城市，村庄土地利用类型可分为为耕地、林地、工矿用地、住宅用地、公共管理与公共服务设施用地、交通运输用地、水域、其他用地八个一级类，农村宅基地、铁路用地、公路用地、街巷用地、农村道路、坑塘水面、沟渠、空闲地、设施农用地等九个二级类，使用中宅基地、空置宅基地、废弃宅基地三个三级类（朱晓华、陈秧分、刘彦随等，2010）。以此为基础，顺利完成了山东禹城市48个典型村庄用地调查与潜力测算工作。

传统土地利用调查与分析研究常采用中、低分辨率遥感影像，村域尺度的各种用地粗化为整块图斑或单个斑点，作为一类土地利用对象“农村居民点用地”进行处理与分析，难以深入揭示出村庄内部的土地利用结构及其用地特征（例如村庄内部农村宅基地的用地状况）。随着遥感影像空间分辨率的提高，村庄内部的宅基地等不同土地利用类型的用地信息得到呈现，现有土地利用分类体系难以满足村域尺度的精细用地分类需求。本分类系统既与《土地利用现状分类》国家标准进行了有效衔接，又适应了精细化土地资源利用与管理需求，有据可依，简单易行，成果明确，可直接服务于村庄土地管理与研究需要。

2. 建立多方法集成的调查与制图技术

根据农村空心化识别、用地现状调测、潜力测算与整治管理的多目标要求，将高分遥感技术、GIS 技术、高光谱技术，以及模型模拟、村域农户调查方法进行综合集成和应用，研制包括基于高分遥感影像的村庄用地分层抽样技术、村庄尺度土地利用现状分类体系、村庄宅基地逐户调测关键技术、典型村庄用地信息提取技术、村庄用地调查与整治信息管理等土地调查与制图关键技术（图 4—7、图 4—8）。以此为平台，选择不同地域类型、不同区位的典型农村空心化区域，完成高精度（分辨率 0.25m）村庄用地调测面积 520km^2，获取宅基地信息 4 万余宗及村干部调查问卷、农户问卷 4 600 余份（刘彦随、龙花楼、陈玉福等，2011）。其系统性及对传统与现代技术方法的集成应用，可以弥补土地利用单项调查与专项制图的技术集成及其精度的不足，对于开展同类型高精度土地利用调查与研究具有重要的借鉴意义。

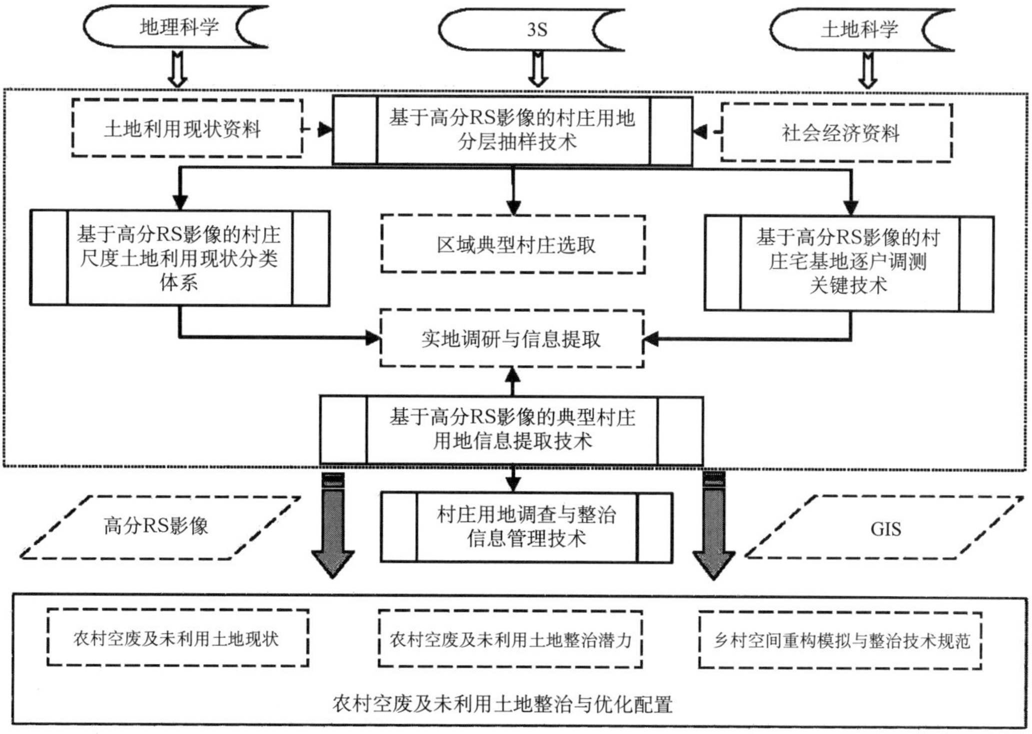

图 4—7　农村空废及未利用土地调查与制图技术流程

图 4—8　基于高分 RS 影像的村庄宅基地逐户调测

3. 创新测算空废及未利用土地整治潜力的方法

基于农村资金、政策和农民意愿等现实条件调研分析，研制了农村空废及未利用土地整治潜力测算与评估方法、模型技术，结合典型村庄调研与评析，识别农村空废及未利用土地整治的主要类型，进而基于尺度转换推算不同空间尺度、不同类型区域的土地整治潜力。同时，区分乡村地域常住人口和常住城镇地域的农业人口，按照完全城镇化、半城镇化、分批推进城镇化情景，测算了近期与远期全国分县、分省的农村空废及未利用土地整治潜力。

创新性地开展高分遥感影像数据支持下分区域逐宗用地调查，区分废弃宅基地、空置宅基地、使用中宅基地进行整治增地潜力测算，是对当前侧重宏观尺度潜力评价方法的创新发展。利用高分遥感影像具有“所见即所得”的高清特点，辅以宅基地影像标志认别、农户意愿调查和实地考察，提高了不同用地类型性质的确定性、面积的精确性、利用的现势性，保障了所得数据更为精确。据此，提出中国农村土地整治恰逢其时等观点，农村空心村整治增地潜力在 13％～15％等数据，在国土资源部相关文献中得到了具体采纳和应用。基于系列统计数据和典型调查数据估算的全国分县、分省尺度潜力，改变了当前以区域为主体、以现状为时点的土地整治潜力研究状况。分情景研究整治整地潜力，对优化调控农村空废及未利用土地整治管理决策，更具参考价值。

4. 提出农村空废及未利用土地整治的分区方案

根据中国不同类型区域农村空心化的空间特征、发生机制及其地域形态，构建了基于空心化程度表征指标与影响因素诊断的农村空心化程度探测识别技术，其核心之一是区分土地、经济、人口三个子系统，建立基于子系统综合评价与层次逐级判断组合研究相结合的农村空心化程度探测识别技术。以此为基础，开展了中国县域尺度的农村空心化程度综合评价与农村空心化地域类型划分研究，划定高度空心化、较高空心化、中度空心化、较低空心化与低度空心化五个级别，以及新疆经济平稳发展型空心化低值区10个农村空心化大区、北疆农村空心化出现区等47个亚区（图4—9），可为因地制宜、分类指导农村空废及未利用土地综合整治提供理论支撑（Liu et al.，2013）。

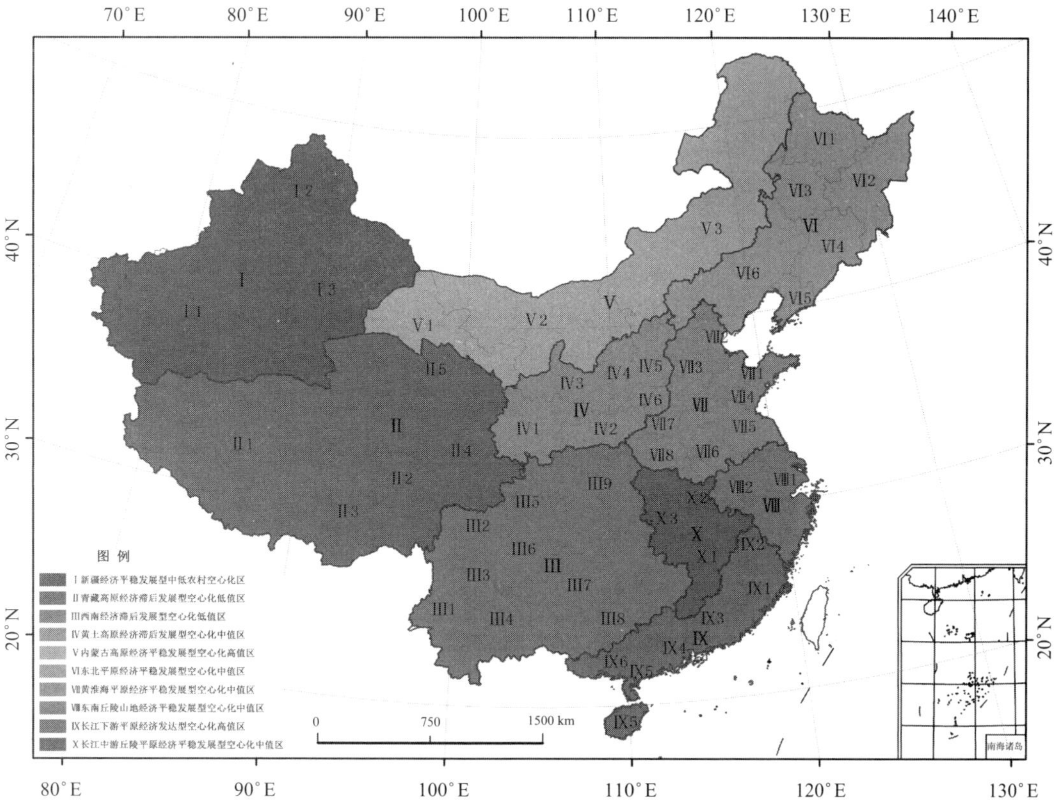

图4—9　中国农村空心化及其整治分区

建立了基于农村空心化本质特征、过程机制、形态特征的探测识别技术体系，是对传统研究侧重空心化程度表征指标、重视关注农村空心化某个问题方面的一种技术发展。采用子系统综合评价与层次逐级判断组合研究方法，首次评价了中国县域尺度的农村空心化程度，划分了中国农村空心化的地域类型，为国家调控与优化配置农村空废及未利用土地资源，提供了科学规划和决策依据。

第四节　土地利用研究成果的社会影响

中国人文与经济地理学者开创的土地利用研究，无论在指导实践上还是在推动学科建设上，都取得了重要成绩。在实践上，基本摸清了土地资源的家底和分布特征，指导了不同历史时期土地资源的开发整治工作，为土地资源的综合开发和集约利用奠定了科学基础。在学术上，人地关系的研究还关系到地理学本身的生存与发展，它是地理学的立足点，是促使人文与经济地理学向前发展的最大动力。土地利用的研究揭示了不同类型地区人地关系的作用规律，有力地推动了人文与经济地理学的发展。

一、基本摸清了土地资源的家底和分布特征

吴传钧先生主持编制的《1∶100 万中国土地利用图》，是中国第一套全国性的大型专业性地图。该地图由 61 幅组成，图文并茂，图例用中、英文对照。是中国历史上首次按照统一规范进行的大规模土地利用调查研究，也是中国第一套较详细、系统、全面反映土地利用全貌的图集。《1∶100 万中国土地利用图》全面系统地展示了中国 20 世纪 80 年代前期土地利用特征、类型结构及其地域分布规律，不仅详尽表现了农业土地利用现状，而且对城镇、工矿、旅游等非农业用地方式以及与土地利用有关的地理要素也作了比较全面的表达，准确地反映了中国土地资源和农业地理特征。

《1∶100 万中国土地利用图》专著已在国家和省、市、区制定土地利用规划、农业区域开发规划以及科研、教育中得到广泛应用。同时该图已收藏在联合国粮农组织图书馆，受到美国、英国、德国、澳大利亚、波兰等国家和地区同行专家的高度评价。德国不莱梅大学地理研究所 W. 陶普曼教授说："这本中国土地利用图集可能是当今独一无二的、如此巨大的组织工作和科学研究的突出成果，即使在许多工业国家至今为止也没有进行过类似的如此巨大的工作。这本图集突出的科学成就还在于它成功地把复杂的分类体系应用于全国，并以部门、生产条件和地形差异进行地图综合。我相信它对中国国土开发和区域规划更大的应用范围内具有很高的使用价值。"

二、指导了不同历史时期土地资源的开发整治

在吴传钧先生的指导下，中国地理学者还编写了《中国土地利用》专著。该专著共

分三篇 17 章，第一篇为土地利用研究理论与方法，包括土地的概念与特征、土地利用研究意义与内容、国内外土地利用研究现状、经验及发展趋势、土地利用研究理论与方法，编制土地利用图的原则和技术方法。第二篇为中国土地利用总论，包括中国土地资源特点及其评价、土地利用因素与条件、土地利用历史演变及动态变化、土地利用现状类型与特征、土地利用区划与布局、土地利用存在问题及合理利用途径。第三篇为省、市、区土地利用分论，包括各省、市、区土地资源及其利用特点、主要用地类型及特征、用地分区与布局、合理利用土地途径。《中国土地利用》在京、津、唐地区国土规划和黄淮海平原的农业区划中发挥了重要作用。

在新的历史阶段，中国人文与经济地理学者开展的土地利用研究直接支撑了《全国土地利用总体规划纲要（2006～2020）》编撰和“18 亿亩耕地红线”政策制定。《全国土地利用总体规划纲要（2006～2020）》主要阐明规划期内国家土地利用战略，明确政府土地利用管理的主要目标、任务和政策，引导全社会保护和合理利用土地资源，是实行最严格土地管理制度的纲领性文件，是落实土地宏观调控和土地用途管制、规划城乡建设和各项建设的重要依据。近期，中国地理学者承担的“中国农村土地制度改革总体思路研究”明确了农村土地制度改革任务，指出了农村土地制度改革方向，也必将成为未来中国农村土地综合整治的科学基础。

三、推动了农村土地资源的节约集约利用

中国农村空心化与空心村土地整治研究完成了中国 520 平方千米的村庄用地调测制图、4.6 万宗宅基地的调查建库，率先测算出全国空心村整治潜力为 1.14 亿亩，创新发展了中国传统农区空心村土地整治还田技术，在农业土地整治工程与技术推广领域产生了积极的影响（刘彦随、龙花楼、陈玉福等，2011）。相关成果获得 2013 年国土资源科学技术奖一等奖。中国地理学者提交的多份有关空心村土地整治的咨询报告，均被中办国办采用并得到国家领导人的重要批示，引起国务院对空心村问题的重视。2014 年，空心村问题首次被写入政府工作报告，为新型城镇化、农村土地整治、新农村建设等相关规划、政策制定提供了科学依据（刘彦随，2015）。

空心村土地整治研究成果在陕西、山东、河南、四川、海南、北京等省（市）空心化村庄土地快速调查、整治工程设计、土地整治与农村社区建设实践中得到应用，土地综合整治技术集成示范与推广面积累计 50 多万亩、新增耕地 35 万亩。研究指导了不同类型区空心化村庄土地综合整治工程实践，推进了土地综合整治、耕地规模经营与现代

农业发展，支撑了中国空心化村庄土地综合整治战略决策，产生了显著的社会效益、经济效益和生态效益。

四、推动了中国地理学土地利用研究的发展

吴传钧先生为推动中国土地利用研究做了大量而扎实的工作，倡导并开创了土地利用研究的方向。《1∶100 万中国土地利用图》和《中国土地利用》专著，是一项多学科、多专业、多部门进行科研大协作的科技成果。这项研究成果的完成，不仅反映了中国土地利用研究的新发展和高水平，而且进一步明确了中国土地利用研究的方向和目标，同时还培养了一大批土地利用研究人才，这对发展中国土地利用学、农业地理学和国土规划学具有重要的实际意义。实践证明，吴传钧先生主持完成的《1∶100 万中国土地利用图》和《中国土地利用》专著，为后来中国土地利用调查、土地利用规划、土地利用信息化管理以及土地覆盖变化研究提供了经验，开辟了道路。

进入新世纪以来，中国人文与经济地理学者又揭示了农村空心化的节律性，即生命周期规律，包括出现期、成长期、兴盛期、稳定期和转型（或衰退）期（图 4—10）、空间型式（乡村微观区位与乡村形态演进的相互关系，图 4—11），揭示了空心村形成演化的动力机制，提出适应农村转型发展规律的组织整合、产业整合、空间融合的“三整合”模式，建立农村空心村的综合整治与中心村（社区）建设空间选择规则（包括中心村选址仿真模拟、村庄最优人口规模等），据此开展了山东禹城“科禹新村”村庄整治规划示范（图 4—12）、“五龙社区”中心村建设示范等科技成果推广转化工作（刘彦

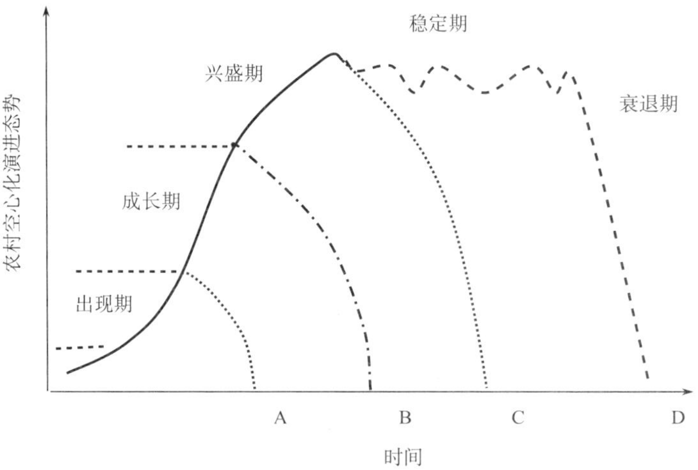

图 4—10　农村空心化演进的生命周期

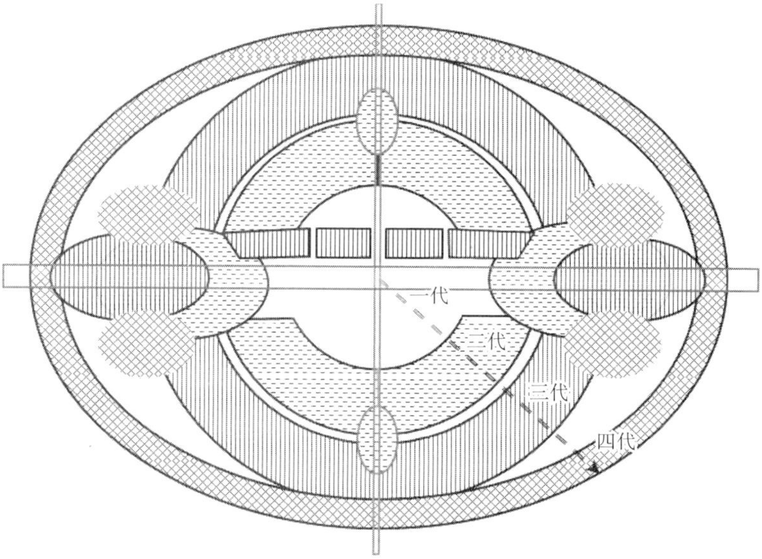

图 4—11　村庄空废化代际演替空间型式

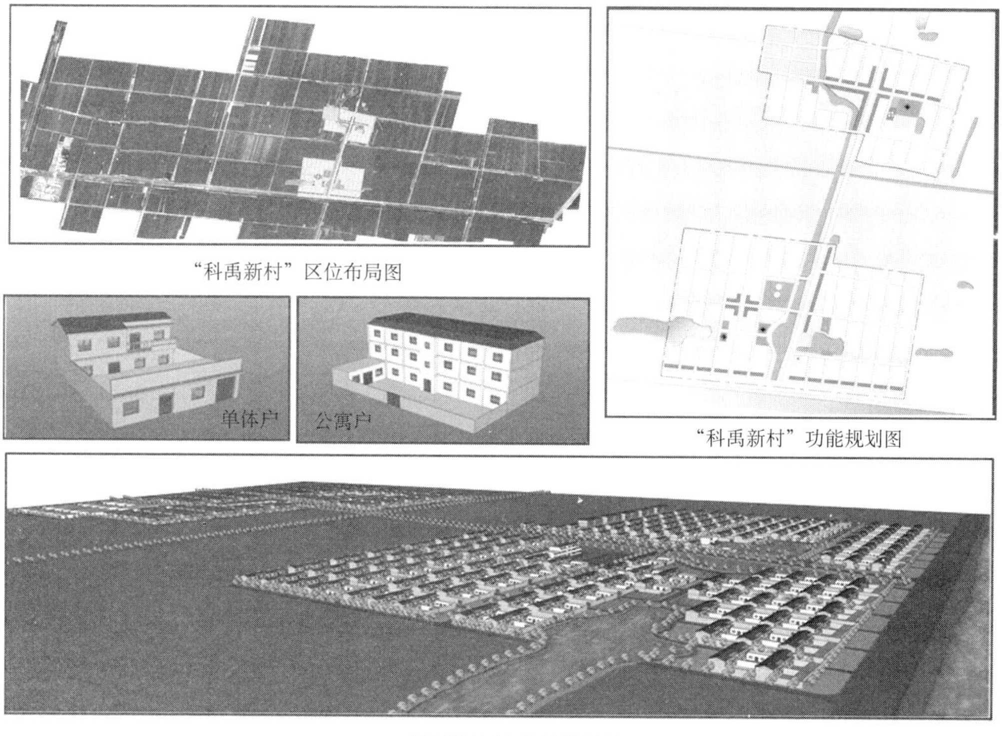

"科禹新村"区位布局图

"科禹新村"功能规划图

"科禹新村"规划效果图

图 4—12　山东省禹城市村庄整治典型示范村"科禹新村"规划

随、刘玉、翟荣新等，2009；Liu et al.，2010）。中国地理学者从产业重构、组织重塑、空间重构三个方面提出农村空废及未利用土地整治途径，对于涵盖生产、生活、生态等多个方面的农村空废及未利用土地整治与优化配置实践更具指导价值。

第五节　讨论与展望

经过半个世纪的探索，中国地理学者在土地利用研究方面取得了显著成绩。吴传钧先生主持的《1∶100 万中国土地利用图》和《中国土地利用》专著，是 1949 年以来中国土地利用研究成果的科学总结，得到世界各国许多著名同行专家的高度赞赏。近些年来，中国地理学者针对空心化村庄土地综合整治面临的共性技术问题，以及不同类型区存在的工程实践难题，系统开展了空心化村庄土地精准调查识别技术、整治潜力测算技术、空间优化配置技术、综合整治工程技术的集成研究与推广应用，推进了中国农村土地整治的理论创新，支撑了国家农村土地整治管理决策。目前，中国地理学者在土地利用分类、土地适宜性评价、区划方法、整治路径等领域，取得了一系列具有国内外重要学术影响的成果。

一、土地利用研究是人文与经济地理学开展人地关系研究的重要内容

人文与经济地理学研究的核心内容是人地关系地域系统。人地关系研究是地理学的立足点，关系到地理学本身的生存与发展。研究人地关系地域系统的总目标是，探求系统内各要素的相互作用及系统的整体行为与调控机理。吴传钧先生指出，重点研究人地系统的优化，要落实到地区的综合发展上。国土整治问题具有地域性和综合性的特点，和地理学的学科性质十分相似。国土问题包括：有关国土资源（以土地、水、矿产、生物资源为主）的合理开发和有效利用；大规模改造大自然工程（如长江三峡筑坝、南水北调、三北防护林带的营建等）的论证及后效预测；有关规划地区的生产建设（包括人口、城镇在内）的总体布局；规划地区内大中城市和工业区为中心的区域性基础设施布局；环境的综合治理，经济发展和自然环境关系的协调。因此，把开展土地利用研究作为中国地理学研究的重要任务，既顺应时代的客观需要，又有利于地理工作综合水平的提高，无疑是一个正确的决策。

二、土地利用研究为中国国土整治提供了科学基础

土地资源是人类生存与发展的重要物质基础，土地利用是其最基本的经济活动。中国在现代化建设过程中，发展经济和规划建设，除了从国民经济各部门出发考虑外，还要从地区出发综合考虑，所谓“条条与块块相结合”，这正是开展国土规划工作的客观要求。中国地理学以服务国家重大战略需求为己任，土地利用研究及其决策服务成为首当其冲的前沿领域和重大任务。中国地理学者开展的土地利用研究直接支撑了国土资源的综合整治，为区域可持续发展奠定基础。由于土地利用与其他领域经济社会活动的紧密相关性，因而在地理学面向国家战略需要的实践中，土地利用、土地规划、土地管理、土地政策等研究任务天然地融入到其他相关领域，比如城乡发展规划、空心村综合整治、农业结构战略性调整、村镇建设与乡村治理、农村精准扶贫等前沿领域。

三、未来研究方向展望

伴随着中国全面深化改革和现代化建设步伐的加快，传统城乡二元结构体制和“重城轻乡”战略导致的土地利用问题的深入破解，为地理学土地利用及相关自然、生态、经济、社会、技术、政策等相关要素的综合、系统与创新研究，提出更多、更高要求。中国进入“十三五”规划期，贯彻落实创新、协调、绿色、开放、共享的五大发展理念，深入推进农业与农村供给侧改革和新型美丽乡村建设，亟需加快推进土地利用战略转型、土地制度改革创新、土地工程技术研发等重大科学问题、政策问题、技术问题的创新研究。

虽然中国一直把区域发展战略的制定与实施作为国家发展总体战略的重要组成部分，也在推进现代化建设中发挥了作用。然而与发达国家相比，中国在区域发展的有序性方面，仍然存在较大的差距。当前中国“十三五”发展规划纲要中提出优化开发、重点开发、限制开发和禁止开发四类主体功能区，并且组织开展主体功能区规划的工作。主体功能区规划是突出以人为本、注重人与自然协调的国土空间开发布局总图。这实际上与土地用途管制是密切相关的，也是人文与经济地理工作者显示才干的舞台。因此，未来在积极承担国家任务和大量实际工作的同时，也应加强对土地利用和国土开发整治宏观调控的理论与方法的研究。正如吴传钧先生所指出，20 世纪 60 年代地理界“为农业服务”，取得了显著成绩。今后根据国家建设和发展的方针，要把“为国土整治服务”

作为地理界的任务，既顺应时代的客观需要，又有利于地理工作综合水平的提高。

参考文献

Liu, Y. S., R. Yang and Y. H. Li 2013. Potential of land consolidation of hollowed villages under different urbanization scenarios in China. *Journal of GeographicalSciences*, Vol. 23, No. 3, pp. 503-512.

Liu, Y. S., Y. Liu, Y. F. Cheng and H. L. Long 2010. The process and driving forces of rural hollowing in China under rapid urbanization. *Journal of Geographical Sciences*, Vol. 20, No. 6, pp. 876-888.

樊杰、徐豫东、邵阳："土地利用变化研究的人文地理视角与新命题"，《地理科学进展》，2003 年。

刘彦随："科学推进中国农村土地整治战略"，《中国土地科学》，2011 年。

刘彦随："土地综合研究与土地资源工程"，《资源科学》，2015 年。

刘彦随、樊杰："面向国土资源决策的中国土地利用变化研究"，《中国土地科学》，2001 年。

刘彦随、郑伟元：《中国土地可持续利用论》，北京科学出版社，2008 年。

刘彦随、刘玉、翟荣新："中国农村空心化的地理学研究与整治实践"，《地理学报》，2009 年。

刘彦随、龙花楼、陈玉福等：《中国乡村发展研究报告——农村空心化及其整治策略》，北京科学出版社，2011 年。

吴传钧："论地理学的研究核心——人地关系地域系统"，《经济地理》，1991 年。

吴传钧、郭焕成主编：《中国土地利用》，北京科学出版社，1994 年。

朱晓华、陈秧分、刘彦随等："空心村土地整治潜力调查与评价技术方法：以山东省禹城市为例"，《地理学报》，2010 年。

第五章　“点—轴系统”理论与T字形国土空间开发结构：创新与贡献

在经济地理研究领域引入三次产业结构演进理论之后，中国人文与经济地理学者对一个国家和地区的产业结构过程分析、现状问题解剖，以及对未来过程的预测预见或者说规划目标与路径的确定，才有了基本原理的依据和数量表达的可能。我们通过三次产业的比例关系，结合人均GDP表达的经济发展水平的分析，很容易揭示区域经济发展的差距，给出不同区域工业化阶段的判断；能够清楚地揭示区域发展的宏观结构性问题，如人均GDP水平较低、但第三产业比重奇高的省域，有可能是产业结构虚高度化的表现；也很容易对未来发展的取向给予数量化表达的指引，如当工业化进入后期，第三产业比重提升便成为基本趋势，而对于刚刚进入经济加速发展的中等发展水平阶段，工业化依然是发展的主题。当然，如果我们再将轻重工业的比例关系、甚至工业的部门结构和行业结构特征加入到解剖当中，这将很大程度地提高对区域发展研究的精度。在没有三次产业结构演进理论引入之前，我们分析的准则称为“农轻重”比例关系协调，理念上是合理的，但却很难以作为研究一个国家和地区的依据，怎么叫“农轻重”比例协调了？缺乏标准；过去变化过程是否合理及未来变化走向如何？没有量化的指南和基本规律的表达。因此，从国外引入的三次产业结构理论，很快被中国人文与经济地理学者接受，并被决策和管理着所采用。现在该理论已经成为城市化和区域发展最常用的基础理论，也成为政府决策和社会理解并应用最为广泛的产业经济学理论。

同样，在中国人文与经济地理学发展中，揭示空间结构演变规律、表达国土空间组织原理方面的研究，在很长时间里没有取得重大突破，缺乏可量化（或图式化）、可复制并便于掌握、可用于指导实际应用的规律和理论。因此，中国从全国尺度的国土开发格局部署，到相对小尺度的区域发展布局，空间组织无可用的模式，规划决策的科学性大打折扣。直到陆大道院士提出“点—轴系统”理论并成功地用于T字形国土开发格局的战略设计，空间结构体系化和模式化才真正进入中国人文与经济地理学的研究范式。一方面，显著提升了中国人文与经济地理学在理论研究方面的水平，在地理学的核心研究领域——空间结构研究方面取得了实质性飞跃，标志着中国人文与经济地理学进入了现代研究阶段。另一方面，逐步使社会、特别是决策层认识到，空间结构具有演变的规律性，空间结构的不同组织方式所产生的经济效益、社会效益和生态效益是不同的，如同产业结构调整和优化一样，是具有政策内涵和调控功效的。可以说，中国现代人文与经济地理学对决策层并通过决策而覆盖到全社会的最大影响的学术成果，莫过于"点—轴系统"理论引领并代表的空间组织学说的创新性发展和应用。因为，决策者开始意识到并逐步接受，进而正在变成一种自觉的决策过程，如同对产业结构接受并融入到决策过程中一样，"点—轴系统"理论及其延伸的空间结构研究也正在发挥着同样的作用。此外，其成功的应用于全国 T 字形空间结构的战略设计，是对中国工业化和城市化时期人口经济空间过程形成的基本格局和长期走向的客观揭示和科学预见，成为中国首个对全国国土空间开发格局科学表达的方案，这在中国国土空间开发历史上具有开拓性贡献和深远的影响。

具体地说，在 20 世纪 80 年代，陆大道在长期总结前人研究的基础上，借鉴中心地理论、发展轴等规划思想，首次提出了"点—轴系统"社会经济空间结构理论，并在这个理论的基础上首次提出了中国国土开发和经济布局的 T 字形结构，即以沿海地带和长江沿岸地带作为中国生产力布局和区域发展长期重点的框架。"点—轴系统"理论和 T 字形空间结构写入了国家第一个《全国国土规划纲要》，T 字形在中国 30 多年得到了大规模实施，得到学术界和政府的肯定。毫无疑问，"点—轴系统"理论是中国人文与经济地理学者贡献给社会的学术思想和模式，在国内学术界和政府部门产生了重要影响，现在已经成为制定国家和区域中长期发展规划的重要理论基础。

第一节　"点—轴系统"与 T 字形空间结构的构思过程

一、提出的大背景：工业布局与区域发展的严重教训

20 世纪 80 年代中国经济社会发展有几个重要特征。第一，中国各地区发展条件及水平差异显著。中国各地区的情况千差万别，既有东部沿海和中西部内地的差异，也有南方和北方的不同。三大自然区和地势的三大阶梯从根本上决定了中国区域经济发展的宏观框架。复杂多样的现代自然环境导致并形成了多样化的区域发展条件，决定了各地

区的自然系统对社会经济的承载能力不同，在全国生态与环境安全中所具有的功能也不同，进而在相当程度上控制着中国人口和经济发展的空间格局。第二，80年代以前实施的计划经济体制。1949年以来，计划经济逐步形成并在经济活动中占绝对主体地位，国营经济迅速发展和社会主义改造为基础，从有关国计民生的重要行业和产品开始，例如对棉纱棉布等统购统销。1958年成立人民公社，直接管理了农村经济运行，无论是农村的人民公社还是城市的集体企业，实际上经济运行都由各级政府配置管理。第三，以缩小地区间发展差距实现区域均衡发展为主要思路。主要执行政治体制之下的从中央自上而下的区域政策设计。在传统的计划体制下，区域政策主要体现为国家层面对生产力布局的政策。国家投资和重点项目的布局是中央促进和调控区域发展的主要手段。

中华人民共和国成立以来至20世纪70年代末区域政策大致经历了两个阶段：①重点建设内地（1953～1963年）。在《中华人民共和国发展国民经济的第一个五年计划》中，国家提出了有计划地、均衡地在全国布置工业的指导方针，并明确指出：“在全国各地区适当地分布工业的生产力，使工业接近原料、燃料产区和消费地区，并适合于巩固国防的条件，来逐步地改变这种不合理的状态，提高落后地区的经济水平”。把在全国有计划地合理分布工业，使工业接近原料、燃料产区和产品消费地区，提高落后地区的经济水平，并有利于巩固国防，作为调整生产力布局的原则和方向，纳入到历次发展国民经济计划之中，生产力布局大规模向内地推进。除东北地区外，国家集中建设了武汉、包头、兰州、西安、太原、郑州、洛阳、成都等工业基地。②重点建设“三线”地区（1964～1977年）。中央将全国划分为一、二、三线三类地区。一线地处战略前沿，三线地区为全国的战略后方，二线地区是一线地区与三线地区的中间地带。“三五”时期，国家确定投资重点要向“三线”地区转移，重点是加强西南地区的建设。在项目布局上，国家修筑了连接西南的川黔、成昆、贵昆、襄渝、湘黔等几条重要干线，建设了以攀枝花、酒泉、武汉、包头、太原等五大钢铁基地。国家有计划地把一大批沿海地区老企业逐步搬迁到三线地区。“四五”时期，三线建设的重点转向“三西”（豫西、鄂西、湘西）地区，同时积极进行大西南的建设。这期间，根据经济发展状况和战备的要求，将全国划分为十个经济协作区，要求在每个协作区内逐步建立不同水平、各有特点、各自为战、大力协作的工业体系和国民经济体系；内地的工业建设要大分散、小集中，不搞大城市，工厂布点要“靠山、分散、隐蔽”，有的要“进洞”。

回顾1949～1977年中国区域发展战略，区域均衡发展成为基本准则。平衡发展战略的形成主要有两个根源：一是受苏联生产配置理论的影响。苏联一些学者最初曾提出“在全国平衡配置生产”是社会主义生产力布局的主要原则和规律，这种早期的观点被引入中国，并被抬到第一优先的地位。二是马克思主义的经典著作中的论述。在分析当时资本主义生产力布局的弊端时，恩格斯曾经说过："大工业在全国尽可能平衡地分布，是消灭城市和乡村分离的条件。"列宁也认为："政治经济发展的不平衡是资本主义的绝对规律。"当时，人们普遍认为，地区经济发展的不平衡是资本主义滋生的特有现象，社会主义社会有必要而且也有可能尽快地消除这种不平衡。

但是均衡发展论及其大规模实践存在着突出问题和严重教训："一五"建设重点在内地，上海和天津本来是全国重点轴线的一级中心城市，但是，没有得到应有的投入，导致一段时间经济的负增长，损失难以估算。三线建设时期，由于区域发展战略失误，再加上缺乏科学的布局原则，造成直接投资损失 2 500 亿元（这个失误给 30 年来发展所造成的效益损失是这个数字的几倍甚至几十倍）。例如，攀枝花钢铁基地在建设中由于没有城市的依托，远离铁路几百千米，上百万吨的建筑材料、设备和物资完全由汽车运进去。1978～1980 年引进、此后 5 年间建成的 13 套大化肥装置（总投资 150～200 亿元），其中有 8 套在建设期间，因铁路专用线过长和引水距离过长，使得这两项投资占到总投资的 25%左右（一般情况为 5%～8%）。据测算，自 1952～1975 年，中国基本建设投资的重心线由东向西平均推进了近 400 千米。由于当时内地的资源开发条件，运输条件、配套协作和技术管理条件相当差，建设步子迈得太急，使得固定资产交付使用率平均比沿海低 10%～15%，已建成的企业不能发挥综合能力，甚至长期支出大量的额外费用，忽视了沿海地区作为经济增长极的作用，降低了资源配置的宏观效益，使中国经济在很长的时间里一直低效运行，内地也没从根本上摆脱贫困。美国历史上国土开发由东部沿海向西部内陆推进的过程与我们相似，但在 1880～1960 年的 80 年间，生产力布局的重心向西大约只移动了约 400 千米。当然，1949 年以后新中国选择平衡发展战略有一定的客观原因，尤其是国际政治经济形势的变化，国际上一些国家对中国实行封锁、禁运等敌对政策。

二、面临的客观现实需求：改革开放之初对宏观布局战略的争议

1978 年 12 月 18 日，中国共产党的十一届三中全会隆重召开。这次会议，实现了新中国成立以来我们党历史上具有深远意义的伟大转折，开启了中国改革开放历史新时期；淡化了"阶级斗争为纲"这个不适用于当下社会主义社会的口号，决定把全党工作的重点转移到社会主义现代化建设上来，明确指出党在新时期的历史任务是把中国建设成为社会主义现代化强国，中国人民进入了改革开放和社会主义现代化建设的新时期。

但在改革开放初期，中国国土开发与区域发展的宏观布局却面临着巨大争议。从当时的眼光看未来的中国，进一步扩大开放开发的重点放在哪里？当时主要观点主要有以下几种情况：①向西部战略大转移。由于计划体制的松动以及当时的领导人频频到西部考察，提出“西部大开拓”，向西部实行“战略转移”，提出了“要在15～20年之内将西部地区建成为全国现代化的基地”的发展目标，在这种情况下，中国国土开发与区域发展重点向西部进行“战略大转移”之风十分盛行。②向中部地区转移。把国际盛行的梯度转移理论引入了中国生产力布局和区域经济研究中，认为中国国土可以划分为东、中、西三大经济地带，而经济技术优势往往是由高梯度地区向低梯度地区流动的，主张当时要将经济发展的战略重点由沿海地区转移到中部地区。③继续推进全国均衡发展，主张全国各地带以及各地区之间要均衡发展，不断缩小地区经济实力的差距，实现全国生产力布局的均衡发展。

三、构思的逻辑框架：从对问题的逻辑思考到问题的解决

在这种国家发展大背景下，国家区域发展战略将何去何从？如何科学决策成为国家亟待深入思考和解决的重大问题。对宏观布局存在的巨大争议，越发促使陆大道先生深刻体察到：“国家实施科学的区域发展战略是多么重要！如果简单划分重点建设区和非重点建设区，则危害性很大。”长时期内，全国及许多省区市，没有制定科学的发展重点经济带和中心城市战略。经济建设和社会设施建设分散无序，形不成有主有从、有机联系的地域经济网络。损失也无法计算。例如河北省长期没有将海岸地带作为重点发展地域，重点建设很分散，经济发展状态并不理想。国家国土开发与区域发展宏观战略选择的窘境，以及作为一名科学家所具有的高度责任感和使命感，促使陆大道先生产生了要科学回答和解决这个问题的强烈愿望：由现实问题出发，总结过去经验教训，深入思考发展阶段与战略选择，最终提出解决问题的方案。陆大道先生构思理论模式的缘由、提出的理论基础和实践基础、具体的构思过程，从他的著作中完全可以得到答案；所阐明的“点一轴系统”形成的过程和机理，反过来，就是他的构思逻辑。

经过长期的分析和总结，思考如何实施大尺度的“战略转移”，需要总结1949年以来宏观工业布局方针的得失，解决集聚因素作用和合理集聚界限这个在工业布局评价中的难题，合理开展中国的国土开发和经济布局。在中国这样的一个发展中的人口大国，需要统筹安排关系到国家长远发展的重大建设，明确全国未来国土开发和社会经济发展的空间格局主线，统筹重大基础设施、生产力布局和生态环境建设，才能高效推动经济

社会发展，提高国家的可持续发展能力及整体竞争力。国土开发格局违背了客观经济规律和自然规律，这其中的教训是极其深刻的。说明在我们这样领土辽阔，自然条件和经济基础地区差异很大的国家里，实现生产力由发达地区向欠发达地区的战略转移是个长期、因而是渐进的过程。总体来看，计划经济时代的区域发展战略演变基本上是在政治框架下设计的经济发展路径，缺乏学术研究的支撑和引领。

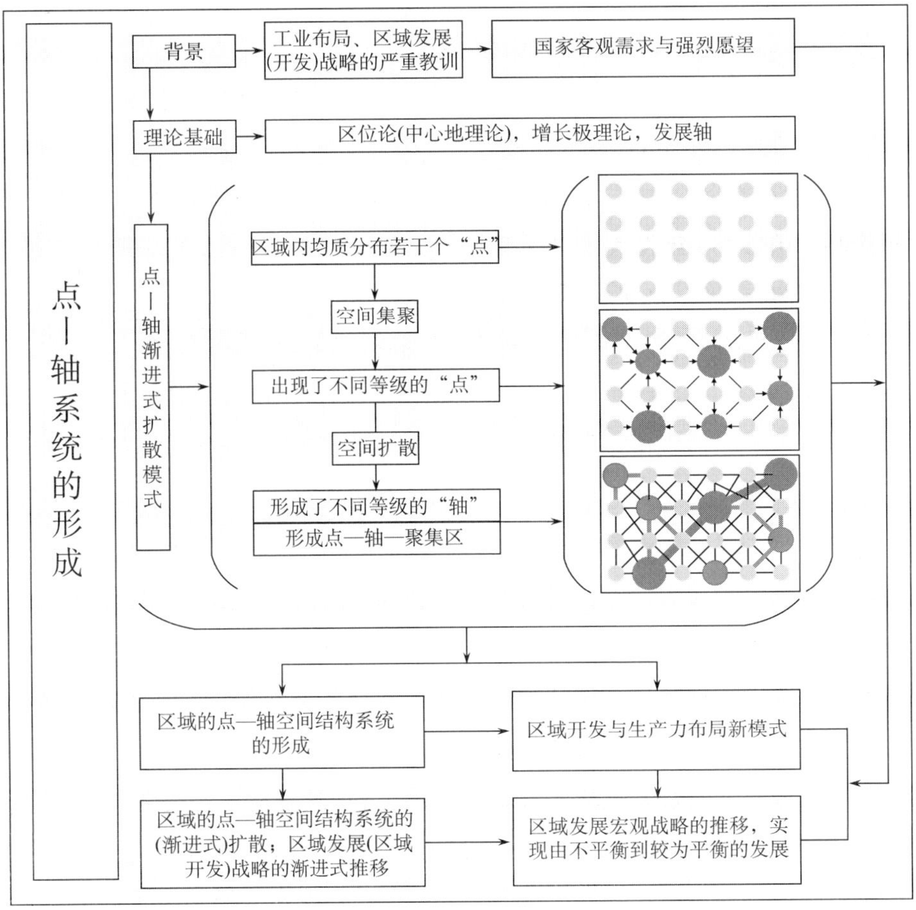

图 5—1　陆大道对“点—轴系统”与 T 字形思考的逻辑框架

第二节　“点—轴系统”理论的提出与完善

陆大道先生长期从事生产力布局和区域发展问题的研究。20 世纪 80 年代初在德国进修区位论和区域分析方法，在总结国内外实践和理论发展的基础上，于 1984 年 9 月在乌鲁木齐召开的全国经济地理学术讨论会上做了题为“2000年我国工业生产力布局总图的科学基础”的大会报告。文中第一次明确提出生产力和经济布局的“点—轴开发”模式和“点—轴系统”理论。该文1985年在北京发表（陆大道，1985）。以后又在他的《区位论及区域研究方法》（陆大道，1988）和《区域发展及其空间结构》（陆大道，1995）及一系列论文中对该理论系统进行了完善，使“点—轴系统”理论成为一个理论体系。

一、“点—轴系统”理论的发展阶段

1. 理论体系的形成：1984～1987年

1984年陆大道在“全国经济地理和国土规划学术讨论会”上首次提出“点—轴系统”理论后，在1985年发表了“工业的点—轴开发模式与长江流域经济发展”，对中国工业布局应选择点—轴渐进式开发战略进行了阐述。1986年他在《地理科学》发表的“二〇〇〇年我国工业生产力布局总图的科学基础”中，详细说明了点—轴开发战略对中国生产力布局的意义，并提出海岸地带轴和长江沿岸轴T字形组成中国两个一级开发轴线，六条由省市区间线状基础设施密集带形成的二级开发轴线，应该成为至2000年中国生产力布局可能遵循的基本战略，正式提出了“点—轴系统”理论。同年发表的“潜力理论与点—轴系统”则从城镇发展的角度提出，相邻城镇间的相互作用力并非向各个方向平均发射，而是沿着交通线、动力供应线、水源供应线等线状基础设施进行。由于物质能量交流的频繁，其间产生较大的接触优势，导致新城镇的产生和发展，成为产业带或发展轴线，与城镇居民点相应形成不同等级的“点—轴系统”，奠定了“点—轴”体系在中国城镇体系规划的理论和应用基础。1987年，他在《地理学报》发表的“我国区域开发的宏观战略”，以区域开发宏观决策的“替代曲线”模型推导为科学依据，从实践层面提出应根据国土开发和经济水平差异，采取“点—轴渐进扩散”模式，确定重点开发轴，沿轴线建设密集产业带和建立横向联系的经济区保证宏观开发取得成效，实现不平衡到相对平衡的区域发展。综上所述，“点—轴系统”理论是根植于中国区域宏观开发的实践研究，饱含陆大道对当时开发战略选择不定的隐忧，在深厚的地理学研究积累下提出的创造性理论。

2. 理论体系的完善：1988～2002年

为了建立与中国社会主义现代化建设相适应的区域理论，从而为区域发展、国土开发、城乡建设和规划提供应用方法，充分发挥地理学的区位论和区域空间结构体系的服务性，陆大道经过多年的深入研究，于1988年发表了其代表性专著《区位论及区域研究方法》。著作中对创立“点—轴系统”理论作了严谨推导，对方法体系和理论模式进行了归纳演绎。此著作也成为地理学者了解国际区位论发展和研究中国区位理论的基础之作。1990 年和 1995 年他陆续出版了《中国工业布局的理论与实践》、《区域发展及其空间结构》专著，这标志着“点—轴系统”理论已完整形成，并成为对工业布局、生产力布局、城镇体系规划、区域开发中不同尺度空间布局的应用基础和科学依据。2000 年后，陆大道认为之前他对“点—轴系统”理论形成的内部作用机制阐述仍是简单的，结合他完成的国家自然科学基金项目以及《中国区域发展报告》的编制，重新在“论区域的最佳结构与最佳发展——提出‘点—轴系统’和 T 形结构以来的回顾与再分析”、“关于‘点—轴’空间结构系统的形成机理分析”等论文，以及《中国区域发展的理论与实践》著作中充实和完善了“点—轴系统”理论的科学基础和内在机制的分析，这正式标志“点—轴系统”理论成为了独立的体系。正是陆大道先生对学术孜孜不倦的热情和严谨的科学态度使“点—轴系统”理论成为中国地理学卓有成效的理论之一。

3. 理论体系的扩展：2003 年至今

由于“点—轴系统”理论的深入和不断被实践证明其科学性和可操作性，催生了一批轴线区域开发模式论，这些模式论都是运用“点—轴系统”理论结合现实区域规划实际思考的成果。显然，“点—轴系统”理论极大地拓展了中国人文与经济地理学的研究和应用领域。回顾 1949 年后地理学的发展，中国地理学界深受苏联地理学思想的影响，其中核心是区划思想，这正是人文与经济地理学的研究和应用领域。实践应用中，延续苏联经验的中国自然区划与农业区划取得了巨大的成功，在以自然属性为区分的两次区划发展中，人文与经济地理学发挥了重要作用。但人文与经济地理学在进行到工业区划和经济区划时遇到了理论不足，区域的自然属性以及建立在其上的资源条件优劣已经被经济发展的市场选择、投资倾向和基础设施线路优劣的重要性所替代，这些要素聚集程度和扩散方式形成了新的区划，其特征不再呈现大面积的均质和内部平衡的特点。“点—轴系统”理论正是弥补了人文与经济地理中经济要素分析的不足，充分认识到了经济结节地区的特殊性，促进人文与经济地理学继续在工业和经济区划发展和区域开发中发挥着重要作用，大大提高了人文与经济地理学在中国的学科地位。从 2003 年至今，在中国知网中，以“点—轴理论”、“点—轴开发模式”等为关键词在主题内进行搜索，共有 1 886 篇学术论文①，平均每年诞生 140 余篇。而陆大道先生关于“点—轴系统”理论的代表著作与论文被引率高达近 3 000 次。

---

① 搜索结果截止到 2015 年 12 月 2 日。

二、“点—轴系统”理论的内涵

“点—轴系统”模型，是现实中社会经济客体经过较长时间的发展而形成的空间结构形态，阐述这种模式形成的过程、机制及其特点、应用等，是“点—轴系统”理论的主要内容。该理论的基本要点是：

（1）社会经济客体在区域或空间的范畴总是处于相互作用之中。这也类似于物体空间相互作用的基本原理，存在空间集聚和空间扩散的两种倾向。

（2）在国家和区域发展过程中，大部分社会经济要素在“点”上集聚，并由线状基础设施联系在一起而形成“轴”。这里的“点”指各级居民点和中心城市，“轴”指由交通、通信干线和能源、水源通道连接起来的“基础设施束”。

（3）“轴”对附近区域有很强的经济吸引力和凝聚力。轴线上集中的社会经济设施通过产品、信息、技术、人员、金融等，对附近区域有扩散作用。扩散的物质要素和非物质要素作用于附近区域，与区域生产力要素相结合，形成新的生产力，推动社会经济的发展。在国家和区域的发展中，在“基础设施束”上一定会形成产业聚集带。

（4）由于不同国家和地区地理基础及社会经济发展的特点的差异，“点—轴”空间结构的形成过程具有不同的内在动力、型式及不同的等级和规模；在不同社会经济发展阶段（水平）情况下，社会经济形成的空间结构也具有不同的特征。这种特征体现为集聚与分散程度及社会经济客体间的相互作用等。

（5）随着区域社会经济的进一步发展，“点—轴”必然发展到“点—轴—集聚区”。这里的“集聚区”也是“点”，是规模和对外作用力更大的“点”。“发展轴”具有不同的结构与类型，“点—轴”空间结构系统还通过空间可达性和位置级差地租等对区域发展产生影响。

根据上述要点，可以得出：“点—轴系统”理论的核心是关于区域的“最佳结构与最佳发展”的理论模式概括。也就是说：“点—轴系统”是区域发展的最佳的空间结构；要使区域最佳发展，必然要求以“点—轴系统”模式对社会经济客体进行组织。这个理论还回答了区域发展中的发展过程和地理格局之间的关系：发展过程一定会形成某种空间格局，而一定的空间格局又反过来影响区域的发展过程。二者之间的融合和协调，即意味着区域的最佳发展。“点—轴系统”反映了社会经济空间组织的客观规律，是最有效的国土开发和区域发展的空间结构模式。

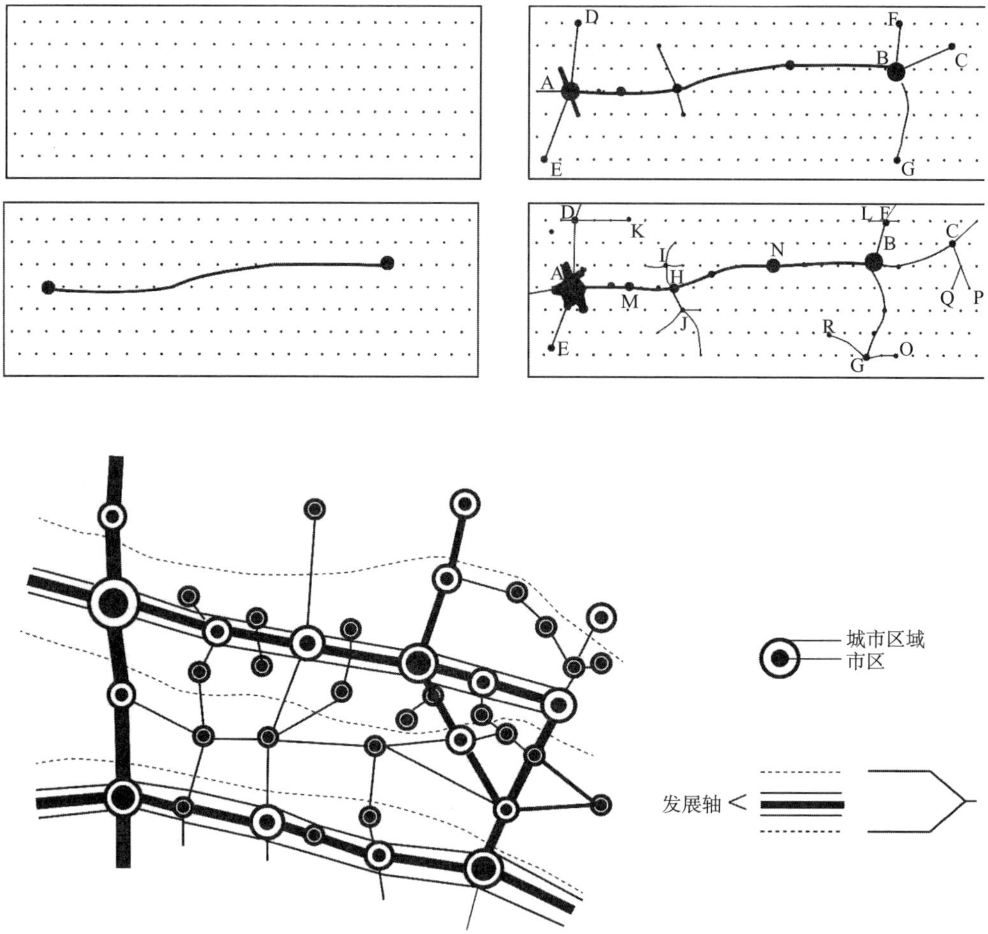

图 5—2　“点—轴系统”理论的形成模式

三、“点—轴系统”理论的形成机理

为什么“点—轴系统”空间结构能够反映社会经济客体在空间中的实际组织形式，因而可以应用于社会经济的发展规划？这其中，主要的原因是社会经济客体在空间中相互作用所形成的组织形式，是客观规律的科学反映。

1. 集聚和扩散是社会经济客体空间运动的两种倾向

近代地理学产生以来，部分人文与经济地理学家就一直在研究社会经济客体的集聚现象、集聚过程及其所形成的空间格局。得出结论认为，形成空间格局的过程可以分成两个趋向，即空间集聚和空间扩散。空间集聚、空间扩散的过程和现象研究是许多地理学和经济学理论的基础之一。

根据物理学原理，各种事物在空间中都具有自己的势能，而且无时不在向周围环境输送和扩散自己的势能。在区域发展过程中，这种势能的扩散表现为：产品流、资金流、人流、技术流、信息流、政策流等。这些“流”由中心点（区）向周围流动，在距中心不同方位和距离重新聚集，与当地原有的自然、社会经济要素相结合，形成新的集聚点。克里斯塔勒在阐述其中心地形成的机理时强调：物质向核心集聚是事物的基本现象。即空间中的事物从中心发源，向外扩散；区域的中心地点，也就是区域的核心，是一个特定区域的统帅，这就是城镇。

在均质和未开发的地域内，任何一个经济客体，要存在和运行，必须有其他客体与其发生联系；由于人们对社会交往的需要和对基础设施（道路、机械动力设备、通信、能源和水源供应、城市设施以及市场等）的共享，社会经济客体必然要在一个地域或点上集中起来。这就是集聚产生效益，即关联产生效益。无论是早期原始社会村庄的形成和现代大城市的出现，这一个基本原理都是相同的。但是，社会经济客体在一个点上的过分集聚，不可避免地要导致一系列的副作用，如：交通拥挤，水土资源供应严重不足及其导致的代价过高，生态环境恶化，以及带来的社会管理等问题。在这种情况下，就要求实行一定程度的分散发展或平衡发展。这是社会经济客体空间集聚和空间扩散规律的客观要求。

2. 渐进扩散导致“点—轴系统”的形成

社会经济客体在空间中扩散的方式是渐进式的。我们可以想象：在生产力水平低下、社会经济发展极端缓慢的阶段，生产力是均匀分布的；到工业化初期阶段，随着矿产资源的开发和商品经济的发展，首先在两个资源产地或两个交通设施的交会点处出现工矿居民点或城镇，并适应社会经济联系的需要，在两点之间建设交通线；由于集聚效果因素的作用，资源和经济设施继续在这二点集中，在这二点建立了若干大企业。交通线变成了交通线、能源供应线、电信线等组成的线状基础设施束。在沿线有一些经济设施建立，同时，在附近若干个点开始出现新的集聚，交通线得到相应延伸。这种基础设施束，就成为具备进一步集聚和扩散功能的（发展）“轴”。之所以称之为“发展轴”，是因为这种轴能带动区域经济发展，犹如门轴转动带整个门一样。这种模式再进一步发展，在一些次要点之间形成较低等级的基础设施束，这些新的较低级别基础设施束沿线又逐渐成为发展条件好、效益水平高、人口和经济技术集中的发展轴线。最初的基础设施束上形成更大程度的集聚，大量的人口和经济单位往沿线集中，成为一个大的密集产业带。如此发展下去，将形成第三级第四级发展轴线。相应的，生产力地域组织进一步完善，形成以“点—轴”为标志的空间结构系统。

上述过程说明：在区域开发的初期，社会经济客体发自一个或若干个扩散源，沿着若干线状基础设施（束）（也称扩散通道）渐次扩散社会经济“流”，在距中心不同距离的位置形成强度不同的新集聚。由于扩散力随距离延伸而衰减的规律作用，新集聚的规模也随距离的增加而变小。相邻地区扩散源扩散的结果使扩散通道相互联结，成为发展轴线。随着社会经济的进一步发展，发展轴线进一步延伸，新的规模相对较小的集聚点和发展轴又不断形成。这就是渐进式扩散的基本内容。

“点—轴渐进式”扩散可以实现区域的不平衡到较为平衡的发展。一个国家或一个地区，开发和发展水平、实力总是不平衡的。随着开发进程的延伸（轴线和“点”的延伸），整个国家或地区都逐渐布满发展轴和“点”。“点”和轴线的等级差异变小，相对均衡的状态开始形成，亦即由“点”到“线”到“面”的空间开发和发展状态形成。从微观上考察这个地域发展过程，可看出是“点—轴渐进式扩散”的结果。

这就是，社会经济客体在空间中以“点—轴渐进式”扩散，而这种扩散必然导致“点—轴”空间结构的形成。

3. “点—轴”空间结构系统形成的主要阶段

根据对现实中经济和社会空间组织形成过程模式的分析，可以看出社会经济“点—轴”空间结构系统的形成有四个主要阶段。这四个阶段社会经济空间结构体现了各主要国家和地区的一般规律，而且，也是与社会经济发展的水平和结构特点的阶段差异相一致的。

第一阶段，“点—轴”形成前的均衡阶段，地表是均质的空间，建立在农业社会之上社会经济客体（以村镇为主的居民点）虽说呈“有序”状态的分布，但却是无组织状态，这种空间无组织状态具有极端的低效率。

第二阶段，社会经济客体开始集聚，点、轴同时开始形成，区域局部开始有组织状态，区域资源开发和经济进入较快增长时期。按照社会经济发展阶段衡量，这种空间结构特征是属工业化的初期阶段。

第三阶段，主要的“点—轴系统”框架形成，社会经济演变迅速，空间结构变动幅度大。是属工业化中期阶段的空间结构特征。

第四阶段，“点—轴”空间结构系统形成，区域进入全面有组织状态。它的形成是社会经济要素长期自组织过程的结果，也是科学的区域发展政策和计划、规划的结果。从宏观角度考察，空间结构重新恢复到“均衡”阶段。在这个阶段，社会组织、经济组织虽然有高效率，但作为社会发展标志的人口增长和经济却不是高速度。

4. “点—轴系统”与区域的最佳发展

“点—轴系统”反映了社会经济空间组织的客观规律，是一种最有效的区域开发模式。按照“点—轴系统”开发模式组织社会经济发展，可以科学地处理好集中与分散、公平与效益、从不平衡发展到较为平衡的发展之间的关系。

如何处理好集中与分散、公平与效益、从不平衡发展到较为平衡的发展之间的关系，是各国和许多地区开发和发展过程中难以解决的问题。这个问题在中国是尤为突出，从20世纪50年代的沿海与内地、60年代的内地至70年代的一二三线地区的划分以及80年代中期盛行的（由沿海向西部的）“战略转移”等，都是希望能够处理好集中与分散、公平与效益、从不平衡发展到较为平衡的发展之间的关系。当时的区域发展战略，都在很大程度上反映了国土开发和经济发展的客观需要。但是，按照大区划分重点区和非重点区的做法，并不能具体地给出可用于实际操作的框架，影响了中国国土开发和经济建设的效益。

“点—轴”空间结构系统基本形成后，区域进入全面有组织状态。它的形成是社会经济要素长期自组织过程的结果，也是科学的区域发展政策和计划、规划的结果。从宏观角度考察，空间结构重新恢复到“均衡”阶段。在这个阶段，社会组织、经济组织虽然有高效率，但作为社会发展标志的人口增长和经济却不是高速度。

按照“点—轴”空间结构系统实施基础实施和经济布局，可以使区域形成科学的可达性，可使货物、人员、信息的流动最为合理。因而，可使区域获得最佳发展。

四、“点—轴系统”理论的科学基础

“点—轴系统”理论是建立在德国地理学家瓦尔特·克里斯塔勒（Walter Christaller）的“中心地理论”基础上的。哈格斯特朗等理论地理学家在20世纪六七十年代就证明，类似物体空间相互作用原理，社会经济客体存在空间扩散和空间集聚的两种倾向。由法国经济学家F. 佩罗克斯（F. Perroux）在50年代提出来的增长极理论，看出一定范围的区域开发，往往是从一个或少数几个企业所占据的点上开始的。增长极理论是不平衡发展论的依据之一。这几个方面的理论是提出“点—轴系统”的科学基础。

1. 克里斯塔勒的中心地理论

中心地理论是空间结构理论的重要基础之一。德国地理学家瓦尔特·克里斯塔勒的“中心地理论”是关于一定区域内（国家）城市和城市职能、大小及其组成的空间结构的学说，即城市“等级—规模”学说或城市区位论，并用正六边形形象地概括区域城市等级与城市规模的关系。这一理论为城市规划和区域规划提供了方法论依据。“中心地理论”阐述了社会经济客体空间聚集和空间扩散的基本过程，揭示了居民点和城市形成的等级—规模法则。“中心地理论”是关于城市规模—等级法则的学说，是城市规划和城市建设的理论模式。

2. 哈格斯特朗的空间扩散理论

空间扩散理论也是空间结构理论的重要基础之一。在空间扩散方面做出最早贡献的是瑞典学者哈格斯特朗（T. Hagerstrand）以及与他合作的同事们，如哥德隆德（S. Godlund）、坎特（E. Kant）等，他们早在20世纪50年代就对事物空间扩散作了大量的研究，特别是对革新的空间扩散给予了特别的关注。这些研究当时曾对地理学的发展具有很大的推动作用。所谓抽象的空间扩散，或“纯”扩散，将具体的空间事物抽象掉，例如哈格斯特朗的“纯”扩散模型。哈格斯特朗在研究某新事物在空间中的扩散时作如下假设：①一个平原地区范围内人口均匀分布。在实际观测统计时，可以将平原分成方格状。②新事物位于平原的中心。最值得重视的是提出“扩散通道”的概念，实际上标明了空间扩散的方向，是“点—轴”渐进式扩散的重要理论依据。

3. 佩罗克斯的增长极理论

增长极思想最初由法国经济学家F. 佩罗克斯在20世纪50年代提出来的。模式形成的过程都是由于空间聚集和空间扩散的过程，而且，首先是空间聚集，然后是空间扩散。还有一个共同点就是社会经济客体的空间形态。关于增长极理论在国内已经有了较多的介绍。从理论的科学基础方面考察，该理论是建立在“中心地理论”之上的。在高度工业化的背景下，社会生产集聚是在经济发展冲动的地点首先实现的。因借喻磁场内部运动在磁极为最强这一规律，称经济发展的这种区域“极化”为“增长极”。作为“增长极”发展及作用基础的产业被称为关键产业，它的特征是：生产规模大，有很强的增长推动力并且与其他产业有广泛的关联。当关键产业开始增长时，该企业（或部门）所在区域的其他产业也开始增长，经济增长的动力将逐步渗透，最终波及整个地区。

五、“点—轴系统”理论与相关理论模式的差异

1. “点—轴系统”理论与“中心地理论”

“中心地理论”阐述了社会经济客体空间聚集和空间扩散的基本过程，“点—轴系

统”空间结构形成也是基于同样的基本过程；“中心地理论”揭示了居民点和城市形成的等级—规模法则，“点—轴系统”空间结构也具有等级关系。另外，二者在模式思维和推导方面，具有基本相同的逻辑和定式。但是，“点—轴系统”理论与“中心地理论”具有不同内容的理论体系，应用目标也是不同的。简单地说，“中心地理论”是关于城市规模—等级法则的学说，是城市规划和城市建设的理论模式；“点—轴系统”理论是关于社会经济空间结构（组织）的理论之一，是生产力布局、国土开发和区域发展的理论模式。

2. “点—轴系统”理论与“增长极”理论

从理论的科学基础方面考察，增长极理论也是建立在“中心地理论”之上的。“增长极”在两个方向作用于周围地区。一是“极化过程”，也就是集聚化过程。即增长极以其较强的经济技术实力和优越条件将周围区域的自然及社会经济潜力吸引过来，如矿产资源、原材料、劳动力、投资、地方工业或企业。二是扩散过程，也有人称之为“渗漏过程”，即增长极对周围地区投资及其他经济技术支援，形成附属企业或子公司，为周围地区初级产品提供市场，吸收农业剩余劳动力等。在“增长极”发展演化的中后期，以“渗漏”（扩散）作用为主，在这阶段，给予多于吸取，区域发展水平趋于均衡。“增长极”和“点—轴系统”模式之间的共同点是：模式形成的过程都是由于空间聚集和空间扩散，而且，首先是空间聚集，然后是空间扩散。还有一个共同点都是社会经济客体的空间形态。但是，他们之间又是有区别的：“增长极”是阐明各级中心城市在区域经济增长中的作用的理论模式，“点—轴系统”模式是区域经济发展的总体模式；“增长极”理论侧重于空间结构形成的经济过程和经济联系，是高度工业化下的理论模式。而“点—轴系统”理论更多是强调空间过程，是各个发展阶段都适用的理论模式。

3. “点—轴系统”开发模式与网络开发模式

网络开发模式是中国学者90年代以来提出的。根据魏后凯的叙述，网络开发模式是在区域经济发展达到较高程度情况下的空间结构。其要点是：在工业化的中后期阶段，在“点—轴系统”开发已经导致过分集聚的情况下，区域经济需要也有可能实施较为均衡的发展。随着交通通信和网络技术的发展，区域经济趋向于分散化而形成为网络状况。

网络开发模式实际上是“点—轴系统”模式的进一步发展，是该理论模式的一种表现形式，二者没有任何本质的区别。因为，“点—轴系统”开发模式强调，在全国（或地区）范围内，确定若干具有有利发展条件的大区间、省区间及地市间线状基础设施轴线，对轴线地带特别是若干个点（城市及城市区域）予以重点发展，对位于轴线上和轴线的直接吸引范围内的资源予以优先开发。但随着经济实力的不断增强，经济开发的注意力应越来越多地放在较低级别的发展轴和发展中心上。也就是说，发展轴线逐步向较不发达地区延伸（包括发达地区的距发展轴和发展中心较远的地区），将以往不作为发展中心的点确定为较低级别的发展中心，规定新的发展中心。同理，围绕次级中心，又有三级、四级中心，如此等等。不同级别中心城市的职能在生产布局上表现为生产规模、技术水平、产品销售范围等方面的不同。这样，不同级别的增长中心和发展轴线组成了社会经济的空间网络，是不同级别的中心城市和发展轴线网络在（区域）地表的重复覆盖。

第三节　“点—轴系统”理论与T字形国土空间开发结构

一、中国国土开发与经济布局T字形空间结构战略的提出

1. 从“点—轴系统”理论到T字形结构

20世纪80年代中期，刚刚在开放、发展方面启动起来的沿海地区能否继续作为国家发展的战略重点？进一步扩大开放开发的重点在哪里？国家当时面临着这两个极具挑战性的问题，出现了关于中国区域发展战略的不同看法和争论。面对这种情况，国家实施科学的区域发展方针尤为重要。1984年，陆大道先生在“点—轴系统”理论基础上，提出中国未来几十年区域经济发展和国土开发以沿海和长江沿岸为一级轴线、两者组成T字形的宏观架构。根据“点—轴系统”理论模式，通过分析中国各地区资源、经济潜力分布等因素，东部沿海地带和长江沿岸地带应作为中国国土开发和经济布局的战略重点。这两个一级轴线构成T字形。T字形结构战略，科学地反映了中国经济发展潜力的空间分布框架。这个战略使中国的生产力布局与交通运输、水土资源、城市依托和国内外市场实现了最佳的空间组合，将这两条一级轴线建设好，可以带动全国的经济社会发展。

(1) 沿海地带轴。中国大陆海岸线总长1.8万多千米，经过30多年来的发展，成了中国国民经济的主体地带。1982年，就36个主要城市统计，工业总产值近1 500亿元，占全国27%。沿海海运将是中国最大的能源运输路线，也是中国对外贸易的前沿阵地。海岸地带将以超过全国平均速度发展，其工业发展方向应是综合性的，但不同岸

段地带会有较大差别：北部渤海沿岸及山东半岛沿岸，将以传统的重工业为主，包括钢铁、石油化工与海洋化工、化学纤维、造船、机械和电子，同时发展在进出口贸易及利用港口腹地内资源基础上的轻纺、食品、水产加工与木材加工等工业部门，其中外向型的产品也应占一定比重，配合发展火电。长江口至浙江南部，是中国最大的综合性工业基地之所在，是高档的轻重工业产品主要生产地。今后要同时发展外向型和内向型产品的生产，如各种各样的机械、电子电器、精细化工、新型化工及建筑材料、丝绸、毛纺、食品和工艺美术等，应特别注意利用有利的对外联系条件发展开发性产品的生产。浙江南部以南海岸地带，除了珠江三角洲外，工业基地尚薄弱，但是发展潜力大，最突出的是外向型工业有很广阔前途，以轻工、电脑、新型材料、食品为主，同时也应发展石油化工、造船、海洋开发设备的制造等。

（2）长江沿岸轴。长江是中国东西向的运输大动脉，运输开发潜力很大，还有丰富的水资源。应成为仅次于海岸地带的强大发展轴，东部上海是中国最大的海港、工业城市及贸易口岸，其吸引和影响范围涉及华东、华中、西南和西北等广大地域。在长江轴经过的八省市中，四川、安徽是两个铁矿、能源资源和有色金属都很丰富的省份；湖北、湖南、贵州和云南的磷矿占全国的90%以上，湖北的水电资源丰富，且位于全国经济联系的中枢地带。当时，长江流域的农产品占全国44%，除云南外都是全国农业发达区。长江轴的工业开发，有助于进一步开发长江流域的水利、水产、农业和劳动力资源。长江轴工业结构中的现状特点是原材料和制造工业发达。今后可发挥工业结构中的优势，充分开发利用长江水运，依靠南北向的几条铁路干线，运来煤、原油和矿石等，发展钢铁、石油化工、有色冶炼、机械、轻纺等工业。在地理部署上，除上海经济区外，以南京为中心，包括沿江的镇江、扬州、马鞍山、芜湖、安庆和铜陵等；以武汉为中心，包括南昌、九江、黄石、宜昌等；以重庆为中心，包括万县、泸州、宜宾等，成为三个工业集聚地带。

矿产资源、水资源、交通等曾经是中外大多数国家工业化和区域发展中的重要因素。这些因素曾经影响乃至决定了中国的区域发展和生产力布局的基本格局。经过改革开放以来特别是近年来的结构调整，这些传统因素的作用正在下降。20世纪90年代，国际上区域研究即开始探讨空间结构形成和发展的新因素，重点是全球化、信息技术、知识经济发展给国家和区域的发展带来的影响和变化。信息化、经济国际化成为高速增长地区发展的主导因素。中国改革开放的过程也就是经济国际化的过程。经济国际化在大大促进中国经济持续快速发展的同时，也在明显改变着中国的区域发展格局。进入信息时代以来，由于全球化和信息技术及其应用的不断拓展，空间和距离、关系和联系都被赋予新的内涵。信息、知识等要素对社会经济系统的渗透，使空间结构处于一种新的成长环境，并面临着新的影响要素的制约，需要继续系统跟踪国家和地区的发展态势，准确地把握影响区域发展的新因素和新格局；研究中国自然基础及经济全球化、信息化等因素在国土开发和区域发展及不同阶段的综合作用，国土开发和区域发展的不平衡变化及其规律，国家发展战略及其实施对区域格局的影响。随着中国进一步参与经济全球化，外资和外贸的发展将促进和强化中国的 T 字形空间格局的形成。在这个 T 字形空间骨架上将形成若干个以主要门户城市为核心的、具有一定国际竞争力的大都市经济区。

2. 中国国土开发和经济布局的主要发展轴线

在“点—轴系统”理论的基础上，根据国家重点发展轴线的确定原则，当时陆大道先生经过深入思考和科学分析，提出了中国重点开发发展轴线：一级发展轴线为海岸带与长江沿岸；二级开发发展轴线为陇海线、西江—南昆线、黄河上中游地带、北同蒲—太焦—焦枝线、哈大线、胶济线、成渝线。

与主要开发发展轴线关系密切的是运输走廊。交通部曾于 1988 年对全国性的运输走廊作出了规划设想，其确定的原则如下：①构成一个纵横相连、由沿海向外辐射、内陆能达成圈、带两个触角（东北线、西北线）的网络，连接除海南以外的所有省会和首府。②有量大且稳定增长的客货流。铁路和水运的年货运量大于 1 000 万吨，公路的昼夜混合交通量一般大于 2 000 辆。客货运平均密度大大高于各种公路网的全国平均密度。③各条运输走廊跨越 2～4 个大区，连接 3～7 个省、市、自治区，长度达 100～400 千米。④个别通道目前的客流量虽不太大，但有良好的发展前景。如通过新开发地区、伸向边疆具有重要的政治、经济、国防意义，或有条件发展成为国际通道等。

据此，确定了当时中国重点建设的八条全国性运输走廊：①与哈尔滨至大连的铁路、输油管道和高等级公路相连接的海上南北通道；②由铁路、京杭运河、高等级公路组成的山海关至杭州的东部地带的南北通道；③由铁路、高等级公路和航空组成的北京至广州的中部地带的南北通道；④由大秦、京包、京沈铁路和高等级公路组成的秦皇岛至大连以远的北部东西通道；⑤由铁路、高等级公路组成的天津至太原以远的东西通道；⑥由铁路和高等级公路组成的连云港至新疆的东西通道；⑦以长江为主干，与相应的铁路、高等级公路、航空所组成的上海至重庆的东西通道；⑧ 以珠江水系和铁路、高等级公路所组成的广州至昆明的南部东西通道。

但是上述方案的缺陷同样是明显的，即二级发展轴线的空间尺度差别太大。成昆线、胶济线与陇海—兰新线的空间尺度显然不成比例。解决这一问题的有效办法即是引

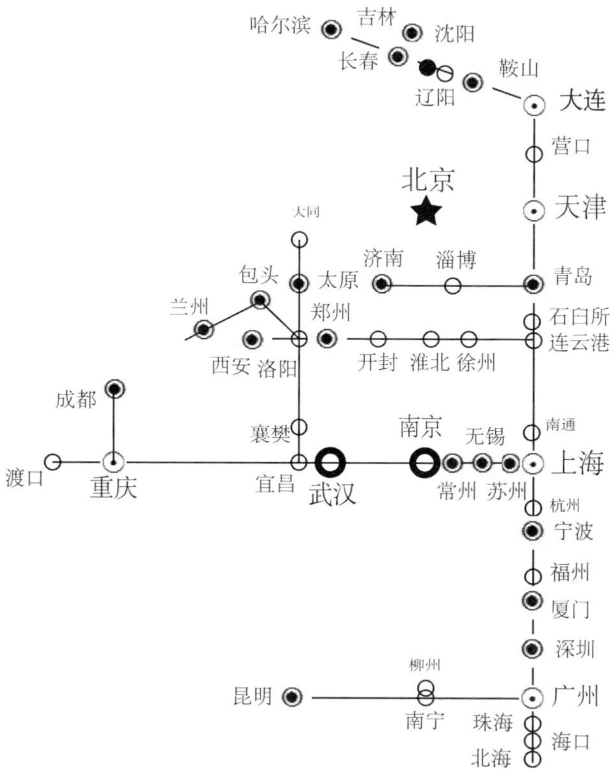

图5—3 中国国土开发和经济布局的T字形结构

入区域双核结构模式。这里仅列出其关于建立于T型开发模式上的双核结构图式。

对中国的主要发展轴线形成以下认识：①一级发展轴线：由沿海发展轴线（包括胶济线等）和沿江发展轴线（包括成渝线、长沙—岳阳线、南昌—九江线、合肥—芜湖线等）组成。其中括号中的发展轴线，称为依附于一级发展轴线的附属发展轴线。②二级发展轴线：共六条，即京广线、哈大线、京包—包兰线、陇海线、成昆线、北同蒲—太焦—焦枝线。

3. T字形结构战略提出的考虑与依据

国家根据对外开放和发挥地区优势的政策，加强沿海地带和条件较好的内陆区域的建设，基本建设投资重心线平均向东返回了240千米，在全国人大通过的“七五”计划中，又将全国划分为三个经济地带，确定了立足于东部，将能源和有色金属及部分农业基地的建设重点置于中部，在西部有条件的地区进行重点开发的方针。这次宏观决策的大调整无疑是正确的。但是，光有三大地带的划分还不能准确地指导国土开发的布局，因为每个地带面积和内部差异仍然很大，而且工业、城镇、第三产业等都是集中于

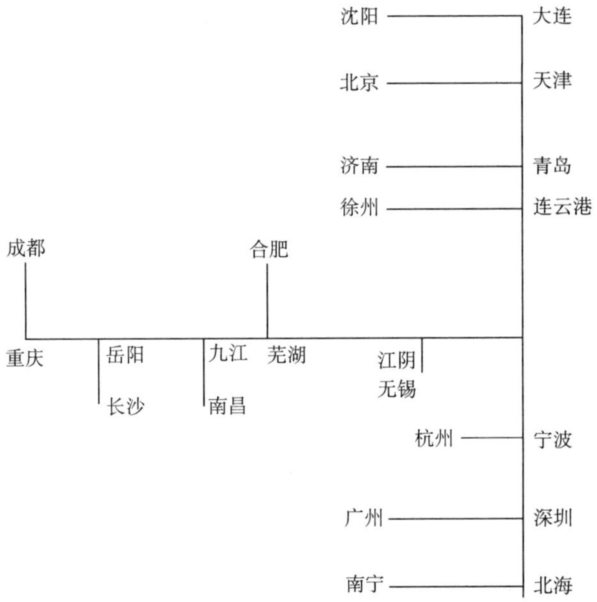

图 5—4　中国 T 字形开发模式中的区域双核结构

“点”上并由交通线等线状基础设施联系起来的。因而，要确定国土开发和建设布局的战略重点，就要确定重点开发的轴线和轴线上的“点”（体现为各种规模的中心城市和工矿区等）。

陆大道先生认识到，长期以来中国工业布局考虑接近矿产资源的因素多，而没有认真根据中国国情，充分利用水运和长江流域的水资源，导致全国铁路运输极端紧张，北方的水资源严重短缺，工农业及城市之间争水矛盾日渐尖锐，选厂定点越来越困难，大量的良好土地被占用，生态环境在部分集聚地区越发恶化。今后国土开发和建设布局以 T 为主轴，以若干铁路干线为第二级开发轴线，可以在相当程度上减缓上述问题的发展，可以促进水运的大规模开发，充分利用沿江大面积的滩地、荒地、江心洲等，利用长江丰富的淡水和部分海水，实现工业布局与交通网的最佳结合。如不这样，大量的新建扩建企业仍然挤到铁路沿线，有限的宝贵淡水和良田被占用，今后出路何在？铁路运输问题如何解决？据有关部门预测，2000 年，中国铁路比目前还可能紧张，但港口可能有所缓和；当时全国最缺水的是黄淮海平原，山西能源基地及东北辽中地区，其中就黄淮海平原而言，在引江 100 多亿立方米情况下，仍将缺水 200 多亿立方米。

在推导“点—轴系统”理论和 T 字形宏观战略时，还提出中国基本建设投资重心线的概念，计算了中国各时期该重心线的空间移动幅度，将工业生产力空间战略转移数量化，使得有可能对各时期的布局作出较精确的比较和评价。

其公式为：

$$R=\frac{\sum S_n Q_n}{\sum Q_n}$$

R＝投资重心线距海岸线的平均距离；

Sn＝各省、自治区的省会、首府和市到最近海港的运输距离（如果理论上取最小的正整数“1”）；

Qn＝各时期各省、市、自治区基本建设投资。

计算结果如表5—1所示：

表5—1 不同时期中国基建投资重心线距海岸线平均运输距离

时期	中国基建投资重心线距海岸线平均运输距离（千米）
1952年	530.6（为工业生产力分布重心线到海岸线距离）
“一五”（1953～1957年）	756.5
“二五”及调整（1958～1965年）	864.1
“三五”及“四五”（1966～1975年）	925.0
“五五”（1976～1980年）	799.9
“六五”（前四年，1981～1984年）	685.3

运用“经济增长与平衡发展间的倒U字相关规律”和罗伦茨曲线，评价了中国30多年来工业布局两次战略大转移的结果与效果。根据这个规律，可以认为，就全国总体和大区而言，工业布局的空间结构还未到倒U形的拐弯处，因此，从经济观点看，不应进行战略性转移。

二、“点—轴开发”模式和T字形战略被国家和地区性规划所采纳

1985～1987年，陆大道先生参与由国家计委组织的《全国国土总体规划纲要》的制定工作，承担“全国生产力总体布局”部分的编写。作为未来15年中国国土开发和经济布局基本框架的T字形战略明确被写进了“纲要”。“纲要”经多次修改和1986年的省长会议讨论，1987年3月25日发到全国试行。在相当程度上，使中国国土开发和经济布局模式得到了调整而走向科学化。中国的T字形空间结构战略正在大规模实施。

这个理论和模式在中国产生了重大影响和经济效益。“点—轴系统”理论和国土开发、经济布局的T字形宏观结构战略，同时被写入23个省、自治区的国土规划以及诸多的地区性（包括县域）规划。由此，T字形空间结构战略和“点—轴开发”模式被大规模推广实施。许多地区都在宣传实施本地区的“点—轴”重点开发战略，集中开发建设各种类型的密集产业带。T字形开发模式在中国具有重要的应用价值，它是经济地理学贡献给中国经济建设的最有影响的一个理论模式（李小建，1998；梁进社，1998；陆玉麒，2002；樊杰，2007）。著名地理学家和经济学家及政府部门领导人桂世镛等（1987）、左大康与李文彦（1990）、北村嘉行（1991）、孙尚清（1996）、刘江（1999）、王梦奎（1999）、陈栋生（1999）、张敦富（1998）、陆玉麒（1998）、白和金等（2000）、王一鸣（2000）、魏后凯（2001）等在其公开的著作中，论述了“点—轴系统”理论的科学价值和中国T字形发展战略的必要性和重大意义。

80年代如果实施了“战略大转移”，会造成明显的国家利益损失。80年代中期，在沿海地区的开发、开放刚刚启动的情况下，如果实施了“战略大转移”，小平同志提出的第一个“大局”就会破坏。其结果是：沿海开放及其带来的巨大的经济发展优势就将中止，中国的综合国力就没有现在这样强大；长江连接东中西三个地带，长江沿岸的巨大潜力没有得到发挥，会使中国综合国力的增强受到很大的影响；由于综合国力没有今天这样强大，实施西部大开发战略的条件也就不可能像现在这样具备。

三、在理论和学科发展上促进了中国人文与经济地理学的发展

人文与经济地理学的基础理论研究，可以从两个最重要的着眼点或角度进行。其一为“人地关系”，其二就是“空间结构”。前者要阐述的是自然条件与人类社会经济发展的相互关系，人类如何因地制宜利用自然，以及自然要素又如何反过来制约人的活动。后者要阐明的是人类社会经济活动的空间法则，即人类活动及其所形成的各种要素在空间的相互关系以及反映这种关系的集聚状态。这两个角度，共同揭示人文与经济地理学的科学本质。长期以来，经济地理学者重视产业的部门结构关系（如经济结构、种植结构、工业结构、运输结构等等），但空间结构这个重要方面却没有引起重视，致使人文与经济地理领域里许多大问题，如生产布局的集中与分散，城镇居民点合理规模，平衡与不平衡，生产力布局合理性的标准等，长期难以论述清楚，各人强调自己的看法，莫衷一是，关键是没有一个确定的标准。上述有关空间结构论点的提出，使这些问题的解决，在理论上和实践上明显地前进了一步。

陆大道先生提出“点—轴系统”理论和“点—轴开发”模式，在国内外实属第一次，大百科全书地理组曾“查阅了国内外辞书、百科全书和经济地理方面的文献”，可以证明这一点。发展轴的概念虽然在原西德巴伐利亚区域规划中出现过，但从未在理论著作中看到，同样也没有“点—轴系统”、“点—轴开发模式”等提法。陆大道先生用中国的大量实践去加以丰富和延伸，提出空间结构发展的阶段特征和空间过程模式。这一理论及模式一经公开发表，在很短时间里，就形成相当广泛的影响，说明了理论本身的实践性和科学性。

第四节　讨论与展望

一、“点—轴系统”理论是根植于中国国情诞生的学科理论

“点—轴系统”理论实现了经济和社会要素与区域性基础设施之间的有机结合，即经济和社会设施的布局在宏观、中观、微观都与水资源、土资源、交通等实现最佳的空间结合。发挥了各级中心地的作用，有利于城市之间、区域之间、城乡之间便捷的联系。客观上实现区域内、城市间的专业化与协作，形成有机的地域经济网络。从某种程度上，“点—轴系统”理论的思想打破了计划经济时期的生产力布局模式，使其在渐进式扩散的过程中开始重点考虑市场的因素。并将全国战略和地区战略较好地结合起来，使各地区、各部门有明确统一的地域开发方向，有利于提高市场经济条件下建设投资效果和管理水平。随着国家和区域经济网络的逐步形成，通过“点—轴渐进开发”模式实现从区域间不平衡到较为平衡的发展。

二、“点—轴系统”理论的提出是人文与经济地理学研究科学化与理论化的重要进展

空间结构是区域发展的重要指示器，从空间结构角度来研究区域发展问题，是廓清区域发展问题、理清区域发展思路的一把钥匙。正是因为如此，在中国近半个世纪以来几个主要阶段生产力布局和区域开发、区域发展过程中，社会经济空间结构调整始终是国家发展战略和政策所关注的对象。在提出“点—轴系统”理论和T字形结构以后，陆大道先生组织和参与组织了环渤海、东部沿海、新疆、京津唐、西部重点经济带等区

域发展的研究，对中国区域发展政策和地区差异进行了大量定性和定量分析，从理论上阐明了中国区域发展中的结构演变规律，对地区差距的地学因素影响及其趋势做了深入评价，论证了地区间经济发展不平衡的扩大是经济高速发展难以避免的副作用，提出了应正确看待地区发展差距扩大的看法和政策建议；深入地分析了中国区域发展的新因素，提出并评价了中国区域发展的新格局（陆大道，2003）；对中国区域发展理论问题，特别是因素作用、过程与格局的关系作了综合集成，初步建立起中国区域发展领域的理论体系。主要成果一方面体现在《中国区域发展的理论与实践》、《区域发展及其空间结构》等专著中，同时也体现在陆大道先生主持或参与起草的大量关于国土开发和区域发展与治理方面的报告和建议中。其中有10余份由中国科学院呈送国务院，如参与地学部组织的上报国务院关于西部开发的几个报告，深入阐述了“科学地认识我国西部地区”等重要观点（刘卫东、陆大道，2005）；又如1994年负责起草的规划文稿（经国家计委上报）成为国务院环渤海地区经济规划文本的主体。陆大道先生提出的关于地区差距和“点—轴系统”开发模式等观点近年来还反映在《中共中央关于制定国民经济和社会发展“九五”计划和2010年远景目标的建议》和《国务院关于实施西部大开发若干政策措施的通知》和“十五”计划中，使地学研究成果在国家发展决策特别是对中国区域政策的制定方面发挥了重要影响（陆大道、刘毅、樊杰，1999，2000）；主持编制的1997、1999、2000、2002、2006中国区域发展报告（系列），对中国国土开发、区域发展的基础和态势进行了系统的跟踪评价和预测、建议，是服务于各级政府决策的大型综合性研究。前两个简要报告报送到国务院，受到国务院几位主要领导人的批示，10多个部委正式行文中科院对“报告”充分肯定。

三、以沿海和沿江为核心的T形开发模式应当继续成为中国国土开发和区域发展的重点

20世纪90年代以来，中国获得了持续的高速和超高速经济增长。一个重要的特点是各地区都实现了持续的经济翻番。但是，随着中国经济发展宏观结构的调整和部分地区严峻的生态环境态势，各地区不可能都以同样的速度发展下去。在“九五”和“十五”期间，部分地区获得了连续两位数的GDP增长。但是，这种高速和超高速增长，已经给当前和未来的持续发展带来越来越突出的困难。国家发展的宏观战略正在产生明显的变化，科学发展观的落实将加速这一进程。多年来的“粗放型”快速增长方式难以持续。能源和资源的高消耗以及由此造成的环境污染和生态破坏，已成为制约经济社会

协调发展的突出问题。因此，社会经济发展空间格局不可能按目前的态势均衡延伸下去。根据“点—轴系统”理论的分析，社会发展各个阶段社会经济要素在地域空间中的区位特征，合理集聚与最佳发展，需要客观看待区域发展的不平衡，由不平衡到较为平衡的区域发展等。

长期以来，许多国家都将国内各地区之间的平衡发展作为一个重要的发展目标。但经验普遍证明，平衡发展是一个长时期的过程。特别是幅员辽阔的国家，实现较为平衡的区域发展是很不容易的。由于各地区自然基础、地理区位、历史和经济发展基础的差异，平衡发展也是相对的。地区间稳定的因素差异愈大，这种平衡的相对性，也就是发展的差异性就越大。在一个国家工业化发展的初期和中期，工业化和城市化往往在部分地区率先发展，因为这样可以充分利用部分地区的优势，也就是地区间发展的差异扩大。只是到了工业化的后期，率先发展的地区出现了大量的过度膨胀并带来一系列严重的问题时，才可能导致经济发展的逐步分散化，使发展的差异在空间层次上趋于缩小。这就是经济增长和区域发展不平衡之间的倒U形相关规律。中国正处在工业化的中期阶段，人均经济总量还很低，保持较快的经济增长在很长时期内都将是主要目标。当然，这里所说的“较快的经济增长”，不应该当然也不可能包括8%以上的超高速经济增长。在这种情况下，就难以避免经济发展的空间上不平衡。也就是说，地区之间经济发展的不平衡是高速经济增长难以避免的副作用。大城市经济区和城市与产业集聚带正在形成和发展中，具有这样一种垂直产业分工和空间结构的大都市经济区是当今世界上最具竞争力的经济核心区域。人类社会经济活动受海洋吸引的规律，在中国历史发展中有明显的体现。沿海地区的率先发展及相应的开放政策，在功能区定位中，将形成大都市经济区和众多的人口和产业集聚带，这是必然的趋势。无论是从理论还是结合中国的实际，今后20年内，以沿海和沿江为核心的T形开发模式应当继续成为中国国土开发和区域发展的主导模式（樊杰、王亚飞、陈东等，2015）。这应该成为我们的共识。以上述思想为指导，未来中国除已有的均位于沿海的三大城市群，即长江三角洲、京津冀、珠江三角洲外，还应当重点建设的长江经济带，也已成为国家发展的战略性和导向性的重点区域。从东到西分别有皖江城市群、环鄱阳湖城市群、武汉都市圈、长株潭城市群、成渝城市群等（陈明星、李扬、龚颖华等，2016）。国家将在交通、信息、能源、城市发展以及对内对外贸易平台等方面予以能力上的保障和科学的空间组织。这对于建设全国区域发展全局以及贯通东中西重要经济通道，具有极为重要意义。也就是说，“点—轴系统”理论与T字形结构仍然将指导未来几十年的国土开发宏观格局，也从另外一个角度说明20世纪80年代提出来的发展战略多么具有前瞻性！

四、“以任务带学科”彰显出中国地理学的方向和价值

100 多年以来中国地理学走过了艰难曲折和辉煌的发展历程。特别是中华人民共和国成立后的 60 年，中国地理学发展走过独特的发展道路。主要表现在：党和政府重视和引导地理学的发展，“以任务带学科”彰显出中国地理学的方向和价值，大型综合性研究及其成果总结推动理论研究取得重要进展，有一批具有远见卓识的杰出地理学家引导等。人文与经济地理学是地理学的重要分支，也是人类社会发展与自然环境关系领域最为重要的应用基础科学之一。陆大道先生作为当时国内杰出的人文与经济地理学界中青年学者，认真思考这个重大国家战略问题并提出了解决问题的方案，并非偶然，主要得益于两个方面的扎实科研基础。

一是人文与经济地理学的基础知识体系。通过在北京大学的经济地理本科以及中科院地理研究所硕士阶段的系统学习，以及在研究工作中长时期的坚持围绕经济地理学的核心方向，其间多次赴德国大学与国际同行开展访学和讲学，积累了扎实的经济地理学理论知识，在国土开发格局与区域发展战略、集聚扩散与空间结构理论、工业布局的技术经济论证方法等多方面做了大量开拓性工作。除了工业以外，对交通、城镇、水资源、农业、地区经济发展方面也都有一定的了解，具备所需要的综合知识储备和综合分析能力。

二是长时期对中国大量地区的实地调研。深入全国各地开展了长时期的艰苦的实地调查工作，对全国各地区的发展有足够的感性知识。在实践方面参加了多年的区域规划、工业交通布局、国土规划、地区战略研究等课题，对中国 30 多年来工业生产布局总图及变化有全面的系统的了解，对历史趋势有较深切的体察，因而有把握预测今后一个时期的变化。

五、“点—轴系统”理论与 T 字形结构研究的展望

一些地区在应用该理论时具有一定的主观随意性，部分地方在运用时没有注意发展阶段就要实现网络化模式，存在急躁超前的情形。有些地区机械理解轴的意义，有条路就希望能成为带动经济增长的轴，甚至部分地级或县级中小城市设计了近 10 条发展轴线，把承载基本交通需求的普通道路理解为承担经济隆起功能的发展轴。如何系统开展模型模拟空间结构演化过程和模式，识别出空间结构演变的关键参数与阈值，更好地指导地方发展实践，是需要我们进一步思考的问题。

参考文献

白和金、林兆木等：《21 世纪初期中国经济和社会发展战略》，中国计划出版社，2000 年。
北村嘉行、杨郁华：“评《中国工业地理》和《中国工业布局的理论和实践》”，《地理学报》，1991 年第 03 期。
陈栋生：《跨世纪的中国区域发展》，经济管理出版社，1999 年。
陈明星、李扬、龚颖华等：“胡焕庸线两侧的人口分布与城镇化格局趋势——尝试回答李克强总理之问”，《地理学报》，2016 年第 2 期。
樊杰：“我国主体功能区划的科学基础”，《地理学报》，2007 年第 4 期。
樊杰、王亚飞、陈东等：“长江经济带国土空间开发结构解析”，《地理科学进展》，2015 年第 11 期。
桂世镛、魏礼群：“关于到本世纪末经济和社会发展战略的若干构想”，《计划经济研究》，1987 年。
李小建：《经济地理学》，高等教育出版社，1999 年。
梁进社：“中心地体系的替代性与点轴系统”，《地理学报》，1998 年第 S1 期。
刘江：《中国地区发展回顾与展望》，中国物价出版社，1999 年。
刘卫东、陆大道：“新时期我国区域空间规划的方法论探讨——以‘西部开发重点区域规划前期研究’为例”，《地理学报》，2005 年第 6 期。
陆大道：“工业的点—轴开发模式与长江流域经济发展”，《学习与实践》，1985 年第 2 期。
陆大道：“二〇〇〇年我国工业生产力布局总图的科学基础”，《地理科学》，1986 年第 2 期。
陆大道：“潜力理论与点—轴系统”，《地理知识》，1986 年第 12 期。
陆大道：“我国区域开发的宏观战略”，《地理学报》，1987 年第 42 卷第 2 期。
陆大道：《区位论及区域研究方法》，科学出版社，1988 年。
陆大道：《区域发展及其空间结构》，科学出版社，1995 年。
陆大道：“论区域的最佳结构与最佳发展——提出‘点—轴系统’和 T 形结构以来的回顾与再分析”，《地理学报》，2001 年第 2 期。
陆大道：“中国区域发展的新因素与新格局”，《地理研究》，2003 年第 3 期。
陆大道：“关于‘点—轴’空间结构系统的形成机理分析”，《地理科学》，2004 年第 1 期。
陆大道、刘卫东：“论我国区域发展与区域政策的地学基础”，《地理科学》，2000 年第 6 期。
陆大道、刘毅、樊杰：“我国区域政策实施效果与区域发展的基本态势”，《地理学报》，1999 年第 6 期。
陆大道等：《中国工业布局的理论与实践》，科学出版社，1990 年。
陆大道等：《中国区域发展的理论与实践》，科学出版社，2003 年。
陆玉麒：《区域发展中的空间结构研究》，南京师范大学出版社，1998 年。
陆玉麒：“论点—轴系统理论的科学内涵”，《地理科学》，2002 年第 2 期。
孙尚清：《长江开发开放》，中国展望出版社，1996 年。
王梦奎：《中国经济发展的回顾与前瞻》，中国财政经济出版社，1999 年。
王梦奎、李善同等：《中国地区社会经济发展不平衡问题研究》，商务印书馆，2000 年。
王一鸣：《中国区域经济政策研究》，中国计划出版社，1998 年。
魏后凯：《走向可持续协调发展》，广东经济出版社，2001 年。
徐国弟：《我国地区经济协调发展研究》，改革出版社，1996 年。
张敦富：《区域经济开发研究》，中国轻工业出版社，1998 年。
左大康、李文彦、许越先等：《面向经济建设，发展地理科学》，载左大康主编《地理学研究进展》，科学出版社，1990 年。

第六章　主体功能区规划、战略和制度形成的人文与经济地理学基础

10多年来，中国决策层面在建设美丽中国、重塑国土空间面貌领域发生着重大改变，其中之一就是主体功能区的概念提出、政策形成以及贯彻落实（Fan et al.，2012；樊杰，2013）。2010年国务院正式发布全国主体功能区规划，2011年中国国民经济与社会发展第十二个五年规划纲要出台，主体功能区引起全社会的广泛关注，并被公认为“十二五”规划的亮点之一。“十三五”规划还将主体功能区规划提升为全国国土空间开发保护的战略，与“西部大开发、东北振兴、中部崛起、东部率先”的区域发展战略并列，要求在战略指引下，配套开展制度建设。2012年中国共产党十八大报告中再次明确，基本形成主体功能区布局是全面建成小康社会的目标之一。特别是2015年党的十八届五中全会将主体功能区提升到了国土空间开发保护的基础制度的政策层级，形成主体功能区就成为中国生态文明建设、优化国土空间开发保护格局的首要任务，这对于统筹各类空间规划、建设资源节约和环境友好型社会的制度设计，以及资源环境承载能力与自然资产负债表等绩效问责考核，都具有基础性的作用。也就是说，主体功能区通过对各类空间规划的影响，通过对各类资源环境制度的影响，通过对投资、产业和财税改革的影响，通过对政府绩效考核体系的影响，把主体功能区所追求的发展理念和期待的空间格局优化配置目标，贯彻到资源环境和社会经济的方方面面，使治理能力和治理体系现代化建设更多地收敛、聚焦到主体功能区倡导的理念上来，即：尊重自然和经济规律、突出人与自然的和谐发展，遵循因地制宜、实现人口经济与资源环境相均衡，尊崇效率公平兼备、推进经济社会生态效益相统一。

人文与经济地理学及人文与经济地理学者组织的资源环境科学团队，在主体功能区理念形成、地域功能理论建构、主体功能区划方法研制、全国主体功能区划草案及省域主体功能区规划试点、主体功能区战略和制度解读与践行等方面，发挥了其他学科不能替代的关键作用。10多年来，以中国人文与经济地理学者为主体的研究者们，围绕国

土空间开发的重大战略需求，在传承综合自然地理条件地域分异理论、人地关系地域系统理论和空间结构理论的基础上，突出“因地制宜”和“有序空间”的核心思想，创造性地构建了地域功能理论。地域功能理论是以陆地表层空间秩序为研究对象，重点研究地域功能的生成机理，以及功能空间的结构变化、相互作用、科学识别方法和有效管理手段的综合地理学理论。中国地理学者依据地域功能理论，提出了按照地域功能区构筑未来中国高效有序国土格局的建议，得到国家决策者的认可并上升为国家战略。以中国人文与经济地理学者为主的研究团队研制了中国首张国土空间（规划）布局总图，这张蓝图已经成为优化国土空间开发格局、推进可持续发展战略的总体方案。主体功能区也上升为国土空间开发保护基础制度的战略，成为构建现代区域治理体系的科学基础（Fan，et al.，2010）。目前，地域功能理论及应用研究已成为中国人文与经济地理学和区域发展研究的热点方向，也成为公共和政府管理、城乡和区域规划、资源环境和生态科学等相关学科研究的新生领域。

第一节　中国国土空间开发保护面临的困境与挑战

改革开放以来，中国的经济社会发展取得了巨大的进步。中国已经成为世界第二大经济体，2015 年 GDP 达到 67.67 万亿元，城镇化率达到 56.1%。但是长期以来，中国存在着重“发展计划”、轻“布局规划”的偏差。中国有小康社会、现代化、两个百年等时序上的发展战略目标，但对国土空间上的发展目标缺乏整体安排和长远谋划。中国用 30 多年的时间走完了发达国家 100 多年才走完的工业化城市化发展历程。这种发展时空过程的压缩，导致发达国家在发展过程中面临的各种资源环境、社会经济等矛盾短时间内在中国集中展现。同时，中国又是一个人地关系矛盾突出、社会经济发展和资源环境禀赋条件存在巨大差异的国家，区域差异性、发展目标多元化以及决策者或规划者自身缺乏对空间布局规律的认知，使得国土空间开发及相应的规划体系出现一定程度的无序发展。

一、国土空间开发缺乏目标导向与顶层设计

空间开发的无序是中国社会经济发展所面临的一个核心问题（陆大道等，2011）。空间开发无序的问题突出表现在两个方面。一是城市化的盲目性。其核心症结就在于，

人们忽略了每一个城市自身发展条件的约束和发展的规律，盲目地追求把城市做大。一些城市可能不具备做大的条件或者不具备按照这么高速度做大的条件，却人为地把城市做大，势必会造成形式上的城市规模在扩大，而实质上并没有实现城市的发展。人口从身份上变成了城市人口，土地从形式上划成了城市用地，但新增城市人口并没有实现在就业上有保障地转换，并没有真正享受到城市生活的质量和城市发展的效益。二是区域开发的无序性。这一现象在发达地区和欠发达地区有着不同的表现形式。在发达地区，表现为开发强度过大，生态用地减少，影响区域发展品质；在欠发达地区，突出表现为盲目开发不应该开发的区域。这种开发势必是以牺牲昂贵的资源和环境为代价的。

空间开发无序性的根本原因在于，中国的区域治理体系中缺少一张“一干到底”的战略规划蓝图。作为一个国家的区域治理体系，合理的方式应该是有一个未来 20～50 年的国土空间开发保护的顶层设计（陆大道、樊杰，2009）；并且这个顶层设计应该是以长远的战略目标导向为主导，以当前面临的突出问题或是具有时代性特色的问题导向为补充的科学体系。中国在目标导向这个方面，无论是政策区规划还是国土综合开发总体战略和整体规划，其实一直是有欠缺的。中国提出的很多战略口号，时代性很突出，却不是一个长远的战略规划，碎片化特征明显。比如西部开发、东北振兴、中部崛起等战略措施，都只是一些阶段性的目标。应该把这些时代性和问题导向性十分鲜明的目标，放在国家长远发展的战略蓝图中来考虑，看它在其中究竟应该起到怎样的一种功能。因为没有基础性、约束性的全国开发保护基本蓝图，导致一些问题开始日益凸显。

二、区域治理体系缺乏差别化和针对性

中国在空间管制和区域治理方面最突出的问题，除了战略性缺失之外，还存在两个突出的问题。

一是忽视区域发展环境的差异性。“一刀切”问题极其突出，从而导致同样的政策在全国整体看是合理的，但在具体区域看就可能存在着不适应的问题。改革开放以后，特别是 1991 年邓小平南方讲话之后，加速经济发展、尽快提升工业化和城市化水平成为全国各地不同层级政府的共同追求。政府决策的基本模式是，能搞工业，绝不搞农业；能种地，绝不保护为生态用地。这种把做大本地区经济总量作为核心内容的区域开发模式，导致了过高的开发强度，也导致一些不适合人口产业大规模集聚的地区开始了高强度的工业化、城镇化进程。中国 960 万平方千米的陆域，自然地理环境差异性显著，区位条件和历史沿革过程大不相同，经济社会发展的基础和未来在全球化过程中的

定位也都不一样。缺乏差别化的制度设计必然导致规划和政策针对性差，而针对性差无法保障规划和政策的可操作性，这是规划和政策失效的主要原因。

二是区域政策忽视了资源环境的有限性对发展的约束作用（陆大道、樊杰，2012）。长期以来，政策制定者对发展空间的基本认知是资源环境是无穷尽、不受约束的。在地方政府决策的地方通常悬挂着行政区划图，辽阔的疆界、众多的河流湖泊、不断密集的路网，总在引导着决策者可以把开发的建设用地规模做大，把基础设施密度进一步提高。这一过程中，基本不计资源和环境的代价，基本不管文化遗产保护和给后代能留下什么，也基本不考虑将会给相邻地区带来的负面影响。对一些生态环境脆弱的地区来讲，实现第一个翻番、达到人均 1 000 美元，生态环境已经不堪重负。若仍按照原有的发展模式实现第二个翻番，达到人均 3 000 美元，势必大大超出其生态环境承载能力，带来生态环境的更大破坏，使更多的国土成为不适宜人生存的空间。中国有句民间俗语，表达做事考虑不全面，叫作“少了一根弦”，在区域发展中这根“弦”就是资源环境。区域可持续要求注重资源环境的上限约束，以及人口经济与资源环境的空间耦合。

三、农业和生态空间的减少威胁着粮食安全和生态安全

中国大规模建设用地的增加是以耕地的减少为代价的。1996～2010 年，中国城市建设用地面积从 0.28 亿亩增长至 0.60 亿亩，农村居民点面积从 2.46 亿亩增长至 2.60 亿亩（图 6—1）。与此同时，中国耕地面积则从 19.52 亿亩下降到 18.24 亿亩。特别是“十五”期间，全国耕地面积净减少 0.92 亿亩，其中不可逆转性的建设占用耕地 0.33 亿亩（图 6—2）。此外，中国高质量的耕地面积有限，可开发后备资源少。在土地供需矛盾突出、人均耕地面积持续减少的情况下，同时还存在着土地利用结构不合理、土地利用粗放、浪费、闲置等严重现象，这进一步加剧了土地供需矛盾。中国是世界人口第一大国，平均人口密度超过 135 人/平方千米，是世界平均人口密度的 3 倍多。尽管中国在粮食生产方面取得了瞩目的成就，用全世界 7%的耕地面积养活了全世界 22%的人口，但是随着耕地面积减少过多、过快，中国的粮食安全将受到威胁。如何协调好城市发展和土地利用的关系是中国面临的严峻问题。

与此同时，在自然和人为活动双重胁迫的共同作用下，中国生态空间呈不断萎缩的趋势，生态环境质量不断恶化，生态系统出现严重退化。根据全国第二次遥感调查结果，中国水土流失面积 356 万平方千米，占国土面积 37.1%。中国可利用天然草原面

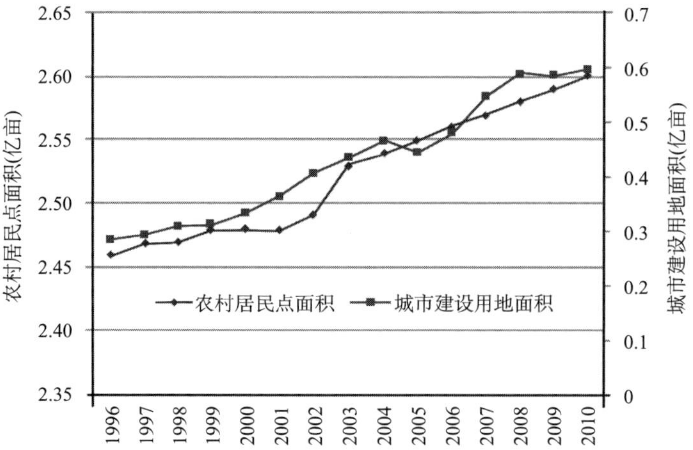

图 6—1　1996～2010 年中国城乡建设用地面积变化

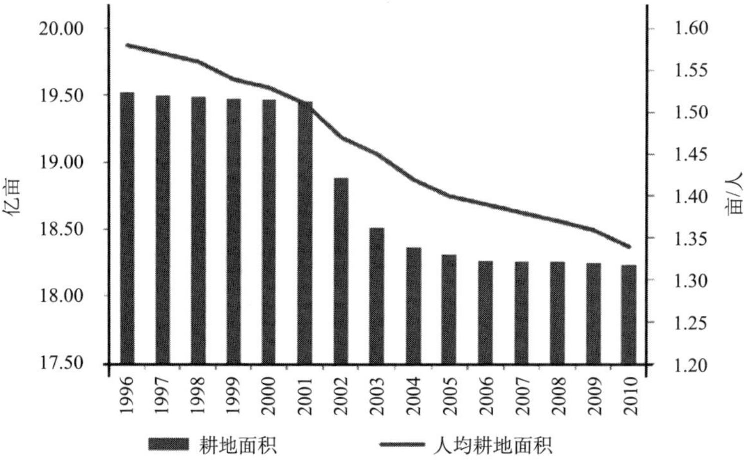

图 6—2　1996～2010 年中国耕地面积变化

积 3.31 亿公顷，其中 90％的可利用天然草原出现不同程度的退化。生态空间，如山地丘陵地区，在全国国土开发总体格局中承担着保障中国生态安全的重要角色，如果这类地区的发展不能与区域现代化、生态安全保障等有效结合，则势必会延缓中国整体现代化进程，并对国家生态安全建设的总体质量产生重要影响。一旦这类区域偏离“人口资源环境相均衡、经济社会生态效益相统一”的发展方向，所带来的负面效应可能远远超出其自身区域范围，给区域经济和社会可持续发展带来严重威胁。例如，三江源地区是中国重要的水源地，这里分别供应了 25％的长江总水量、49％的黄河总水量和 15％的澜沧江总水量，对中国的生态状况和国民经济发展起着重要的作用。若三江源地区生态受到破坏，对中国的影响无论从范围上还是在程度上都将是广泛深远的，仅就受到影响的中下游流域面积来说就占到中国国土总面积的70%以上。生态空间的萎缩所造成的经济社会影响是难以估量的。

四、区域政策和空间规划缺乏系统性

中国仍然缺乏系统化、精细化的区域政策框架。目前区域政策的主体仍然是围绕"四大板块"区域发展战略而构建。总体来看，目前的区域政策仍然存在两个突出问题。一是中国现行区域政策尺度过大，还不适应构建区域发展精细化管理的需要，迫切需要进行调整和完善。二是从政策集成性来看，目前与这些战略相配套的政策措施不是同时设计，系统性不够、协调性不足。东部沿海、西部地区、中部地区、东北地区等不同区域的发展战略和政策措施提出的时期不同，实施的深度不同，各区域当前面临的问题和困难也不相同。需要将不同区域今后的发展战略和政策措施在同一个框架之内、统一的平台之上统筹起来，否则四大板块之间仍然是相互割裂、难以协调的，区域间的一些利益冲突也难以在理论上剖析明白、在实践中切实解决。

同时，中国也仍然缺失纵向相衔接、横向相协调的空间规划体系（杨伟民，2013）。在30年的高速增长之后，中国经济面临着资源环境与人口经济发展矛盾冲突不断加剧、区域发展不平衡以及城镇化进入了一个新阶段等诸多问题。空间规划越来越受到中央政府许多部门和地方政府的重视，空间规划成为政府的一种资源。但是不可否认，规划资源面临着一系列亟需整合的问题。这些问题突出表现在：发展类规划（国民经济和社会发展规划、国家和地区经济社会发展战略或产业发展战略等）与空间规划系列（全国国土规划、区域规划、城市规划、土地利用规划等）在发展目标、发展速度以及重大的比例关系等方面难以衔接；由于编制空间规划相关部门之间尚缺乏明确的职责分工，这些不同部门主导的空间规划往往存在着相互冲突或不一致的地方；同一类空间规划因行政区划不同而不相协调，例如若对中国各城市规划规模进行简单求和，建设用地规模、人口规模以及产值规模都将远远大于中国在同时期合理的总量规模。

五、决策者对空间结构演化规律缺乏足够的认知与把握

长期以来，人们对空间结构演变规律缺乏足够的科学认知，如对不同自然环境和发

展基础的区域合理空间结构还没有建构可信的理论模型，优化国土空间开发格局的理论依据和标准仍停留在宏观理念的讨论上，造成科技支撑能力难以满足现实发展需求的差距问题被越来越充分地显示出来。中国正在经历着社会治理、政府决策步入科学化的转型过程，当空间管制、区域战略和国土规划越来越成为调控人类空间行为的重要政策工具时，关于空间结构演变的科学研究还难以支撑国土空间优化的发展规划。“点—轴系统”理论刻画了有关“点”和“线”的空间组织与演变的规律，成为中国不同空间尺度进行国土空间开发格局组织的基础模式。但“点—轴”理论更多地阐释了以空间形态为主体表达空间结构的形成过程及作用机制，而对面状空间的结构组织演变缺乏理论指导。如果要进行空间开发强度的管制，需要更多地从功能空间的比例关系来揭示不同自然地理环境背景下、不同发展水平和发展阶段的空间结构演变规律。

中国国土开发的总体部署和实施方案不断地进行着调整。决策者和规划者对产业结构的演变规律已有了基本的认识，普遍了解三次产业结构演变的基本规律，即“二三一”的产业结构效益是要高于“一二三”产业结构的。近几年来，决策者和规划者也越来越认识到城市化率所代表的城市化水平也是现代化建设进程的重要指标。所以，产业结构和城市化率已经成为决策者进行决策和制定规划时追求的重要目标。当然，这其中也存在着很多偏差，比如盲目追求产业结构的高度化，脱离了产业经济的发展水平，由此导致了产业的虚高度化（王铮、孙翊，2013）。同样在城市化问题上，简单地认为城市化率高就是现代化水平高，忽略了由于不健康的城市化带来的城市化水平虚高而现代化水平低下的这一发展情况。尽管如此，产业结构和城市化的基本发展规律还是已经被广大决策者和规划者掌握了，但空间结构规律却一直没有得到充分的认识。空间结构演变也是度量区域现代化建设状态的一个重要方面，存在着其科学机理和调控价值。

第二节　地域功能学术思想形成与理论探索

针对以上问题，中国人文与经济地理学者从理论基础建设、方法论构建，到区划草案研制，创新性地开展了主体功能区系统性工作，为中国国土空间开发保护提供了科学依据，其影响将会是深远而重大的。中国人文与经济地理学者围绕国土开发保护的重大战略需求，从地理学综合性和区域性的研究视角创造性地提出了地域功能理论，并提出了加快主体功能区建设的建议。中国地理学者的建议被国家决策者采纳并上升为国家战略。地域功能理论和主体功能区划实践体现了因地制宜、以人为本的思想，它强调人类活动和资源环境承载力的空间耦合，强调不同地区应采取不同形式、同等价值的发展模式，确保生活在不同类型功能区的居民具有相同的社会福利水平。地域功能理论是中国学者对经济地理学和区域发展研究理论体系建设的重要贡献，也成为优化国土空间开发格局的科学基础（樊杰、洪辉，2012）。

一、地域功能学术思想的提出

当地理学者解释地球表层、一个国家或一个区域的开发利用格局变化及格局特征时，当地理学者就不同空间尺度的地域发展可持续性开展政府决策评估，或向政府进行咨询时，对地理环境客观规律的把握和对社会经济空间形成、演变规律的把握是解释、理解变化的地球以及评估、咨询地球的变化的科学性的基本前提（黄秉维，1959；周立三，1981；郑度、葛全胜、张雪芹等，2005）。那么，中国 960 万平方千米陆域国土未来 20 年、50 年的合理面貌应该怎样，对这一面貌的描绘或者说是规划，应该成为决策层和全社会进行空间行为调控的依据。为此，解析国土空间格局变化的驱动力和变化过程，提出国土空间格局的变化趋势预测并勾画规划蓝图，认识调控国土空间格局演变的基本政策工具和配套条件，是解决中国未来国土空间格局规划问题的系统性工作。而地域功能学术思想的形成和主体功能区划概念的形成，是为主体功能区系统性工作建构理论基础的学术探究。

中国有 960 万平方千米的陆域国土面积，国土空间广大，生态地理复杂多样（图 6—3）。山地、高原、丘陵、盆地、平原五大类型分别占中国陆地面积的 33.30%、26.04%、9.90%、18.75%、11.98%。可见，尽管中国国土面积广大，但是适于大规模工业化城市化开发的平原面积较少，仅占中国国土面积的 11.98%，而平原又恰恰是提供农产品的主要农业空间。如果把山地、丘陵和比较崎岖的高原等统称为山区，则山区面积占全国总面积的比重达 2/3，这部分地区虽不适宜进行大规模工业化城市化开发，但能为人们提供丰富的矿产、旅游资源以及水、林木等生态产品，可以为中国区域可持续发展提供重要的资源和生态安全保障。从上面的分析可以看出，中国发展条件存在着巨大的区域差异。这种差异决定着不同地区在全国可持续发展和参与世界竞争中的功能应该是不同的，不同地区应该按照开发活动的适宜性合理的确定开发方式。

针对中国区域发展所面临的国土空间开发失控的问题，中国地理学者基于人地关系地域系统（吴传钧，1991）和可持续发展（陆大道、樊杰，2012）的视角，提出了三个方面重要的学术思想。

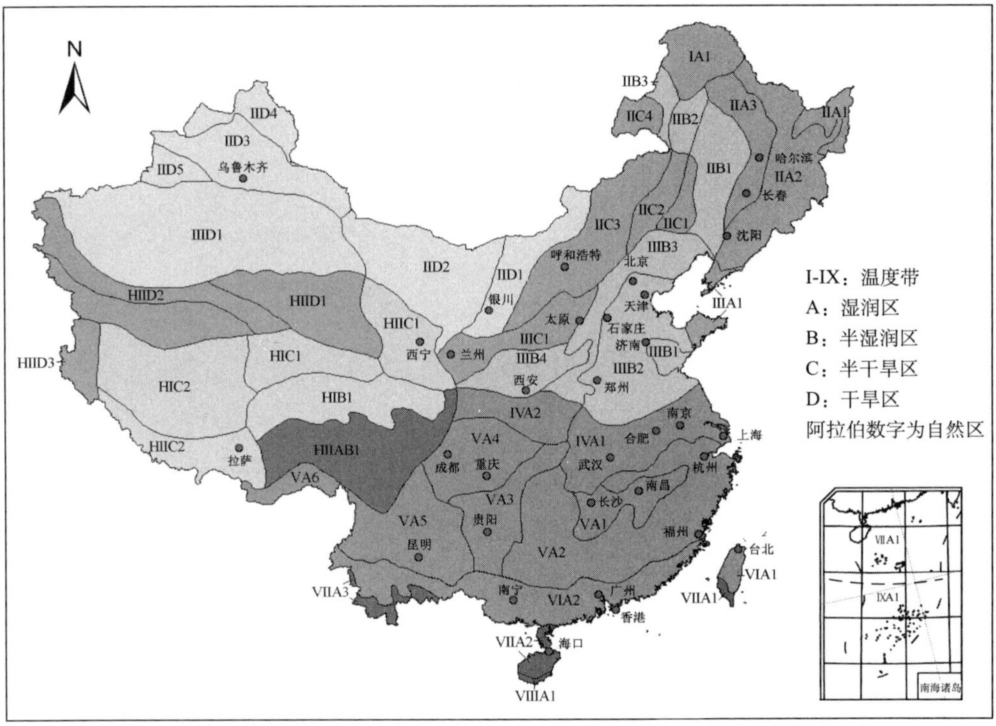

图 6—3　中国生态地理区划（郑度等，2009）

资料来源：Wu et al.，2003。

1. 地域功能的客观属性和政策属性

围绕每个地块是否具有合理的功能属性进行的讨论，提出了地域功能的概念。地域功能是指一定地域在更大的地域范围内，在自然资源和生态环境系统中、在人类生产和生活活动中所履行的综合职能和发挥的作用，是自然生态系统提供的本底功能与人类社会经济活动的需求功能的复合。地域功能集中体现了资源环境可承载、生态系统可持续发展、人类社会福利最大化的发展要求（图 6—4）。接着中国地理学者在传承综合自然地理条件地域分异理论、人地关系地域系统理论和空间结构理论的基础上，突出“因地制宜”和“有序空间”的核心思想创造性地构建了地域功能理论。

地域功能学术思想的基本出发点是，从地球科学的视角认知地域功能，科学认识、合理利用复杂的国土空间，是实现人类与自然生态系统共存的重要前提（樊杰、蒋子龙、陈东，2014）。假设没有人类活动，自然界在地域空间上会形成差异化的自然地理地域功能类型，进而形成有序的自然生态格局。这样的生态格局保障了不同自然要素之

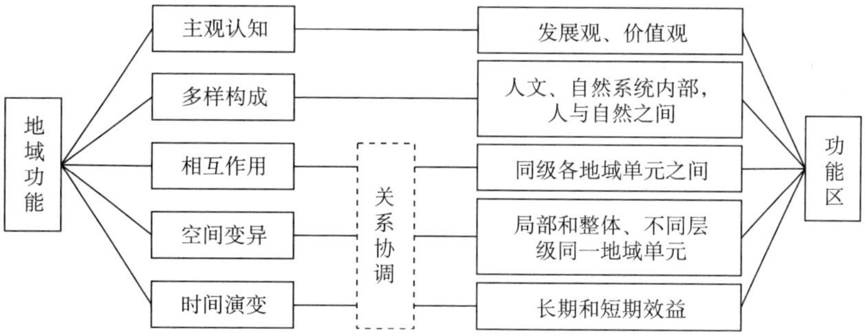

图 6—4　地域功能的属性及其与功能区划的关系

资料来源：樊杰，2007。

间和不同功能地域之间的作用联系，维系了自然生态系统的相对稳定性。人类自诞生之日起就产生了生产和生活的空间需求，如果简单按照最不干扰自然生态系统情况配置人类生产、生活空间，显然是无法满足人类活动需要的。反之，如果仅从满足人类生产、生活的空间需要方面进行空间区位选择，也可能对自然生态系统产生破坏，导致可持续性发展基础丧失。因此，从“人”或“地”任何一个系统出发所构造的空间结构都是不合理的，需要进行综合的、集成的功能分区（图 6—5）。由于自然生态和人类生产、生活空间配置方案的不同会产生不同的效应，所以对地表系统进行合理空间组织和空间规划是有应用价值的。

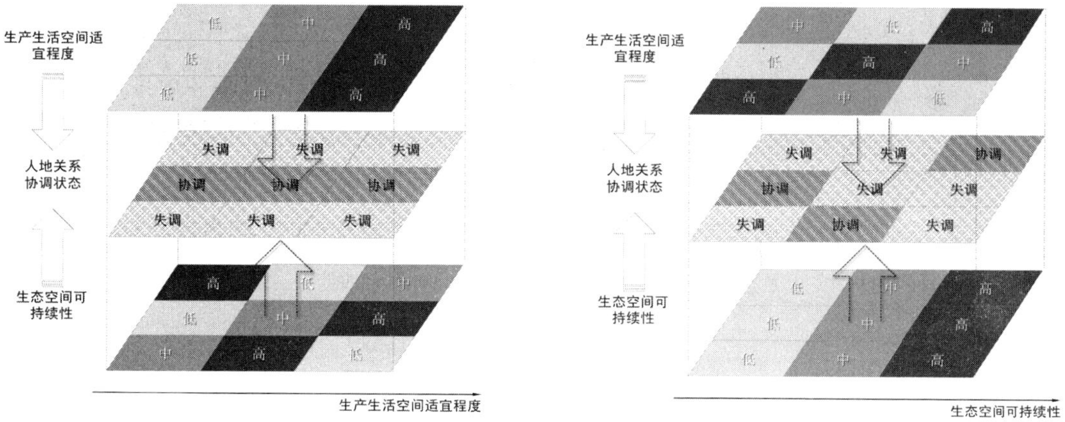

图 6—5　人文系统与自然系统空间耦合的状态

资料来源：樊杰等，2014。

综合目前对地域功能概念内涵和研究框架的理解，地域功能理论可以定义为：以陆地表层空间秩序为研究对象，重点研究地域功能的生成机理，以及功能区的结构变化、相互作用、科学识别方法和有效管理手段的人文与经济地理学理论。

2. 国土空间开发保护格局变化的核心驱动力及稳定态

可见，地域功能属性具有客观基础，基于地域功能形成的国土空间开发保护格局在不断变化着。那么，国土空间开发保护格局究竟遵循怎样的规律在演变，驱使地域格局变化的主要动力是什么？如果按照地域功能进行国土空间开发保护的组织是否符合客观规律？解决这些问题构成了中国人文与经济地理学学者在地域功能学术思想的第二个方面内容。在传统的发展过程中，国土空间开发保护格局或者说区域发展格局变化的核心驱动力主要是由经济差距决定的，经济差距导致区域间存在发展的势能差，生产要素，特别是人口通常从收入水平和生活水准低的区域流向高值区，从而起到缩小区域差距、实现区域均衡的目的。区域均衡就是区域发展的相对稳定状态。当然，加快落后地区发展也是缩小区域差距的另一个途径，但通常是人口流动对缩小势能差起着更大的作用。但在发展的实际中我们看到另一种现象：尽管区域之间存在着一定的经济发展差距，但人口流动趋缓，区域发展格局趋稳；甚至出现了一些逆向的过程，部分人口从经济收入和经济生活水平高的区域向相对较低的区域流动。这些问题是经典区域均衡模型难以解释的，这就说明区域经济均衡并不能完全客观反映区域格局变化的全部走向。事实上，一定存在着另一种效益在弥补这经济发展水平的差距，使区域间发展势能不存在差值，从而导致区域格局进入稳定态。比如对生态效益的追求、对社会效益的追求，就能够起到这样的作用。而且，随着现代化水平的提高，社会效益和生态效益在区域均衡中所占的比重将有可能会持续提升。假设社会效益为均等的，那么，如果区域发展格局进入稳定态，说明 A、B 两地的经济发展差距被生态效益的差距所弥补，这时的生态效益计量就可通过经济效益的差值来表达。因此，区域发展格局的变化规律、国土空间开发保护格局变化的主要驱动力，既受到经济发展的区际差异产生的作用，同时也受到社会效益和生态效益的区际差异的作用。而且后者作用的比重将有所提升。为此，我们必须重新思考以区域经济发展水平均衡为目标的区域政策体系，应适应人们生活水平的提高、发展观和价值观念改变带来的影响。对这种影响的适应和兼顾就有可能成为区域发展的新动能、区域格局变化的新动力。如人们对绿色食品需求的不断旺盛、对休闲旅游消费的不断热衷，就可能为原先因没有得到工业开发建设而得到保护的绿色生态系统，获得了发展生态产业的地域功能。所以国土空间开发格局的变化显然不是仅仅是由经济差距决定，而是由经济、社会、生态等一系列因素的综合效益引起的。在这种空间均衡的理念下要实现国土空间开发保护的稳定状态就需要让开发成本低、资源环境容量大、发展需求旺盛的地区承担高强度的社会经济活动，从而降低生态价值高、开发难度大区域的社会经济活动，使其主要承担生态维护功能，总体上协调经济发展与生态环境的矛盾。一个经济发展水平低的区域，可以通过其更好的社会发展状态和生态环境状态提高综合发展水平。生活在经济发展水平高的区域的人们会因为社会类或环境类质量的不佳，而导致生活的综合水平并不比经济发展水平偏低的区域的人们生活综合水平高（樊杰，2007）。

3. 调控形成功能区格局的必要条件

在调控形成功能区格局，落实主体功能区规划过程中，现有分配体制会导致城镇化、工业化地区和生态功能地区、农产品生产区因为承担不同的功能在经济收入上呈现较大的差距。城市化和工业化地区生活水平会较大程度的高于生态功能地区、农产品生产区。在这种情况下生活水平较低的地区就不能稳定的去建设它应该承担的主体功能，有可能放弃农业生产而从事工业生产，有可能忽略生态保护而通过资源掠夺式开发获得经济收入。即如果从事农业生产和生态保护功能地区的人们生活水平低，与从事工业化和城市化的人口享受的生活质量有很大差距，那么这样的主体功能区布局和规划将必定非常脆弱，一旦监管不严，或者政策不到位，就会对主体功能区建设造成极大破坏。在这种情况下为了实现主体功能区格局的形成，需要通过经济发达地区向为经济欠发达地区的经济援助和合理补偿，以及通过国家和省区等上级政府的财政转移支付，减小经济发达地区的经济发展类指标数值，同时增加经济欠发达地区的经济发展类和社会发展类数值（丁四保，2009；王晓玲，2014）。其中，提高经济欠发达地区的社会发展水平是重要的政策导向，以此促使区域间经济、社会、生态发展综合水平差距的缩小。保证欠发达地区基本公共服务水平与经济发达地区达到均衡，只有在这种条件下生态功能地区、农产品生产区才能有效地进行主体功能区建设。所以调控形成功能区格局的必要条件是使承担不同地域功能的地区在基本公共服务水平或者是人们的生活福祉大体上是均衡的。

4. 从学术思想步入理论和方法探索

经过十多年的探索，地理学者在地域功能与区域发展均衡模型、资源环境承载力及其地域分异规律，地域功能识别与功能区划技术方法和地域功能格局变动机制与区域政策三个领域取得了大量的研究成果。一是在分析地域功能基本属性和传承创新地学理论的基础上，区域发展空间均衡模型作为主体功能区划科学基础和地域功能理论核心概念被提出。区域均衡模型一方面为研究地域功能生成过程和分类体系，以及功能区划和调控方式奠定理论基础，也为以地域功能为主体组织有序空间的规划提供科学依据。二是大量的研究集中在地域功能的识别和功能区划方案制定层面。对地域功能的识别是主体功能区划的基础，功能区划是自然与人文因素共同作用、社会与环境复合系统的综合功能区划，功能区划是在较长的时间段、更大空间尺度中谋求的综合效益较优的方案（金凤君、王成金、李秀伟，2008；王强等，2009；Fan，Sun，Yang et al.，2012；李九一、李丽娟，2012；任旺兵、蒲宇飞、李军等，2014）。三是以揭示地域功能格局变动地学驱动机制为宗旨的研究已经起步。主体功能区对中国区域政策体系调整也提出了新的要求，区域发展空间均衡需要在科学划分不同类型区的基础上，相应调整各项政策，形成差异化、精细化的区域政策体系。

二、地域功能理论的探索和要点

1. 陆地表层系统呈现地域功能分异的客观规律

中国地理学者对陆地表层呈现功能分异客观规律的认识主要基于两个方面。第一，生态可占用性和资源环境承载力存在地域分异，客观上要求人类活动的空间分布与自然地理环境的空间格局相互耦合，这构成了地域功能分化的客观基础。一方面，生态可占用性指生态系统或景观单元被人类占用，转化为生产或生活空间所引起的生态效应的评价，反映的是生态系统或景观单元被生产或生活空间占用、其主导功能不再是生态功能之后，对整个区域或生态系统或景观的结构、功能引起破坏的程度。不同区域对生态系统完整性和安全性的重要程度是不一样的。某些区域是维系生态安全的核心，生态可占用性较低，应以生态保育和环境修复为主；而某些区域的生态重要性和生态脆弱性较低，能够开展强度较大的经济活动（欧阳志云、王效科、苗鸿，2000；李平星，2014）。另一方面，资源环境承载能力指在维持人地关系协调可持续的前提下，一定区域内的资源环境条件对人类生产生活的功能适宜程度及规模保障程度。自然资源具有很强的地理附着性，自然资源数量和结构呈现出明显的区域性特征。不同区域的资源环境承载力也存在较大差异，从根本上决定了人类活动的强度。可以这样说，区域可持续发展要求人类活动避免对生态敏感地区的干扰，并建立在资源环境承载力的基础上（樊杰，2010）。

第二，每个地域单元都存在着适宜程度最高、潜在最优的利用功能，这些利用功能都存在着适度规模，这最终将导致地域空间的功能分异。一方面，不同地区往往存在着多种竞争性的开发方式，但是地域单元的不同利用功能存在可供选择的优先次序。在生态安全和人类活动发生冲突时，应该优先考虑生态安全，以维持自然系统基本的生态和生产功能，维持人类的生存。当人类生产和生活活动发生冲突时，应优先满足生活空间的建设需求，打造安全、舒适、方便的生活空间。只有当每个地域单元都承载适宜程度最高的利用功能、实现利用功能与自然本底的最优匹配时，陆地表层系统才能够实现整体效益的最优化。不同地域单元利用功能和自然本底的耦合模式也存在较大的差异，客观上要求不同地域单元在可持续发展过程中承担不同的功能。另一方面，无论是生态系统、生产系统还是社会系统都存在着潜在的最优规模。大型植被斑块是生物多样性保护、生态安全维系的核心，经济活动达到特定的规模后才能够实现平均成本的最低，社区建设达到特定规模后才能够有效配置公共服务设施。适度规模性原理导致相似的功能在地理空间集中而不是均匀分布，使得陆地表层出现功能性分化，最终将形成不同类型的功能区。

在这种背景下，中国地理学者提出了生态空间、生产空间和生活空间的概念，用以刻画地域空间的功能分异（樊杰，2016）。其中生态空间是生物维持自身生存与繁衍的环境条件或占据的环境总和，生产空间是指人类开展各种工农业生产或从事第三产业所需的空间，生活空间是指人类开展居住、休闲、游憩、购物等各种生活活动所需的空间。中国地理学者认为，生态系统为人类活动提供了空间和资源，人类活动通过对生态环境的空间占用、资源获取等方式和生态系统发生密切的联系。人类活动又划分为生产活动和生活活动两种类型，最终生态系统、生产系统和生活系统三个层面在空间上叠加，导致形成了陆地表层功能分异的基本格局（图 6—6）。对地域功能的科学认知、识别和部署，需要既满足人类生产、生活空间不断增长和不断丰富的功能需求，还要满足自然生态系统的可持续发展能力不被破坏。

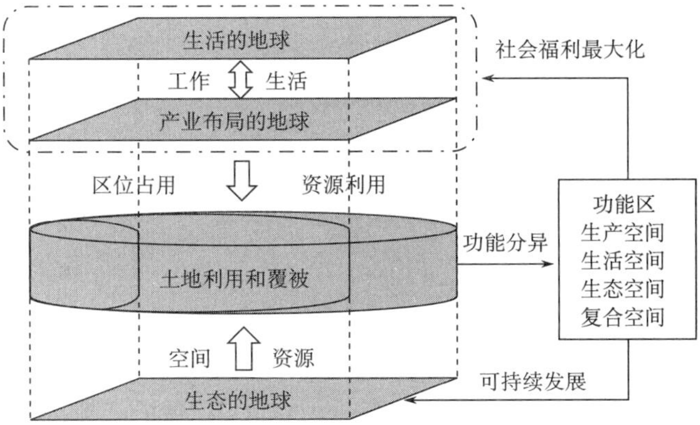

图 6—6　人地关系与地域功能

在此基础上，中国地理学者开始从地域功能的视角认识国土空间开发的最优结构。基于地域功能属性科学识别功能区，特别是合理组织功能区并进行功能建设，就是要协调好每个功能区自身人文和自然系统内部的关系以及人与自然的关系、同一层级功能区之间的关系、功能区局部同整个区域整体的关系、不同层级区域的同一地域功能之间的关系以及功能建设的长期效益和短期效益的关系。地域功能的研究就是在识别地域功能类型的基础上，优化空间组织，寻求最优或次优的功能区划方案。与此同时，功能区之间通过物质能量流动相互联系而构成系统整体。这种相互作用既存在于不同类型功能区之间，例如生态空间和生产空间之间原料、废弃物的流动，生产空间和生活空间的产业发展、社区建设的互动等；还存在于相同类型的功能区之间，例如生产空间建立在比较优势基础上的分工与协作，生活社区通过交通廊道建立起密切的社会交往等。相互联系原理客观上要求对地域功能进行合理的组合，以形成高效有序的空间结构。

2. 空间均衡要实现不同区域人均综合效益的均等化

地域功能的合理组织是实现区域有序发展的基本途径。但是地域功能理论的构建还需要回答三个关键的问题：区域发展格局变动的驱动力，是经济差距的势能决定的吗？是否存在更为复杂的区域均衡系统，其中容纳了社会效益和生态效益？实现这种均衡的必要条件是什么？为了回答这些问题，中国人文与经济地理学者在对经典理论反思的基础上（图6—7），创新性提出了区域发展空间均衡模型，认为实现不同功能区综合发展效益的均等，是保障不同地域功能建设的前提条件，并最终通过各功能区因地制宜的发展建设实现各功能区所组成整体的效益最大化。区域发展空间均衡模型作为阐释功能区形成的人文与经济地理学科学理论基础，对传统经典理论起到了修正作用（樊杰，2007）。

区域发展的空间均衡是指，在消费者具有同等偏好的情况下，标识任何区域（R_i）综合发展状态的人均水平值 D_i 是趋于大体相等的。这里的综合发展状态是由经济发展类（D_{i1}）、社会发展类（D_{i2}）、生态环境类（D_{i3}）等发展状态综合构成的。也就是说，一个经济发展水平低的区域，可以通过其更好的社会发展状态和生态环境状态提高综合发展水平。生活在经济发展水平高的区域的人们会因为社会类或环境类质量的不佳，而导致生活的综合水平并不比经济发展水平偏低的区域人们生活综合水平高。设区域 R_i 和区域 R_j 的人口总量分别为 P_i 和 P_j，则区域发展空间均衡就是：

$$D_i = \frac{\sum D_{im}}{P_i} = \frac{\sum D_{jm}}{P_j} = D_j$$

为进一步揭示区域发展中三维目标之间的关系，评价区域发展的综合效益，以及预测三维目标框架下中国区域发展的基本趋势，中国地理学者对区域经济增长理论等也进行了重新审视，进一步构建了两个空间均衡模型（樊杰，2007）。

第一个是经济均衡本身的立体空间均衡模型（图6—8）。提出经济均衡并不仅仅表

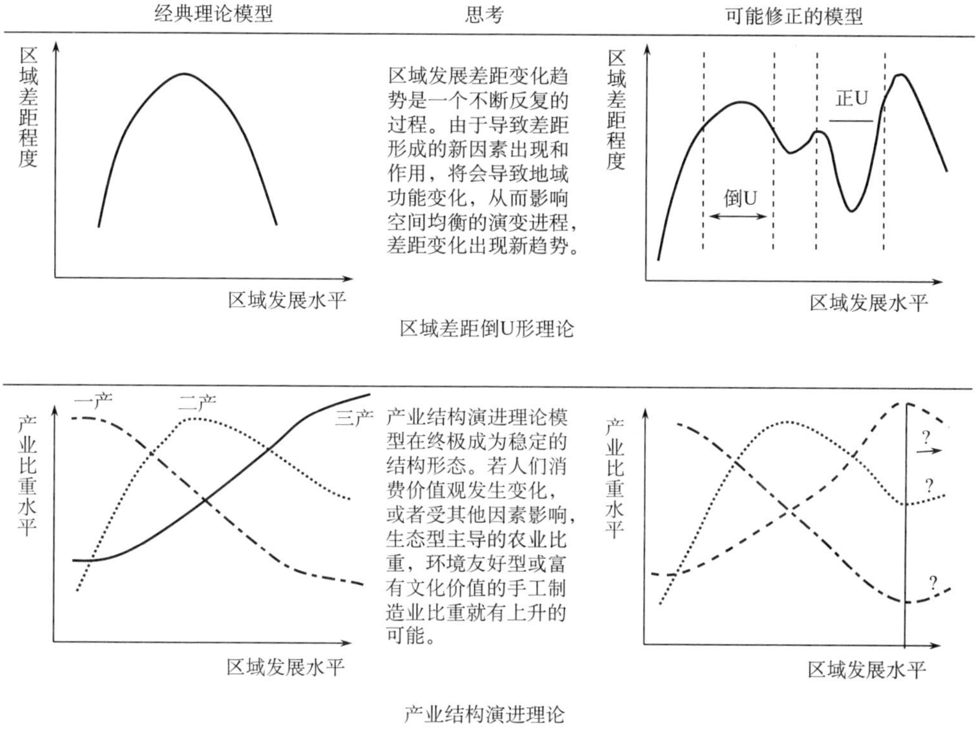

图 6—7　区域发展空间均衡模型对经典理论的反思

资料来源：樊杰，2007。

现在以人均 GDP 为代表的生产层面的均衡，更体现在民生质量方面的均衡。而这种均衡受到政府二次分配、物价等因素的影响。具体而言，欠发达地区的实际购买能力可以通过上级政府的转移支付，以及相对较低的物价水平等得到提升；而发达地区的实际购买力可以通过税收、较高的物价得到合理的调节。也就是说，在工业化和城镇化快速推进的时期，人均 GDP 代表的区域经济发展差距的扩大是必然趋势，但仍然可以促进经济方面的均衡。譬如根据国家的资金实力，逐步提升地区间均等的基本公共服务水平，而这一水平能够维系国土开发格局逐步趋近平衡态。

第二个是综合的空间均衡模型。提出考虑到区域发展条件的客观差异，经济的单一均衡是很难实现的。空间的最终均衡应该是实现由经济发展类、社会发展类、生态环境类等指标构成的区域综合发展状态的均衡。只有这样，一个经济发展水平低的区域，才可以通过其更好的社会发展状态和生态环境状态提高综合发展水平。生活在经济发展水平高的区域的人们会因为社会类或环境类质量的不佳，而导致生活的综合水平并不比经济发展水平偏低的区域人们的生活综合水平高。多样化的发展模式、多样化的文化风

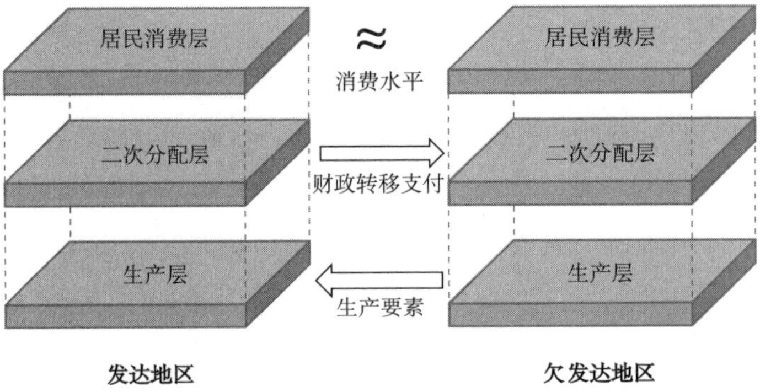

图 6—8 立体空间均衡模型的简略表达

资料来源：樊杰，2007。

格、满足不同生活价值取向的多样化的区域特征，是促使区域发展在复杂系统中实现空间均衡的重要条件。

传统的以 GDP 或收入等刻画的差异，在揭示某种人文与经济地理现象的空间分异格局时是适用的，但在揭示驱动区域均衡过程的机理方面却是相对不适宜的。由于区域差距的认知首先是民生质量，缩小区域差距的主要途径还是人口流动，因此，对区域均衡过程的驱动力研究，应更多地集中在可直接感受的民生质量领域。实际上，民生质量不仅表现在经济生活领域，不仅表现在消费层面，而是在经济基础上，对整个人居环境和社会文化氛围的感知与评价。因此，应该将区域发展均衡模型进一步拓展到区域发展的生态、社会、经济等方面。综合均衡模型阐释了均衡的准则：人们在评价一个区位是否优于另一区位时，并不仅仅考虑经济效益，还考虑社会、生态等其他效益，综合均衡是多因素共同作用的结果。社会效益既应考虑正向的因素，如社会认同感——如犹太人选择居住在犹太社区；还应考虑负向的因素，如区域人口流动导致犯罪状况增加影响到安全因素。生态效益因素既应该考虑生存自身的因素——如所在区域能否提供洁净的水和空气；还应该考虑提升生活品质的因素——如周边区域是否有可供休憩的森林、绿地等。

地域功能的形成，应当是实现区域发展空间均衡的正向过程。即地域功能的形成，既有利于实现地球表层综合效益和长远利益的最大化，又有利于不同功能区的综合发展状态人均水平值的差距是趋于缩小的。如果无法满足这个条件，功能区是难以实现的，或者说是不合理的。因此，实现区域发展空间均衡必须具备两个条件：一是不同地区采取不同类型、同等价值的开发模式；二是影响区域发展状态的各种要素在区域间是可以最大限度的自由流动和合理配置。

第一，多样化的发展模式、多样化的文化风格、满足不同生活价值取向的多样化的区域特征，是导致区域发展空间均衡模型复杂化的主要因素，也是促使区域发展在复杂系统中实现空间均衡的重要因素。发展模式的不同意味着不同类型功能区的综合发展状态人均水平值的具体构成是不同的。经济发展类（D_{i1}）、社会发展类（D_{i2}）、生态环境类（D_{i3}）等分项发展状态，与功能区的功能定位有着密切的关系。经济开发类的功能区通常在经济发展类指标达到高值区，而生态保护类功能区通常在生态环境指标达到相对的高值。因此，不同主体功能区扬长避短、选择合理的发展路径，对实现区域发展的空间均衡有着至关重要的作用。当生态环境价值突出而经济发展相对弱势的区域，因盲目发展经济而破坏了生态环境，必然造成区域发展的更加不均衡。

第二，实现不同功能区区域发展空间均衡，各种资源要素必须能够在区域间合理流动。近期能够有利于区域发展空间均衡的主要途径可以用图 6—9 表示：假设区域 i 为经济发达地区，区域 j 为经济欠发达地区，那么，基于区域发展空间均衡模型，通过人口转移而增加了 P_i 同时减小了 P_j，通过区域 i 向区域 j 的经济援助和合理补偿，以及通过国家和省区等上级政府的财政转移支付，而减小了区域 i 的经济发展类指标数值，同时增加了区域 j 的经济发展类和社会发展类数值。其中，提高区域 j 的社会发展水平是重要的政策导向，以此促使区域间发展综合水平差距的缩小。当然，对于有条件发展的经济欠发达地区，国家通过多种途径为区域营造发展的环境，促进合理的经济发展，也是达到空间均衡的重要方式。

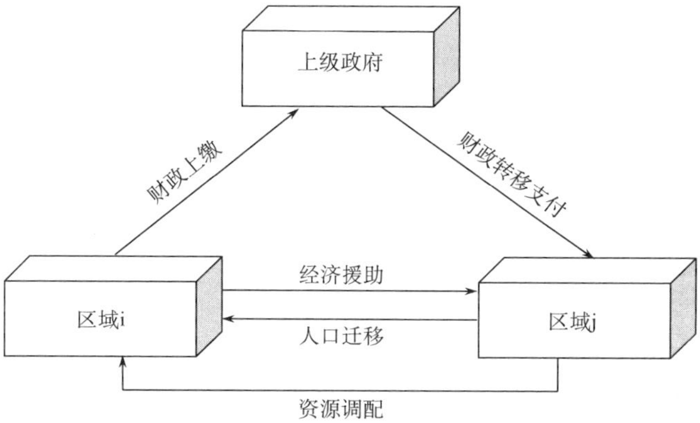

图 6—9　区域发展空间均衡的实现途径

资料来源：樊杰，2007。

3. 地域功能空间结构关系到区域可持续发展进程

空间结构是指点状空间（城镇、工矿点等）、线状空间（交通走廊、能源运输线路等）以及面状空间（农业区、生态保护地区等）的比例关系和组合形态。“点、线、面”是人文与经济地理刻画地理空间形态的三种要素。陆大道先生提出的“点—轴系统”理论创建了有关“点”和“线”的空间组织与演变的规律，成为中国不同空间尺度进行国土空间开发格局组织的基础模式（陆大道，1995）。如果考虑将面状区域纳入“点—轴系统”理论当中将会对空间结构理论产生怎样的影响，是一个从科学规律自身完善的需求中产生的科学命题。此外，“点—轴系统”理论更多地阐释了以空间形态为主体表达空间结构的形成过程及作用机制，对功能指向及其地域类型很少涉及。如果要进行空间开发强度的管制，就需要更多地从功能空间的比例关系来揭示不同自然地理环境背景下、不同发展水平和发展阶段的空间结构演变规律。因此，作为自然秩序的空间结构应该从“点、线、面”多个视角去分析，这样才能够比较完整地刻画空间演化规律。

在这种背景下，中国地理学者提出了地域功能的空间结构理论，它揭示了“面状”空间的组合特征和发展规律。近些年来的研究发现，地域功能空间形态也并不是杂乱无章的，而是存在着某些规律的支配。地域功能空间结构最显著的特征是，人类活动空间是以斑块的形态镶嵌到自然地理环境中的。人类活动的空间分布，特别是“点—轴”系统的生长和发育，要与自然生态环境和资源环境承载力相适应、相耦合。其中，自然地理环境构成了地域功能空间格局的基础，不同的自然地理环境本底导致了多样化的人类活动和自然环境耦合形态，也导致了多姿多彩的地域功能空间格局。决定地域功能的自然环境本底如水土资源、环境容量等具有长期稳定性，但这并不是说地域功能空间结构是不会发生变化的。地域功能空间结构还要满足人类社会福利最大化的发展目标。人类社会空间组织具有自身演化规律，导致地域功能空间结构随着人类社会空间组织的演化而在不断发生变化。另外地域功能空间结构是功能斑块的镶嵌体，也存在着包含、临近、并置、分离拓扑组合关系。

地域功能比例关系也是一个动态过程，这个动态过程呈现可以识别的规律性。人类社会系统的需求结构、主观认知和生产技术在不断发生变化，相同地域被赋予的功能在不同发展阶段也可能是不同的。随着人类活动规模、社会需求结构的变化不断演化，地域功能及其组合结构不断发生变化。如果简单地按照生产、生活、生态功能进行“三生空间”的划分，其三者比例关系和形态结构在时序发展及空间分异上是具有演变规律的。其中，从时间演变过程来看，在农业文明时期，生态空间比例较高，生产、生活空间比例较低；进入工业文明时期，生产、生活空间比例快速增长并达到极值；到了生态文明时期，生产、生活空间比例增速开始趋缓，甚至生产空间比例有所减少。不仅如此，功能区之间的空间位置关系、等级关系、数量组合也在不断发生变化（图 6—10）。地域功能空间结构就是旧的均衡不断打破、新的均衡不断建立的过程。

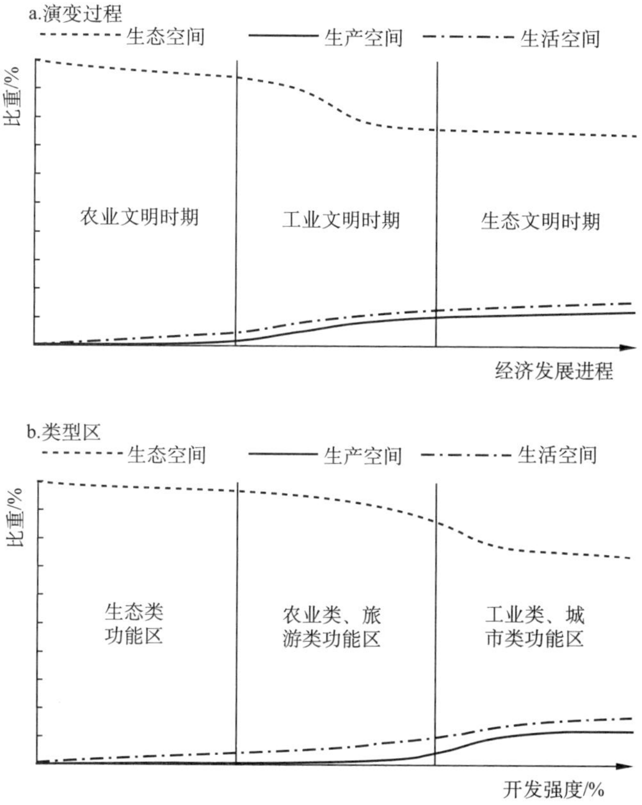

图 6—10　三大空间比例关系演变过程（a）和类型区（b）

资料来源：樊杰等，2014。

地域功能空间结构理论完善了“点—轴”系统理论。合理的人类活动空间组织必须建立在地域功能适宜性评价的基础上，“点—轴”系统的生长和发育需要与生态可占用性和资源环境承载力的区域差异相耦合，这是陆地表层人地关系系统可持续发展的基础。也就是说地域功能空间结构理论为“点—轴”系统的生长提供了空间指向。地域功能理论还能够通过功能斑块集中度、连通度等数量指标，对区域开发的空间结构和比例关系进行数量分析，克服了长期困扰空间管制过程中核算量值化的难题，并通过“生态、生产、生活”空间比例关系表达的空间结构理论的探索，使三大空间比例关系形成的空间结构与“点—轴”系统理论中点—线空间形态构筑的空间结构相互支撑，初步揭示了空间结构有序化演进规律。同时地域功能空间结构还衍生了国土空间开发强度这样一项具有深刻政策内涵，且科学基础性很强的概念与指标。

第三节　主体功能区划方案与中国首张国土空间规划总图

地域功能理论的应用实践是主体功能区规划。以中国人文与经济地理学者为主的研究团队历时近 10 年，在国家发改委委托重大课题“全国主体功能区划方案研制”、科技部支撑计划项目“全国主体功能区规划的遥感和地理信息系统支撑技术体系”、国家自然科学基金重点项目“地域功能的生成机理和演变规律”和中国科学院创新工程方向性项目群“主体功能区规划理论方法与方案研制”等相关重大项目支撑下，配合国家主体功能区规划，组织开展了全国主体功能区划方案的研制工作。通过确定主体功能区划原则和指标体系，评价了国土空间功能适宜性，制定和培训了国家和省级主体功能区划分技术规程，研制完成了国家级主体功能区划草案以及案例省份主体功能区规划等，为主体功能区规划、战略和制度的形成做出了重要的科技支撑，使主体功能区成为贯彻落实人口资源环境相均衡、经济社会生态效益相统一原则的基础性空间布局方案（全国主体功能区划方案及遥感地理信息支撑系统课题组，2009）。

一、技术流程与指标体系

中国地理学者创新性构建并运用地域功能理论，采用地理学综合区划的方法，通过确定每个地域单元在全国和省区等不同空间尺度中开发和保护的主体功能定位，对未来国土空间合理开发利用和保护整治格局的总体蓝图进行总体设计与规划。主体功能区划是具有应用性、创新性、前瞻性的一种综合地理区划，是一幅描绘中国未来国土空间的布局总图（樊杰，2015）。主体功能区划研制技术路线见图 6—11。从技术流程图中可以看出，在主体功能区划实践中存在两个基础性的工作。

一是地域功能和主体功能区的类型划分。除了自然生态系统服务功能、土地利用类型、人类社会活动的空间类型等是确定地域功能类型的基础之外，从规划的视角有两个方面是确定地域功能类型的关键。其一，目标导向和问题导向相结合，即未来国土空间格局的理想蓝图应该由哪些功能构成，目前中国国土空间开发和保护在功能格局上有哪些亟需解决的无序问题。其二，空间尺度效应与不同层级政府职责相结合，在 960 万平

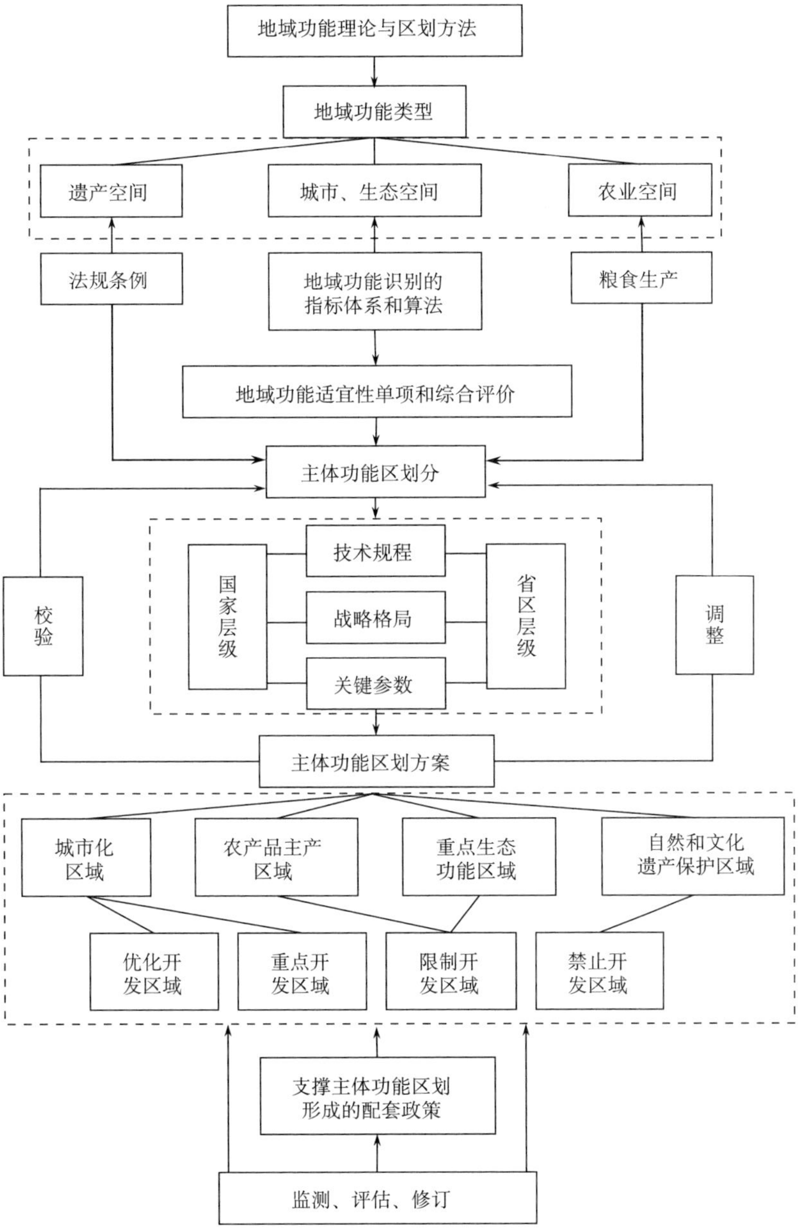

图 6—11　全国主体功能区划技术流程

资料来源：樊杰，2015。

方千米陆域面积的国土空间中实现开发保护格局优化的地域功能应该包括哪些，以及中央和省区等不同层级政府进行空间管制的职责权利和义务适用于哪些功能类型。按照这样的原则，地域功能类型确定为：城市化区域、农产品主产（粮食安全）区域、重点生态功能（生态安全）区域、自然和文化遗产保护区域等四大类。与此同时，着眼制度、战略、规划和政策等政府管理需求，充分兼顾每个区域（特别是以县级行政区为地域单元时）综合发展的可能性和合理性，将一个地域发挥的主要作用界定为主体功能。按照开发方式，主体功能区类型确定为优化、重点、限制和禁止开发区，其中，禁止开发区是叠加在前三类开发类型上的一种功能区类型。

二是地域功能识别指标体系的确定。地域功能识别原理上是在三个维度上综合分析判断形成的。第一个维度是自然维度——取决于地域自然功能在维系自然系统可持续性方面的重要程度。第二个维度是自然环境对不同人类活动的适宜程度。第三个维度是地域功能的效应：以地域功能识别为基础的规划能够促使系统总体效益的增值，即合理的地域功能格局其功能效益总和应大于无序的地域功能格局效益；以地域功能为基础的空间结构有利于向有序化演进，即地域功能与其承载空间构成功能区，功能区之间通过相互作用促进整个国土空间系统的健康、稳定运行，从而形成相对优化的空间格局。按照以上基本原理，遵循创新的开发理念和开发原则：一是尊重自然规律，选择生态重要性、生态脆弱性作为指标，重点用于确定限制开发区域的位置和范围；二是重视国土开发形成的基础，选择人口集聚度、经济发展水平作为指标，主要用来分析未来大规模城市化和工业化的对象区域；三是依托资源环境承载能力，选择水和土地资源条件、环境容量、自然灾害危险性为指标，调整国土空间开发格局；四是兼顾国土开发条件变化所带来的发展机遇，选择交通优势度、国家战略两项指标。共筛选出十个指标项作为全国主体功能区规划中地域功能识别的指标体系（表 6—1）。其中，前九项是可计量指标项，最后一项“战略选择”为全局调控性指标项，旨在强化主体功能区划分的客观性，增强政府重大决策的科学性；有六项资源环境类指标，突出自然环境在地域功能评价中的基础性作用，引导各地区在经济社会发展中更加尊重自然规律，实现可持续发展。

表 6—1　主体功能区规划指标项及指标因子

序号	指标项	作用	指标因子
1	可利用土地资源	评价一个地区剩余或潜在可利用土地资源对未来人口集聚、工业化和城镇化发展的承载能力	由后备适宜建设用地的数量、质量、集中规模三个因子构成
2	可利用水资源	评价一个地区剩余或潜在可利用水资源对未来社会经济发展的支撑能力	由水资源丰度、可利用数量及利用潜力三个因子构成

续表

序号	指标项	作用	指标因子
3	环境容量	评估一个地区在生态环境不受危害前提下可容纳污染物的能力	由大气环境、水环境容量和综合环境容量三个因子构成
4	生态脆弱性	表征全国或区域尺度生态环境脆弱程度的集成性指标	由沙漠化脆弱性、土壤侵蚀脆弱性、石漠化脆弱性三个因子构成
5	生态重要性	表征全国或区域尺度生态系统结构、功能重要程度的集成性指标	由水源涵养重要性、水土保持重要性、防风固沙重要性、生物多样性、特殊生态系统重要性五个因子构成
6	自然灾害危险性	评估特定区域自然灾害发生的可能性和灾害损失的严重性的指标	由洪水灾害危险性、地质灾害危险性、地震灾害危险性、热带风暴潮危险性四个因子构成
7	人口集聚度	评估一个地区现有人口集聚状态而设计的一个集成性指标项	由人口密度和人口流动强度两个因子构成
8	经济发展水平	刻画一个地区经济发展现状和增长活力的一个综合性指标	由人均地区 GDP 和地区 GDP 增长率两个因子构成
9	交通优势度	为评估一个地区现有通达水平而设计的一个集成性指标	由公路网密度、交通干线的空间影响范围和与中心城市的交通距离三个因子构成
10	战略选择	评估一个地区发展的政策背景和战略选择的差异	定性指标

二、地域功能适宜性评价

1. 指数评价方法

采用地域功能识别指标体系对全国陆域国土空间开展地域功能适宜性评价是主体功能区划最重要的基础性工作。评价工作分为两个部分。一是按照统一的技术流程与要求，分别由不同专业的学者对各自的专项指标开展单项评价。单项指标评价尽可能是在自然地域单元上进行，如可利用土地资源指标项的评价就是在 30m×30m 的格网上对每个地块进行识别与评价。对每一个县级行政单元的九项指标进行标准化分级打分，1

分为最低等级，5 分为最高等级。由于不同单项指标评价结果的分布序列是极端复杂的，除了生态脆弱性与重要性的分布相对一致，人口集聚程度与经济发展水平相对一致，以及这两组指标成负相关之外，其他指标项的评价结果是无序、混乱的，这给综合评价带来了很大难度。

二是结合主体功能区类型的要求，开展多项指标的综合评价。综合评价又分两个部分依次开展。首先根据指标项的内在涵义及指标之间的相互关系，将九个指标项分为三种类型，根据指标的归并和分类，分别构建分类指标的综合指数。

第一类指标包括人口集聚度、经济发展水平和交通优势度三项，这三个指标从不同的视角刻画了一个区域的经济社会发展状况。通过求三维矢量距离的方法来反映这三项因素对区域发展水平的共同作用，计算方法如下：

$$P_1=\sqrt{\frac{1}{3}([\text{人口集聚度}]^2+[\text{经济发展水平}]^2+[\text{交通优势度}]^2)}$$

第二类指标包括生态系统脆弱性和生态重要性两项，通过这两项指标的评价可以判断出区域生态系统需要保护的程度。选取这两项指标的最高得分作为评价区域生态系统需要保护程度的依据。计算方法如下：

$$P_2=\max([\text{生态系统脆弱性}],[\text{生态重要性}])$$

第三类指标包括人均可利用土地资源、可利用水资源、自然灾害危险性和环境容量四项，通过这四项指标反映区域国土空间开发的支撑条件。这四项指标中，人均可利用土地资源和可利用水资源取两者最小值作为分子以体现它们的支撑作用；自然灾害危险性和环境容量取两者最大值作为分母体现它们的限制作用。计算方法如下：

$$P_3=\frac{\min([\text{人均可利用土地资源}],[\text{可利用水资源}])}{\max([\text{自然灾害危险性}],[\text{环境容量}])}$$

其次，在指标分类归并的基础上，构建出国土空间开发综合评价指数，并通过该指数区分出“开发”或“保护”两类地域主体功能。这里的“开发”类就是指优化和重点开发区域。其中，P_1 和 P_2 分别体现出一个行政单元对于两种地域功能类型的评价结果，因此将两综合指数相减，分值之差越高的地区地域功能越偏向于“开发类”，反之则偏向于“保护类”。考虑第三类指标对地域功能取向起到的是辅助性的作用，因此对 P_3 通过正弦变换化为取值在一定范围内的标准化指数 k：$k=f(P_3)$。k 作为一个支撑系数，约束第一类指标的综合得分，以便能够准确地刻画支撑条件对国土空间开发评价结果的影响。关于标准化指数 k，国家功能区划中 k 取值范围为 0.9～1.1 之间，省级区划可以根据实际情况调整。可以在第三类指标评价完成之后，考察这四项指标以及 P_3

值的分布，如果其分布与国土空间开发格局一致性较高，可适当扩大 k 的取值范围，反之如果四项指标以及 P_3 值随机性较高，则 k 的取值范围不宜过大。

在此基础上，国土空间开发综合评价指数（A）的计算方法如下：$A = k P_1 - P_2$。将国土空间开发综合评价指数评价结果分为八级，以得出每一个评价单元适宜开发的程度（图 6—12）。这个评价结果首先是国家层面主体功能区划的依据，国家层面主体功能区只占国土总面积约 2/5；同时还是对省级主体功能区划分的指导，以及中央与省级主体功能区划分博弈的依据，在开发强度的自上而下的管制方面能够发挥很好的作用（樊杰，2015）。

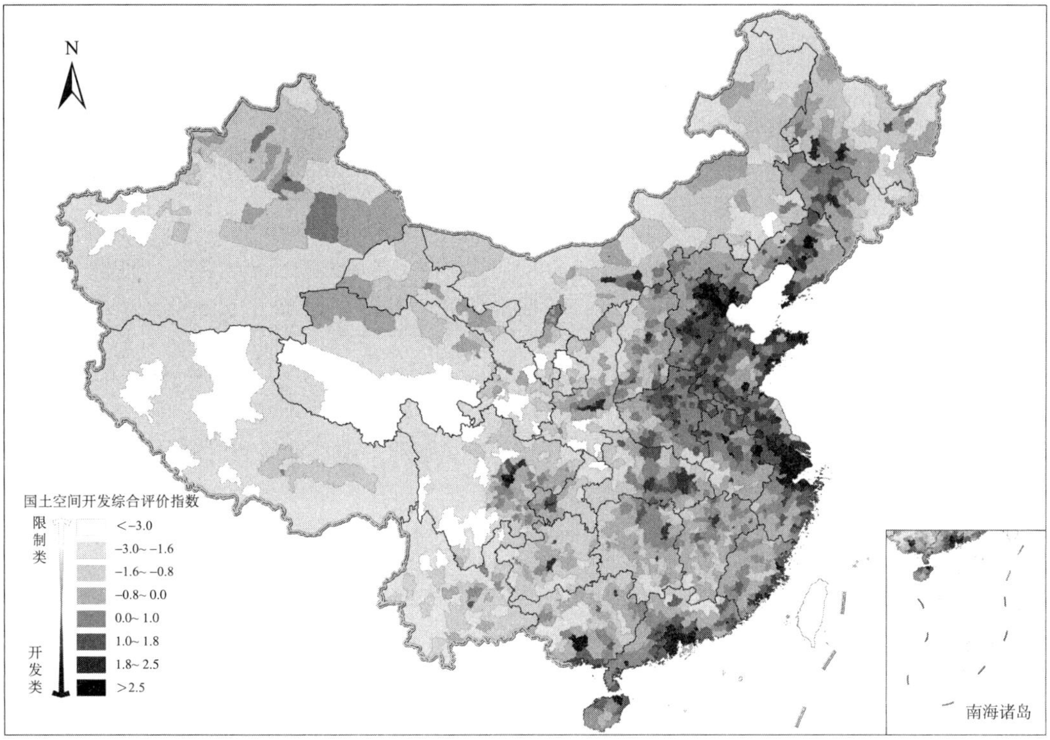

图 6—12　中国地域功能适宜性综合评价

资料来源：樊杰，2015。

2. 判别评价方法

根据不同指标项的含义及其所示的地域功能指向，通过其组合关系对地域功能进行定性判别，从而获取各类功能区的空间格局。可以使用上述三类指标的划分方法作为判别评价的组合元素，也可根据本省实际增加分类或改变分类方法，如从资源环境承载能力、国土开发密度、未来发展潜力三个维度来进行综合分析评价。

首先，对各类指标进行赋值。将第一类和第二类指标分为三级，第三类指标分为两级，分别体现人口经济集聚度及交通优势度、生态系统脆弱性及重要性、资源环境承载条件的分异。参考分级赋值方法见表6—2。

表6—2　三类指标的分级赋值方法

打分	第一类指标	第二类指标	第三类指标
1	人口集聚度≤2 and 经济发展水平≤2	生态系统脆弱性＝5 or 生态重要性＝5	（可利用土地资源＝1 and 可利用水资源＝1）or 环境容量＝5 or 自然灾害危险性＝5
2	其余	其余	其余
3	人口集聚度≥4 and 经济发展水平≥4 and 交通优势度≥3	生态系统脆弱性≤2 and 生态重要性≤2	

其次，对指标进行组合与分级。三类指标赋值后，产生18种组合，根据其国土开发适宜程度分为八级，第一级为最适宜开发，第八级为最不适宜开发。在此基础上，对不同区域的地域功能进行判别评价。根据指标组合的意义可知，从第一级到第三级基本为适宜开发的区域，是优化开发和重点开发的备选区域；第七级和第八级基本为较不适宜开发的区域，是限制开发的备选区域，因而可以据此获得各省区主体功能区的大致空间格局（表6—3）。

表6—3　指标分级组合标准

级别	组合	人口和经济集聚度	交通优势度	生态系统脆弱性和重要性	支撑条件
第一级	332和322	高	高	较低	一般
第二级	321、232和331	较高	较高	较低	不显著
第三级	231和222	一般	一般	较低	不显著
第四级	132和221	较低	较低	较低	不显著
第五级	131、312和311	同时高或同时低		不显著	
第六级	212和122	较低	较低	较高	一般
第七级	211和121	较低	较低	较高	较差
第八级	111和112	低	低	高	不显著

三、主体功能区的划分

地域功能适宜性评价为主体功能区划的确定提供了指向性，但是主体功能区的划分还需要完成三个方面的工作。

一是按照空间规划指向的要求，功能区划要满足三个基本条件。首先，能够满足若干发展目标、支撑条件等的总量要求，是空间规划合理性的必要条件。功能区规划至少应满足的必要条件如下：优化和重点开发区承载城市人口÷总量占比，满足全国城市化水平人口增长需要；农产品主产区粮食产量÷总量占比，满足全国粮食自给水平需要；限制开发区人口规模×人均公共服务补贴标准÷国家财政占比，满足国家财政支付能力等。其次，依据每个地域单元（县区）地域功能适宜性评价进行空间聚合形成功能区，应该同国土空间结构的有效组织形成相互支撑。从开发结构而言，西部欠发达地区以“点—轴”为基本形态，东部发达地区开始步入网络结构组织阶段；从保护结构而言，应适应中国自然地理环境格局和区域生态系统之间的相互关系；从“生活、生产、生态”空间比例关系变化规律看，开发类区域生活生产空间比例大，而保护类区域生态空间比例大。第三，作为中长期规划属性的主体功能区划应注重对未来人口经济区位、国土空间布局演变不确定性的适应能力。从国家层面看，城市群最有可能成为区域开放系统中各种生产要素流的汇和源同生的重要区域类型，构成“流空间”的重要枢纽区域板块。功能区划方案应有利于为城市群的发育及都市连绵带的形成留足空间。

二是区划边界的确定。不同类型区边界确定的主要方法如下：①发生学原理指导下的科学论证。城市化区域着重人口和经济的集聚能力、现状和前景；生态区域侧重于生态脆弱性和重要性程度及其生态系统的相对完整性；农业区域重点考虑自然条件的适宜性和农业生产现状。②决策层充分博弈向科学方案的收敛。同级不同部门的意见体现了单要素视角和部门利益的维度，同部门不同行政层级的意见则体现了不同空间尺度和局部与整体利益协调的维度，同部门同行政层级但不同地区之间的意见则代表着区域间相互作用的维度。政府多元化意愿的统一过程，其实是区划方案综合过程。③合理吸纳不同部门、有关区域的专项规划成果。其中，城市化区域重点借鉴了住建部组织研制的中国城镇体系规划和区域性规划中城镇体系的相关规划内容；生态区域充分借鉴了环保部组织研制的中国生态功能区划方案及国家和地方生态建设专项规划；农产品主产区基本采用国家确定的粮食主产县规划成果。

④采用辅助区划的技术方法。针对城市群为主体形态的城市化区域范围界定，主要采用土地利用和夜间灯光指数分析相结合的遥感技术方法；着眼中心城市在城市群空间形态形成中的辐射带动作用，采用中心城市吸引范围和城市间相互作用断裂点的GIS分析方法，辅助确定城市群空间边界。综合集成主要采用的辅助方法是依据单项评价结果，进行GIS空间聚类。⑤建立辅助决策因素库，针对特定区域的特定问题，参与评价，为功能区划方案的调整提供“一票否决”的依据。如地下水超采区域、强酸雨分布区域、国家林区保护范围等，若评价单元处在这些因素覆盖的范围内，可以考虑不被纳入开发类区域。

三是国家和省区两个层级的区划方案的分工。依托中国科学院项目组研制的区划方法、全覆盖的国土空间评价、“点—轴”与“三生”空间结构等工作基础，由国家层面统一研制全国主体功能区划方案也是可行的。鉴于未来主体功能区规划的实施主体依然具有层级性，如国家级生态功能区由国家财政承担必要的转移支付，省级生态功能区则由省级财政承担必要的转移支付，所以，为了便于中央政府的宏观管理，明确各级政府责任并充分考虑地方政府的利益诉求，主体功能区规划是分为国家级和省级两个层级展开的。国家级区划主要确定在国家层面上具有重要意义的地域功能空间格局；省级划分是以本项目组统一制定的技术规程为依据，在国家界定的城镇化、粮食安全和生态安全战略格局指引下进行国家级优化和重点开发区、农产品主产区域范围的确定，以及省级四类功能区的划分。国家和省级功能区划的互动平台是主体功能区关键参数——开发类区域上限和保护类区域下限。

四、中国首张国土空间规划总图

全国主体功能区划方案的最终形成，是三个过程的集成成果。一是项目组在国土空间功能适宜性评价和综合区划的基础上形成的方案；二是各省区市项目组应用《省级主体功能区划技术规程》形成的方案有关部分；三是中央政府和地方政府在行政维度及博弈过程中确定的部分内容。最终形成第一版全国主体功能区划（V1.0）方案（图6—13），这也是中国首张国土空间（规划）布局总图（樊杰，2015；国家发展和改革委员会，2015）。

根据全国主体功能区划方案，按照开发方式计算，得出中国优化开发、重点开发和限制开发区域的土地面积比重分别为1.48%、13.60%、84.92%；人口比重分别为15.73%、39.23%、45.04%。按照地域类型计算，中国城市化区域、粮食安全区域、

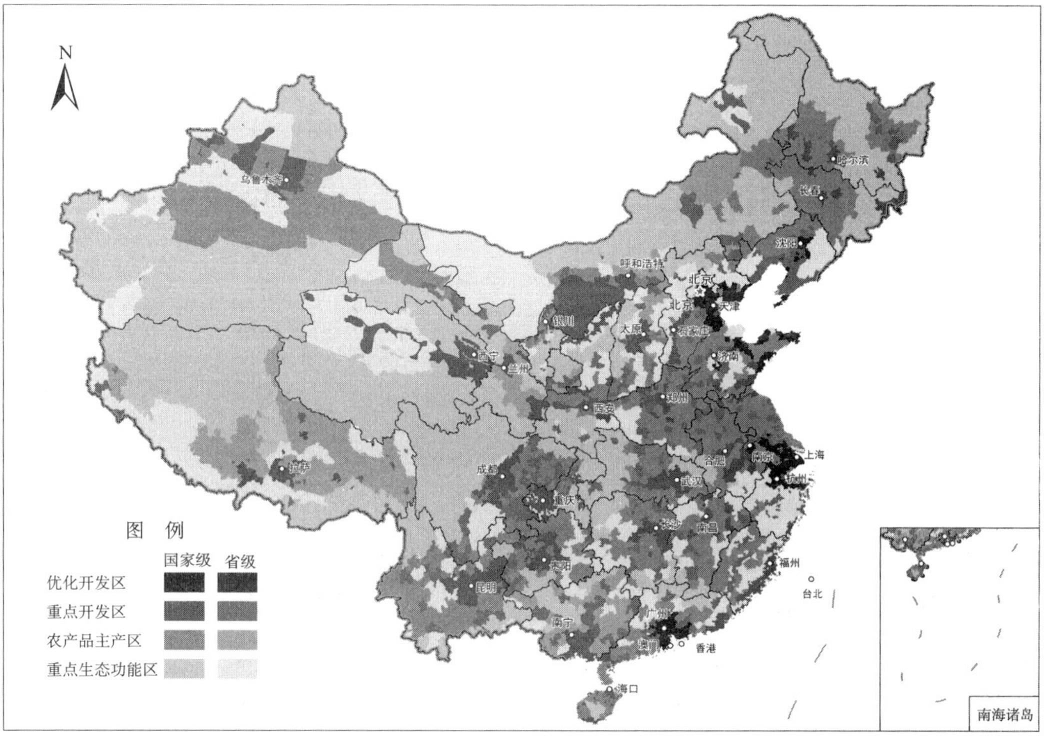

图 6—13　中国主体功能区划方案

资料来源：樊杰，2015。

生态安全区域的土地面积比重分别为 15.08%、26.11%、58.81%；人口比重分别为 54.96%、29.53%、15.51%（表 6—4）。其中，进一步研究发现，按照地域类型归纳的三类区域用地规模比例关系呈现一定的分布规律，各省区市近似表现为 1∶2∶4，反之，人口规模比例关系呈现相反的分布规律，近似为 3∶2∶1。

表 6—4　中国主体功能区划基本情况

指标 功能区类型		区县个数		土地面积		人口				GDP	
		数量	百分比（%）	数量（万 km²）	百分比（%）	数量（百万）		百分比（%）		数量（亿元）	百分比（%）
						常住人口	户籍人口	常住人口	户籍人口		
优化开发区	国家级	134	5.64	13.78	1.43	193.03	150.19	14.49	11.14	134 060.36	30.20
	省级	6	0.25	0.51	0.05	16.51	12.58	1.24	0.93	10 219.27	2.30
重点开发区	国家级	379	15.96	75.11	7.81	308.02	293.71	23.12	21.78	123 650.19	27.85
	省级	311	13.10	55.71	5.79	214.62	215.52	16.11	15.98	66 643.13	15.01

续表

指标 功能区类型			区县个数		土地面积		人口				GDP	
			数量	百分比（%）	数量（万 km²）	百分比（%）	数量（百万）		百分比（%）		数量（亿元）	百分比（%）
							常住人口	户籍人口	常住人口	户籍人口		
限制开发区	农产品	国家级	675	28.42	228.48	23.74	362.67	402.88	27.23	29.87	67 614.22	15.23
		省级	106	4.46	22.81	2.37	30.67	36.32	2.30	2.69	4 129.09	0.93
	生态	国家级	422	17.77	415.10	43.14	103.65	122.17	7.78	9.06	15 730.09	3.55
		省级	342	14.40	150.75	15.67	102.96	115.41	7.73	8.55	21 901.22	4.93
禁止开发区		国家级禁止开发区 2 286 个，省级禁止开发区 5 865 个										
合计			2 375	100.00	962.25	100.00	1 332.13	1 348.78	100.00	100.00	443 947.57	100.00

注：区县个数来源于国家测绘局提供的 2004 版中国县域行政边界矢量数据的统计结果，其中包括独立的市辖区单元，每个市辖区包括若干个行政区；国土面积为各省区市上报的省级主体功能区规划文本中提供的各省区市国土面积的汇总结果；常住人口来源于第六次全国人口普查，户籍人口为 2010 年年末户籍总人口，来源于国家统计局《全国分县市人口统计资料 2010》，由于行政区划有所调整，对应的人口统计结果略有偏差；GDP 数据来源于《中国区域经济统计年鉴 2011》及各省区市统计年鉴。

基于各省区市实际规划形成的区域方案与国家整体进行的功能区划规划在主要指标上还是有一定差异的，但差异程度有限，省区市集成方案的主要指标普遍略高于国家规划指标，特别是森林覆盖率指标略高是具有良好指向的；而耕地保有量因均按照国土资源部下达的指标进行规划而完全一致（表 6—5）。综合看，中国主体功能区规划确定的开发强度在 4%左右，即 38 万平方千米的陆域用于城乡居民地、工矿、交通等建设用地，其中，建设用地的近 30%用于城市发展。

表 6—5　中国主体功能区主要指标统计及比较　　单位：%

	开发强度		城市空间		耕地保有量		森林覆盖率	
	现状	2020 年	现状	2020 年	现状	2020 年	现状	2020 年
a：全国区划方案统计结果	3.66	4.05	0.90	1.20	12.82	12.51	25.06	27.69
b：《全国主体功能区规划》指标	3.48	3.91	0.85	1.11	12.65	12.51	20.36	23.00
差幅 100×(a−b)/b	5.17	3.58	5.25	8.19	1.36	0.00	23.08	20.39

注：《全国主体功能区规划》指标（b）的现状年为 2010 年，全国区划方案统计结果（a）中各省区市现状年不一，多数为 2010 年，还有一些省区市为 2008～2013 年间的某一年，因此，现状指标差幅比较仅供参考。

五、主体功能区划实施监测评估和方案修订

为了反映全国主体功能区划路线对区划方案的合理性有多大程度的影响，建立了通过区划方案关键参数分层级校验、提高不同空间尺度区划方案的协调度和精准度的方法，对区划集成方案进行了评估和校验。校验结果具体为：一是把全国主体功能区划方案与总体组研制的各省区开发类区域面积比重上限、保护类区域面积比重下限两个重要参数阈值进行比较（表6—6），开发类区域吻合程度为78.57%，保护类区域吻合程度为83.87%。二是对陆域国土空间的地域功能适宜性评价进行比较（表6—7），其吻合程度为优化开发区和生态功能区均高达80%以上，重点开发区为62%以上。校验结果说明了全国主体功能区划方案基本符合总体项目组确定的区划技术路线。同时表现出保护类吻合程度高于开发类主体功能区、国家层面各类主体功能区吻合程度多高于省级层面主体功能区的特征。

表6—6　开发上限、保护下限控制阈值在主体功能区划中的吻合程度

	在区间内		高于区间		低于区间	
	开发上限	保护下限	开发上限	保护下限	开发上限	保护下限
吻合程度（%）	25.00	16.13	21.43	67.74	53.57	16.13

注：开发上限是省级重点开发区面积在本省的比重；保护下限是国家与省级重点生态功能区面积在本省的比重。

表6—7　地域功能适宜性评价与区划方案的吻合程度

功能区类型	优化开发区		重点开发区		生态功能区	
	国家级	省级	国家级	省级	国家级	省级
吻合程度（%）	87.45	81.24	62.00	75.10	97.38	87.01

按照主体功能区规划工作部署的第五项内容，未来以中国人文与经济地理学者为主的研究团队将继续对全国主体功能区的建设进行动态监测（王传胜、朱珊珊、樊杰等，2012）。在建立监测与评价指标体系的基础上，采取遥感技术数据采集、全国土地和环境等部门实地检测数据、国民经济与社会统计数据以及重点区域和重点区划边界的实地调研等方法，建立服务主体功能区规划的数据库——这项工作已经纳入全国资源环境与社会经济数据库建设工程中并启动建设；构建以评价模型库为主要内容的大陆区域发展

分析与模拟平台——这项工作已纳入中国科学院知识创新工程的重点建设项目。针对主体功能定位、主体功能区范围以及变化的原因、变化的效果，开展主体功能区动态变化综合评估，提交主体功能区规划实施评估报告，提出完善主体功能区战略的咨询建议。

第四节　从规划到战略、制度：主体功能区的社会影响

过去几年中，主体功能区的最大贡献，是对树立生态文明理念发挥了重要作用，包括资源环境承载能力、主体功能、生态产品、空间结构、开发强度等一系列概念，逐步被理解、接受，开始在政府文件、领导讲话、各类规划中越来越多地得到体现，引领了社会进步。主体功能区从规划提升到战略、制度的高度，不仅成为形成国土空间开发保护的总体格局的依据，也为完善政府区域治理体系提供战略指向和基础制度保障（图6--14）。

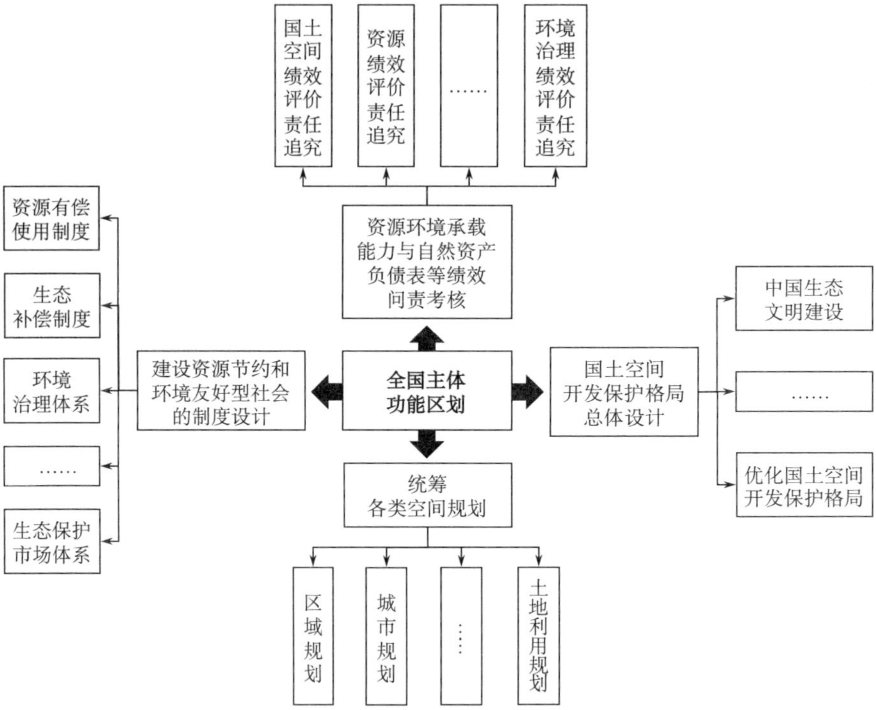

图6—14　主体功能区基础制度作用的解析框架

一、主体功能区的实践应用

2003～2004 年，依托地理科学基础理论和研究积累，中科院研究团队向中央政府提交了“全国功能区域的划分及其发展的支撑条件”咨询报告，建议按照四类功能区构建中国国土开发和区域发展格局。这四类功能区包括都市经济区、人口—产业集聚区、能源—资源重点开发区、农业生产基地，属于今后 20 年中国重点发展和开发的区域。咨询报告还提出了需要进行重点保护和综合治理的生态类型区，主要包括生态系统极端脆弱的区域，或者生态服务功能非常重要的区域，这类区域中一旦被人类不合理的开发利用，极易引起生态系统退化，威胁到人类的生存和发展基础。

2005 年的国家“十一五”规划前期研究成果汇编采纳了咨询报告，并正式委托中国科学院团队组织开展主体功能区研究，为国家“十一五”规划提供支撑。“十一五”规划进一步明确提出编制全国主体功能区规划、推进形成全国主体功能区的基本思路。编制全国主体功能区划规划，就是要“根据资源环境承载能力、现有开发密度和发展潜力，统筹考虑未来中国人口分布、经济布局、国土利用和城镇化格局，将国土空间划分为优化开发、重点开发、限制开发和禁止开发四类主体功能区，按照主体功能定位调整完善区域政策和绩效评价，规范空间开发秩序，形成合理的空间开发结构。”另一方面，中科院研究团队专题研究并形成了重点生态建设区域名录和功能定位的基本表达，22 个限制开发区域、功能定位及发展方向的研究结果被国家“十一五”规划直接采纳（中国政府网，2006）。

2006 年 10 月 11 日，国务院办公厅发布了“关于开展全国主体功能区划规划编制工作的通知”（国办发［2006］85 号）。“通知”认为，编制全国主体功能区划规划是“十一五”规划中的一项新举措，需要各有关方面广泛参与，深入研究，科学论证。“通知”还发布了全国主体功能区划规划编制工作领导小组名单，时任发改委主任、现任国务院副总理马凯为组长，13 个部委领导任成员。按照“通知”要求，国家发改委办公厅 2006 年 12 月 12 日致中国科学院等科研单位“关于委托开展全国主体功能区划规划重大课题研究的函”，由中国科学院牵头，开展“全国主体功能区划方案及遥感地理信息支撑系统”重大课题研究。按照委托函，中国科学院组织了以地理科学与资源研究所人文与经济地理学者领衔，联合自然地理学、资源科学和生态学等学者共同组成课题组，研究解决主体功能区规划中的科技问题。

2007 年，中共中央政治局第 39 次集体学习，人文与经济地理学者就中国推进主体功能区建设、促进区域协调发展进行了讲解，得到了时任中共中央总书记胡锦涛的肯定。胡锦涛在会上强调，中国要加快形成主体功能区。根据资源环境承载能力、发展基础和潜力，逐步形成主体功能定位清晰、东中西良性互动、基本公共服务和人民生活水平差距趋向缩小的区域协调发展格局。要统筹考虑未来中国人口分布、经济布局、国土利用、城镇化格局，明确不同区域的功能定位，优化生产力空间布局，规范空间开发秩序，逐步形成合理的空间开发结构。此后，在党的十七大上，基本形成主体功能区布局被确定为是全面建成小康社会的目标之一。

2010 年 12 月，《全国主体功能区规划》颁布实施（中国政府网，2011）。《全国主体功能区规划》明确提出了国家层面的优化开发区、重点开发区、农产品主产区、重点生态功能区和禁止开发区的地理范围、功能定位、规划目标、发展方向和开发管制原则，并指出各有关部门要根据本规划调整完善现行政策和制度安排，建立健全保障形成主体功能区布局的法律法规、体制机制、规划和政策及绩效考核评价体系。用五年时间研制一个规划并得到最终批准，而且这个工作周期是远远超出了国务院工作部署的时间要求的，这在中国决策历史上是少有的。紧密地依托科学研究作为支撑，每个关键步骤都有科学论证为依据，尽可能将研究工作的基础做扎实，这在中国重大国土空间布局规划历史上是绝无仅有的。

在 2011 年国家“十二五”规划中，主体功能区被提升为区域战略（新华网，2011）。主体功能区战略，就是要按照优化开发、重点开发、限制开发和禁止开发的区域功能定位，优化国土空间开发格局，实施分类管理的区域政策，基本形成适应主体功能区要求的法律法规和政策；按照不同区域的主体功能定位，实行差别化的评价考核；发挥全国主体功能区规划在国土空间开发方面的战略性、基础性和约束性作用（国家发改委网站，2013）。通过主体功能区战略的实施，到 2020 年中国基本形成主体功能区布局。“十二五”规划在全国人民代表大会通过的当晚（3 月 16 日），人文与经济地理学者在中央电视台新闻联播头条新闻里对主体功能区进行了讲解。

在 2016 年国家“十三五”规划中，主体功能区被提高到作为中国国土空间开发保护基础制度的地位。“十三五”规划指出：“发挥主体功能区作为国土空间开发保护基础制度的作用，落实主体功能区规划，完善政策，发布全国主体功能区规划图和农产品主产区、重点生态功能区目录，推动各地区依据主体功能定位发展。以主体功能区规划为基础统筹各类空间性规划，推进多规合一。”形成主体功能区已经成为党中央、国务院优化国土空间开发格局、推进可持续发展战略的重大部署（中国政府网，2015；新华网，2016）。

二、主体功能区规划、战略和制度的意义

1. 主体功能区划成为中国“一张蓝图干到底”的总体方案

主体功能区基础制度作用的核心内容在于它是通过对全国层面资源环境承载能力、开发强度和开发潜力区域差异的整体分析，提出构建“三大战略格局”和“四类主体功能区域”的总体方案，确定了中国国土空间开发保护的总体格局。主体功能区划是具有创新性、前瞻性的一种综合地理区划，同时也是一幅规划未来国土空间的布局总图（樊杰，2013）。

“三大战略格局”指“两横三纵”为主体的城市化格局、“七区二十三带”为主体的农业格局和“两屏三带”为主体的生态安全格局。城镇建设要形成以陆桥通道、沿长江通道为两条横轴，以沿海、京哈京广、包昆通道为三条纵轴，以国家优化开发和重点开发的城市化地区为主要支撑，以轴线上其他城市化地区为重要组成的战略格局，推动人口经济合理集聚，引领中国现代化进程。农业发展要形成以东北平原、黄淮海平原、长江流域、汾渭平原、河套灌区、华南和甘肃新疆等农产品主产区为主体，以基本农田为基础，以其他农业地区为重要组成的战略格局，确保农产品供给安全得到切实保障。生态安全形成以青藏高原生态屏障、黄土高原—川滇生态屏障、东北森林带、北方防沙带和南方丘陵山地带以及大江大河重要水系为骨架，以其他国家重点生态功能区为重要支撑，以点状分布的国家禁止开发区域为重要组成的战略格局，推动生态安全性得到显著提升。

“四类主体功能区域”指优化、重点、限制和禁止四种类型功能区。优化开发区域是经济比较发达、人口比较密集、开发强度较高、资源环境问题更加突出，从而应优化进行工业化、城镇化开发的城市化地区。重点开发区域是有一定经济基础、资源环境承载能力较强、发展潜力较大、集聚人口和经济的条件较好，从而应重点进行工业化、城镇化开发的城市化地区。限制开发区域分为两类：一类是农产品主产区，即必须把增强农业综合生产能力作为发展的首要任务，从而应该限制进行大规模高强度工业化城镇化开发的地区；另一类是重点生态功能区，即生态系统脆弱或生态功能重要、资源环境承载能力较低，必须把增强生态产品生产能力作为首要任务的地区。禁止开发区域是依法设立的各级各类自然文化资源保护区域，以及其他禁止进行工业化、城镇化开发，需要特殊保护的重点生态功能区。主体功能区规划通过四类主体功能区的确定，确定不同区域的主体功能，并据此明确开发方向，完善开发政策，控制开发强度，规范开发秩序，

将推动形成人口、经济、资源环境相协调的国土空间开发格局。

2. 主体功能区成为完善区域政策体系的科学基础

政策体系的设计应该充分体现主体功能区建设的核心内涵，即发展模式的区域差异以及发展成果的公平共享。针对不同区域的主体功能定位，政府采用产业政策、土地政策、投融资政策等的作用着力点和方式就有所不同。如对优化开发区土地供给规模进行控制，通过土地价格杠杆促使提升土地利用的收益，从而达到优化开发区域转变经济增长方式，实现功能升级和国土空间的优化开发利用。同时还要完善、创新区域财政转移支付政策、人口迁移政策、碳排放交易政策等，鼓励和扶持限制开发区特色经济和生态经济的发展以及人口的合理转移，使得生态重点建设地区生态产品的市场价值得到充分体现，使得限制开发区和禁止开发区的老百姓，和生活在优化开发区、重点开发区的老百姓享受的基本公共服务水平，甚至生活水平达到大体的均衡。

政府绩效考核评价体系也应该围绕主体功能区建设相应的调整。主体功能区建设要求强化对优化空间布局、提供公共服务、提高创新能力等方面的评价，增加开发强度、耕地保有量、生态环境质量、社会保障覆盖面等评价指标。主体功能区建设同时要求实行各有侧重的绩效考核评价办法，推动形成不同类型、同等价值的发展模式（许可，2015）。优化开发区域强化对自主创新能力、生态空间建设、产业结构升级以及外来人口公共服务覆盖面等指标的评价。重点开发区域要综合评价经济增长、吸纳人口、质量效益、生态环境以及外来人口公共服务覆盖面等内容。农产品主产区实行农业发展优先的绩效评价，生态功能区实行生态保护优先的绩效评价，禁止开发区要强化对自然文化资源原真性和完整性保护情况的评价。

3. 主体功能区规划成为整合各类空间规划的实用平台

主体功能区为全国层面的各类空间规划以及专项规划中的布局规划内容的衔接提供了科学基础，它所确定的开发强度、功能定位应该是其他空间规划所遵循的基本指标参数。土地利用规划的每个指标制定、评价都要将主体功能区作为重要的约束条件，如建设用地指标安排应该向重点开发地区倾斜，以满足承接优化开发区产业转移和禁止、限制开发区人口转移的需求。城镇体系规划要维系主体功能区的生长和发育，要与主体功能区“两横三纵”的城市化战略格局相一致，并与资源环境承载力空间格局相耦合。同时产业、能源、矿产、环保、交通、生态等各类专项规划，特别是规划中的布局内容都应该实现与主体功能区规划有机衔接。如交通通道建设应该遵循经济社会系统“点—轴”扩散发展规律的基础上，引导人口、产业适应资源环境承载能力进行有效集疏。

主体功能区规划作为国土空间开发的总体规划和顶层设计，对下层位各类空间规划具有约束性、基础性作用。全国主体功能区规划所确定的功能定位，构成了下层位空间规划所遵循的基本原则，其所确定的优化开发区、重点开发区必须在下层位规划中得到细化、落实，其所划定的禁止开发区应该作为生态红线管制的主要依据。例如，主体功能区要求把下层位某些承担“反功能”的斑块，比如生态重点建设区域中的城镇建设用地，限制在一定的阈值范围内。主体功能区格局也为形成良性互动的区际关系、推动各地区共容式发展奠定了基础，其所确定的区域发展方向和共性问题构成了区域规划以及其他所有跨行政区空间规划的科学依据。例如，下层位区域重点斑块功能的评价应放在全国主体功能定位的背景尺度下进行，能够避免出现仅仅在目标尺度评级时地域单元潜在功能被过高估计、过低估计或者“错位”估计的问题。

4. 主体功能区规划成为各级决策者和社会民众的共识

中国地理学者通过参与省级主体功能区规划的评审和咨询，使中国人文与经济地理学在地方政府咨询、新闻媒体报道中产生了广泛而深刻的社会影响。与此同时，越来越多的人文与经济地理学者受聘为国家规划专家委员会委员、国土资源部全国国土规划专家组成员、民政部行政区划与区域发展专家委员会成员等相关政府部门专家委员会委员。此外，在国内外重要学术会议中受邀做关于主体功能区的会议报告，就中国主体功能区划进行学术交流，产生了较为广泛的国际影响。

主体功能区规划的社会影响显著提升，贯彻落实主体功能区规划已经成为中国社会的共识。①推进形成主体功能区，是以人为本谋发展的基本要求。就是要把协调发展的实质定位于“人”，而不是地区生产总值。既要支持欠发达地区发展经济，也要引导一些生态环境脆弱、发展经济条件不够好的区域的人口逐步转移。通过发展经济、人口转移、财政转移支付等多种途径，缩小不同区域间人民生活水平和公共服务等方面的差距，使全体人民共享改革发展的成果。②推进形成主体功能区，是统筹区域协调发展的有效途径。在区域发展总体战略基础上，明确哪些区域要重点开发，哪些区域要控制开发强度，哪些区域不应开发，因势利导地引导经济布局与人口分布相适应，并与资源环境承载能力相适应，促进人口、经济、资源环境的空间均衡，实现区域的协调发展。③推进形成主体功能区，是维护自然生态系统的根本保障。在全国960万平方千米的陆地国土上，明确哪些区域必须以保护自然生态为主体功能，而不能以集聚经济为主体功能。这样，才能从源头上、从根本上扭转生态环境恶化的趋势。④推进形成主体功能区，是提高资源利用效率的迫切需要。要综合考虑不同区域的土地资源、水资源以及其他资源的状况，引导经济向资源环境承载能力较强的区域集聚，引导人口向宜居的区域集中，节约和集约利用土地，减少资源大规模跨区域调动，提高资源的利用效率。⑤推进形成主体功能区，是提高区域调控水平的重要措施。对不同功能区的发展方向提出不同的要求，通过制定和实施差别化的区域政策和绩效评价体系，进行更有针对性的调控和引导。

第五节　讨论与展望

中国人文与经济地理学者通过对地域功能的研究，建立了以区域综合均衡模型和“生态—生产—生活”空间结构演变模式为核心的地域功能理论，发展了地域功能类型为导向具有规划属性和多空间尺度融合的综合地理区划方法，开展了主体功能区划的研究。主体功能区划的核心价值在于它是通过对资源环境承载能力、开发强度和开发潜力的整体分析，确定了中国不同区域的主体功能，解决了长期以来综合地理区划缺失目标指向的问题。主体功能区规划所确定的国土空间开发总体方案成为中国“一干到底”的战略蓝图。也应该看到，地域功能理论正处于快速发展的阶段，还存在一些薄弱环节有待于进一步的探索。

全国科研院所的人文与经济地理学者成为国家和地方层面开展该项工作的骨干技术队伍（图 6—15）。主体功能区的研究形成了以中国科学院团队为核心、全国各地不同单位的人文与经济地理学者及相关地理学者广泛参与的研究网络，主体功能区理论方法的探索成为社会需求又一轮对地理学发展产生较强拉动作用的范例（朱传耿、马晓冬、孟召宜等，2007；叶玉瑶、张虹鸥、李斌，2008；米文宝，2010；潘玉军，2011）。在应用和实践过程中，中国人文与经济地理学在空间均衡模型构建、地域功能形成机理、地域功能识别的技术方法等方面孵化出一批理论创新成果，奠定了主体功能区规划的科学基础和方法论体系，丰富了人文与经济地理学和区域科学的基础理论，特别是对综合地理学的发展做出了具有创新性的贡献。

一是建立了以区域综合均衡模型和“生态—生产—生活”空间结构演变模式为核心的地域功能区划理论。确定了地域功能分异是主体功能区规划的科学基础，研究了地域功能的属性特点、形成机制、分异规律、识别方法等核心问题，发展了经济地理学和区域科学的基础理论体系。

二是构建了生态效益、经济效益和社会效益区域综合均衡模型。明确了地域单元的综合发展状态应由经济发展、社会发展、生态环境等不同类别组成，揭示了能够综合体现地域功能价值的区域间发展水平的新内涵。并将经济均衡过程拓展为生产—分配—消

图 6—15　中国人文与经济地理学者承担各省区市主体功能区规划科技支撑工作的分布

资料来源：樊杰、孙威，2011。

费立体均衡过程，修正了区域均衡过程驱动力局限为经济差距势能的传统理论，揭示了多种类型功能地域在区域均衡过程中形成与作用机制。

三是提出了“生态—生产—生活”空间比例关系随经济发展阶段和自然地域分异特征有序变化的模式。提出了由生产、生活、生态构成的“三生”空间和中国城市化战略格局、农业战略格局、生态安全战略格局。系统阐释了地球表层或是以功能板块表达的地域空间（如农业空间、自然生态空间、城市化空间），或是以人为界限给定的地域空间（如行政区）等的数量比例关系和空间格局。利用地域功能作为基础揭示了空间结构中以面状形态出现地域功能空间组织格局形成的原因和演变规律，丰富了“点—轴”系统理论。最终通过点线面的空间合理组织，形成中国国土空间未来发展的总体布局蓝图。

四是创建了国土空间开发适宜性评价的方法论体系，建立了以社会—环境相互作用形成的地域功能类型为导向的地理综合区划方法。开创了将过程因子和调控因子融入区划过程、增强区划规划属性的途径，对破解地理综合区划科学难题做出了贡献。研制了全国主体功能区划草案和省级主体功能区划技术规程，为中国新区域战略的形成提供了比较系统的科技支撑（全国主体功能区划方案及遥感地理信息支撑系统课题组，2009；徐勇、汤青、樊杰等，2010）。

与全国开展主体功能区规划的紧迫需求与深远影响相比，地域功能研究在基本原理和关键技术方面仍然存在着明显的落差。主要体现在以下三个方面：一是地域功能空间结构理论的研究较为薄弱，还不能够有力支撑对未来空间格局演化态势判断等实践问题，以及对长远目标和实施途径的合理设计等应用需求。二是主体功能区划属于类型区划范畴，并不是严格意义上的地理区划，基于地域功能的全国层面综合地理区划尚属空白（郑度、葛全胜、张雪芹等，2005）。三是构建现代区域治理体系建设的研究，特别是完善空间（地域）规划体系的理论探索，滞后于主体功能区建设的实践。主体功能区基础制度作用的发挥，以及跨行政区域的综合整治与协调发展问题的解决，迫切需要整合空间规划资源、健全空间规划体系。

地域功能理论研究直接面向资源环境和经济社会共同构筑的陆地表层系统，因素和机制复杂，综合集成难度大，理论创新和技术创新性强。地域功能理论体系的完善需要在以下方面取得突破性进展：从不同学科角度剖析人地关系空间耦合的作用机理，然后通过新的方法和技术手段将其综合集成起来；加大地域功能空间结构规律的探究，这是建立和完善地域功能理论体系的重要组成部分；以反映地域功能格局演变机理为导向，建立完善区域发展空间均衡的数理模型；加大地域功能空间尺度转换规律的研究，在此基础上建立中国的综合地理区划；以主体功能区规划为基础统筹各类空间性规划，提出推动地域功能空间格局的现代区域治理体系基本框架（樊杰、孙威，2011）。

参考文献

Fan, J., Sun, W., Yang, Z. S. et al. 2012. Focusing on the major function-oriented zone: A new spatial planning approach and practice in China and its 12th Five-Year Plan. *Asia Pacific Viewpoint*, Vol. 53, No. 1, pp. 85-95.

Fan, J., Tao, A. J., Ren, Q. 2010. On the historical background, scientific intentions, goal orientation, and policy framework of major function-oriented zone planning in China. *Journal of Resources and Ecology*, Vol. 1, No. 4, pp. 289-299.

Wu, S. H., Yang, Q. Y., Zheng, D. 2003. Delineation of eco-geographic regional system of China. *Journal of Geographical Sciences*, Vol. 13, No. 3, pp. 309-315.

丁四保：《主体功能区的生态补偿研究》，科学出版社，2009 年。
樊杰："我国主体功能区划的科学基础"，《地理学报》，2007 年第 4 期。
樊杰："主体功能区战略与优化国土空间开发格局"，《中国科学院院刊》，2013 年第 2 期。
樊杰："中国主体功能区划方案"，《地理学报》，2015 年第 2 期。
樊杰、洪辉："现今中国区域发展值得关注的问题及其经济地理阐释"，《经济地理》，2012 年第 1 期。
樊杰、孙威："中国人文—经济地理学科进展及展望"，《地理科学进展》，2011 年第 12 期。
樊杰、蒋子龙、陈东："空间布局协同规划的科学基础与实践策略"，《城市规划》，2014 年第 1 期。
樊杰等：《玉树地震灾后恢复重建资源环境承载能力评价》，科学出版社，2010 年。
樊杰等：《广东省国土空间开发保护格局优化配置研究》，科学出版社，2016 年。
国家发展和改革委员会：《全国及各地区主体功能区规划》，人民出版社，2015 年。
国家发展和改革委员会网站："国家发展改革委贯彻落实主体功能区战略推进主体功能区建设若干政策的意见"，2013 年 6 月 18 日。http：//www. sdpc. gov. cn/fzgggz/fzgh/ zcfg/201306/t20130625 _ 546888. html
黄秉维："中国综合自然区划草案"，《科学通报》，1959 年。
金凤君、王成金、李秀伟："中国区域交通优势的甄别方法及应用分析"，《地理学报》，2008 年第 8 期。
李九一、李丽娟："中国水资源对区域社会经济发展的支撑能力"，《地理学报》，2012 年第 3 期。
李平星：《生态空间可占用性：理论框架与应用实践》，科学出版社，2014 年。
陆大道：《区域发展及其空间结构》，科学出版社，1995 年。
陆大道、樊杰：《2050：中国的区域发展》，科学出版社，2009 年。
陆大道、樊杰："区域可持续发展研究的兴起与作用"，《中国科学院院刊》，2012 年第 3 期。
陆大道、樊杰、刘卫东等：《中国地域空间、功能及其发展》，中国大地出版社，2011 年。
米文宝：《西北地区国土主体功能区划研究》，中国环境出版社，2010 年。
欧阳志云、王效科、苗鸿："中国生态环境敏感性及其区域差异规律研究"，《生态学报》，2000 年第 1 期。
潘玉君：《省域主体功能区区划研究》，科学出版社，2011 年。
全国主体功能区划方案及遥感地理信息支撑系统课题组："国土空间评价与主体功能区划分"，中国科学院地理科学与资源研究所，2009 年。
任旺兵、蒲宇飞、李军等：《全国主体功能区决策支持系统研究》，科学出版社，2014 年。
盛科荣、樊杰："主体功能区作为国土开发的基础制度作用"，《中国科学院院刊》，2016 年第 1 期。
王传胜、朱珊珊、樊杰等："主体功能区规划监管与评估的指标及其数据需求"，《地理科学进展》，2012 年第 12 期。
王强、伍世代、李永实等："福建省域主体功能区划分实践"，《地理学报》，2009 年第 6 期。
王晓玲：《主体功能区协调发展的保障机制研究》，经济日报出版社，2014 年。
王铮、孙翊："中国主体功能区协调发展与产业结构演化"，《地理科学》，2013 年第 6 期。
吴传钧："论地理学的研究核心——人地关系地域系统"，《经济地理》，1991 年第 3 期。
新华网："中华人民共和国国民经济和社会发展第十二个五年规划纲要"，2011 年 3 月 16 日。http：//news. xinhuanet. com/politics/2011-03/16/c _ 121193916 _ 2. htm
新华网："中华人民共和国国民经济和社会发展第十三个五年规划纲要"，2016 年 3 月 17 日。http：//news. xinhuanet. com/politics/2016lh/2016-03/17/c _ 1118366322. htm
徐勇、汤青、樊杰等："主体功能区划可利用土地资源指标项及其算法"，《地理研究》，2010 年第

7 期。
许可：《国家主体功能区战略协同的绩效评价与整体性治理机制研究》，知识产权出版社，2015 年。
杨伟民：《规划体制改革的理论探索》，中国物价出版社，2003 年。
叶玉瑶、张虹鸥、李斌："生态导向下的主体功能区划方法初探"，《地理科学进展》，2008 年第 1 期。
郑度、葛全胜、张雪芹等："中国区划工作的回顾与展望"，《地理研究》，2005 年第 3 期。
中国政府网："国务院关于印发全国主体功能区规划的通知"，2011 年 6 月 8 日。http：//www.gov.cn/zwgk/2011-06/08/content_1879180.htm
中国政府网："中华人民共和国国民经济和社会发展第十一个五年规划纲要"，2006 年 3 月 16 日。http：//www.gov.cn/gongbao/content/2006/content_268766.htm
中国政府网："国务院关于印发全国海洋主体功能区规划的通知"，2015 年 08 月 20 日。http：//www.gov.cn/zhengce/content/2015-08/20/content_10107.htm
周立三：《中国综合农业区划》，农业出版社，1981 年。
朱传耿、马晓冬、孟召宜等：《地域主体功能区划-理论・方法・实证》，科学出版社，2007 年。

第七章　资源环境承载能力评价的应急应用及持续影响

中国人文与经济地理学以自然科学和社会科学的交叉研究为学科性质定位，以“人地关系地域系统”基础理论和区域可持续发展应用研究为主流方向，但在确定人地关系地域系统的具体研究对象、科学命题、研究技术路线等方面一直进展不显著，很长时间困扰着人文与经济地理学对人地关系地域系统研究的深化和系统化，影响到区域可持续发展研究的基础性和定量化。“地”是通过怎样的载体、媒介、途径作用于“人”的系统？怎样度量这种“作用”的程度是否在一个合理的范围之内？“人”如何适应“地”的约束作用并通过合理的调节实现与“地”的协调？又如何客观地刻画这种协调关系变化的程度呢？“人”与“地”之间的这种作用过程的机理是什么？这种作用关系是否存在着时空差异，这种差异是否有着可认知的变化规律？所有这些问题，都是影响人文与经济地理学学科发展的关键问题。

正是由于这些问题难以破解，不仅影响到中国人文与经济地理学的健康发展，也影响到人文与经济地理学服务社会的能力。而全国和区域的可持续发展，都迫切需要对这些问题有科学阐释和解决问题的答案，才能够转变为政府的决策，进而影响人类发展进程。人文与经济地理学面临的关键科学问题，进一步提炼和上升，就是对“增长的极限”的理解和把握，即资源环境系统对人类不断增长的物质需求是有约束极限的，一个国家和地区在满足约束极限条件下进行的发展才是可持续的（Arrow et al.，1995；Meadows et al.，1972）。中国在改革开放以来经济快速增长的过程中，正是忽视或者说没有认识到资源环境对增长是有极限作用的，无节制地、长时间地采取以资源环境为代价获取经济增长（Liu，2010），甚至在自然灾害风险不断加大的区域还盲目开发建设，付出了昂贵代价。近年来，中央决策层要求转变发展方式，按照科学发展观，走生态文明建设之路。科学决策的重大需求同科学研究的支撑能力相对薄弱之间存在着较大落差，如何按照人口经济与资源环境相协调的原则来规划区域发展、优化区域政策，特别是形成较高量化程度的可考核指标、较高精准精细程度的规划方案，相关领域的科学理论和技术方法都还存在着差距。中国人口众多、经济相对粗放、人均资源短缺、环境污染严重等发展现实，对精明决策的要求非常迫切，对转变发展方式的要求也非常迫切。

当2008年发生汶川特大地震后，重建规划和重建工作将这种迫切程度推到了极致。城镇和乡村居民点究竟是就地重建，还是异地搬迁？即使是就地重建，每个居民点人口的合理容量是多少？应该走怎样的资源开发利用道路才能够实现灾区重建的可持续发展？对这些问题的决策，存在着极大的社会风险，受到国内外的普遍关注，更关系到灾民的人身安全和灾后生活状况。只有科学决策，才能实现科学重建；重建规划必须是科学合理的，才能有效地规避各种风险、彰显国家执政取向和治理能力。中国人文与经济地理学者从人地关系的理念和可持续发展的模式出发，集成相关学科在土地承载力、生态足迹、环境容量等方面研究积累，准确把握“规划”、“政策”的应用需求和应用接口，提出把资源环境承载能力作为重建工作的基础，进行专项评估，为重建规划提供依据，实现科学重建的目标。中央政府采纳了这一建议，并委托人文与经济地理学者来组织多学科共同承担这一任务。汶川地震灾后重建的资源环境载能力评价创造了两个“第一”：第一次将资源环境多要素进行集成、开展承载能力的综合评价；第一次把资源环境承载能力作为政府规划决策的基础工作，被规划决策所直接采纳。资源环境承载能力评价与政府规划决策之间的关系，就如同地基承载能力与置于其上的建筑物设计和建设的关系是一样的，只不过资源环境承载力因为是相对宏观层面上的命题和工作，缺乏像地基承载力在微观层面上产生的后果那样直接、因果关系那样清楚，而往往被忽略。尽管忽略宏观层面资源环境承载能力评价带来的盲目决策和规划的损失是巨大的，但依然长时期未能得到重视。

事实证明，关于重建规划应以资源环境承载能力评价为基础的建议对灾区重建有着重大的现实意义。汶川及此后的玉树、舟曲、芦山、鲁甸等重大自然灾害发生后，由中央政府负责规划并由中央财政承担部分重建资金的恢复重建工作，均委托人文与经济地理学者为主体的团队开展资源环境承载能力评价工作。更重要的是，资源环境承载能力的理念及其评价成果通过汶川和其他重大灾后重建的采纳，被政府和社会所认知和接受，不断在更广泛的社会经济建设领域被决策者重视和应用。无论是主体功能区规划、国土规划、城镇体系规划、京津冀协同发展规划等重大规划，还是生态文明制度创新的绩效考核、资源环境承载能力监测预警等重大制度建设，资源环境承载能力已经发挥，并正在对中国可持续发展和生态文明建设发挥着基础性作用。

第一节　特大地震灾后恢复重建的应急需求和现实背景

一、汶川里氏8.0级地震恢复重建决策需求

2008年5月12日14时28分，中国四川省汶川县发生里氏8.0级地震，震中（N31.0°，E103.4°）位于汶川县映秀镇与漩口镇交界处、四川省省会成都市西北偏西方向92千米处，地震震区共发生余震3 345次，最大余震为6.1级。截至2008年9月25日12时，汶川地震确认69 277人遇难，374 643人受伤，17 923人失踪，地震受灾面积13.26万平方千米，涉及四川、甘肃、陕西三省的51个县区、1 264个乡镇，受灾人口达2 123万人，是1949年中华人民共和国成立以来破坏力最大的一次地震，也是1976年唐山大地震后人员伤亡最严重的一次地震。

地震灾害发生后，中央政府迅速组织开展灾后恢复重建规划与重建工作，但灾后重建工作在应急条件下，首先需要解决的关键问题是："是否就地重建？在哪里重建？重建的规模多大？未来发展的产业导向是什么？"解答这一系列问题是开展重建工作和编制重建规划的重要前提，但决策难度大、风险高，同时还面临着巨大的舆论压力。当时社会上就重建战略、地震灾区人口容量和重建模式存在着巨大争议，主张就地重建者认为震源所在地的汶川县城有2 000多年的历史，是祖先用生命和鲜血找到的安全岛，强调灾后次生地质灾害可以通过工程措施进行有效治理；主张异地重建者则认为按《建筑抗震规范》，汶川县城只能容纳5 000人左右，灾后重建应遵循生命至高无上原则。此外，震后当地居民担心泥石流等次生灾害对家园的再次毁灭，政府也面临着大规模移民将可能产生的社会不稳定。

汶川及其青藏高原边缘地带是中国地震高发区域，灾后重建与国外地震多发区域有着本质的不同。诸如日本太平洋沿岸地震高发带、美国西海岸地震高发带等人口经济密集，地震灾害风险大，但地理区位、水土资源条件乃至工业化和城市化基础都适宜就地重建，特别是通过建筑物和构筑物的防震设计技术、抗震建筑技术水平的提升，按照抗震建筑标准进行设计，以及按照避让地震断裂带的规划部署，就地重建往往成为灾后重建战略的基本选择。中国青藏高原地震高发带存在的问题则大不一样，利用灾后重建进行生活和生产活动的布局调整优化，将抗震救灾、灾后重建、灾区可持续发展融为一

体，成为中国大灾之后开展重建工作的一个基本模式。之所以说中国灾后重建与国际通行模式有显著差异，最关键的问题，就是灾区的资源环境条件在灾前就非常恶劣，社会经济基础在灾前就极端薄弱，大灾使资源环境条件更加恶化，集体和个人都遭受了巨大经济损失。这样，有必要重新审视灾区发展条件，尽可能利用重建之际，在避险减灾的同时，增强灾区经济发展和现代化建设的能力。重建的底线要求，就是灾区重建后的面貌一定要较灾前有实质性改善，居民收入水平、地方经济水平、区域基础设施水平等都有明显提高。

二、资源环境的约束作用被长期忽视

自汶川地震以来，中国大陆又先后发生了玉树里氏 7.1 级地震、舟曲特大泥石流、芦山里氏 7.0 级地震、鲁甸里氏 6.5 级地震等特重大自然灾害，给中国人民的生命和财产安全带来了巨大损失。面对“大灾大害”，甚至“小灾大害”的沉重现实，我们认识到，在城镇建设和生产力布局时，由于忽视区域资源环境本底条件，已经付出了极为昂贵的社会经济代价，这在舟曲特大泥石流山洪自然灾害中体现的十分显著。舟曲县县城土地稀缺，可用土地面积仅 2.36 平方千米，自建制以来，县城部分建筑就坐落在泥石流堆积扇下部。由于过去集聚人口较少，城区集中分布在泥石流危害较轻的白龙江两岸。自 20 世纪 90 年代以来，县城规模持续扩大，城区人口从 1996 年的 2 万人增加到 2010 年的 4.7 万人。为解决人地矛盾，县城周边泥石流危险区也被开发，大量建筑物陆续在泥石流堆积区修建，造成泥石流排洪道被大量挤占，灾前排洪道不足 5 米宽，下游渠道两侧几乎全部被建筑物占据。当特大泥石流发生时，排洪渠两侧的建筑物绝大多数被彻摧毁，掩埋、冲毁房屋 5 508 间，造成 4 496 户、20 227 人受灾，水毁农田 1 417 公顷，遇难和失踪人数分别达到 1 471 人和 294 人。

自然灾害造成的巨大损失，使我们深刻地认识到，发展规划不注重资源环境条件，经济建设忽视资源环境条件，人地关系不协调最终是以人的生命安全和经济的重大损失为代价的。事实上，长期以来，中国各地区推进工业化和城镇化过程中，为追求经济增长速度，忽视资源环境的客观约束性，盲目做大 GDP 和城镇规模（Bai，Shi，Liu，2014）。一个突出的表现就是，在各种空间布局规划与决策时，特别是在计划经济时期，主张人定胜天，规划（计划）编制通常缺乏科学基础，对资源环境条件的科学研究和评价工作被忽略，从而降低了规划编制和决策的科学性。几乎所有的综合性规划、专项规划、行业规划或项目与工程规划布局决策（包括重大失误的工程）都可行，重大规划普遍缺乏资源条件评价和环境影响评价。更没有规划后评估，甚至即使失误也不追究决策责任。由于空间布局规划具有战略性、全局性和长期性，一旦决策失误，将导致经济发展与资源保障、环境容量、生态安全之间的矛盾日趋突出。目前来看，中国大气环境区域性复合污染凸显，流域水环境质量持续下降，土壤质量恶化威胁食物安全，生态环境服务功能减弱，导致人居环境日益恶化，甚至严重威胁到国民的生命健康。环境污染引发的潜在危机，已由零星向局部地区拓展，并可能向更大地域范围蔓延。

三、人地系统研究的实施途径尚在探索当中

协调人地关系，不仅被决策层在各类国土空间布局规划和各项发展政策与业绩考核中所忽视，在科学界的研究体系中也成为非常薄弱的环节，甚至缺失。至今中国尚未建立起可持续发展的理论和方法体系，没有在大学教育和科研院所中建构可持续性科学。人文与经济地理学是研究自然圈层与人文圈层之间相互作用所形成的陆表人类活动分布规律的一门学问，学科性质、研究对象明确是研究人地关系地域系统。相对于人类活动这一主体而言，自然圈层是人类活动主体的自然环境。人类活动主体和自然环境构成了一个极其复杂的相互作用系统（吴传钧，2008；陆大道、郭来喜，1998），其复杂性一方面表现为“主体”、“环境”内部各要素间、要素不同组合间，以及“主体”和“环境”间的相互作用关系多样，特别是随着人类活动主体与自然环境之间融合程度不断加深，“纯”人类活动主体、“纯”自然环境越来越少，人类活动与自然环境之间的界面越来越模糊，相互作用的内生化趋势加剧，作用关系的复杂程度提高。另一方面各种作用的驱动关系和影响机理通常还存在着因时、因地、因尺度不同而发生变异，加之人类活动在这一作用系统中的影响力加强，因人而异产生的不确定性显著提升、作用机制的复杂程度提高。

然而，中国的科学体系长期以来被截然分割为自然科学和社会科学两个体系。在自然科学与社会科学二元论为主导、复杂性科学研究方法滞后的过去，人文与经济地理学的发展长期受阻，在综合性研究方面难以有实质性突破（陆大道，2003）。通常我们会说，地理学的价值和特性之一是综合性，但恰恰是综合性成为地理学最大的科学难点问题。当自然地理学忽视综合性而名正言顺地归伍到自然科学体系之中时，人文与经济地理学若忽视综合性就难以有其合理的学科性质定位。所以说，只有当综合性学科或者说是交叉科学在理论表达的形态与本质内涵、科学方法论的范式和特征、科学性检验的标准和途径等方面，建构起有别于二元科学划分体系已有套路并得到认可之后，人文与经

济地理学科才有获得本质提升的可能。当然，人文与经济地理学也应当从自身做起，建构具有交叉学科性质的理论基础与方法论体系，否则，人文与经济地理学的科学性始终会受到质疑。某种意义上说，人文与经济地理学的学科质量能否取得实质性的提升，取决于自然科学与社会科学交叉科学在基础理论和研究方法论方面是否能产生质的飞跃。

人文与经济地理学者在解决人地关系地域系统命题的研究途径时，应对综合性问题和复杂性系统，形成了一套实用性强的方法论（樊杰，2014）。一是通常以过程归纳作为凝练普适性规律的基本手段，但往往因影响因素和机制的变化，在现状问题研究中难以照搬套用，在未来模拟预测中难以直接进行推导延续。二是通常以比较研究作为建立在长期经验积累基础上解析相似研究对象的基本方法，但往往因缺失令人折服的可比较性论证和忽略时空分异问题而被疑似为教条机械的方法。三是通常以定性分析作为探究复杂对象内在相互作用关系和机制的基本方法，但通常因缺乏清晰的作用关系机理表达和数理关系表达而有损定性结论的科学性和定量结论的精准性，且难以通过传授和交流过程较快地实现对分析方法的掌握。四是通常采用逻辑判断作为诊断问题和调控预测的基本方法，但往往又由于逻辑关系更多的是科学哲学层面的宏观思维而出现具体结果多样、共识程度低的情况。总之，人文与经济地理学在综合集成研究方法和解决复杂性系统的能力方面，还难以适应建构人地关系地域系统理论体系的需要。

第二节　人文与经济地理学者将资源环境承载能力研究和应用提升到新高度

汶川地震发生后，中国人文与经济地理学者作为工作组成员和专家，在灾后重建规划工作方案起草时提出，把资源环境承载能力评价作为解决重建规划面临的关键问题的基础性工作，这个建议引起中央政府高度重视并被采纳。国务院发布的《国家汶川地震灾后重建规划工作方案》就指出，重建规划要以资源环境承载力评价为依据，“根据对水土资源、生态重要性、生态系统脆弱性、自然灾害危险性、环境容量、经济发展水平等的综合评价，确定可承载的人口总规模，提出适宜人口居住和城乡居民点建设的范围以及产业发展导向”。国务院关于资源环境承载能力专项评价的任务交由人文与经济地理学者牵头、组织六个部委不同资源环境领域的专家来共同完成。

一、资源环境承载能力评价的难点

国内外研究土地和水资源承载力、环境容量、生态承载力已有一定的基础，但多数承载力评价工作集中在可持续发展理念提出后的 20 多年时间里，此后便缺少较大规模和较有影响的研究。在罗马俱乐部以及联合国等机构推动下，国外通过世界模型、农业生态区法模型、提高承载力策略模型、生态足迹模型等技术实践，并经历了从单要素制约的承载力发展到多要素制约承载力研究、从人口规模测算到社会经济发展问题的研究。中国在进入 21 世纪之前，有关承载力的研究一度成为资源环境领域的热点选题，针对全国和地方不同空间尺度，从土地资源、水资源、生态、环境、灾害等不同自然要素，研究可承载人口的合理规模。其中，对土地资源承载力的研究最具代表性（中国土地资源生产能力及人口承载量研究课题组，1991）。国内外早期关于资源环境承载能力研究具有的共同特点是：一是以单自然要素为承载体、研究成果出口是人口容量的研究居多，后期出现了多要素研究的案例，但综合要素的集成研究一直是该领域的空白；二是承载体和承载对象间的承载关系，往往比较单一，多数成果是归集到能生产多少粮食、最终能养活多少人的因果关系方面；三是成果多重视研究价值，尽管出现了生态足迹法研究的承载关系已比较复杂，但政策内涵比较模糊，加之承载力综合评价输出的量值结果普遍较单一，应用能力非常有限，在规划和决策上还未被直接采纳。

在汶川重建开展资源环境承载能力综合评价之前，承载力研究热潮的减退，特别是进入 21 世纪后研究的萧条期，主要是因为资源环境承载能力研究存在的科学难点问题难以克服所导致的。反过来，正是由于研究成果应用领域有限，现实需求无法满足，因此，也没能够形成需求拉动研究的态势。承载能力研究的复杂性及由此产生的科学难点问题主要表现在以下几个方面。①在传统的资源环境承载能力评价中，评价尺度多为全球或国家尺度，通常在揭示人口容量测算的驱动关系方面具有清晰的表达，在形成资源环境约束、增长上限和可持续发展理念方面提供了科学支撑。但是，将评价尺度转换为一个区域时，资源环境承载能力的评价就变得极其复杂。首先，承担不同功能——也就是说承载对象不同，承载力就有很大差异。区域作为开放系统，地域功能在区域开放系统下具有较强的不确定性，如果缺失承载对象的分类及识别，就导致区域资源环境承载能力评价在评价因素选取、指标体系构建等基本范畴上难以确定，因此，如何消除不同承载对象的不确定性问题？②资源环境要素具有流动性。无论在区域内部还是区域间，资源环境的物质能量交换是持续而广泛的，区域资源系统的“短板”可通过区际资源调配与流动实现提升，而区域环境系统的“长板”可能被相邻区域扰动波及成为重要限制因素。因此，如何解决资源环境要素流动性对区域承载力的影响问题？③鉴于承载对象的动态性，特别在科技进步、人口流动、政策管理等社会文化与制度因素的影响下，区域资源利用效率以及环境整治与修复能力得到进一步释放，在资源环境承载力盈亏状态的调节中发挥着积极作用，这就导致资源环境承载能力似乎不是一个客观存在的常数。④资源环境承载能力评价还存在临界阈值的模糊性，复杂的地球表层系统决定了区域资源环境承载力的上限和下限具有一定弹性，其弹性空间的客观存在制约着承载能力评价对界线和阈值的定量分析与动态模拟。⑤中国的资源环境监测体系与数据共享网络建设相对滞后，监测管理、站点规划、技术规范以及信息发布不统一，也制约着承载力研究的进展。可见，尽管资源环境承载能力的相关研究在国内外起步较早，但一方面受地域系统开放性、资源环境要素流动性、承载对象不确定性等研究难点的制约，另一方面因研究成果的政策内涵不够、应用能力不足、应用需求不旺，资源环境承载能力研究难以有实质性突破。如果这一系列问题得不到解决，就无法实现资源环境承载能力满足规划决策需求的目的。

作为灾后重建的应急需求，资源环境承载能力还存在着特殊的难点问题。在时间要求方面，中央政府要求三个月完成总体规划，考虑到协调和论证预留一个月，总体规划就必须在两个月内完成。而作为规划基础和依据的资源环境承载能力评价，就只能在一个月内完成。按照汶川地震灾后重建工作方案，从 2008 年 5 月 28 日晚开始部署到 6 月 20 日完成评价初步成果，只有 22 天的时间。在基础条件来看，进行资源环境承载能力评价的基础工作条件并不是很好，特别是数据支撑不够，重建规划要求能够对每个乡镇居民点都尽可能有一个相对明确的评价结果，便于指导未来的重建工作，这就对资源环境各方面的数据精度有很高要求，而灾区处于边远贫困地区，数据获取成本高、更新慢，地理基础数据和资源环境数据很有限，有的县甚至没有乡镇行政边界的数据。此外，从灾后重建规划的特点来看，同其他空间规划和科研工作的最大差别是，地震灾区的情况还在不断变化，余震不断，灾害损失的调查与评估没有截止时点，短期内也无法为资源环境承载力评价提供必要的灾损数据及灾损分布和范围；次生地质灾害的分布和危险性调研也在同步进行，根据每天工作进度逐天上报数据；甚至最基本的地震烈度定级标准在开展资源环境承载力评价的初期也没有完全确定。随着灾损和地质调查进度，评价数据需实时更新与替换，甚至评价区范围一时难以确定，这又进一步加大了工作难度。

二、人文与经济地理学者对资源环境承载能力评价的理解

1. 从概念与内涵入手

人文与经济地理学者对资源环境承载能力的研究，同已有研究具有相同的路径，也是从概念与内涵入手。大家形成的共识是，“资源环境”实质是指社会经济发展依托的自然基础，“承载能力”通常是指一个承载体对承载对象人类生产生活活动的支撑能力。人文与经济地理学者要研究的“资源环境承载能力”是资源环境各要素承载能力的综合集成，这些要素包括了影响人类生产生活活动的所有自然条件，如资源、环境、生态、灾害等。在灾后重建对承载能力评价的要求中，资源环境承载能力中的“资源环境”只是综合自然条件的代名词，资源环境承载能力评价其实是对社会经济发展的自然条件综合分析。

这样，科学认知资源环境承载能力的内涵，须从自然基础条件和社会经济发展两个维度进行综合认识。一方面，着眼于自然基础条件，资源环境承载能力可以表达为在承载不断变化的人类生产生活活动时，资源环境系统进入不可持续过程时的阈值或阈值区间，即资源环境系统对社会经济发展具有上限约束作用。对相同规模和类型的人类生产生活活动，不同的自然结构、自然功能，其约束上限的阈值或阈值区间是不同的，即资源环境承载能力同自然结构和自然功能有着紧密的关系（Cohen，1997）。另一方面，着眼于人类生产生活活动，资源环境承载能力表达为，在维系自然基础可持续过程的同时，能够承载的最大经济规模或人口规模。显然，在同样的自然基础条件下，不同的开发功能、不同的利用效率，其可承载的经济规模或人口规模是不同的，即资源环境承载能力同发展方式和发展水平有着紧密的关系。资源环境承载能力评价旨在客观分析资源环境条件、评价资源环境开发利用的合理方向与强度，通过协调人类活动与自然基础的关系，实现资源环境的可持续开发利用及人类经济社会的可持续发展。

如果能够按照以上内涵进行承载力研究和评价，资源环境承载能力评价本质是通过综合分析灾区国土开发条件的适宜性及限制性，确定不同区域功能指向和开发强度。这样，承载力评价的结果就能够为灾区国土开发分区和空间结构布局、城镇化模式选择和产业结构调整、重大国土整治工程部署以及重建机制体制创新和政策措施配套，提供科学依据。特别是能够在统筹人口分布、经济布局、国土利用领域，引导人口和经济向适宜开发的区域集聚，促进灾区可持续发展方面具有重要作用。

2. 承载力的学术思想建构

人文与经济地理学者进一步从学理上对承载力属性进行解剖，成为综合评价资源环境承载能力概念框架的建构基础。当自然圈层同人类活动发生作用时，各自然地理要素才被赋予了资源属性、环境属性和灾害属性。人类社会在不同发展阶段表现出不同的自然观和作用自然的方式。在原始文明、农业文明时期，自然条件，特别是农业自然资源对人类活动的作用是直接的，地理环境决定论成为早期人类可持续发展的自然法则。工业文明时期，人类对自然资源的开发程度不断提升，随着支撑工业化和城镇化的矿产资源、能源资源、水土资源的开发规模持续增长，以及随着环境污染不断加重和生态服务功能的持续减弱，资源上限、环境底线和生态安全成为制约人类可持续发展的关键，如果不能合理调控生产方式和生活方式、调整空间结构和产业结构，以牺牲资源环境为代价换取发展的方式必然难以维系（樊杰、周侃、孙威，2013）。协调人类活动与自然圈层之间的关系，就必须首先客观认知和合理把握自然圈层作用人类活动的载体和规律，资源环境承载能力就是对这一载体的表达（樊杰等，2009）。

资源环境承载能力是自然圈层同人类活动相互作用所呈现的资源属性、环境属性和灾害属性的总和所能够承载人类生产和生活的能力，即资源环境承载能力是资源保障、环境容量、灾害风险的函数。资源环境承载能力也是决定人类是否可持续发展的资源环境门槛的阈值表达，即资源环境承载能力同时也是人类生产和生活方式、类型、结构、效率等的函数。

前面已经谈到，全球整体研究，通常是把食物量作为维系人类可持续发展的关键参数，把能够养活多少人作为资源环境承载能力的结果表达。因此，全球尺度研究资源环境承载能力是一个相对简单的问题，若着眼于区域开展资源环境承载能力综合研究较全球研究更为复杂。针对研究难点问题有若干思考。①区域的尺度不同，影响区域发展的自然条件是有差异的，评价的指标构成和关键阈值的选择是不同的。②同一尺度的区域承载对象不同对承载能力也产生重大影响，除承载对象类型不同需要选择不同的评价承载能力的指标体系之外，承载能力因承载对象的结构和效率不同也会产生显著的差异。③区域承载体部分组成要素的开放性和流动性，使得区域承载能力研究必须受制于开放性和流动性涉及的相关区域，也就是说，整体总量是控制组成各区域分量的约束条件。④资源环境承载能力具有很强的短板效应，即制约区域发展的某个关键要素就可以决定整体承载能力的大小；同时，资源环境承载能力还具有很强的集成效应。

资源环境承载能力是动态的，不仅可以通过人类整治改善自然、增加资源环境承载能力，更重要的是可以通过调控人类生产和生活方式，增加资源环境承载能力。也就是说，资源环境承载能力具有很强的政策内涵，可以作为评价区域可持续发展状态、制定区域可持续发展规划、调控区域可持续发展过程的重要依据和政策手段。

3. 承载力与可持续性关系的讨论

资源环境承载力是研究可持续性的关键参数。资源类、环境类、生态类、灾害类等要素的承载力属性对可持续性的影响，是开展综合集成研究的基础。

（1）从资源的再生特性和可持续利用角度来看，资源可分为非可再生资源和可再生资源。一般而言，非可再生资源包括矿产资源、能源等，其资源供给总量表现为储量限制，在满足不断增长的人类生产生活活动需求时不断减少，无节制地开发将加快非可再生资源的耗竭，使未来资源供给与人类需求之间出现短缺而影响人类正常发展，因代际不公平而出现不可持续发展过程（图 7—1（a）），拐点（A_1）出现时的不可再生资源

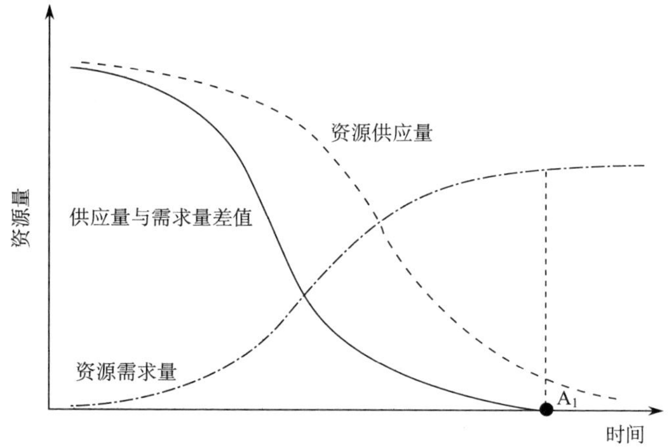

(a) 非可再生资源

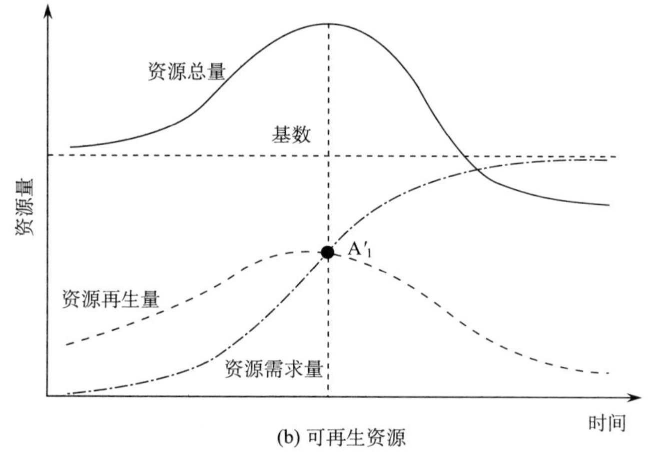

(b) 可再生资源

图 7—1 资源类承载能力演化特征

供给能力就是表征不可持续性的重要阈值。可再生资源包括生物资源、土地资源、地表水资源等，其资源供给总量表现为容量限制，取决于资源恢复能力与消费需求之间的相互关系（图 7—1（b）），显然，如果消费需求大于再生能力，意味着消费将动用可再生资源的基数，可再生资源也同样表现为同不可再生资源一样的减少过程，进入不可持续状态。因此，可再生资源的利用一旦出现消费需求大于再生能力时，即拐点（A_1'）也同样具有对不可持续性诊断的价值。

（2）环境的构成要素包括水环境、大气环境、土壤环境等，各类环境都有一个可接纳污染物的合理容量，无论污染物属性、环境自净能力、累积效应等污染过程如何复杂，其结果都能表现为环境质量的变化。随着社会经济发展，污染物排放不断占有区域环境容量，有可能逼近甚至超越环境合理容量，区域发展进入不可持续过程（图 7—2）（傅伯杰，1993）。而且，在合理环境容量范围内，有可能存在这样的阈值（即拐点 B_2），一旦污染排放超越该阈值，在路径依赖下将持续演变为超越容量上限的过程，或环境治理成本出现增长拐点。因此，符合可持续发展要求的环境管理，应该是根据环境剩余容量对社会经济发展过程进行调控，而且区域不可持续性不应只关注合理容量超越与否，而应同时超前给出可持续性临界预警。在环境容量没有具体给出之前，按照环境质量标准或环境质量变化状态进行管理就不失为一种有效且科学合理的方式。

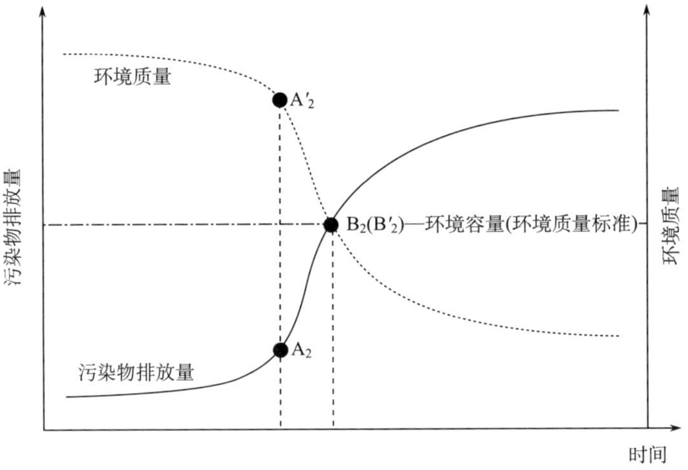

图 7—2　环境类承载能力演化特征

（3）区域生态的系统属性决定着在资源环境承载能力评价时，需要关注其内部性和外部性两个方面。内部性关注的重点是维系生态系统自身稳定性所需要保障的最小生态用水、最小生态空间等；外部性则更多关注生态服务功能以及其对人居环境感知的生态质量变化的影响。因此，生态类承载能力的测算时，涉及数量和质量两个方面，具有复合特征。与数量相关的生态类承载能力，可参照非可再生资源类评价，注重储量限制；而与质量相关的生态类承载能力，可参照环境类评价，注重容量限制（图 7—3）。而且，生态系统具有一定的可恢复能力，在生态占用超出最小阈值、生态服务功能严重受损之后，生态系统有可能在一定的条件下得到完全恢复，但在受损达到一定程度后生态系统的恶化将呈现不可逆态势（即拐点 C_3）。

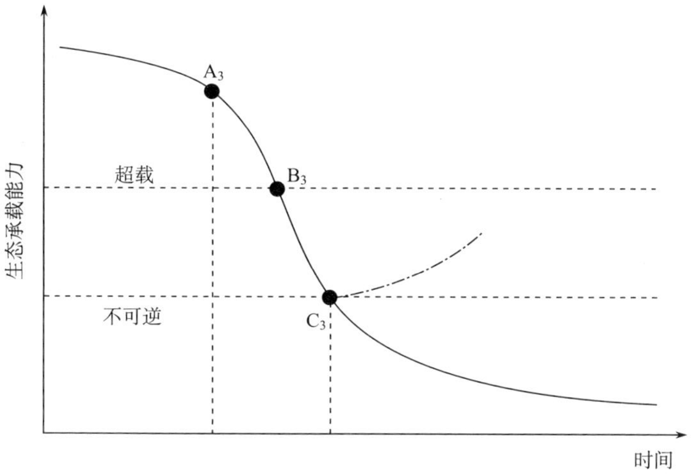

图 7—3　生态类承载能力演化特征

（4）由于灾害事件往往发生时间短，且对区域资源环境承载能力改变比较显著，对承载能力改变的程度与受灾程度密切相关。针对灾害类承载能力的评价，大体可分为可预测和不可预测两种类型。针对可预测灾害，常常采用整治和避让的措施。整治意味着扩大了区域承载能力，避让则意味着减少了区域承载能力。无法预测的灾害则是造成资源环境承载能力测算不确定性的重要原因（图 7—4），通常将风险评估引入承载能力评价流程，基于灾害风险系数测算区域承载能力的多种情景。

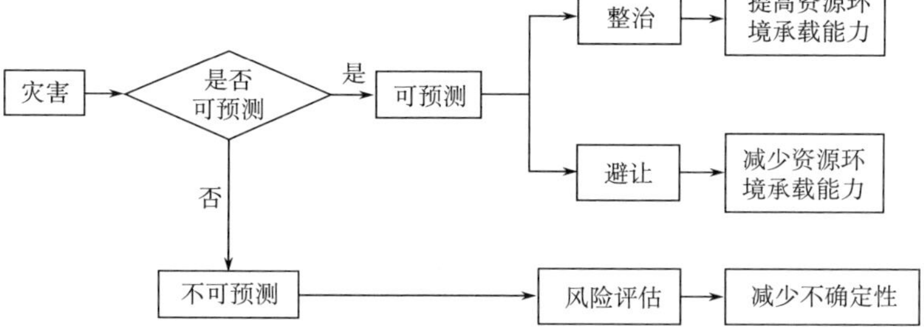

图 7—4　灾害类承载能力构成与测算原理

4. 承载力评价的应用导向

资源环境承载能力的研究和评价，应该是以为了应用为出发点，以能够被多应用为落脚点。事实证明，这一研究思维和实现路径，有力地推动了解决承载力科学难点问题的进程，提升了承载力研究成果在规划决策领域应用的程度和广度。国务院对开展汶川灾后重建资源环境承载能力评价的目标有具体表述，而且在此后历次重大灾害发生后的重建规划中都有基本一致的目标表达。中央政府要求，灾后重建应“以人为本、尊重自然、统筹兼顾、立足当前、着眼长远”，立足近期避次生地质灾害之险，着眼长远谋可持续发展之计，把灾民永久安置选址同城乡居民点布局优化结合起来，把人口分布格局调整同产业结构重塑结合起来，把灾区恢复重建的当务之急同生态文明建设的长远需求结合起来。重建规划就是对灾区国土空间开发和保护格局的部署，是对灾区可持续发展路径和重点任务的设计。

资源环境承载力综合评价借鉴国外国土空间规划的焦点，梳理灾区重建规划的重点，形成承载力评价的工作内容。从国外比较成功的布局规划分析，一是对土地利用功能进行管制是建构有序空间结构的有效方式和主体内容，特别是对市场机制容易忽视的自然保护区、开敞绿色空间、文化遗产地等大斑块区域的严格管制更为重要。二是高度关注区域之间相互依赖和相互作用产生的空间结构的合理组织——“点—轴”系统的组织及不同区域用于生产、生活和生态的空间或土地的比例关系。三是空间管制具有层次性，这不仅是由于不同空间尺度土地利用功能的不同，也是由于政府层级划分后的事权分割。四是随着发展观念的转变以及发展问题越来越复杂，空间管制的目标、手段也开始多样化。五是空间规划具有的长期性和稳定性成为提升国土空间规划实施价值和效果的根本保障。灾后重建规划应突出重建模式的战略性、基础性和约束性。这就要求以资源环境承载能力的科学认知为基础，通过研究重建功能分区、人口承载规模、城乡居民点建设范围以及产业布局指向，为重建规划提供依据。

灾后重建资源环境承载能力评价的工作思路是：以资源环境承载能力评价为基础，以灾区重建功能分区为顶层设计和主体框架，通过城镇居民点重建范围的确定及其与之相关的人口合理承载规模的确定，实现灾区城镇化和新农村建设的融合发展；通过开发与保护格局的设计，以及产业布局的指引，实现生态保护与开发建设、扶贫开发和产业现代化的互动发展。最终实现人口经济与资源环境在重建功能区、城乡居民点体系以及产业地域类型上的协调与均衡，支撑灾区科学重建和可持续发展。这样，应用导向有三个方面。

（1）基于资源环境承载能力的重建功能分区。用于对不同区域的发展功能进行定位，实现开发强度和空间结构的管制，选择具有差别化的特色发展道路，以及有针对性的进行援建重建的政策设计。重建功能分区要求：①突出尊重自然、顺应自然的保护和开发理念。把自然条件适宜性作为分区的基础，依据资源环境承载力探讨可承载的人口规模、经济规模以及适宜的产业结构，为重建布局模式提供依据。②采用地理学区划的经典方法，区分不同区域未来开发和保护的功能。着重根据不同国土空间的自然属性以及社会经济空间组织规律，突出灾后重建的特点，确定重建分区的保护开发方向和内容，用于引导各地步入因地制宜确定具有区域特色的现代化发展模式的正确轨道。③把整治国土空间、控制开发强度和优化空间结构作为深化重建分区的核心抓手和操作途径。确定不同区域的生产、生活和生态空间比例关系，制定点—轴—面的空间形态布局方案，保持适当的开发强度，做到生产空间集约高效、生活空间宜居适度、生态空间自然秀美。④坚守“安全避险”的底线，尝试绿色经济和生态产品的创新发展，确保灾区安全重建和绿色发展。

（2）确定人口承载规模和城乡居民点选址。这项工作具有区域尺度小，要求研究精度高，政策举措的操作性强等特点。通过分析灾区人口与居民点的规模结构及分布特征，根据人地对应的原则，选择分行政村现状人均用地水平以及不同等级城镇规划人均用地标准，根据次生灾害专项评价结果和建设用地适宜性专项评价的结果，测算人口集聚区（包括城区、产业园区、镇区和乡政府驻地）的灾害避让区及适宜扩展区的范围与规模；参考各人口集聚区的产业支撑能力、基础设施支撑能力和灾前城镇规划方案，提出人口集聚区的重建类型、规模等级及人口合理承载规模。

（3）产业布局指向。这通常是政府关注度最高，且对可持续发展格局产生深刻影响的布局内容。根据灾区资源禀赋、产业发展基础和区位条件，在重建功能分区的空间下，充分发挥不同地域的比较优势，形成灾区特色产业体系。

三、坚持为国家服务的努力和系统化的研究取向

灾后重建资源环境承载能力评价工作表明，资源环境承载力评价在揭示地表自然和人文格局演变规律、合理构筑人地关系地域系统、实现人与自然协调并满足现代化进程需要等方面具有显著的科学意义和实用价值。社会经济布局应当以资源环境承载力评价为基础，特别是在自然条件复杂、生态环境脆弱的区域，因自然本底对社会经济格局的影响更加直接和深刻，故通过资源环境承载力评价客观认识地域空间开发利用条件、协调多种功能空间开发利用关系、形成地域保护和开发空间结构及总体布局方案显得至关

重要。随着人们对可持续发展的要求不断提高，全球社会经济的空间分布格局正逐步走向与资源环境的平衡与协调，资源环境承载力评价的综合研究对社会经济与资源环境协调发展发挥着积极作用。

区域可持续发展和国土空间有序结构塑造是人地关系相互作用的交互过程（陆大道，2009），中国人文与经济地理学者把资源环境承载能力评价的研究，作为自然系统对人文系统的作用机制分析与测度的抓手，从应急集成评价技术开端，逐步拓展到将国土空间开发利用的主要地域类型和综合功能作为资源环境承载能力评价的对象，对全国和地区不同国土空间进行类型区划分，其中主体功能区规划工作为类型区划分提供了很好的深入细化研究的平台，继而探索不同类型区因地制宜地制定差异化的指标体系，研究集成国土资源禀赋、环境本底和生态条件单项评价结果的综合方法，揭示不同地区综合承载能力大小的差异以及承载能力的特征。同时探讨承载力的基础理论，试图破解制约承载能力的关键科学难题。

人文与经济地理学者主持开展的承载能力研究领域不断拓展，形成了为政府规划决策提供系统化的服务能力。主要研究领域包括：承载能力本底研究——对自然界存在的用于支撑人类活动的资源环境能力研究；承载能力潜力研究——结合技术进步和发展态势，对经过人类开发利用过程所剩余的资源环境承载能力或能够给未来发展增量和变量提供的资源环境承载能力的研究；承载能力预警研究——通过对资源环境承载能力未来的保障程度和变化趋势，就人类开发利用进程是否导致资源环境超载的程度进行预见和警示。

人文与经济地理学者在开展以上三个方面系统化研究的同时，把服务国家重大规划决策作为应用和检验理论成果、从实际应用中发现新的科学难点问题的基本路径。近年来，全国层面开展的所有重大的综合性国土空间布局规划，人文与经济地理学者都牵头组织开展资源环境承载能力专项评价工作，为重大规划提供依据。生态文明体制建设的重大改革任务，包括资源环境承载能力监测预警机制的建设，技术支撑团队的牵头人和主体力量也仍然由人文与经济地理学担当。人文与经济地理学者通过组织资源、环境、生态和灾害领域的专业学者，以及城市与区域科学、经济与人口科学、管理与规划学的学者，通过长期稳定的科研项目的实施以及应急性任务的完成，将资源环境承载能力的研究又再次推向一个新高度，资源环境承载能力研究再次成为可持续发展研究领域的新热点。

第三节 灾后资源环境承载能力应急评价方法与成果应用

面向灾后资源环境承载能力应急评价的主要难点，中国人文与经济地理学者从综合性和地域性的研究视角，开拓了资源环境承载能力的概念与内涵，通过人类活动与自然环境变化的相互影响和响应适应研究，创建资源、生态、环境、灾害等自然要素同人口、产业、聚落、设施等人文要素的相互作用与相互匹配的综合分析方法，揭示重大灾害事件发生后，在资源有限供给、环境有限容量、生态安全保障、灾害充分防范的多重约束条件下，人类活动的空间结构及其地域分布的规律性，最终为测算灾区承载人类生产与生活的条件和能力奠定了理论基础（图 7—5）。

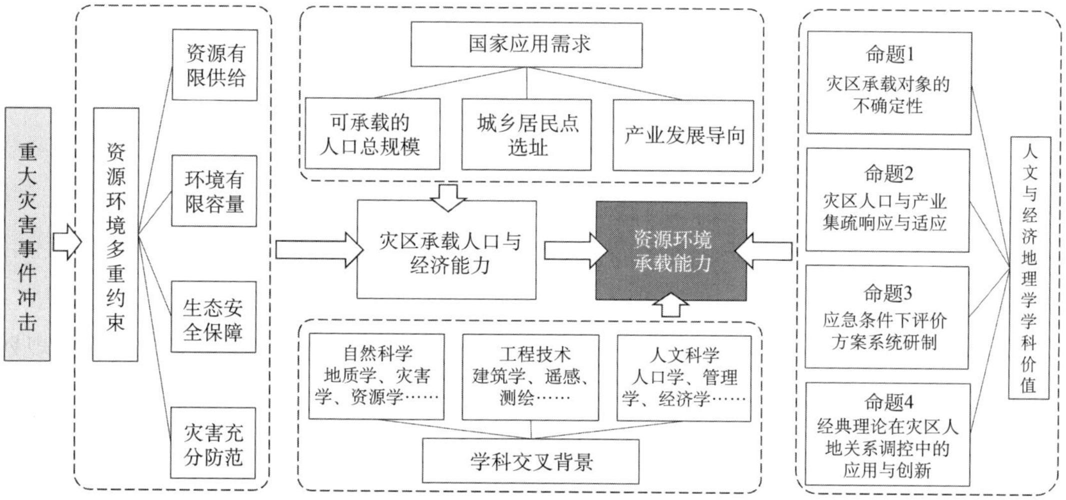

图 7—5 灾后资源环境承载能力评价与人文与经济地理学

一、承载力应急评价的技术路线和方法

从资源环境承载能力的理论探索出发，结合灾后恢复重建规划和重建工作的需求，中国人文与经济地理学者构建了具有空间尺度弹性和功能指向多样性的国土开发利用适宜程度评价方法，创建了承载对象分类体系及功能地域识别技术流程，提出根据不同灾

区的区域差异，因地制宜地确定承载对象，进而选择差异化的资源环境承载能力评价指标体系（樊杰，2010，2014；樊杰、兰恒星、周侃，2016）。其评价技术流程可概括为“地域功能预估与指标体系构建—单项要素评价与技术准则创建—综合集成评价与重建分区研制—人口容量测算与重建模式制定”。

1. 地域功能预估与指标体系

从国家战略、主体功能区划、上层位区域规划等角度，围绕人口集聚功能、工业生产功能、农牧业生产功能、生态保育功能、游憩休闲功能等方面，对灾区进行功能预估以科学确定承载对象，进而根据承载对象类型的差异，从通适型指标、特征型指标以及应急型指标三个维度，构建灾区资源环境承载能力单项评价指标体系（图 7—6）。

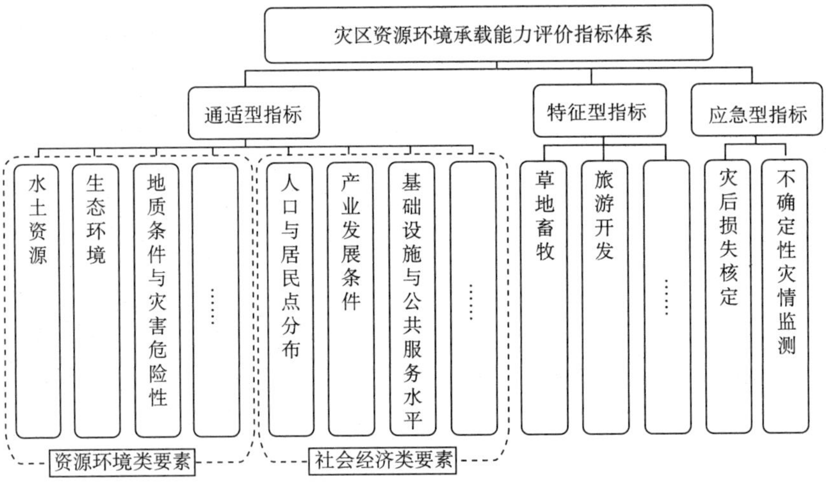

图 7—6　灾区资源环境承载能力评价指标体系的基本框架

通适型指标主要从承载体要素即资源环境类要素，以及承载对象要素即社会经济类要素遴选评价指标，具体包括以下几方面。

（1）资源环境类要素，含灾区水土资源、生态环境、地质条件与灾害危险性等内容。其中，水土资源包含地形条件、耕地质量、建设用地适宜性、水资源丰度、水资源利用适宜性等具体指标，生态环境包括生态重要性、生态系统脆弱性、环境质量、环境容量等具体指标，地质条件与灾害危险性包括地震地质条件、工程和水文地质条件、地质灾害易发性等具体指标。

（2）社会经济类要素，含灾区人口与居民点分布、产业发展条件、基础设施与公共服务水平等内容。其中，人口与居民点分布包含人口规模与分布、城镇化水平、人口流动性等具体指标，产业发展条件包含经济结构与发展水平、工业化水平、劳动力就业结构等具体指标，基础设施与公共服务水平包括交通设施支撑能力、能源设施支撑能力、医疗卫生服务能力等具体指标。

结合灾区自然地理环境以及地域功能预估导向，人文与经济地理学者选取因地制宜的特征型指标，以增强指标体系在灾区评价工作的针对性与科学性。例如，在玉树地震灾区，考虑了灾区高原高寒的气候条件，在资源环境类要素评价中增设了光热条件指标，同时，考虑了草地畜牧功能、文化与生态旅游功能两类功能属性的重要性，增设了草地载畜量、文化与生态旅游资源开发适宜性两项评价指标（樊杰，2010）；在芦山地震灾区，考虑了到农林牧功能属性、生态旅游功能的重要性，增设了农业地域类型适宜性和生态旅游资源开发适宜性两项评价指标（樊杰，2014）。

灾区资源环境承载能力评价指标确定时，还针对灾后的灾情和灾损状况设置应急型指标，包括灾后损失核定、灾区不确定性灾情监测等内容。其中，灾后损失核定包含房屋建筑倒塌率、基础设施受损率、耕地损毁率等具体指标，灾区不确定性灾情监测包含灾后堰塞湖溃坝威胁、崩滑流及潜在滑坡体威胁等具体指标。

2. 单项要素评价与技术准则

在地域功能预估与指标体系构建的基础上，人文与经济地理学者制定了开展单项要素评价的基本技术准则，并通过与相关专业领域学者的阈值与参数衔接，实现单项指标评价的过程互动，不断调整和完善各自评价结果（图 7—7、图 7—8）。基本技术准则包括以下四个方面。

（1）自上而下调控与自下而上分析相结合。面向灾区资源环境承载力构成要素的复杂性与开放性特征，既考虑土地利用结构、区域间相互作用、城镇体系空间结构、产业涓滴与辐射效应等区域发展的客观规律，进行分区方案的总量控制与区域调控，又纳入基础分析得到的区域资源环境要素禀赋，充分把握分区结论的可行性与合理性。

（2）刚性约束与柔性指导相结合。遵循国家级和省级主体功能区划方案与相关规定，严格执行国家关于防灾减灾、生态保护、粮食安全等各项法律法规，并本着“安全第一”的原则，对灾害危险性极高、生态价值极大或食物保障重要等区域实施“一票否决制”。同时，考虑灾后恢复重建现实需要，在产业重建、人口安置等方面给予一定的弹性空间，指导性地制定动态引导策略。

（3）整体评价与精细评价相结合。围绕灾区重建规划的需求及区域特点，在全域评价资源环境承载力的基础上，在对极重灾区和重灾区增加评价时，增加次生地质灾害的评价内容并提升评价精度，突出总体集成过程中地质灾害条件对国土空间开发利用的限制性。

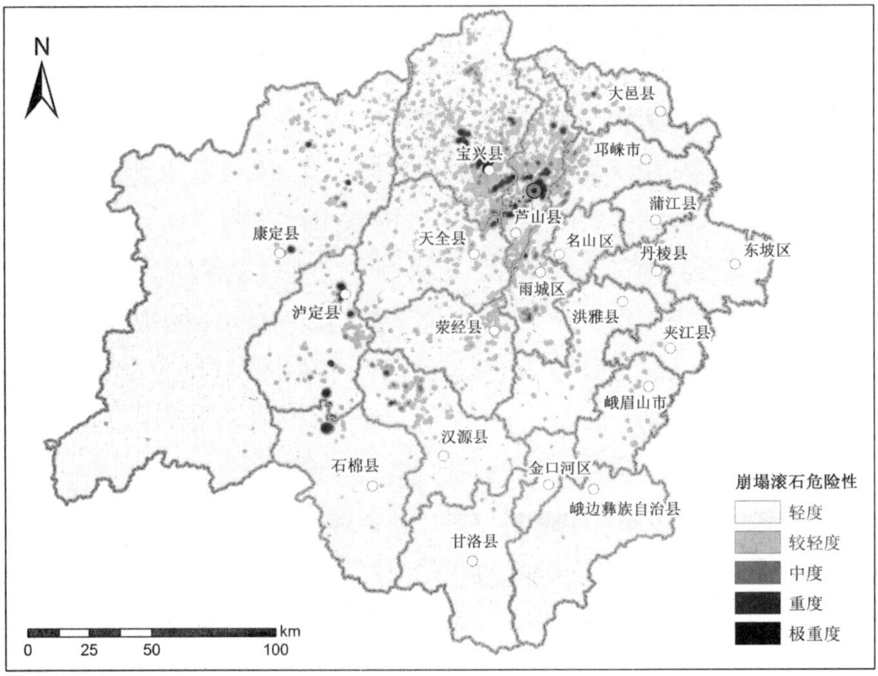

(a) 1 km×1km
(灾区全域)

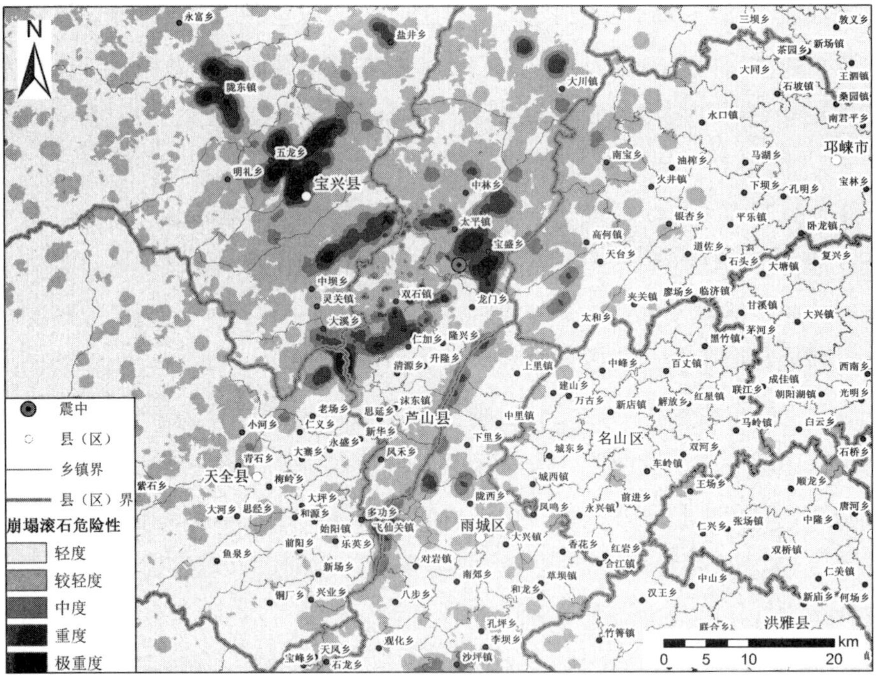

(b) 30m×30m
(极重和重灾区)

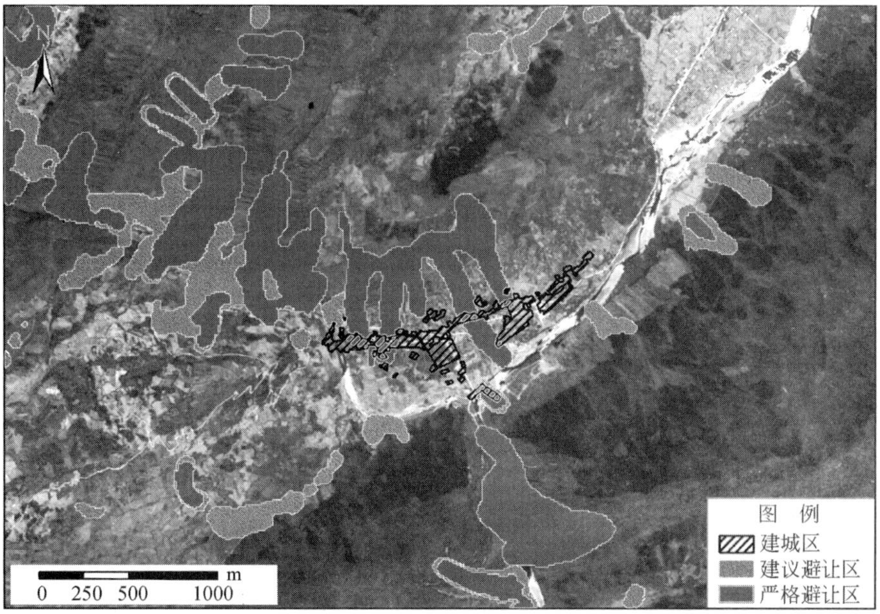

(c) 10m × 10m
(极重和重灾区居民点)

图 7—7　不同精度的单项指标评价与模拟（以芦山地震灾区的崩塌滚石危险性评价为例）

资料来源：樊杰，2014。

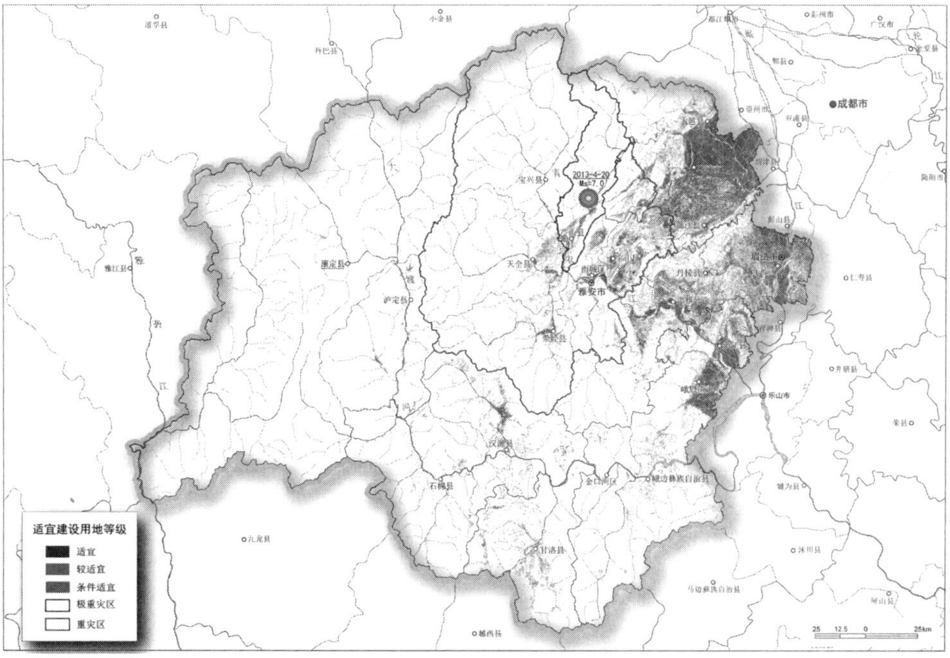

(a) 自然地理单元 (30m × 30m)

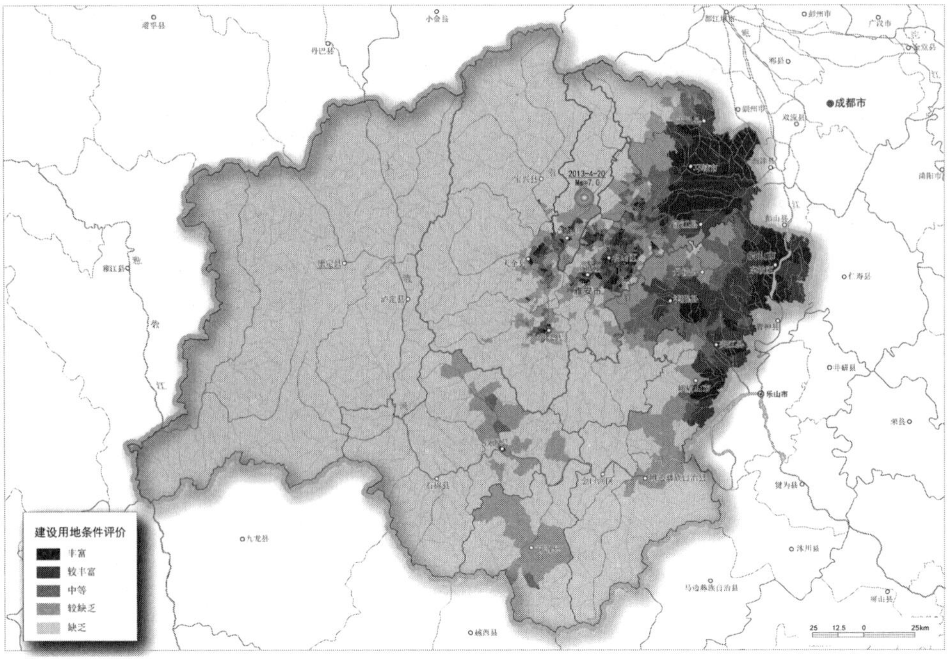

(b) 行政区划单元（乡镇）

图 7—8　不同尺度的单项指标评价（以芦山地震灾区的建设用地条件评价为例）

资料来源：樊杰，2014。

（4）灾前状态分析与灾后影响评估相结合。在考虑灾前水土资源状况、生态环境特征等要素的同时，结合灾损分析对灾后影响进行评估，对于灾后破坏程度较大的区域，进一步采取高分辨影像和实地考察比对分析，提高总体集成准确性。

在基本技术准则的指导下，根据发生学原理，各个专业领域的学者对单项要素评价指标的内涵、功能和算法依据进行界定，并确定评价指标等级划分的阈值区间。然后，以适宜重建程度为导向，按照灾区县全域、极重和重灾区以及集中居住和产业用地（乡镇所在地、城市建成区和产业园区）三个尺度设定评价精度，进行自然地理单元、行政区划单元的单项指标评价。最后，通过自然地域单元和行政区划单元的分级分类结果，研究分析灾区自然要素和人文要素的基本属性、地域分异规律和空间尺度特征。

3. 综合集成评价与重建分区

开展灾后资源环境承载力的综合集成评价，通常以地质灾害为主控因子，以水土条件、生态环境、工程和水文地质为重要因子，以产业经济、城镇发展、基础设施为辅助因子，以灾损状况为参考因子，结合防灾避险安全性、生态保护重要性、人口和经济发展适宜性，对灾区进行恢复重建功能分区。功能分区一般包括灾害避让区、生态保护区、农业发展区、人口集聚区四种类型（表 7—1）。功能分区流程主要包括以下四个步骤。

表 7—1　灾后资源环境承载能力集成评价与重建分区

<table>
<tr><th colspan="2">重建分区</th><th rowspan="2">开发强度</th><th rowspan="2">人口容量变动情况</th><th rowspan="2">产业导向</th><th rowspan="2">关键评价内容</th><th rowspan="2">评价精度</th><th rowspan="2">备注</th></tr>
<tr><th>大类</th><th>亚类</th></tr>
<tr><td rowspan="3">灾害避让区</td><td>断裂避让带</td><td rowspan="3">极弱</td><td rowspan="3">逐渐清零</td><td rowspan="3">绿色开敞空间、使用率低的公共设施</td><td>地震断层和活动断层</td><td rowspan="3">全域评价、极重和重灾区的人口集聚区精细评价</td><td rowspan="3">结合重建和长期发展，逐步解决安全避让问题</td></tr>
<tr><td>崩塌滑坡避让区</td><td rowspan="2">次生地质灾害类型的易发程度、发展变化趋势和影响范围</td></tr>
<tr><td>泥石流避让区</td></tr>
<tr><td rowspan="3">生态保护区</td><td>自然保护区</td><td rowspan="3">弱</td><td rowspan="3">略有减少</td><td>生态旅游</td><td>法定保护区</td><td rowspan="3">全域评价，结合旅游资源评价</td><td rowspan="3">与生态旅游业布局协调，核心保护区禁止人类活动干扰</td></tr>
<tr><td>退耕还林区</td><td rowspan="2">林业和林下生态经济</td><td>25 度以上坡耕地</td></tr>
<tr><td>林地等</td><td>土地利用</td></tr>
<tr><td rowspan="2">农业发展区</td><td>农业</td><td rowspan="2">中</td><td rowspan="2">基本不变</td><td>生态农业</td><td>耕地、园地建设条件</td><td rowspan="2">全域评价</td><td rowspan="2">综合发展农业乡村体验观光休闲业</td></tr>
<tr><td>乡村居民点</td><td>新农村</td><td>乡村建设用地条件</td></tr>
<tr><td rowspan="3">人口集聚区</td><td>适度扩建</td><td rowspan="3">强</td><td>增加</td><td>特色加工业和行政中心功能、具有技术含量和加工深度的产业</td><td rowspan="3">水土条件、工程地质、产业支撑、人口分布、地理区位、基础设施</td><td rowspan="3">全域评价，人口集聚区精细评价，包括：用地条件加密评价、避灾加密现状遥感影像、灾损辅助分析</td><td rowspan="3">极重和重灾区精细评价，迁入和迁出地综合分析，重建类型与规模等级结构统筹考虑</td></tr>
<tr><td>原有重建</td><td>不变</td><td>基本服务功能</td></tr>
<tr><td>适度缩减</td><td>减少</td><td>特色旅游和服务功能</td></tr>
</table>

第一步，划定灾害避让区。灾害避让区包括地震断裂活动带和滑坡、崩塌、泥石流等次生地质灾害易发多发地区。针对地震断层和活动断层、次生地质灾害类型的易发程度、发展变化趋势和影响范围等内容，按照全域整体评价、极重和重灾区的人口集聚区精细评价的精度，将地震地质条件适宜性最低级以及崩塌、滑坡、泥石流次生地质灾害危险性最高级所涵盖地域范围划定为灾害避让区。

第二步，划定生态保护区。生态保护区包括自然保护区、退耕还林地及其他生态保护重要性评价的重要区域（不包括分布在该区域中的城乡居民点建设用地和农业发展用地）。结合生态环境评价、旅游资源评价以及用地条件评价结果，将各级各类自然保护区、水源涵养区、森林公园、湿地公园、地质公园等法定保护区，通过25度以上坡耕地遴选的退耕还林地，生态保护重要性最高级、次高级的地域范围三类区域划定为生态保护区。

第三步，划定农业发展区。农业发展区包括优质耕地、园地和农村居民点建设用地，是农村人口居住和从事农业生产活动的主要场所。通过耕地、园地建设条件以及乡村建设用地条件的全域整体评价，将扣除25度以上坡旱地的耕地、园地，避让地震地质条件适宜性最低级和次生地质灾害危险性最高级的农村居民点划定为农业生产区。

第四步，划定人口集聚区。人口集聚区包括乡镇政府所在地、城区、大型产业园区等建设用地。通过用地条件评价得出建设用地条件适宜、较适宜、条件适宜的地块，扣除受到活动断裂和次生灾害影响严重的灾害避让区，结合现状遥感影像、灾损辅助分析、水资源条件、工程和水文地质条件的精细评价，提出城乡居民点选址的备选用地，然后进行产业支撑、人口分布、地理区位、基础设施以及市镇村体系结构等因素的综合分析，依次对位于极重灾区和重灾区的各个人口集聚区进行综合判断，进一步确定人口集聚区的位置与范围，提出不同规模与类型城镇和乡村恢复重建的选择方案（图7—9）。

通过综合集成评价进行功能分区的关键在于国土空间利用结构的分析模拟，以及功能地域单元位置、范围和边界的识别确定。针对前者，人文与经济地理学者运用空间集成数据和数值模拟平台，拓展了国土空间利用结构和区域间相互作用模型分析方法，研发了集城市人口集聚—流动、产业集聚—辐射、城市相互作用为一体的大尺度国土空间利用格局分析模拟技术，研制了基于空间效率、服务均等、基础设施配置合理的高精度城镇内部空间结构分析模拟技术，为承载力评估的布局方案落地提供了空间定位依据；针对后者，重点研发了基于中心城市引力模型、对外交通通达度模型的空间变化特征线识别技术和基于城市相互作用模型的强度变化“断裂线”判定技术，辅助以GIS空间分析和模糊边界实地调研等方法，建立了确定功能地域单元的位置、范围和边界的技术方案，为制定国土功能地域单元划分方案提供了科学依据（图7—10）。

4. 人口容量测算与重建模式

影响区域人口容量的主要因素除资源环境约束条件外，还包括区域经济发展水平和城镇化水平等。对于灾区这一特定区域，特别是处于山地的重灾区县来说，灾害引起的资源环境约束条件的变化主要体现在土地资源方面，尤其是建设用地和耕地资源损毁情

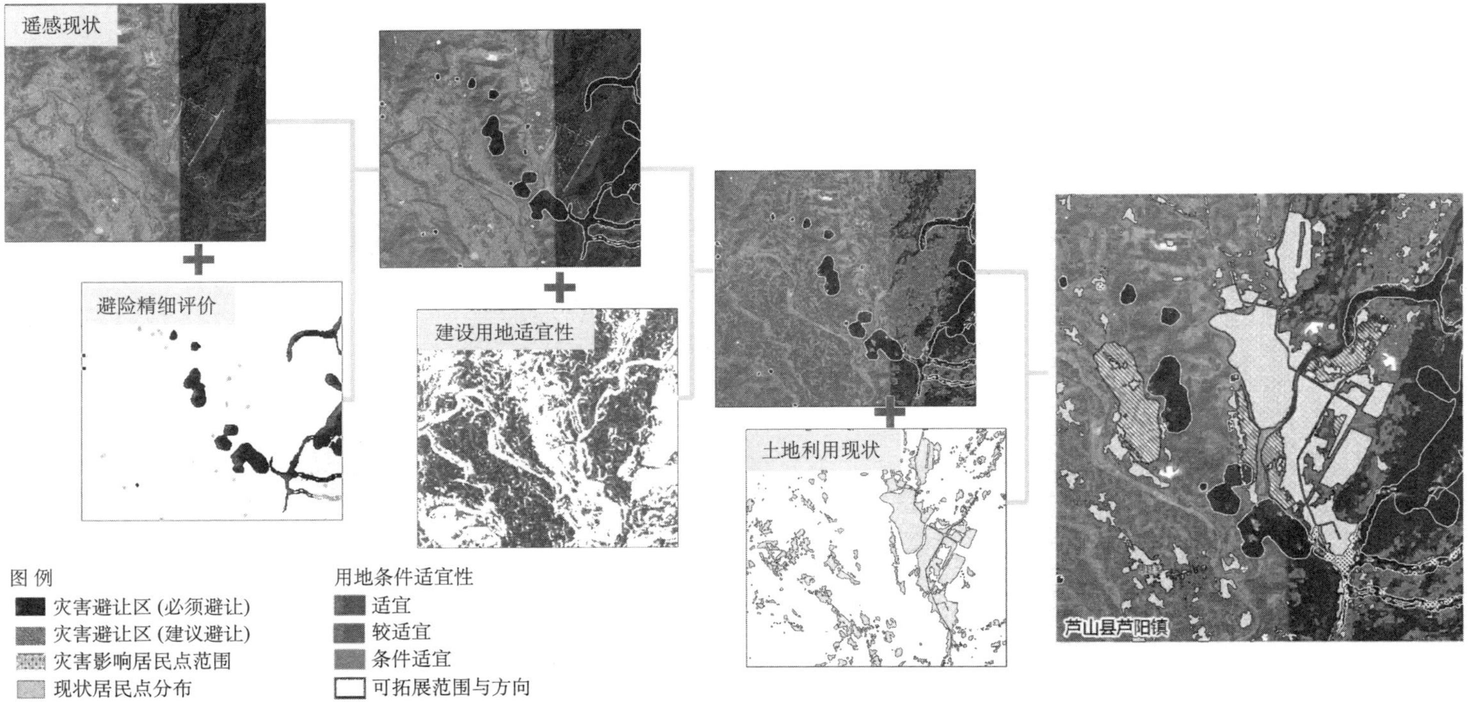

图 7—9 人口集聚区精细评价过程（以芦山地震灾区芦阳镇居民点评价为例）

资料来源：樊杰，2014。

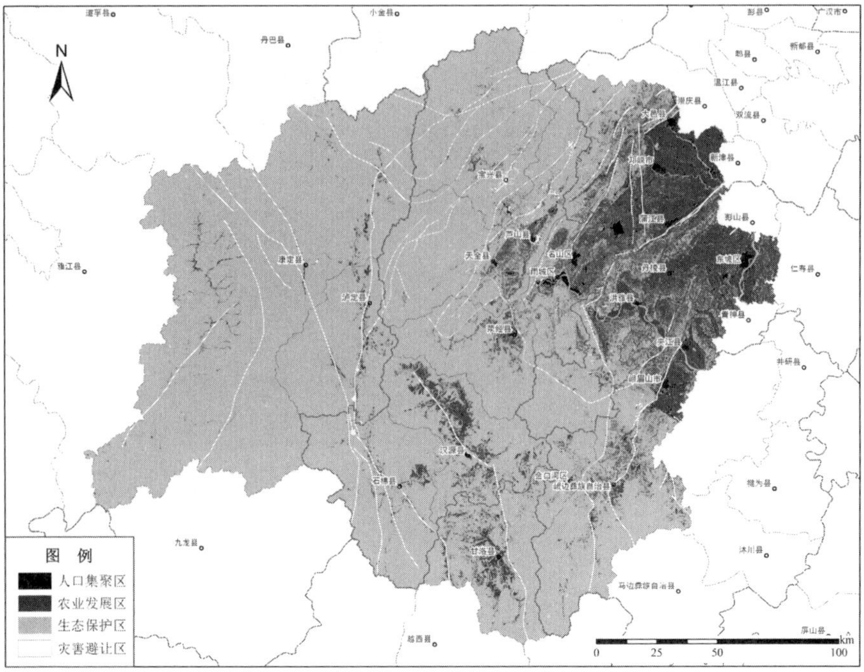

(a) 大类（灾区全域）

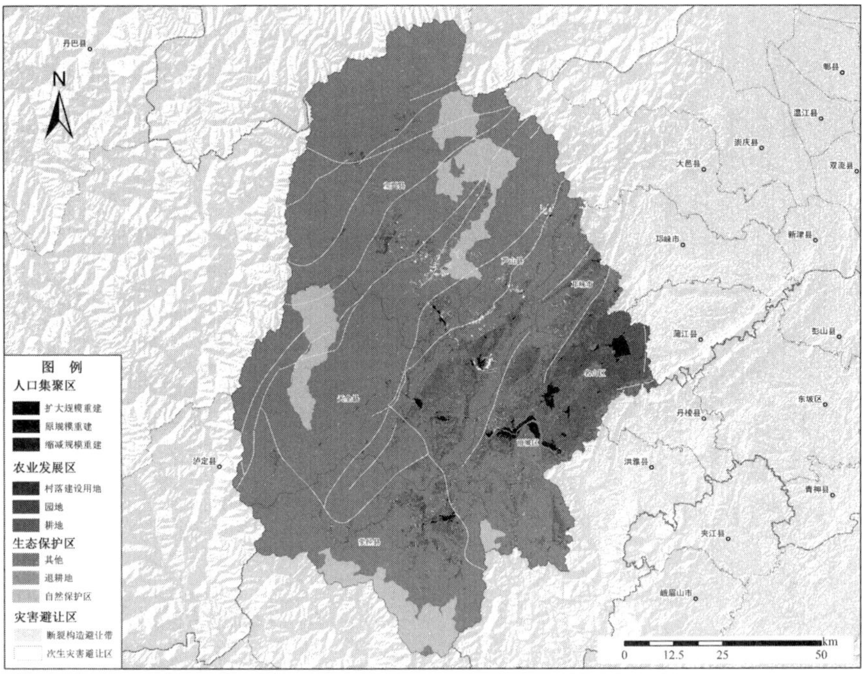

(b) 亚类（极重灾区和重灾区）

图 7—10　灾后重建功能分区方案（以芦山地震灾区评价为例）

资料来源：樊杰，2014。

况比较严重。同时，由于灾害的影响，区域经济发展水平和城镇化水平的不确定性显著增加，灾后重建过程中的政策因素将对未来的区域经济发展水平和城镇化水平产生更加直接和显著的影响。因此，灾区人口容量测算实际上是对区域人口与经济、就业、资源、环境关系的综合性研究。而已有研究主要从土地资源的粮食生产能力及其供养人口规模进行测算，与城镇化以及区域经济的结合还不够紧密，其应用范畴通常在提高人口承载力的宏观战略制定层面，难以满足国家灾后重建规划和重建模式制定的精准化需求。

面向灾后应急需求，中国人文与经济地理学者结合承载力要素占用状态和变化趋势、承载对象的增长潜力、承载力要素与承载对象空间流动的可能性综合分析，重点突破区域人口容量具体数值的定量分析和测算，尤其是多因素作用下的决定合理人口的关键要素及人口阈值的分析，以灾后重建过程中区域人口和城镇化发展的客观规律探索为前提，分析灾区社会经济重构和人口配置的空间差异，阐明耕地和建设用地损失情况、居民收入水平和结构、城镇化水平等关键的区域社会经济要素对未来可承载人口的影响和作用机制，构建了一套不同地域单元人口合理容量的模拟测算和辅助决策方法（图7—11）。

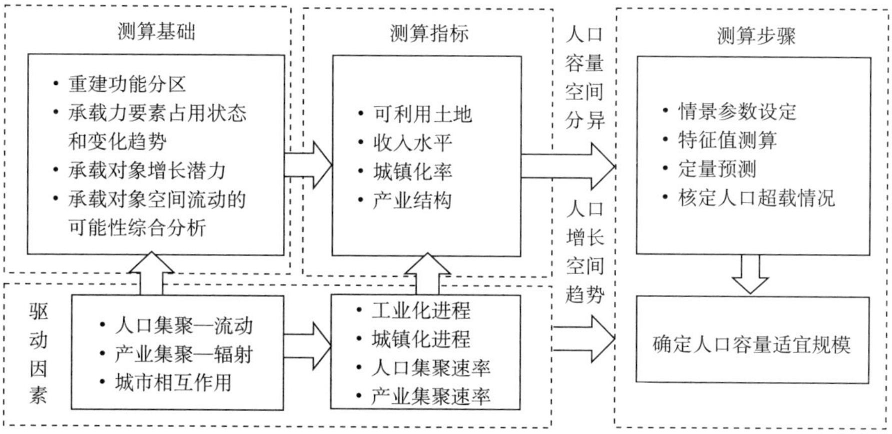

图7—11　灾区人口容量测算方法

人口容量测算的核心步骤可概括为以下四个方面。①基于综合集成评价与重建分区的结果，测算出可利用土地数量，包括可利用耕地和可利用建设用地的保有量。②依据区域社会经济发展目标，选用人均收入、城镇化率、工农业产值结构、农村家庭收入结构等指标，划分重建规划区县市地域类型，设定灾区城乡人口结构、居民收入来源构成、农村居民耕地依赖度等情景参数。③按照不同恢复重建情景下的设定标准，定量预测不同地区农业人口、城镇人口和人口承载总量，确定人口容量适宜规模，核定现状人口超载情况。④针对因灾人口超载的县市，反推人口不超载状态下的边界政策条件（如城乡人口比例、收入结构比例、耕地复垦率），作为合理安置人口的参数依据，解析因灾超载需要外迁、因灾超载可内部调整和非因灾超载等人口超载成因，最终因地制宜的制定灾后恢复重建模式。根据测算结果，汶川地震灾区 51 个县市区未来可以承受的总人口在 2 970 万人，而灾后实际总人口为 2 025.91 万人，区域人口容量尚有较大富余空间，但受灾极重的北川县、汶川县、茂县 3 县超载人口近 10 万人（表 7—2）（樊杰等，2009）；玉树地震灾区结古镇的适宜城市建设有效用地面积为 12 平方千米，镇区常住人口规模应控制在 10 万人以内（樊杰，2010）；鲁甸地震灾区在地震发生前人口容量已经超载 90.18 万人，灾后人口容量超载升至 91.41 万人，占区域人口总量的 44.54%（樊杰、兰恒星、周侃，2016）。

表 7—2　人口容量预测结果及超载县的人口安置方案（以汶川地震灾区评价为例）

<table>
<tr><th colspan="2" rowspan="2">分类特征</th><th colspan="2" rowspan="2">县数</th><th rowspan="2">灾前人口（万人）</th><th rowspan="2">灾后人口（万人）</th><th colspan="2">可承载总人口（万人）</th><th colspan="2">超载人口（万人）</th><th rowspan="2">县外务工（万人）</th></tr>
<tr><th>方案 1</th><th>方案 2</th><th>方案 1</th><th>方案 2</th></tr>
<tr><td rowspan="5">与震灾强相关</td><td rowspan="4">超载</td><td colspan="2">3</td><td>37.53</td><td>33.97</td><td>24.04</td><td>34.34</td><td>9.93</td><td>−0.16</td><td>2.85</td></tr>
<tr><td rowspan="3">其中</td><td>北川县</td><td>16.05</td><td>14.49</td><td>12.08</td><td>14.49</td><td>2.41</td><td>0.00</td><td>2.01</td></tr>
<tr><td>汶川县</td><td>10.54</td><td>8.95</td><td>4.18</td><td>9.22</td><td>4.77</td><td>−0.07</td><td>0.30</td></tr>
<tr><td>茂县</td><td>10.94</td><td>10.53</td><td>7.78</td><td>10.63</td><td>2.76</td><td>−0.09</td><td>0.54</td></tr>
<tr><td>不超载</td><td colspan="2">9</td><td>484.46</td><td>481.28</td><td colspan="2">688.29</td><td colspan="2">—</td><td>48.97</td></tr>
<tr><td colspan="2">与震灾弱相关</td><td colspan="2">39</td><td>1 512.47</td><td>1 510.66</td><td colspan="2">2 258.98</td><td colspan="2">—</td><td>213.02</td></tr>
<tr><td colspan="2">合计</td><td colspan="2">51</td><td>2 034.46</td><td>2 025.91</td><td colspan="2">2 971.31</td><td colspan="2">—</td><td>264.84</td></tr>
</table>

资料来源：樊杰等，2009。

其中，在灾区恢复发展的情景参数设定时，人文与经济地理学者总结了国内外震后恢复重建的一般规律，发现灾害事件对灾区未来的人口和城镇化空间格局将产生较大影响，表现出灾后人口总量表现为先下降，然后加速增长，一般三年左右可恢复到灾前的水平，经过十年基本上可以达到灾前预估的水平；城镇化水平则可能是在灾后先是有一个比较明显的跳跃式上升（由于灾民转移安置、向城镇集中的影响），经过 3～4 年的恢复调整期，将逐步回归原有速度（图 7—12）。依据上述规律，设定了城镇化水平随时间变化的经济模型，并对三种情景所对应的城镇化水平进行了拟合。在模型拟合的过程中，不仅考虑了灾区发展现状和经济全面恢复和重建的目标，而且综合考虑了灾民安置政策的连贯性、恢复期内对灾区的政策扶助力度、城镇化的惯性和增长速度等因素。具体来说，城镇化率水平 $u(t)$ 的变化曲线可用以下函数来拟合：

$$\begin{cases} u(t \mid t \leqslant t_0) = u(0) + \bar{\omega}t + \alpha\sin(\beta t),\ \beta t \in (0,\ 2\pi/3) \\ u(t \mid t > t_0) = u(t_0) + \rho\ln[1 + \theta(t - t_0)] \end{cases}$$

式中，$u(t)$ 为城镇化率随时间 t 变化的函数，以受灾时点为 0，t_0 设为三年。预计三年之内，由于灾民安置和产业恢复等方面的政策因素的影响，城镇化率可能呈现震荡调整的趋势，故采用复合正弦曲线来拟合。三年之后，将从一个比较稳定的起点开始以对数曲线规律增长（图 7—12）。其中，α 为恢复期内的扰动强度（体现灾民安置政策的稳定性），β 为恢复时期的控制参数（体现灾后政策扶助力度），$\bar{\omega}$ 为恢复期内城镇化率惯性参数（灾前城镇化发展趋势），θ 为城重建期内镇化速度发展平稳度参数（城镇化发展平稳度），ρ 为重建期内城镇化水平增长弹性（城镇化速度）。

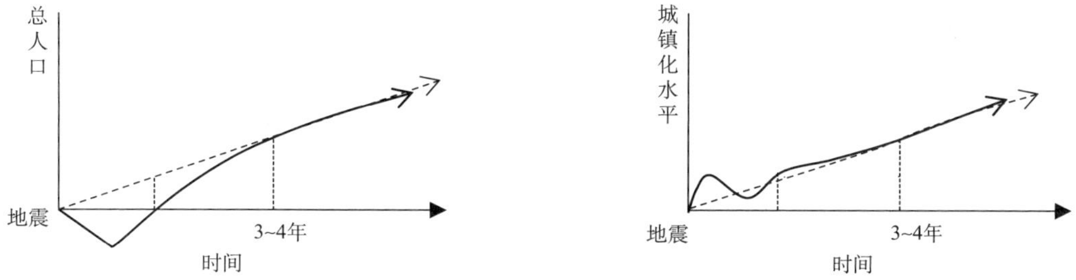

图 7—12　总人口与城镇化水平的灾害影响曲线

资料来源：樊杰等，2009。

人文与经济地理学者还通过灾后的后备建设用地潜力剖析，将人口容量测算结果细化并落地，进一步制定扩大规模重建、缩减规模重建和原规模重建三种重建模式（樊杰，2014）。其中，原规模重建再细分为原地重建、就地调整、布局调整三种重建模式亚类。具体流程如下：①测算灾害避让区对现状城镇居民点和乡村散居住户的影响范围，结合灾损分析确定，对地质灾害威胁面广、本次地震灾损程度深的城乡居民点，按照影响范围大小和建设用地标准评估适宜人口规模。②以后备建设用地潜力评估为核心，以工程与水文地质条件、水资源条件、环境容量为辅助因子，测算乡镇政府所在地（或城区、大型产业园区）的人口合理容量。③判别乡镇政府所在地的人口容量是否具备本乡镇内部安置超载人口规模的能力，对乡镇内部难以安置的超载人口，进一步判别县区内人口集聚区的人口容量是否具备本县区内部安置超载人口规模的能力。④若县区内存在难以安置的超载人口，则通过跨县区安置将超载人口转移至具备较高人口容量的区域。⑤反馈区域适宜人口规模初步方案，结合总体战略和预估功能的目标要求，不断修正完善形成适宜人口规模最终方案。进一步，按照重建条件的适宜性，分析灾前产业结构和产业发展重点的合理性，提出与重建模式相匹配的产业发展导向和建议（图 7—13）。

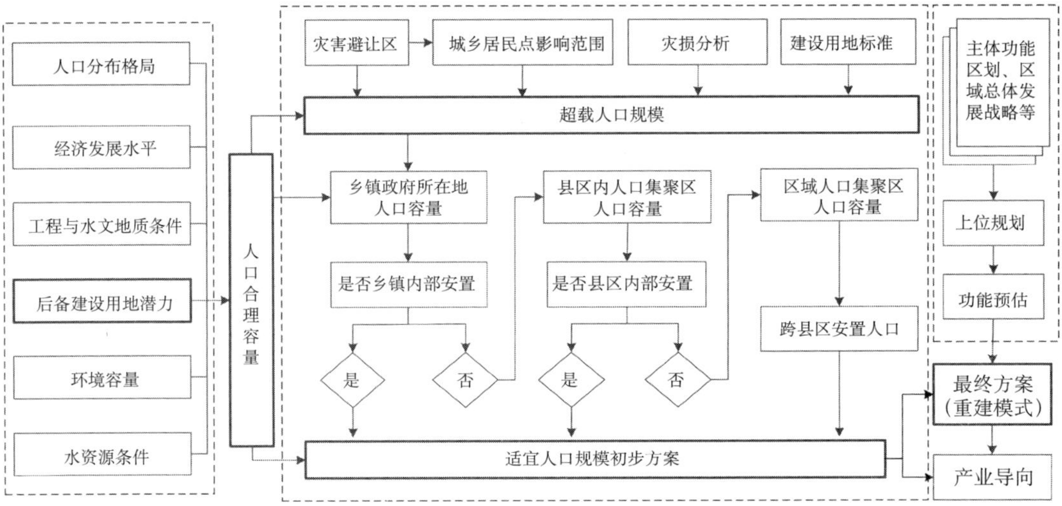

图 7—13　灾后人口容量分解与重建模式制定流程

二、灾后重建成果的应用与贡献

在汶川、玉树、舟曲、芦山、鲁甸发生重大自然灾害后，中国人文与经济地理学者领衔，与自然地理学、地质学、灾害学、测绘学、生态学、地震学、GIS 等多领域学者一起，共同承担了中央政府部署的灾后资源环境承载能力综合评价任务。研究团队将研究的长期积累与重建的应急需求相结合，将资源环境科学技术与产业发展城乡布局相结合，将基础性分析评价和政策性咨询建议相结合，在时间紧任务重的情况下，建立并不断完善资源环境承载能力评价的理论方法，为解决灾区就地和异地重建选址、重建人口用地规模、重建产业导向等问题提供了科学依据，有效化解了灾区恢复重建中的公共安全风险。在中央和地方政府重建规划实施和重建工作中，根据资源环境承载能力综合评价结果，进行重建分区，优化城乡布局，为灾区重建美好家园描绘了一幅幅科学合理的布局蓝图。

1. 被国家灾后恢复重建规划采纳并直接运用于重建工作

为了科学组织和实施灾后恢复重建工作，由中央政府组织编制灾后重建规划，规划按照以人为本、尊重自然、统筹兼顾、立足当前、着眼长远的基本要求编制，是开展灾后恢复重建与促进灾区可持续发展的行动指南。灾后恢复重建资源环境承载能力评价中，研究团队研制的评价方案以报告、表册和图集三种形式呈现，在国务院批复的历次灾后恢复重建总体规划中均得到采纳（国务院，2008；2010a；2010b；2013；2014），在重建规划和重建工作中发挥了重要的科技支撑作用。2010 年，国务院副总理、国务院抗震救灾总指挥部总指挥回良玉主持召开抗震救灾总指挥部会议时，听取并审议关于玉树地震灾后恢复重建承载能力评价方案后认为，“资源环境承载能力评价，内容全面，基础扎实，方法科学，工作严谨”，“既是编制灾后重建规划的基础依据，也是开展灾后重建的基本前提”，并强调要“充分考虑资源环境承载能力，科学推进玉树灾后恢复重建”。从汶川地震灾后应用实践来看（国务院，2008），评价方案的应用主要体现在以下四个方面。

（1）资源环境承载状况的基本判断。评价成果比较分析灾前和灾后承载力变化、集成运用遥感与实地应急评估技术、综合研究自然本底和开发现状的交互关系，给出了震前 51 个县域均已超载、地震减弱灾区整体承载能力、汶川—北川—青川一带承载力减幅最大等基本评价，认识客观，结论准确，有力地支撑了重建原则和重建目标，得到中央政府的肯定。

（2）重建功能分区方案。采用三类共十个指标项对承载能力大小进行评价，并综合分析承载力特征和空间分布结构，评价成果按照资源环境条件适宜性五级评价结果，将灾区划分为“适宜重建区、适度重建区、生态重建区”等三种类型，各占灾区土地总面积的 8.7%、80.6%和 10.6%，并且给出了基于自然单元和乡镇行政单元的分区方案。该分区方案在国家重建规划中得到直接采纳，成为指导灾区重建工作的布局总图。国家重建规划文本中有明确标注：“重建分区的范围和面积根据中国科学院《资源环境承载能力评价报告》确定”，这在中央政府重大决策的文件中标示引用科研成果来源，在中国是极其罕见的。

（3）城镇居民点选址方案。在承载力评估基础上，结合遥感、次生灾害实地排查、模型模拟等技术手段，综合灾损和受活动断裂、山地次生灾害威胁程度以及工程地质的分析，对重灾区采取精细评估，对堰塞湖淹没采取不确定性评估，采取图表和文本对应表达的方式，给出了汶川地震灾区城镇居民点适宜重建的位置、范围和条件，为确定就地重建和异地搬迁提供了依据。

（4）合理人口容量测算。基于承载力评价，综合基本生活需求和未来发展潜力，结合产业类型、城镇化程度、外出打工等多种社会经济因素，建构人口容量测算模型，为灾后重建的人口安置规模与布局以及基础设施和公共服务设施配套提供了定量的参考指标。

2. 在灾区重建工作中发挥了良好的经济社会效益

由于灾后承载力评价方案符合灾区实际，评价结论客观准确，除在国家恢复重建规划中的全面应用外，还有效化解了灾区恢复重建中的公共安全风险，有效保障了灾区重建的品质和效益。在汶川地震灾后恢复重建中，截至2011年8月31日，受灾最重的四川省纳入国家总体规划的29 692个重建项目全部开工，已完工28 624个，占重建任务的96.4%；累计完成投资8 378.51亿元，占规划总投资的96.77%。其中，在承载力评价确定的城乡居民点重建选址范围内，城乡住房完成投资2 243.54亿元，恢复重建城乡住房538.22万户，城乡居民点体系已经形成；按照资源环境承载能力评价确定的重建分区方案，完成生态保护和生态恢复工程投资122.11亿元，土地利用和土地整治工程72.05亿元，灾区生态环境得到全面恢复。按照评价确定的不同类型区域人口容量指标，开展了人口分布格局的调整优化，灾区人地关系趋于协调。目前，汶川地震灾后恢复重建工作已圆满完成了国家恢复重建规划确定的重建目标和各项任务，实现了“家家有房住、户户有就业、人人有保障、设施有提高、经济有发展、生态有改善”的预期。此外，灾区地方政府不仅把资源环境承载能力评价结果作为开展重建工作的依据，而且也作为县域长远发展战略和相关规划制定的科学依据，反映效果良好。

特别是通过灾后承载力评价对灾区自然条件恶劣及人民贫困的特殊性研究，进而提出对灾区重建方式与实施政策的差异化要求，同样在灾区重建工作中发挥了重要的应用价值。例如，通常中央政府对灾区恢复重建的补贴标准是：灾损总额×1.18＝重建投入总额×0.3＝中央补贴量，这在几次重大灾后重建中是没有改变的。这个计算公式中，灾损总额这一基数能够反映受灾多就应该补贴多的理念，0.3的系数作为全国的一个基准线，不应该一成不变，而应该是上下浮动的。向上浮动的原则应体现恢复难度大、重建能力弱的灾区可以获得更高比例的中央政府补贴的政策理念。在鲁甸地震灾后承载力评价后，我们认为鲁甸地震灾区就属于这种类型地区，而且鲁甸地震灾区土木结构住房易损成为造成这次灾害死亡人数偏多的一个重要原因，但土坯房造价低，对其进行灾损评估时估价也较低，但未来重建的要求更为迫切，设防标准和重建质量又不能打折扣，而住户又往往更为贫困。因此，我们建议把受灾特征、恢复难度、重建能力作为国家核算不同灾区恢复重建补贴系数的依据，实施差异化政策，建议在鲁甸地震灾区提高中央补贴系数。

以上结论与建议，被鲁甸地震灾后恢复重建总体规划和关于支持鲁甸地震灾后恢复重建政策措施的意见中充分参考，并采纳了评价报告对鲁甸地震灾区自然条件恶劣及人民贫困的特殊性的研究成果及主要政策建议，改变了中央政府原定对灾区恢复重建的补贴标准，在中央财政资金支持、实施差别化产业政策、优先实施新一轮退耕还林还草工程、统筹安排重大基础设施建设项目等方面给予了鲁甸地震灾区特殊政策和支持。其中，在财政资金支持方面，中央财政安排采纳了项目组提出的“把受灾特征、恢复难度、重建能力作为国家核算不同灾区恢复重建补贴系数依据”的建议，考虑了鲁甸地震受灾地区“恢复难度大、重建能力弱”的实际情况，提高了灾后恢复重建补助标准，将中央财政专项资金从原定的 70.3 亿元增加到 180 亿元。其中安排居民住房建设工程项目投资 52.4 亿元，公共服务和社会管理工程项目投资 34.8 亿元，基础设施建设工程项目投资 46.5 亿元，特色产业工程项目投资 6.2 亿元，灾害防治工程项目投资 29.6 亿元，生态建设工程项目投资 10.5 亿元，为保障灾后恢复重建工作的有力有效有序推进起到了积极的推动、促进作用。

3. 咨询建议有效支撑了灾后应急决策和灾区长远发展战略的制定

在灾后承载力评价过程中，针对各重建阶段面临的突出问题，中国人文与经济地理学者及时向中央政府提出咨询建议。咨询内容涵盖灾民认定与过渡性安置、灾区人口集疏与城乡居民点布局的调整和优化、灾后经济恢复重建导向与产业转型升级指引、中央政府援建模式创新、灾区未来恢复重建导向与长远发展战略等领域。汶川地震以来，人文与经济地理学者提供的咨询建议被中共中央办公厅、国务院办公厅采纳 30 份。其中，获习近平主席实质性批示并转变为国家行动的有 2 份，汪洋、回良玉等领导人批示的 13 份。例如，在芦山地震发生后，人文与经济地理学者发现灾民从应急居住帐篷中迁出后的过渡安置问题，借鉴国外灾民过渡安置的做法，制定了《关于多途径统筹做好地震灾区群众过渡性安置工作的建议》，提出以安全、适用、节约为原则，通过政府提供多种途径，采取群众自主自愿选择方式，统筹做好下一步灾区群众的过渡性安置问题。并进一步指出，核准需要安置的灾民数量，制定人均安置住房面积标准和安置费发放标准，按照 2～3 年重建周期向需安置的每户灾民家庭发放安置费，并严格禁止灾损调查中被列为危房以及受次生灾害威胁区域的房屋作为过渡住所出租，有效缓解了地震灾区近期人地关系紧张的矛盾。

进一步地，综合考虑以往灾后重建援建方式和效果、芦山地震灾区发展潜力和受灾特点，以及四川省连续受灾的现实，人文与经济地理学者制订了《关于创新地震灾区援建方式和机制的建议》，提出以增强当地造血功能和持续发展能力为宗旨，积极创新援建方式和体制机制，形成全方位、多途径的援建格局。《建议》还提出了“立足灾区优势产业，把形成资源产业和生态经济发展的扶持政策和长效机制作为中央政府有关部门援建的突破口，提高资源开发和生态建设对当地经济的贡献率；着眼异地工业化和城镇化，把在雅安市区或成渝经济区建设飞地型产业园区和城镇安置点作为四川省援建的战略重点，缓解地震灾区人地矛盾压力，加快全面建成小康社会步伐；以提高灾民就业能力和迁移规模为目标，把技能培训和吸纳就业作为东部发达省（市）援建的长期任务，努力缩小区域发展差距”等一系列政策建议。这份咨询建议上报中央政府后，得到习近平主席的实质性批示，并在国务院和相关部委层层落实，已转变为国家行动。之后，中央政府组织编制的重建机制体制创新的实施方案中，关于“飞地园区集中接纳产业和人口的同步转移、重建中自然资源入股缓解资源环境与经济收益的压力等”许多重要的政策来自此份咨询报告（表7—3）。

表7—3　2010年以来中国人文与经济地理学者提出的灾后重建咨询建议（节选）

年份	题目	批示部门
2013	中科院专家关于创新地震灾区援建方式和机制的建议	国家主席批示
2013	中科院专家关于多途径统筹做好地震灾区群众过渡性安置工作的建议	副总理批示
2014	中科院专家关于云南鲁甸地震灾后科学重建的建议	副总理批示
2010	中科院专家关于青海玉树地震灾后恢复重建规划和可持续发展的建议	副总理批示
2013	中科院专家关于芦山地震灾后恢复重建的建议	中办、国办采纳
2013	中科院专家建议甘肃岷县漳县地震灾区灾后重建与扶贫开发相结合，促进灾区居民稳定脱贫	中办、国办采纳
2013	中科院关于甘肃岷县漳县地震灾区灾后特色产业重建与生产安置安稳的建议	中办、国办采纳
2013	中科院专家建议甘肃岷县漳县地震灾后恢复重建应以国家为主导完成重建任务	中办、国办采纳
2012	中科院专家关于彝良地震灾区的基本特征及灾后重建的若干建议	中办、国办采纳

第四节　资源环境承载能力拓展性研究与持续影响

2008年汶川特大地震发生后，资源环境承载能力评价成为灾后恢复重建规划的基础和重建工作的前提。事实上，这是首次在中国尝试将“资源环境承载力评价”作为“人口资源环境相均衡”的基础性科技支撑工作（樊杰等，2008）。此后，科学认知区域的资源环境承载能力，不仅在玉树、舟曲、芦山、鲁甸灾后恢复重建规划和重建工作中得到整体应用，而且被逐步推广到越来越多的国土空间规划和社会经济发展规划中，成为尊重自然、顺应自然、保护自然的重要依据。在生态文明建设时期，建立国土空间规划体系需要以资源环境承载能力为基础，建立资源环境承载能力监测预警机制成为可持续发展的一项重要制度，已被写入党的十八届三中全会决议当中。通过对不同区域资源环境承载能力不超载、临界超载、超载状态的识别和成因的分析，为调控区域发展目标和路径提供依据。总之，承载能力拓展性研究与持续影响，将在完善政府空间治理体系、统筹国土空间合理配置中发挥越来越重要的作用。

一、从灾后重建规划到区域规划，再到国土综合整治应用

自汶川地震以来五次灾后重建规划的成功应用后，资源环境承载能力评价在客观认识地域空间开发利用条件、协调多种功能空间开发利用关系、形成地域保护和开发空间结构及总体布局方案、促进资源环境和社会经济协调发展方面的基础性和创新性作用得以发挥。灾后资源环境承载能力评价成果的主要应用部门灾后重建规划领导小组办公室认为：“资源环境承载能力评价逐步被各级政府要求作为科学依据和必须开展的基础性工作，承载力评价的广泛使用，为推动决策科学化进程、实现社会经济与资源环境协调发展，发挥了积极作用。”国内权威机构中国城市规划设计研究院、中国国际工程咨询公司认为：“资源环境承载能力评价在客观认识地域空间开发利用条件、协调多种功能空间开发利用关系、形成地域保护和开发空间结构及总体布局方案、促进资源环境和社会经济协调发展方面具有基础性和创新性的贡献。”

此后，资源环境承载能力评价在全国主体功能区规划、全国国土规划、全国城镇体系规划、东北振兴规划、京津冀空间规划等中国重大国土空间规划以及土地利用规划和城市规划中得到普遍应用。其中，2010年国务院颁布的《全国主体功能区规划》中明

确指出“推进形成主体功能区，就是要根据不同区域的资源环境承载能力、现有开发强度和发展潜力，统筹谋划人口分布、经济布局、国土利用和城镇化格局”，将国土空间划分为优化开发、重点开发、限制开发和禁止开发四类主体功能区，并提出根据资源环境承载能力开发的理念，强调“根据资源环境中的‘短板’因素确定可承载的人口规模、经济规模以及适宜的产业结构”（国家发展和改革委员会，2015）。而基于资源环境承载能力评价确定的国家生态重点功能区，产生每年400亿元左右中央财政补贴。资源环境承载能力已经成为制定区域政策和研制空间规划的重要依据，在完善政府空间管制体系、统筹国土空间合理配置发挥着越来越大的作用。可以看到，近年来，资源环境承载能力的概念逐步渗透到各级政府部门和决策者心中，并且已经纳入政府工作程序，依据承载力实现区域经济社会与自然协调发展的思维方式也逐步进入决策过程，有力地推动了决策科学化进程，促进了社会经济与资源环境协调发展。

二、建立资源环境承载能力监测预警机制

2013年11月，中国共产党第十八届中央委员会通过《中共中央关于全面深化改革若干重大问题的决定》。这份《决定》布局了到2020年中国全面深化改革的战略重点、优先顺序、主攻方向、工作机制、推进方式和时间表、路线图，包括了经济、政治、文化、社会、生态文明以及国防和军队改革等领域，将对推动中国未来社会经济发展和现代化进程产生重大而深远的影响。其中，关于“加快生态文明制度建设”的深化改革部署中指出，“建设生态文明，必须建立系统完整的生态文明制度体系，实行最严格的源头保护制度、损害赔偿制度、责任追究制度，完善环境治理和生态修复制度，用制度保护生态环境”，并进一步指出，要通过“建立资源环境承载能力监测预警机制，对水土资源、环境容量和海洋资源超载区域实行限制性措施”。可以看到，对资源环境承载能力的监测预警与调控研究将对提升政府社会治理能力、转变经济发展方式、优化国土空间开发格局、推进可持续发展具有重大意义。

按照中央政府要求，由国家发改委牵头，会同国土资源部、环境保护部、水利部、农业部、海洋局等部门和中科院等科研单位，承担“建立资源环境承载能力监测预警机制，对水土资源、环境容量和海洋资源超载区域实行限制性措施”改革任务。从2014年以来，中国人文与经济地理学者作为首席科学家，担任“建立资源环境承载能力监测预警机制”改革任务的技术专家小组组长，组织全国十余个在水土资源、生态环境、海洋资源、地质灾害等资源环境要素研究中权威的科研机构，开展以县级行政区为单元的

资源环境承载能力评估技术指南研制。在研制过程中，人文与经济地理学者从人地关系地域系统的基本原理出发，拓展了资源环境承载能力的科学内涵，以区域可持续发展为指向，探究了资源环境等构成的承载体同人类生产生活活动构成的承载对象之间形成的“压力—状态—响应”过程，提出资源环境承载能力预警是从资源环境约束上限或人口经济合理规模等关键阈值开展的超载预警，以及从自然基础条件变化或资源利用和环境影响变化态势开展的过程预警的学术思路。

1. 监测预警原理

资源环境承载能力监测预警，是通过对资源环境超载状况的监测和评价，对区域可持续发展状态进行诊断和预判，为制定差异化、可操作的限制性措施奠定基础。如果将人类活动对资源环境需求表达为承载对象压力，随着承载对象压力不断增加，资源环境——即承载体的损耗将不断增加，资源环境供给能力随之下降，承载体的脆弱性不断增强（图7—14）。在人类对资源环境需求和资源环境供给能力之间相互作用过程中，承载对象压力曲线与承载体脆弱性曲线形成有三个重要的阈值节点（或阈值区间），即点A、B、C，分别为临界超载、超载、不可逆。这里，临界超载是指可能发生惯性逼近超载的状态，或治理与调控的成本激增的拐点。超载是指承载体无法满足承载对象压力增长需要，或承载体将出现恶化的状态。不可逆则是指采取任何干扰措施无法恢复承载体的原有状态。因此，资源环境承载能力预警，既要对阈值进行研究并对相应状态进行预警，同时也要对阈值之间的变化过程（如AB、BC段）进行诊断并对相应状态进行预警。也就是说，资源环境承载能力预警是以可持续性调控为功能定位，既可以通过确定资源环境约束上限或人口经济合理规模等关键阈值的方式进行超载状态的预警，也

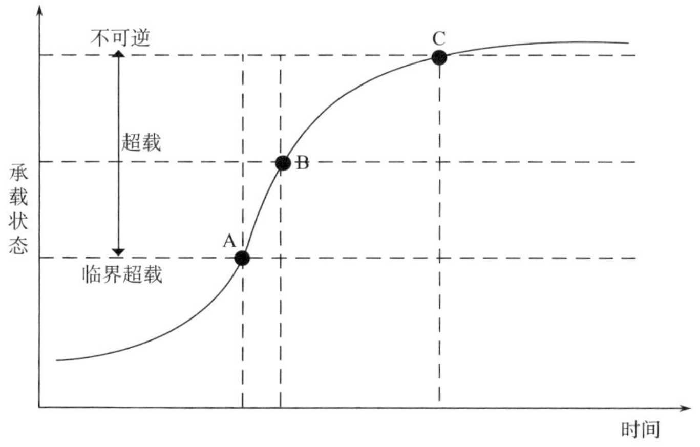

图7—14　资源环境承载能力监测预警过程及内涵

可通过自然基础条件的变化或资源利用和环境影响的变化态势进行可持续性的预警（Barrett，Odum，2000；Graymore，Sipe，Rickson，2010）。

其中，资源环境承载能力监测是对自然基础条件变化过程的认知和掌握。由于自然基础条件复杂、构成因素多样，有效的承载能力监测工作应该以服务资源环境承载能力预警为指向，在指标选取、监测布点、精度标准、监测频率等方面，最大限度地满足预警要求。反之，资源环境承载能力预警也应充分考虑监测数据获取的可能性和监测方案实施的可行性，充分利用已有数据或替代指标，实现对资源环境承载能力的科学预警。而资源环境承载能力预警是较监测更为复杂、艰巨的工作，以可持续发展理论为基础理论，以合理的技术路线为保障，以具有深刻政策内涵的成果产出为导向，以促进区域可持续发展为准则，是一项不断完善、不断调整的持续性和基础性工作。

资源环境承载能力预警以区域可持续发展为指向，短期内有助于实现人口经济与资源环境相均衡，这就使其具有较强正向作用的特点。采用各时段的最高值意味着从严管理，有利于资源环境管理和保护，而作为约束条件，精细管理对预警研究的准确性提出更高的要求，特别是在社会经济发展与资源环境冲突剧烈、发展需求旺盛、资源环境有限时，合理有效配置资源环境就需要更加精准的预警结果。此外，承载能力预警还具有应用导向的特点。由于资源环境承载能力对可持续发展最直接、显著的作用是“短板效应”，即制约区域发展的某个关键要素可能直接决定整体承载能力的强弱，识别短板便可揭示可持续发展与资源环境矛盾的症结所在。消除短板后的理想状态是发展瓶颈得以突破，但也存在原有短板解决后新的短板效应立即凸显的可能，而使综合治理成本进一步提高。因此，明确资源环境承载能力内部结构也具有丰富的政策意义。

2. 预警方法

以区域可持续发展理论为基础，按照承载体—自然基础同承载对象—人类生产生活活动之间形成的“压力—状态—响应”过程，从资源环境约束上限或人口经济合理规模等关键阈值开展超载预警和从自然基础条件变化或资源利用和环境影响变化态势开展可持续性预警两个维度，采用单项指标与综合指标互动融合、静态分析和过程测度相互支撑、短板效应与集成作用互为佐证、流动资源分配与总量控制相互协调的方式，开展资源环境承载能力的预警评估。同时，把反映资源环境承载状态一般规律的评价作为基础，进行地域全覆盖的评价；把反映不同主体功能区特征的评价作为专项评价和关键阈值确定的依据，进行分类评价；在此基础上进行复合，形成在鲜明主体功能定位指向下具有差别化的评价方法，但具有一致性表达的评价结果。最后，通过自然基础条件和人类生产生活之间的相互作用关系，解析资源环境承载能力超载原因，并提出优化资源环境配置、调整社会经济发展思路、完善可持续发展体制机制的政策建议。目前开展工作的具体技术流程如下。

采用县级行政区为评价单元，开展陆域评价和海域评价，确定超载类型，细化预警等级，全面反映国土空间资源环境承载能力状况，并分析超载成因、预研对策措施建议。具体技术路线如下（图 7—15）。

第一，分别开展陆域评价和海域评价。陆域评价和海域评价均包括基础评价和专项评价两部分。基础评价采用统一指标体系，对所有县级行政单元进行全覆盖评价，包括资源类、环境类和生态类指标。专项评价分别根据《全国主体功能区规划》、《全国海洋主体功能区规划》，分别选取有针对性的指标，对优化开发、重点开发和限制开发区域进行评价。

第二，分别确定陆域和海域超载类型。根据陆域评价和海域评价结果，均采取"短板效应"，确定超载、临界超载和不超载三种类型。其中，陆域评价中除一个指标超载被划为超载之外，两个及两个以上指标临界超载也被定义为超载。

第三，分别确定陆域和海域预警等级。根据资源环境耗损加剧与趋缓的程度，进一步细化陆域和海域的预警等级。其中，超载分为红色和橙色两个预警等级，临界超载分为黄色和蓝色两个预警等级，不超载为无警（用绿色表示）。

第四，统筹陆域和海域超载类型和预警等级。采用沿海岸线的陆域和海域空间超载类型和预警等级对接评价的方法，调整海陆相关地区评价结果。

第五，进行超载成因解析与政策预研。采用因子分析、层次分析、主成分分析等方法，识别和定量评价超载关键因子及其作用程度，解析不同预警等级区域资源环境超载原因。从资源环境整治、功能区建设和监测预警长效机制构建三个方面进行政策预研，为超载区域限制性政策的制定提供依据。

3. 成果应用

资源环境承载能力监测预警的工作仍在进行过程中。截至目前，中国人文与经济地理学者同资源环境单要素研究领域的学者们一起，共同开发了评估指标算法和超载阈值，并开展对试点地区和全国的评估工作。2014 年年底，完成的全国资源环境承载能力预警试评估工作，主要内容被国家发改委并国土、环保、林业等 12 部委（局）共同采纳，并报请国务院同意后联合印发了《建立资源环境承载能力监测预警机制的总体构想和工作方案》（发改规划［2014］3051 号）。2015 年，形成的资源环境承载能力监测预警技术方法通过专家论证，并在 2016 年年初报请党中央、国务院同意后，印发了《关于资源环境承载能力监测预警技术方法的报告》（发改规划［2016］137 号），成为

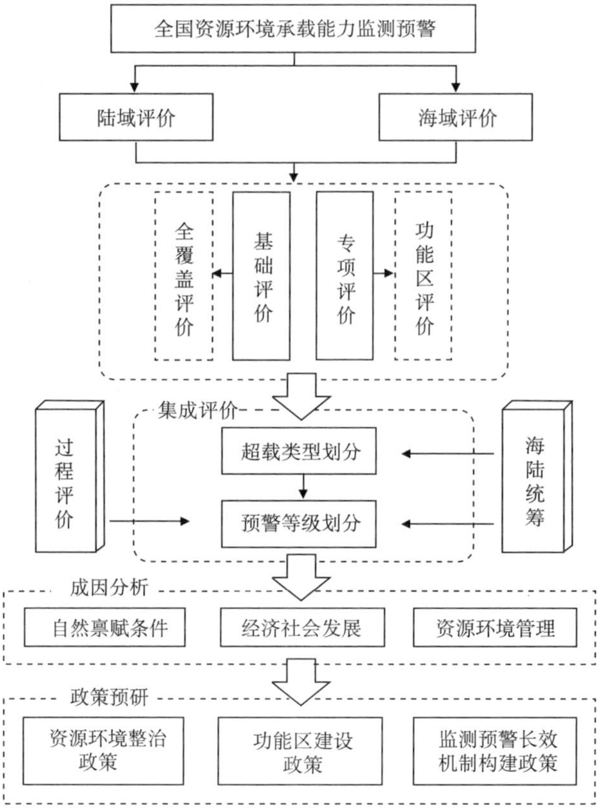

图 7—15　全国资源环境承载能力预警技术流程

资料来源：中国科学院，2016。

建立资源环境承载能力监测预警机制的重要阶段性成果。到 2020 年，通过建立并完善资源环境承载能力监测体系，在对资源环境承载能力、环境容量、生态功能等单要素进行动态监测基础上，还将构建综合主要资源环境承载能力影响要素、分级分区分类评价的监测预警机制，以及相互配合的政策引导机制和空间开发风险防控制度，对水土资源、环境容量和海洋资源超载区域，研究提出有针对性的限制性措施，把经济社会活动限定在资源环境承载能力范围内。

三、资源环境承载能力研究的学术和应用价值小结

1. 人文与经济地理学方法论的创新

对人地关系的研究素来是地理学的研究核心。在自然地理学领域，以物质能量流为

载体，通过诸如碳、水等物质循环过程，研究它们在地球不同圈层之间的运动规律及其由此产生的圈层之间的相互作用规律，很好地刻画了人地关系的相互作用过程及其机制。相比之下，长期以来人文与经济地理学未能找到较优的人地关系研究载体。而资源环境承载能力的引入恰好为研究人地关系地域系统中“地”对“人”的作用提供了一种途径（樊杰等，2013）。通过资源环境承载能力研究和揭示自然系统（地）对人文系统（人）的作用力及作用关系，是人文与经济地理学在方法论创新方面的重要贡献，其方法创新表现在以下三个方面。

一是建立了资源环境条件适宜性理论架构与评价方法。提出区域承载力指标受制于地域功能指向的学术思想，通过功能预估解决承载对象不确定的科学难题；构建资源环境条件适宜程度评价指标体系，提出单项评价指标的算法、关键参数阈值及综合集成方法，填补了在资源环境条件定量化和综合评价的空白。

二是改进了人口合理容量测算途径。通过拓展空间结构、开发强度和空间相互作用综合分析技术体系，研发确定功能地域单元位置、范围和边界的方法；基于评价地域单元的功能定位和开发强度，改进测算人口合理容量方法，显著提升了人口容量测算的合理性与准确程度，丰富了其政策内涵。

三是增强了资源环境承载力评价应用规划决策的科技支撑能力。首次把不同规划精度需求的承载力评价设计在一套完整的技术流程中，建立了不同精度评估的评价流程，增强评价准确程度；创建了以承载力评价为平台的功能分区和城乡居民点选址方案的优化方法，增强了承载力评价结果在规划决策中的应用能力。

从资源环境承载能力的应用研究实践来看，尽管在“社会转向”、“文化转向”等新兴思潮中，中国人文与经济地理学的社会性日趋凸显，制度、文化、技术创新等新因素和新机制的研究成为焦点，但中国人文与经济地理过程受资源环境本底约束的客观性研究不应当被忽视，需要继续强调学科的地域性特征，重视资源环境基础对人类生产生活活动的影响，贯穿因地制宜理念，揭示人文与经济地理现象的地域分异规律仍然具有旺盛的生命力。当今，中国正处于快速发展和急剧转型时期，这为开展人地关系相互作用研究提供了天然的试验场。从样本点的研究拓展到对样带的研究，最后到拓展到对网络的系统研究，基于长期的野外观测和综合调查以及模型模拟，对不同时空尺度下的地理格局与过程进行耦合研究，从而把单一地理现象逐渐集成为人文形成与演变规律，能够从中不断提出人文与经济地理过程的新科学命题、凝练新的科学理论。

2. 在资源环境科学领域人文与经济地理学交叉性、应用基础性学科价值的体现

自然圈层和人文圈层相互作用研究是地球系统科学与资源环境领域的重要研究方

向，跨学科的综合与协同研究是未来地理学学科发展的必然趋势，而人文与经济地理学在分析国土空间格局原理的独特学科视角及解决问题的合理路径，通过综合研究为学科的发展培育了核心竞争力。在灾区资源环境承载能力的应用实践中，中国人文与经济地理学者发挥学科综合研究优势，根据资源、生态、环境、灾害等自然因素同人口、产业、聚落、设施等人文因素相互作用与相互匹配，建立了重建适宜程度评价指标体系和集成评价技术流程，依托“生态—生产—生活”空间结构前沿研究成果，提出国土开发强度测算方法，修订人口合理容量测算方法。在面向区域规划和国土整治的资源环境承载能力评价探索中，根据陆海单项评价结果，通过短板效应集成和海陆统筹集成，识别资源环境超载类型，通过静态评价与过程评价集成，划分可持续性预警等级。这些都充分彰显了人文与经济地理学通过资源环境承载能力这一研究载体，在揭示地表自然和人文格局演变规律、合理构筑人地关系地域系统、实现人与自然协调并满足现代化进程需要等方面具有显著的科学意义和实用价值。

掌握区域资源环境的单要素承载能力是资源环境承载能力综合评价的前提。从历次评价实践来看，人文与经济地理学基于地质学对于次生地质灾害危险性评价、生态学对于生态系统重要性评价等相关学科对单要素的评价，才能有效合理地创建资源、生态、环境、灾害等自然要素同人口、产业、聚落、设施等人文要素的相互作用与相互匹配的综合分析方法，才能解决资源环境综合承载力问题，在集成性地总体结构设计、评价技术流程选取、主要指标权重及阈值确定等方面凸显了学科的综合价值。此外，对规划决策需求的准确把握有利于实现承载力评价重点和结论同规划决策需求之间的关联，成为将国内外传统的资源承载力评价从认知层次上升到决策应用层次的主要原因。因此，人文与经济地理学的综合性、集成方法论以及与需求的紧密关联是支撑承载能力评价合理性与有效性的根本保障。

随着信息技术快速发展和普及应用，通过吸收计算机与信息技术，为人文与经济地理学者丰富研究与实验方法提供了新方向，为从宏观、中观、微观层次动态揭示人地关系和空间行为模式的规律提供了新技术支持。针对灾情、灾区自然条件和发展状态以及重建要求，集成应用遥感监测、地质调查、计算机分析模拟等手段，中国人文与经济地理学者与信息技术领域的科学家一起，构建了灾损分布的遥感监测、次生地质灾害的现场排查、堰塞湖影响边界模拟等不确定性因素的模型预估方法，提出了研制灾区重建分区和城乡居民点选址方案的优化配置技术。基于正在搭建的多空间尺度过程观测和多元数据采集网络，以及大量的数据预处理、机器学习和数据挖掘技术做支撑，目前正致力于开发全国资源环境承载能力的基础预警模块、区域预警模块以及过程预警模块，构建自动化、常态化、可视化的资源环境承载能力智能预警与及时反馈的综合预警平台。不难看出，人文与经济地理学与信息技术科学的协同与融合，通过空间分析评价、机制规律研究、模型构建与应用、情景效果可视化表达等方式，对中国区域发展状态诊断、发展过程预测预报以及进行辅助决策效果与情景模拟，将为政府、企业、民众等认识中国不同区域发展目标、掌握发展现状、展望未来前景、参与决策过程，提供综合诊断、即时预警、可视化演示的研究与应用平台。

3. 在中国生态文明建设和可持续发展中的基础性作用将越来越受到重视

中国正经历经济调控、社会治理、政府决策的科学化进程，空间管制、区域战略和国土规划越来越成为调控人类空间行为的重要政策工具。而要切实、有效地发挥这些政策工具的作用，要实现政府的科学决策与管理，不仅需要掌握中国资源环境的基本特征和经济社会的发展特点，还需要深入了解资源环境和经济社会发展的相互作用关系、作用状况和优化调整的策略。资源环境承载能力监测预警是一项长期的、不能间断的工作，将会在短期有助于实现人口经济与资源环境相均衡、经济社会生态效益相统一，长期能够确保可持续发展和生态文明建设的实现。主要表现在以下三方面。

首先，在提升决策管理的科学化水平方面具有不可替代的基础性作用。摸清家底、科学认知国情和区情，是规划决策管理的基础；不同类型区域实施差异化发展模式，是践行科学发展观和可持续发展理念的客观要求。中国地域辽阔、人口众多，自然环境复杂多样，社会经济发展基础差异性很大，更需要了解和掌握资源环境承载能力，把资源环境承载能力作为城镇化、区域发展相关决策和规划基础，切实保障决策和规划符合国情、区情。

其次，在转变发展方式和建立新的社会治理体系过程中具有紧迫的现实需求。未来要实现中国梦、建设美丽家园，必须从社会治理出发，规范无序的空间开发、约束盲目的国土利用，集约节约的利用自然资源，遏制生态环境恶化趋势并促使向良性过程演变。在转型发展阶段，自上而下的管理和规划也应从以往更多注重发展类、激励类的导向，转为同约束类、限制类相结合的方式，注重资源利用强度和边界的管理，注重环境容量和结构的约束，注重生态红线和功能的要求，注重产业负面清单和区域功能定位的指引。

第三，资源环境承载能力在建设生态文明和落实主体功能区战略方面具有长远的战略意义。生态文明把优化空间结构、产业结构和调整生活方式、生产方式作为主线，把优化国土空间格局作为首要任务。其中，实施主体功能区规划和战略、实行主体功能区制度对生态文明建设和美丽国土的打造具有战略意义。只有坚持资源环境承载能力监测预警，将监测预警成果准确合理地运用到政策制定和规划方案中，又能够用进一步的监测预警来检验政策规划的成效，生态文明建设才能够步入健康和正常的发展轨道。

第五节　未来重点研究领域的展望

尽管资源环境承载能力在应用层面成效突出，也初步形成了针对多空间尺度和多用途的评价、预警技术路线，但依然存在着许多关键问题未能得到解决，影响到技术方法的科学性和到实际应用的合理性。随着中国国土空间开发保护制度的建立、国土空间规划体系的健全以及生态文明考核机制的形成，在形成资源环境承载能力评价和预警基本原理的基础上，应针对重大区域可持续发展问题进行研究和应用。其中，可持续城镇化和贫困地区可持续生计值得给予更多的关注。在资源环境承载能力评价与预警研究中，前向应加强数据基础建设和数据共享机制建设，后向应重视规划支撑能力和决策服务能力的建设。只有实现“前向数据—评价预警—后向应用”完整的链条，才能更有力地保障资源环境承载能力基础性和依据性作用的发挥。

一、承载力的基础科学问题

首先，解决单要素承载力评价技术方法难题。水土资源、环境、生态等单要素承载力评价中都存在影响评价质量的技术方法难题。未来，拟重点解决后备适宜建设用地密集区域边界划定及开发强度阈值、生态需水量及水资源潜力区域分解、主要污染物容量测算环境资产与环境容量、生态结构和功能变化反演生态资产负债与承载力等问题。

其次，解决承载力综合集成的技术方法难题。承载力综合评价具有高阶次、非线性、多变量、多反馈等特征。同时，陆域和海域两个自然系统差异明显而又联系紧密，如何构建适合不同空间尺度的集成技术框架，寻找海陆统筹的结合点解析海陆资源环境要素之间的互动机制是集成工作关键。此外，如何将灾害因素在不同空间尺度的综合评价中合理融入，也是目前尚未解决的难点问题。

第三，普适性承载力评价和评价理论方法的时空变异。如何准确把握不同承载对象的承载力内涵？同一套指标体系难以评价不同承载对象的承载力，其原因在于，不同区域发展格局是有不同的影响因素群和机制作用才形成的，评价只是在采用直接的指标或间接的指标，把影响因素、形成机制和结果的表征给予体现。因此，在开展资源环境承载能力评价中，应根据不同承载对象选择差异化指标体系。如何把握指标体系和阈值反映的一般规律和特殊规律？承载力评价的复杂性在于同一个指标对不同区域的特征表达也可能出现不同的指向，如降水量时空分布特征就决定着资源量大小、灾害属性的大小，不是简单的线性关系，应分区段进行解析定位。同时，区位条件是影响阈值选择的因素之一，从全国尺度来讲不适宜于开展生产、生活活动的区域，在小尺度上则可能被认为是相对适宜的，阈值在空间上和尺度上受自然与人文界限的作用是存在差异的。如何高精度把握承载力区划的均质性和层级？进行类型区划分和承载能力评价，其不同类型区之间的差异性要求越大越好，而同一类型区内部的差异性越小越好。体现在承载能力评价上，要求评价结果的断裂点和分界值是清晰的。但是，清晰的断裂点并不是很容易识别出来的。因此，区划理论就采用层级结构的方式，在上一级区划结果的基础上，通过下一级区划来分解大区内部的差异。

二、可持续城镇化的承载力研究与应对

城镇化越来越深刻地改变着人—地、环境—社会系统的基本格局以及物质能量循环的自然过程，进而成为影响地球可持续性的重要方面。研究表明，城镇化引发的碳排量占全球碳排放总量的78%，人类活动已成为影响全球变化的主要因素；全球的水资源60%用于城市的发展，不健康的城镇化使许多地区开始触及自然资源和环境容量的上限。中国在改革开放30多年来实现了快速的城镇化过程，1978～2014年，城市化水平从17.92%上升到54.77%，平均年增长1.02个百分点；城镇人口从1.7亿增长至7.5亿，共新增5.8亿；城市建成区面积从1981年的7 438平方千米快速增加到2013年的45 566平方千米（国家统计局城市统计调查司，2000—2016）。与此同时，快速城镇化也付出了沉重的资源和生态环境代价。水土资源紧张，生态环境压力大，空气、水体、土壤污染严重，环境健康风险加大，自然和安全灾害频发等等问题迫切需要改变发展方式。

未来20年，中国城镇化快速推进的态势将不会改变，而城镇化面临的资源环境问题却依然严峻。从中国资源、环境和生态基本承载能力出发，探讨城市社会与资源环境相互作用构成的单体城市可持续发展以及国家和区域层面的可持续城镇化过程，研究不同发展阶段不同空间尺度城市发展和城镇化与资源环境协调的主导因素、核心机理和调控途径，解决如何以更少的资源环境代价、更优的国土空间格局来支撑中国新型城镇化道路，回答这些重大问题，对城镇化的合理进程、管理决策的科学化具有紧迫的现实需求和长远的战略意义。具体而言，要着力研究影响城市可持续发展的资源环境承载力影

响因素和作用机制，探讨区域或国家尺度城镇化资源环境承载能力空间格局，形成可持续城镇化资源环境承载能力评价、预警和调控原理并进行应用校验，建立支撑可持续城镇化的资源环境承载能力辅助决策和优化管理系统。

城镇化是陆地表层以人类活动为主体的最重要的地理过程。这一过程是受资源环境适宜程度和产业经济空间区位选择共同作用而发生的，在人文要素（系统）与自然要素（系统）相互作用中不断演进。由于城镇化是自组织和他组织的复合过程，涉及空间秩序再造、物质环境重构、社会关系重组等不同科学性质的机理，可持续城镇化就是一个极其复杂的科学问题。基于资源环境承载能力探讨可持续城镇化过程，将成为地球系统科学解决城镇化复杂问题的一个有效途径。

三、贫困地区可持续生计的承载力研究与应对

对国家级贫困县的分析发现，贫困地区受资源环境承载力制约十分显著，其分布格局与资源环境要素约束具有较强空间耦合性。基于全国主体功能区划单项指标分级评价结果（Fan，Sun，Zhou et al.，2012），将国家级贫困县的资源环境约束类型划分为资源约束型、环境约束型、综合约束型和无显著约束型四类。分类结果显示，中国受资源环境显著约束的国家级贫困县共计 456 个，占贫困县总数的 77.05%。另外，中国贫困地区的地理分布格局长期以来基本保持不变，主要集中分布在太行山区、秦巴山地、武陵山区、乌蒙山区、桂西山区、四川盆地西缘、新疆南疆与青藏高原腹地等（周侃、樊杰，2015）。从理论和实践综合看，影响贫困区发展的基本资源环境要素是：水土资源条件、自然生态环境、自然灾害风险、能源矿产资源、自然和文化旅游资源等。

未来研究贫困地区资源环境承载能力，为解决贫困地区可持续生计提供依据，应关注以下问题。①不同贫困区致贫的关键承载力因子及空间特征。中国贫困地区地形地貌复杂多样，资源环境要素的空间匹配状态欠佳，承载力受短板要素制约的同时，空间分异特征十分显著，应揭示区域承载力的关键要素及区域特征。②贫困地区人口承载对象的数量和质量对承载能力的作用过程。人口快速增长过程给贫困地区本来就较低的承载力带来巨大压力，应研究贫困地区人口合理容量的最大阈值及超载的程度。同时，针对欠发达地区人口劳动技能偏低、大部分人口被束缚在当地进行粗放式农业生产的格局，应研究并破解由此导致区域发展陷入“人口增长—贫困加剧—生态退化”恶性循环的怪圈。③贫困地区资源环境承载力各构成要素间联系紧密，人口发展、经济增长、污染物排放等承载对象的压力，易触发区域生态系统、地质环境、环境容量等承载体的响应，使之受到水土流失、土

地石漠化与沙漠化威胁，造成生态环境退化、人地关系失调。应研究这种物质、能量等各种要素流动及相互作用关系特征对资源环境承载能力的影响和应对。④贫困地区以山地丘陵为主的地貌结构，通常为江河流域的分水岭和源地，远离干流和下游低平地以及社会经济较先进的区域性中心城市。应研究这种边缘性和封闭性对区外物质与能量输入的阻滞作用，及其设施配套相对滞后、先进技术扩散迟缓的背景下，如何利用信息化手段解决当地对资源环境本底高度依赖的问题，通过提升承载力，减缓区域资源紧缺和环境退化。⑤研究贫困地区资源环境承载力的演化演替速度快、预警期短、超载后修复难度大周期长的特点及应对策略。⑥研究贫困地区城镇化和工业化水平低，中心城市（镇）的集聚能力弱，乡村聚落分散布置，地方经济实力严重不足的解决路径。

2008 年以来五次重大灾害发生地均位于青藏高原边缘地带及近邻山区，该地带是中国面波震级大于 5.0 级地震的高发区以及崩塌、滑坡、泥石流等地质灾害的密集分布区，是中国贫困地区分布较广的一个地带，区域自身的防灾减灾能力弱。应提前部署资源环境承载能力研究，为防灾减灾的系统设计和整体规划提供依据。但是，截至目前，中国相关规划没有给予该区域的防灾减灾问题足够重视，更缺少超前的预案部署。因此：①要尽快开展全区的地质灾害问题和资源环境条件的摸底、调查，完成较高精度的资源环境承载能力评价，作为一切建设和规划的依据。②要尽快开展区域防灾减灾的整体规划，把防灾减灾作为日常性、持续性的问题，研制系统应对方案，从单体建筑物标准（如采取轻型建筑材料）到城镇集中居民点建设规范，从日常监测预警体系到发生灾害时的公共安全避难或临时安置场所，最大限度减少灾害发生时的生命财产损失。③要尽快研究区域可持续发展战略，从人口迁移策略、国土空间开发格局、特色生态经济体系等，到加快小康社会建设的生态补偿机制、资源税留成政策等体制机制设计，形成与防灾减灾整体规划相协调的城乡与区域发展规划导则、专项规划和部门规划导则，用于指导和约束各类相关规划。

四、资源环境数据基础与技术服务平台建设

围绕资源环境承载力研究在前向（数据基础）与后向（应用接口）相对薄弱问题，着力开展承载力数据监测—采集—共享—处理一体化以及服务于多尺度多类型规划政策的应用接口和业务化运行等研究工作。中国资源环境要素数据集基本成形，各部门自主形成了一定的专题性监测模块，但目前数据采集仍相对分散，部门间数据规格难以统一，尚未形成交互式、融合化的数据采集与监测网络，无法满足承载力评价的多精度、

多尺度、序列化数据需求。在决策支撑与应用方面，基于要素评价辅助各部门专项规划与管理决策具有一定基础，但基于集成评价的多部门综合决策优化系统尚未建立。

以人类活动变化过程为出发点，将数据监测网络和人类活动资源环境损耗统筹设计研究，从资源环境损耗动态变化角度追踪承载状态变化趋势，并据此优化数据监测网络，形成趋势变化解析—数据动态监测反馈体系。开发承载力变化的追因模型，总结探索人类生产、生活与水土资源占用及污染物排放的关系特点，建立人类活动资源环境耗损分类体系新视角，分析绿色农业生产、产业信息化、新型城镇化等新兴人类活动对承载力变化影响，解析造成此类变化和作用的深层次原因，以此实现资源环境损耗的动态变化与静态情势相结合，提升承载力评价的可操作性和精准程度。

围绕不同层级配套政策制定与规划决策应用需求，创建承载对象分类体系及功能地域识别技术，通过功能预估解决评估对象不确定的科学难题，构建具有空间尺度弹性和功能指向多样性的差异化编制与评价指标体系。研制适宜微观—中观—宏观不同空间尺度的综合集成和追因技术方法，解决目前资源环境领域理论技术体系空间尺度固化问题，增强与多种政策调控单元的实际应用需求吻合度。通过短板效应、总量控制、空间结构、开发强度和空间相互作用等综合分析技术拓展，厘定不同空间尺度下资源环境主要限制因素及其作用参数，创建自然要素同人文要素的相互作用与空间匹配技术，集成开发既面向宏观战略制定又满足业务精细管理的编制和评价技术体系，提升承载力的规范化和业务化应用能力。

参考文献

Arrow, K., et al. 1995. Economic growth, carrying capacity, and the environment. *Science*, Vol. 268, No. 5210.

Bai, X., Shi, P., Liu, Y. 2014. Society: realizing china's urban dream. *Nature*, Vol. 509, No. 7499.

Barrett, G. W., Odum, E. P. 2000. The twenty-first century: the world at carrying capacity. *Bioscience*, Vol. 50, No. 4.

Cohen, J. E. 1995. Population growth and Earth's human carrying capacity. *Science*, Vol. 26, No. 5222.

Cohen, J. E. 1997. Population, economics, environment and culture: An introduction to human carrying capacity. *Journal of Applied Ecology*, Vol. 34, No. 6.

Daily, G. C., Ehrlich, P. R. 1992. Population, sustainability, and earth's carrying capacity. *Bioscience*, Vol. 42, No. 10.

Fan, J., Sun, W., Zhou, K, . et al. 2012. Major Function Oriented Zone: New method of spatial regulation for reshaping regional development pattern in China. *Chinese Geographical Science*, Vol. 22, No. 2.

Graymore, M. L. M., Sipe, N. G., Rickson, R. E. 2010. Sustaining human carrying capacity: a tool for regional sustainability assessment. *Ecological Economics*, Vol. 69, No. 3.

Liu, J. 2010. China's road to sustainability. *Science*, Vol. 328, No. 5974.

Meadows, D. H., et al. 1972. *The Limits to Growth: a Report for the Club of Rome's Project on the Predicament of Mankind*. Universe Books.

Pulliom, H. R., Haddad, N. M. 1994. Human population growth and the carrying capacity concept. Bulletin of the Ecological Society of America, Vol. 237, No. 3.

Rees, W. E. 1992. Ecological footprints and appropriated carrying capacity: what urban economics leaves out? *Environment and Urbanization*, Vol. 4, No. 2.

Sleeser, M. 1990. Enhancement of Carrying Capacity Options ECCO. The Resource Use Institute.

United Nations. Department for Policy Coordination and Sustainable Development. 1996. Indicators of sustainable development framework and methodologies. United Nations.

樊杰：《国家玉树地震灾后重建规划：资源环境承载能力评价》，科学出版社，2010 年。

樊杰：《芦山地震灾后恢复重建：资源环境承载能力评价》，科学出版社，2014 年。

樊杰："人地系统可持续过程、格局的前沿探索"，《地理学报》，2014 年第 8 期。

樊杰、兰恒星、周侃：《鲁甸地震灾后恢复重建：资源环境承载能力评价与可持续发展研究》，科学出版社，2016 年。

樊杰等："资源环境承载能力评价在汶川地震灾后恢复重建规划中的基础性作用"，《中国科学院院刊》，2008 年第 5 期。

樊杰等：《国家汶川地震灾后重建规划：资源环境承载能力评价》，科学出版社，2009 年。

樊杰等："人文—经济地理学在生态文明建设中的学科价值与学术创新"，《地理科学进展》，2013 年第 2 期。

樊杰等："鲁甸地震灾后重建的综合地理分析与对策研讨"，《地理科学进展》，2014 年第 8 期。

傅伯杰："区域生态环境预警的理论及其应用"，《应用生态学报》，1993 年第 4 期。

高晓路、陈田、樊杰："汶川地震灾后重建地区的人口容量分析"，《地理学报》，2010 年第 2 期。

国家发展和改革委员会：《全国及各地区主体功能区规划》，人民出版社，2015。

国家统计局城市社会经济调查司：《中国城市统计年鉴》，中国统计出版社，2006—2013.

国务院：《国务院关于印发汶川地震灾后恢复重建总体规划的通知》，2008 年 9 月 19 日。

国务院：《国务院关于印发玉树地震灾后恢复重建总体规划的通知》，2010 年 6 月 9 日。

国务院：《国务院关于印发舟曲灾后恢复重建总体规划的通知》，2010 年 11 月 4 日。

国务院：《国务院关于印发芦山地震灾后恢复重建总体规划的通知》，2013 年 7 月 6 日。

国务院：《国务院关于印发鲁甸地震灾后恢复重建总体规划的通知》，2014 年 11 月 23 日。

陆大道：《中国区域发展的理论与实践》，科学出版社，2003 年。

陆大道、樊杰：《2050：中国的区域发展》，科学出版社，2009 年。

陆大道、郭来喜："地理学的研究核心：人地关系地域系统"，《地理学报》，1998 年第 2 期。

吴传钧：《人地关系与经济布局》，学苑出版社，2008 年。

中国土地资源生产能力及人口承载量研究课题组：《中国土地资源生产能力及人口承载量研究》，中国人民大学出版社，1991 年。

周侃、樊杰："中国欠发达地区资源环境承载力特征与影响因素——以宁夏西海固地区和云南怒江州为例"，《地理研究》，2015 年第 1 期。

第八章　中国人文与经济地理学发展脉络、主流学派及前景

本书从第一章到第七章，选择了人文与经济地理学在重塑中国国土开发格局、实现可持续发展过程中产生重大社会贡献的典型案例，试图通过描述产生这些学术成果的时代背景和中国人文与经济地理学者的所思所想，通过阐释产生重大社会影响的应用成果背后的人文与经济地理学学术探究的基本理念和理论方法，归纳出代表当代中国人文与经济地理学发展特色的主流学派。早期（20 世纪后半叶）面对中国基本地理国情不清、农业生产主导国民经济的时代背景，关于土地利用和农业区划的研究成果应运而生，不仅有力地拉动农业地理学成为早期中国人文与经济地理学的重要分支学科，也为而后中国人文与经济地理学走人地关系地域系统为核心的交叉综合研究定位路线及其主流学派的形成奠定了基础。改革开放为中国人文与经济地理学的全面发展带来了机遇，同国际人文地理学的接轨并面向国内社会经济发展的需求，城市地理学和旅游地理学成为新时期发展最迅速的人文与经济地理学新兴分支学科。城市地理学与城市规划交融互动发展，旅游地理学发展与旅游产业的壮大同步推进。与此同时，经典的经济地理学以区域发展研究的复兴，特别是区域可持续发展研究为重点领域，创新性地建立了“点—轴系统”理论模式，建构了 T 字形国土空间开发格局，为重塑中国经济地理格局提供了理论指南和战略方案。近年来，基于资源环境承载能力诠释人地关系地域系统建构原理，研制地域功能区划草案支撑国土空间开发保护格局的合理调控，进一步延续和强化了中国人文与经济地理学的主流学派（图 8—1）。

可见，中国人文与经济地理学坚持综合性、交叉性的学科定位，把研究地球表层自然圈层和人类活动圈层的相互作用作为研究对象，把理解和影响不同空间尺度人文与经济地理格局与过程，特别是区域可持续发展的时空规律作为研究导向，形成了中国人文与经济地理学的发展范式，即：**以应用需求为导向，在解决国家和地区发展所面临的重大人文与经济地理学问题中凝练关键科学问题。通过解决关键科学问题，在推动学科发**

展的同时提升服务国家和地方需求的科技支撑能力。在全球范围内规避了人文地理学加速人文化的倾向，成果应用于决策管理的程度最高。中国人文与经济地理学可被发展中国家借鉴，有可能对未来全球人文地理学的发展起到引领作用。

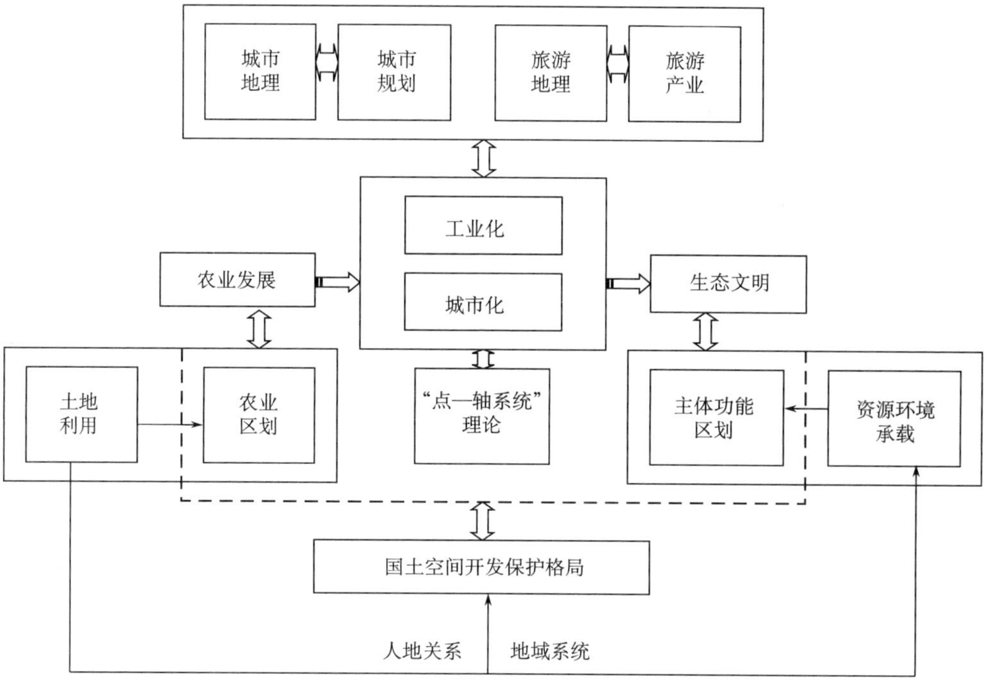

图 8—1　《中国人文与经济地理学者的学术探究和社会贡献》概览

第一节　中国人文与经济地理学的社会贡献

1949 年以来，现代中国的人文与经济地理学得到了持续、长足的发展。一方面，培养基础教育师资队伍的需求，以及把人文与经济地理学作为基础学科的相关学科建设的需求，保障了人文与经济地理学能够稳定地发展；另一方面，紧密结合国家和地方发展需求，开展科研活动，以“任务”带学科，加速了学科建设。1978 年改革开放以来，同国际人文地理学研究接轨产生的众多新领域、新因素的研究，促使人文与经济地理学众多分支学科从无到有、从弱趋强；满足日益增长的可持续发展战略需求而不断完善的人地关系地域系统的研究，使人文与经济地理学的学科结构、发展重点、规模体量有了很大的变化。

与学科建设相比，中国人文与经济地理学的社会贡献更为突出。仅仅回顾过去10多年的发展历程，人文与经济地理学者在中国制定可持续发展战略、研制区域发展政策与空间规划领域，是主要的咨询力量和学术团队，对中国发展决策和实际进程产生了重大影响，这在其他国家人文地理学发展现状中是不多见的。本节从三个方面加以论述。

一、发挥国家思想库作用

中国地理学会原理事长、人文与经济地理学家陆大道院士曾就国家“十一五”规划①编制中区域战略问题向上届国务院总理温家宝提出建议，就国家新型城镇化战略问题向本届国务院总理李克强提出建议。两位总理分别邀请陆院士，当面听取他的咨询建议。中国共产党中央政治局集体学习②曾经四次邀请中国人文与经济地理学家就当时中央关注的重大问题进行讲解。北京大学周一星教授2005年9月就“国外城市化发展模式和中国特色的城镇化道路”进行讲解，中国科学院地理资源所樊杰研究员2007年2月就“国外区域发展情况和促进我国区域协调发展”进行讲解，国务院发展研究中心隆国强研究员2007年9月就“扩大对外开放和维护国家经济安全”进行讲解，北京大学林坚教授2011年8月就“完善我国土地管理制度问题”进行讲解。在中国其他学科门类中，有四位学者走进中央政治局进行讲解也是不多见的。

人文与经济地理学逐步成为履行思想库功能的重要应用基础学科。在城市化、乡村发展、基础设施建设、国土开发、区域治理等领域，提交的咨询报告得到中央最高领导的批示，直接转变为国家重大的政策行动，对中国社会经济发展产生实质性影响。可以说，在中国建设生态文明和实现可持续战略方面，中国人文与经济地理学家基于科学研究提出的咨询建议发挥了引领作用。以陆大道院士牵头于2006年、2009年、2012年、2013年完成的四次关于城镇化系列咨询报告为例，报告主题分别为“冒进式城镇化和空间失控”、“警惕借各类新区建设规划实施大规模造城”、“城乡统筹方针下我国城市化合理进程”、“科学引领我国城镇化健康发展”。咨询报告深刻解剖了各地过分强调城镇化速度、盲目做大城市规模的问题，分析了失地农民大量增加、环境污染代价巨大、基础设施不堪重负的城镇化质量低下等问题的成因。在此基础上，提出确立合理的城镇化

① 中国每五年编制一次国家发展规划，确定未来战略目标和主要任务，是指导全国资源开发、环境保护、经济发展、空间布局的依据。2016～2020年处在“十三五”规划的实施阶段。

② 从2002年12月开始，中共中央政治局建立集体学习制度，主要围绕当时党中央关心的重大问题，要求相关领域的专家进行讲解，并进行交流讨论。中央总书记在学习会上的总结讲话，对该领域发展具有方向标的指引作用。截至目前已举行了107次中央政治局集体学习。

发展速度和规模结构，促进城镇人口、土地与就业的协调发展，走“资源节约”和“环境友好”的城镇化道路的咨询建议。党和国家领导人对每份咨询报告均做出批示，相关部委迅速开展行动，并转化为国家政策，咨询报告在促进中国城镇化政策转型中发挥了实质作用。

二、承担重大发展规划和空间规划研制任务

中国人文与经济地理学者在研究社会经济发展的地学基础及其资源环境效应、区域间相互作用关系、人类生产生活活动空间组织规律，以及区域治理体系作用的基础上，开展了大量的不同地域空间尺度、不同部门和领域的发展状态诊断、演变过程解析、战略前景预测以及规划政策研制等应用基础研究。其中，参与、主持、承担重大发展和空间规划任务，是中国人文与经济地理学者进行应用实践的主要方式，也是直接将学术思想转换为规划方案进而影响决策和行动的主要途径。

中国最高层位的规划是“中华人民共和国国民经济和社会发展五年规划”，为配合“第十二个五年规划”编制组建的57人“国家规划专家委员会”中，有5位是人文与经济地理学者，是专家委员中人数最多的二级学科之一。中国人文与经济地理学者在五年规划的思路起草、方案编制、规划论证中发挥了重要科技支撑作用。人文与经济地理学者承担完成了全国和多数省级主体功能区规划、国务院审批的许多重要的城市规划和区域规划、省部批复的许多土地利用规划和旅游规划等不同类型的地域空间规划的科研技术支撑任务。最为突出的特点是，人文与经济地理学者在大尺度和中尺度的空间规划中，研制成果往往在理论方法和研制规范方面具有示范和引领作用。2005～2010年，当中国开始兴起国家研制重大区域规划时，最具影响力的五个国土规划和区域规划，指导专家委员会主任委员和首席科学家都是由人文与经济地理学者担任。

三、向社会传播可持续发展理念

中国人文与经济地理学者通过在不同尺度空间和多种领域的可持续发展决策咨询方面发挥重要作用，并得到决策者认可的过程中，社会影响力也不断提高，在重大的城市化和区域发展战略和方向方面的科学论证与建议，在国家和地方政策和规划形成过程中对方案的咨询与评审，在直接向管理者和通过媒体向全社会阐释科学理念和科学方法的各种报告与访谈中，人文与经济地理学的社会影响成为学科发展的重要保障与反馈动

力。其中，利用核心媒体，向全社会传播可持续发展理念，有力地助推了人文与经济地理学社会影响的不断扩大。

由于人文与经济地理学研究具有的前瞻性特征，许多逐渐进入决策层视野和逐步被社会认同的区域发展理念、目标、重点、措施，在人文与经济地理学研究中已比较成熟或形成了一定的研究积累。这样，人文与经济地理学的研究成果在对政府决策产生影响的同时，人文与经济地理学者就有义务也有能力向社会宣传已经进入决策视野、转变为决策的战略方针，从而引导社会进程的轨迹和全社会的空间行为。当主体功能区战略成为“十二五”规划的亮点，当中共中央十八届五中全会报告提出五大发展理念，当国家发布并实施西部大开发、东北振兴等区域发展战略，当“一带一路”和京津冀协同发展等新区域发展战略进入公众视野，中国人文与经济地理学者均应邀在中央核心媒体——包括新华社、中央电视台、《人民日报》等接受专访、采访、撰写文章等，阐释战略、规划和政策的科学内涵，引导全社会理解可持续发展和生态文明理念。

四、小结

从以上三个方面的举例中可以清楚地看到，做出了比较突出的社会贡献是中国人文与经济地理学发展最为显著的特征。显然，人文与经济地理学的学术成果之所以能够引起决策者关注并在实际发展中得到应用，同中国人文与经济地理学的学术研究积累和学术发展战略有着紧密关系。与此同时，面向社会发展需求的学科探究导向和实际应用的过程，又有力地拉动了人文与经济地理学科理论方法创新。“以国家战略需求为导向的人文与经济地理学发展战略引导学术成果产出，以人文与经济地理学术成果直接应用到国家和地方不同尺度可持续发展和现代化建设中，在实践应用中不断发现新的人文与经济地理学问题构成进一步研究选题，通过集中科学研究在推动人文与经济地理学发展的过程中又提升了面向实际的应用能力”（樊杰，2011a；2012）。这种研究逻辑及其开展的大规模学术研究、产生的大量学术成果，构成了近代中国人文与经济地理学学术流派的主体特征，或者说，形成了全球范围内具代表性的一个学术流派——中国人文与经济地理主流学派。

当然，学科的多样性在中国人文与经济地理学发展中也得到保持，特别是追随国际人文地理学术思潮，模仿国外人文地理学研究范式，并创新性地以中国问题为研究对象形成新的学术增长点。例如，社会和文化地理学在中国的兴起、经济地理学中引进演化经济地理学等，他们关注具体的、空间尺度相对较小的人文与经济地理事像的研究，更关注从学术上探讨其演变过程的影响因素和对其作用机理的阐述（樊杰、孙威，2011），开展项目的团队组织方式通常是小规模且局限在一个教授带领下的工作组。这些研究不仅使中国人文与经济地理学发展的更加丰满，也为中观尺度、宏观尺度的人文与经济地理问题的大规模研究提供了许多独特的视角和具有新意的点位。

第二节　学科发展定位及发展脉络

众所周知，过去半个多世纪，中国发生了翻天覆地的变化，中国社会也在跌宕起伏中进步着。中国人文与经济地理学在这个过程中，受到政治制度变化、经济发展模式改变、对外开放环境变化等多重因素的影响，在探索中不断且艰难地发展着。这种发展方式可能也是国外人文地理学发展历程中很少经历的。在中国的科学体系建设中，只有社会科学的许多学科有过相似经历。而在中国的科学体系和高等教育体系划分中[①]，人文与经济地理学却被划分在自然科学体系之中。正是由于这种关系，加剧了人文与经济地理学发展的艰难性和复杂性。确定合理的学科定位，对于人文与经济地理学能否健康发展就至关重要。

一、学科性质争论与定位

1949 年以来，针对人文与经济地理学是不是科学、是怎样的科学以及如何发展这门科学，曾经有过并仍在经历着争论。

"文化大革命"之前最重要的争论是经济地理学研究对象应该是"生产配置"还是"生产力配置"之争。主张研究对象是"生产力配置"的核心取向是认为，生产活动是受生产关系决定的，因此，不存在脱离阶级属性的生产活动空间分布规律，这就决定了经济地理学是社会科学，中国的经济地理学应该是无产阶级的经济地理学。最终，这一学派走向了衰落。"文化大革命"之后最重要的学科分异，是人文与经济地理学研究在与国外人文地理学研究接轨过程中将"文化转向和社会转向"等新因素研究介绍到中

① 中国科学体系划分为自然科学、社会科学、工程技术等，人文与经济地理学与地理学一并被归为自然科学。因此，人文与经济地理学是中国科学院下属机构的学科方向，而中国社会科学院就没有该学科方向。中国高等院校招收学生也分为理科和文科，其入学考试科目是不同的，地理学下的人文与经济地理学也被列为理科。因此，人文与经济地理学的学士、硕士和博士也都是理科学位。

国，中国人文与经济地理学是否应该将其作为探讨人文与经济地理过程和格局的主导因素或主要研究方向。而后发展的事实证明，尽管主张社会地理学和文化地理学作为主体方向，并把这一做法提升到与国际接轨、代表学科前沿的高度，试图或实际效果就是把人文与经济地理学推向人文化、社会化的轨道。但这类主张最终只是停留在对学科多样性贡献的层次上（吴传钧，2008）。以上两次大的争议都是存在于人文与经济地理学内部，是否走人文化道路成为分歧的要点。

对人文与经济地理学学科是不是科学的重大争议却是存在于非人文与经济地理学学科和人文与经济地理学科之间。具体说，是自然科学大家庭对人文与经济地理学的不认同。他们更多从人文与经济地理学研究对象、研究问题的方法，以及研究成果的表达方式等方面，不接受人文与经济地理学的科学性。

针对学科内部是否人文化、是否突出阶级性，吴传钧先生对学科的定位，以及他对人文与经济地理学的研究成果，为当今中国人文与经济地理学主流学派的形成奠定了基础，也指引了发展方向。吴先生认为，经济地理学（即早期在中国的人文与经济地理学）是“与自然科学、经济科学、技术科学关系非常密切，具有自然—经济—技术综合特点的边缘科学”（吴传钧，1991；陆大道，2002），着重生产布局地域体系的形成过程、有关条件、类型、区划和发展规律。交叉学科的定位给中国经济地理学及其后的人文与经济地理学带来了长期繁荣，即使在人文与经济地理学出现社会化、人文化倾向的时候，人文与经济地理学依然把持住了交叉学科的基本定位。对人文与经济地理现象空间分布格局及其演变规律的研究，应当越来越重视社会和文化因素对生产生活空间结构的影响，同时也不能忽视自然圈层与人文圈层相互作用，在重视研究人文、经济地理现象之间的相互作用关系对自身格局形成的作用同时，还应充分认识资源环境系统对人文、经济地理格局和过程的影响（图 8—2）。近年来，人文与经济地理学正是通过发挥交叉边缘学科定位的综合优势，通过空间合理配置解决人口经济与资源环境的协调问题，在国家和区域可持续发展领域做出了突出的社会贡献，其产生的社会影响反馈到科学界内部，逐渐博得越来越多的学者对人文与经济地理学的学术价值的认同。

二、学科发展基本脉络

20 世纪 50 年代，中国科学设置如同社会体制一样，追随苏联模式，地理学之下与自然地理学并列的是经济地理学，当时不设立人文与经济地理学。60 年代爆发的“文化大革命”，导致经济地理学不仅如同其他科学研究一样基本停滞，更为悲剧的是被认为是伪科学而在教学和科研领域全面受到批判和打击。1970 年以后，特别是随着改革开放以来中国经济社会发展结构的变化，再加上同国外人文地理学的接轨，中国人文与经济地理学的科学体系不断调整，应用价值凸显。

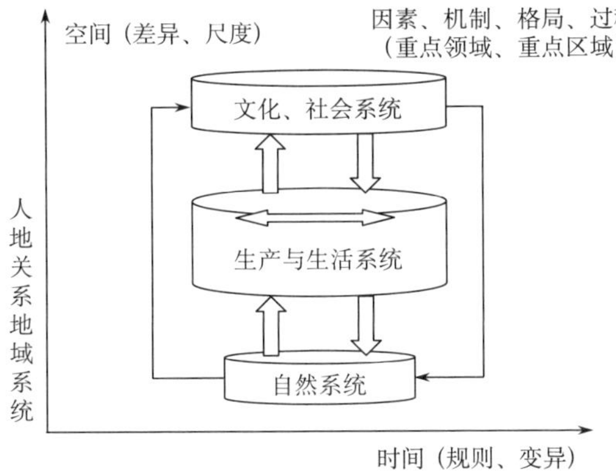

图 8—2　中国人文与经济地理学研究的基本框架

中华人民共和国成立初期，基于中国当时所处的发展阶段、产业结构特征及学科体系背景，经济地理研究核心面向国民经济紧迫需求，针对与自然资源开发、自然地理环境密切相关的物质生产部门，解决发展中涉及生产力布局的一些重大问题。其中，农业地理和资源型工业部门地理是研究的重点领域。以地理环境条件和自然资源的开发适宜性评价为研究的逻辑起点，开展对自然地理环境特征、矿产和能源资源开发条件、生产环节的各部门布局区位选择、各种农业和工业生产地域类型等内容的研究；以因地制宜、工农业生产与资源环境协调为研究的逻辑终点。

改革开放以来，随着“人文与经济地理学”被提出并成为地理学中与自然地理并列的学科，人文与经济地理学内部发展的不均衡态势越来越明显。由于空间规划、城市和区域治理的需求以及可持续发展、生态文明建设等的发展驱动，人文与经济地理学中区域发展研究逐渐成为发展势头最为强劲的研究领域；旅游地理学、城市地理学持续增长，经济地理学稳中有升，农业地理学、交通地理学恢复中明显长进，文化地理学、行为地理学等呈精明增长的态势，金融地理、物流地理、贸易地理等开始起步，世界地理学、历史地理学、人口地理学、工业地理学等发展势头则不尽人意。

具有传统优势的世界地理（外国地理）研究的大幅度削弱，对国内的研究与对国外的研究出现了严重的不均衡。以中国问题研究为主导的人文与经济地理研究格局，也构成了中国人文与经济地理学有别于他国的一个显著特征。从国内公认学术水平最高的三大地理期刊《地理学报》、《地理研究》和《地理科学》的刊文情况看，统计显示，三大期刊近 10 年间共发表论文 3 599 篇，但有关中国以外（世界）的研究论文只有 29 篇，占三大刊物所刊论文总量的比例不足 1%。从发表论文的具体内容来看，29 篇论文中，属于人文与经济地理范畴的仅 8 篇，充分说明了中国人文与经济地理研究的本土化特征极其突出。

三、学科发展路径

包括大学与科研院所在内的研究机构之间发展的比较状态不断改变、发展态势很不均衡。科研单位特别是位于北京的科研单位因在面向国家需求的发展模式下获得的机遇相对较大，发展态势相对更好。许多师范院校、地方性研究所的长足进步为振兴一方人文与经济地理学做出了重要贡献，同时也存在着个别历史上曾经辉煌过的综合性院校面临着重振学科影响力和总体实力的发展压力。

与全国人文与经济地理学科发展相比，中国科学院地理科学与资源研究所（以下简称地理所）在该领域的研究进展有着鲜明的特色。一是总体上沿学科建设的基本脉络，在地域分异、空间结构、人地系统等理论研究上，在数据采集、分析模拟、成果表达等方法手段上，循序渐进，逐步完善，使学科的科学化程度不断得以提升；二是在保持比较强劲的发展势头的过程中，始终把解决国家重大战略需求作为牵引学科发展的主动力，通过应用实践发现科学问题，通过解决科学问题增强服务社会的科技支撑能力，形成了具有鲜明特色的学科发展模式；三是在部门地理和区域地理研究的基础上，越来越关注资源环境与社会经济的空间耦合和统筹发展，不断聚集城市化与区域可持续发展综合研究领域，在中国科学院形成了“区域发展”研究的一个重要方向。

从发展的总体态势上分析，地理所人文与经济地理学的发展态势大概可以以 2000 年前后为界，分为两个阶段。第一阶段是持续发展上升的阶段，经典地理学不断成长和壮大，人地关系地域系统研究的基本格局初步形成。第二个阶段以区域可持续发展的研究与应用方向逐渐凸现并迅速在国内领先为标志，人文与经济地理学发展进入一个鼎盛时期（图 8—3）。同高校相比，与国外接轨而蓬勃发展的人文与经济地理学科在地理所相对薄弱，这成为地理所改革开放前后没有明确的学科进展分界点的主要缘由；同全国其他机构人文与经济地理学研究相比，在 2000 年之后实现人文与经济地理学者代际转移过程中，地理所出现的迅速发展势头及其影响，以区域可持续发展研究为方向的选择也是独具特色的。

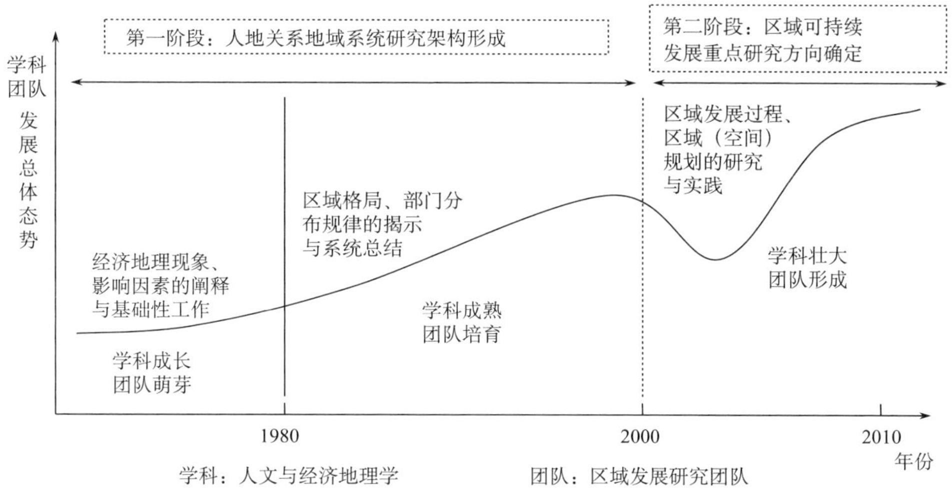

图 8—3　中国科学院地理科学与资源研究所人文与经济地理学发展进程概览

由于地理所人文与经济地理学者研究团队的学术贡献和社会影响，中国科学院在制定至 2050 年发展战略中，“区域发展”成为中国科学院重点发展的 18 个重点科技领域之一，与纳米技术、新能源、新材料等并列。2009 年，地理所人文与经济地理研究团队荣获中国科学院杰出科技成就奖（集体奖），由地理所人文地理学与区域发展部为主体申报的院区域可持续发展分析与模拟重点实验室获得通过，纳入中科院创新 2020 规划的“区域发展模拟与决策支持系统”平台建设项目。

四、技术方法的主要转变

改革开放以前，尽管当时人文与经济地理学在研究的逻辑起点和终点上都强调自然环境、自然资源的作用，但在研究的方法上具有比较明显的社会科学属性。自然科学研究程式讲究从设定工作假设或科学命题开始，按照严密的技术路线，通过技术工具采集一手数据，通过实验手段及理论公式推导等方法构建刻画基本关系的数学模型，通过模拟或实证手段证明假设命题的真伪。若为真命题则检验其普适性和可重复性，从而揭示规律和形成机制。人文与经济地理学研究方法若从科学哲学角度来说是以归纳法为主，从数理方法角度来说是以统计方法为主。其一是基本统计规律——现在应用最多的三次产业演进规律、城市化进程、恩格尔系数等，通常都是源自对过去长时段人文与经济地理事像发展历程的统计所形成的基本规律。其二是依托信息与经验积累进行思维归纳的科学判断，即通过大脑对基础理论、实践经验、现实信息的积累和高度集成，并结合综合分析，给出对人文与经济地理现象的优劣状态、是否符合规律以及未来趋势走向等的科学判断。

改革开放以后，特别是近年来，技术方法发生的重大转变是GIS技术方法的应用越来越受到重视。人文与经济地理现象涉及面广、数据量大，有效的数据分析、模型建构、可视化表达等技术支持成为客观认识规律、提供决策服务的必然需要。过去10多年，人文与经济地理学者越来越重视数据库、模型库、可视化表达技术方法的应用，其中，遥感和GIS在人文与经济地理学学科研究的应用面和涉及深度都是过去所不能比拟的。人文与经济地理学研究开始从个人或具体项目的数据管理与应用，走向系统的建库过程，并探索如何实现统计数据和人文与经济地理学搜集的第一手数据的融合方法；开始具有一定规模并且是科研项目全流程地运用计算机技术实现空间分析和人文与经济地理过程模拟、评价和预测。而具有一定基础的人文与经济地理学分析模型与GIS技术方法的结合，显著提升了空间分布特征与空间格局演变过程分析的能力，“数据—模型—地图表达”成为人文与经济地理学众多成果产出的主要范式。着手设计并探讨不同的研究案例点并逐步形成各有侧重、相互联系的研究样带，通过跨学科的开放研究网络的组织，建设具有实验性质的现代人文与经济地理学研究技术方法体系。

事实上，人文与经济地理学研究对象是地球表层各种自然现象、人文现象组合在一起的复杂巨系统。研究对象的复杂性决定了学科性质的综合性，也决定了综合集成的研究方法是人文与经济地理学解决复杂性问题的基本方法。我们通常认为，综合性是地理学最高层次的科学难点问题，那么，综合集成的技术方法必然就是人文与经济地理学最难的方法。毫无疑问，开展综合集成研究必须依靠复杂性系统科学。中国人文与经济地理学如同整个地理学一样存在两个并行的发展趋势：宏观层面上的综合集成、孕育和滋生统一地理学；微观层面上对过程的研究、在学科研究深化的同时导致地理学内部的进一步分化。微观层面的深化依然是学科发展的主流和学科前沿的集中领域，其研究方法更偏重于研究对象所依托的基础科学研究方法，如对社会地理规律的研究习惯于采用社会学的方法，对经济地理学的微观研究更尊崇经济学原理的阐释和经济学研究方法的应用，对地理现象发生演变的化学过程的研究更偏重于化学研究范式。宏观层面上的研究则更多地是面向国家重大战略需求的系统解决方案的探索，其研究方法更趋向多样化，以实用性和能够解决问题为主要取向，通常是定性和定量研究相结合，动态和静态分析相结合，理论和实践论证相结合，缺少固定范式以及可普适化推广和直接传授的宏观综合集成方法，这也在很大程度上影响了综合集成研究的推广和传承。

可以说当代地理学的发展趋势是在学科内部进一步分化和在更高层次上进一步综合共同演进的过程，因此，技术方法在解决不同问题时的有效性差异很大，多样性就成为中国现代人文与经济地理学技术方法的基本特点。

第三节　从典型学术探究看中国人文与经济地理学主流学派的理论方法特征

在人文与经济地理学定位的指引下，中国人文与经济地理学主流学派的学术探究脉络，突出了资源环境和社会经济多因素作用和复杂系统的综合研究，突出了不同发展阶段事关国家战略需求的重大国土开发、区域战略、产业布局与空间规划问题，突出了社会应用和学术探究的互动。

一、典型学术探究综述

按照中国人文与经济地理学发展的时间进程，从前面七章内容中选择并重组为三个方面的研究工作进行综述，反映中国人文与经济地理学主流学派的学术探究活动，为归纳中国人文与经济地理学主流学派的理论方法特征提供典型案例。

1. 早期：土地利用和农业地理研究

从20世纪60年代开始，当中国现代地理学刚刚起步之后，地理学最基础性的工作——土地利用和当时作为一个农业国家所最急需的战略需求——农业生产合理布局问题成为地理学面临的两大关键问题。中国人文与经济地理学者牢牢把握住地理学的核心价值，在综合性学科框架下强调区域的差异性，中国土地利用和农业地理研究一直成为延续到90年代初的人文与经济地理学的核心选题和重要方向，这方面的研究是以区域差异性和地域分异规律为科学基础，以因地制宜为应用目标导向的，其学术思想的根源可从土地利用研究得以透视。土地利用被认为是自然地理和人文与经济地理结合的最佳也是最重要的领域。土地本底是属于自然地理事像，利用本身是人文与经济地理的事像，二者结合构成的综合地理学重要研究对象之一就是地球表层的土地覆被变化和土地利用（吴传钧、郭焕成，1994），这已成为当今世界及未来人们面临的永恒的地理学命题。突出成果是吴传钧院士主持的《1∶100万中国土地利用图》和周立三院士主持的中国农业区划工作。《1∶100万中国土地利用图》，成为世界上第一个全国规模的小比例尺土地利用图集，系统反映了中国土地利用的地域差异特点和分布规律；农业区划工作以因地制宜、合理布局的观点，对中国农业生产发展条件、特点、水平、潜力及地域分异进行了综合分析及区划，是中国各省份计划部门、农业生产部门部署和规划农业生产的依据，并将农业区划工作推向中国政府管理农业的业务化手段（邓静中，1982），至今仍在发挥着作用。这些成果在体现交叉学科性质、解决国家重大战略需求问题、发展人文与经济地理学等多个方面，都是经典之作；也成为中国人文与经济地理学走人文与自然相结合的综合发展之路、以国家重大需求为引导并为国家应用为目的的研究范式的良好开端。

2. 近期："点—轴系统"模式和T字形国土空间开发结构的研究

随着中国工业化和城市化进程的推进，特别是20世纪80年代之后工业化水平和城市化水平的提高，中国面临的人文与经济地理问题也在发生变化。如果说农业地理更多突出的是面状的土地利用结构，那么工业企业和城市的点状的区位选择及点与点之间关系所形成的空间结构，就成为中国人文与经济地理学者关注的焦点。这方面突出的研究成就，是陆大道院士提出的"点—轴系统"模式及其在国土空间开发总体格局部署方面的应用。陆先生的研究发现了"点—轴系统"发育过程是地域开发过程中空间结构演变的客观规律，揭示了"点—轴系统"不同发育阶段的形态特征和区域效应，以及点—轴相互作用的内在机理，从人口和产业集疏规律揭示了"点—轴系统"演变的动力机制（陆大道，1995），成为指导地域开发空间结构组织最有效的科学理论。基于点—轴理论，提出了中国国土开发和经济布局的T字形战略，即沿海地带和长江沿线构成中国国土空间开发的一级主轴的战略格局（陆大道，2003a），为国土开发、生产力布局和区域经济发展提供了可操作的理论结构，对中国国土开发和宏观经济布局的形成影响巨大，且至今继续产生着深刻的影响，在全国及各地区得到大规模、大范围实施，不断转变为国家和地方空间发展目标和区域政策行为。可见，"点—轴系统"理论及T字形国土空间开发格局的提出，不仅开创了中国人文与经济地理研究空间结构的先河，而且"点—轴系统"理论迅速成为中国不同地域尺度和不同类型空间规划进行空间组织所采用的主要模式，就其对国民经济与社会发展的影响程度之深、范围之广而言，"点—轴系统"理论当名列前茅。

3. 当前：地域功能理论研究与主体功能区划应用

进入21世纪以来，中国发展面临的核心问题是人口经济发展与资源环境的冲突越来越严重，工业化、城市化与生态安全、粮食安全、文化保护在空间部署上难以协调，中国发展的可持续性受到挑战。建立科学的空间治理体系是中国新时期最迫切的战略需求。中国人文与经济地理学者继续秉承综合的视角探究区域差异规律、探究因地制宜法则的研究脉络，确立了把地域功能管制或者说是土地利用用途管制作为空间管制、促进国土空间有序开发和区域协调发展的主要方式，提出并逐步发展了地域功能理论。所谓地域功能，就是地球表层系统中不同区域在维系地球系统有效、安全、可持续的运行中所应发挥的作用。其空间组织的基本原理，就是既要满足人类正常的生活生产功能及不断变化着的需求功能的空间需求，同时，还不能因破坏自然本底功能而使自然生态系统受损、无法恢复而难以持续发展。目前建立的地域功能理论，重点揭示了地域功能成因、地域功能空间组织的法则、地域功能空间格局的变化过程，并开发了地域功能方法论体系（樊杰，2007），重点是准确识别地域功能、界定不同地域功能的空间范围。基于这样的理论和方法，中国人文与经济地理学者深度参与了“中国主体功能区规划”的研制，将中国划分为城市化地区、农业粮食主产区、生态安全保障区和自然—文化遗产保护地。这张主体功能区区划草案被中央政府采纳，并被认为是首张中国政府要干到底的“一张蓝图”。地域功能理论和主体功能区划应用都是基于经济效益、社会效益和生态效益的综合，研究中形成的“资源环境承载能力”评价方法体系又被人文与经济地理学者成功地应用于中国汶川、玉树等五次重大灾后重建（樊杰，2009），为重建规划提供了科学依据。更为重要的是，主体功能区划已被中央确定为重大发展决策、规划的一项基础性工作。重视人口经济布局与资源环境承载能力协调，将会从根本上促使中国走上可持续发展之路。

此外，中国的城市地理学进入城市规划领域，通过城市化规律和模式、城市与区域之间的相互作用关系，以及城镇体系的系统性研究，提升了城市规划在预测城市人口规模、确定城市职能方面的科学性，助推了包括城镇体系规划、城市发展战略和概念规划、城乡统筹和城市市域规划的形成，并成为中国城市化战略和这类规划研制的主体力量。与此同时，城市规划成为城市地理理论方法应用领域和人才接纳领域之后，有力地促进了城市地理学的壮大。中国的旅游地理学的形成与发展，推动了中国旅游产业的迅速崛起并成为新兴的战略性产业，而且在旅游地理学者的支撑下，旅游产业在中国成为唯一一个从出现到发展的整个过程，有行业标准、产业发展和布局规划指导的产业。在旅游产业和旅游学科发展非常广泛的今天，旅游地理学又将研究重点聚焦到与地理环境紧密相关的生态旅游领域。人文与经济地理学通过强力影响相关学科发展——城市规划，体现了其在学科体系中的学术价值；通过助推形成新兴的战略性产业——旅游业，体现了其在国家发展中的应用价值。这些都进一步证明了中国人文与经济地理学发展脉络的学术性和应用性（樊杰等，2013）。

二、理论方法特征

纵观中国人文与经济地理学发展历程，并与国外人文地理学发展状况相比较，至少有两个方面的表现具有中国人文与经济地理的特色。其一，与国外相比，中国人文与经济地理学发展的人文化倾向并不突出，对人文与经济地理研究对象的选择，以及对其形成与变化的影响因素及驱动过程的探究，还是更多地关注自然系统与人文系统的相互作用，具有地域分异的资源环境条件在中国人文与经济地理学研究中并没有被淡化或忽略。其二，中国人文与经济地理研究成果直接转换为应用成果的程度，以及面向政府决策层的服务能力走在全球前列。中国人文与经济地理学的科研成果能够直接影响重大决策，能够直接影响现实社会的发展。此外，中国人文与经济地理学研究对象和成果产出明显的本土化特征，也应该作为中国人文与经济地理学的特色之一。

中国人文与经济地理学理论方法的基本特征，可进一步归纳如下。

（1）社会发展和政府决策的需求导向成为学科发展的主要动力。学科发展动力通常来自于学科自身发展不断提出的新科学命题的拉动、制约学科进展的科学仪器和研究方法的突破带来的动力，以及社会发展需求和现实中不断涌现出的新事物带来的动力。地理学的应用属性决定了地理学、特别是人文与经济地理学发展的核心动力是社会发展需求，如果着眼于对陆地表层开发保护格局规律的把握、对未来发展趋势的预测预见以及合理调控，人文与经济地理学面向政府决策需求就成为学科发展成果的一个主要应用出口。因此，当社会需求和政府决策需求旺盛时，当人文与经济地理学者做出积极应对响应时，中国人文与经济地理学发展就进入了一个繁荣阶段。早期的农业地理和农业区划研究，近期的空间结构和产业布局研究，当前的区域可持续发展研究都说明了这一特点。中国人文与经济地理学注重在现实需求中凝练关键科学命题，在解决问题中实现创新和推进学科发展，在学科建设的支撑下提升服务国家需求的质量水平。与此同时，中国的人文与经济地理学越来越成为人，特别是领导干部基本素质和管理决策素质的主要知识源泉。针对社会经济发展的地学基础及其资源环境效应的研究，通过直接应用实践的方式，开展了大量的不同地域空间尺度、不同部门和领域的发展状态诊断、演变过程解析、战略前景预测以及规划政策研制等应用基础研究（樊杰等，2013；樊杰，2011b），已经保持了半个世纪的旺盛势头。

（2）体现学科综合性是能够在应用中发挥作用的主要法宝。中国人文与经济地理学坚持综合性学科定位，使人文与经济地理学已经成为地学庞大的学科体系乃至整个科学体系中一门特殊交叉学科，是人类社会发展与自然环境关系领域的最为重要的应用基础科学之一，其核心理论是人地关系地域系统理论。人地关系地域系统研究的核心目标是协调人地关系，从空间结构、时间过程、组织序变、整体效应、协同互补等方面去认识和寻求全球、全国或区域的人地关系系统的整体优化、综合平衡及有效调控的机理，为有效地进行区域开发和区域管理提供理论依据（陆大道、樊杰，2009）。应该说，人地关系地域系统理论以及中国人文与经济地理学的主流学派所遵循的综合研究理念与方法，也应该是整个地理学发展的方向。事实上，中国地理学的整体性，特别是综合研究成果多是由人文与经济地理学者贡献的。人文与经济地理学理论与方法在配合、延伸着作为自然科学的地球科学、自然地理学的研究，在重大科学研究计划中得以应用，如世界气候研究计划（WCRP）、国际地圈生物圈计划（IGBP）、国际全球变化人文因素计划（IHDP）、生物多样性计划（DIVERSITAS）等重大科学计划中，中国有相当多的人文与经济地理学者参与其中，研究人类活动在全球环境变化中的作用与过程、响应与反馈、调控与前景等重大科学问题（樊杰，2008），揭示其复杂性、不确定性和动态性的机理与变化规律，发挥了不可替代的作用。

（3）思想性与学术性并重是体现学科多样性的主要方面。由于人文与经济地理学关注的对象、服务需求的特点，除了该学科在基础理论研究和技术方法创新方面同其他科学门类具有共性外，还有一个显著的特点是思想性——对问题的认识视角、判断倾向、解决问题的意识取向，直接影响到理论方法体系中，由此形成了多样性的学科流派和成果类型。从主流学派而言，基于人地关系地域系统理论、面向国家和区域可持续发展过程与格局，要求对中国区域发展的理念和目标、措施等进行重新“设计”，并在思想性导向上进行创新，更具有哲学意义。新近的思想性主要表现为“三维目标维度”中的区域发展，即同时兼顾经济增长、社会保障、生态环境三方面的目标要求的发展，从思想上认知“三维目标维度”即经济增长、社会保障、生态环境三个目标维度之间的相互作用关系，“三维目标维度”中经济发展曲线轨迹的特征及其形成的因素，“三维目标维度”中区域发展的进程、结构、效益及国家的区域管制（樊杰等，2011）。其中，揭示区域发展中三维目标之间的关系及如何评价、揭示这种发展的综合效益，是这项研究的关键问题所在。在这样的思想指引下，才进入理论方法研究中，构建三维目标体系中区域发展因素和作用机制，研究发展过程的表达形式与综合效益分析框架，预测预见三维目标框架下区域发展的基本趋势。

（4）基本方法体系仍然是以传统方法为主、现代计量方法为辅。由于人文与经济地理学突出“综合性”——用系统观和整体观研究地理环境，这成为地理学最高层面的科学难点问题，技术方法层面也没有取得实质性的突破。可以理解，人文与经济地理学针对复杂系统研究方法的突破，很大程度上也取决于系统科学对开放的、动态的复杂巨系统研究方法论的突破。由于复杂性科学发展滞后、综合集成方法体系还不成熟，人文与经济地理学者在过去应对综合性问题时，解决综合集成研究的因素法和区域法依然是主要方法（陆大道、樊杰，2012），其具体工具通常是“过程归纳、区域比较、定性分析、逻辑判断”等。通常以过程归纳作为凝练普适性规律的基本手段，但往往因影响因素和机制的变化，在现状问题研究中难以照搬套用，在预测中难以直接进行推导延续；通常以比较研究作为建立在长期经验积累基础上解析相似研究对象的基本方法，但往往因缺失令人折服的可比较性论证，以及忽略时空分异问题而被疑似为教条机械的方法；通常以定性分析作为探究复杂对象内在相互作用关系和机制的基本方法，但往往因缺乏清晰的作用关系机理表达和数理关系表达而有损定性结论的科学性和定量结论的精准性，且难以通过传授和交流过程较快地实现对分析方法的掌握；通常采用逻辑判断作为诊断问题和调控预测的基本方法，但往往又由于逻辑关系更多的是科学哲学层面的宏观思维而出现具体结果多样、共识程度低的情况（表8—1）。近年来，人文与经济地理学者越来越重视数据库、模型库、可视化表达技术方法的应用，其中，遥感和GIS在人文与经济地理学科研究的应用面和涉及深度都是过去所不能比拟的（樊杰，2004），“数据—模型—地图表达”在提升人文与经济地理学定量化水平中发挥越来越大的作用。

表8—1　人文与经济地理学在开展人地系统综合研究中的实用方法

研究方法	主要应用领域	存在问题	产生问题的原因
过程归纳	凝练普适性规律	现状研究难以照搬 预测研究难以顺延	影响因素和机制发生变化
区域比较	解析相似研究对象	教条机械	可比较性可信程度有限、 时空分异考虑不足
定性分析	探究复杂对象内在相互 作用关系和机制	定性结论的科学性 定量结论的精准性	作用机理和数理关系不清
逻辑判断	诊断问题和调控预测	结果多样、共识程度低	局限在科学哲学 层面的宏观思维

第四节　对中国人文与经济地理学发展走势的讨论

随着经济全球化和全球环境变化的不断深入，未来全世界范围内将出现许多新的人文地理问题。目前经典人文地理学理论和方法体系，基本上是同工业化过程和发达的市场经济国家发展过程相匹配的，对当前发展中国家，以及未来新因素和新机制作用下的地理格局变化，可解释程度将会有所降低。目前亟需着眼全球视野、兼顾发展中国家特殊的地理问题、基于大数据和互联网，建设现代人文与经济地理学理论和方法体系。与此同时，中国发展也步入新常态，除了与全球具有同步性之外，中国问题的特色在一些方面开始强化。如何在新的发展观念下、新的开放和区域相互作用的背景下，理解、认识中国陆地表层对新型城镇化和新型工业化、农村现代化等的响应，又如何把握规律、在科学预测预见的指引下为国土空间开发保护格局的进一步优化提出建设性意见，都将引发未来中国人文与经济地理学的新变化。

一、"未来地球"研究框架和地球系统科学体系中对中国人文与经济地理学的定位

"未来地球"计划把地球整体性研究与地球可持续发展研究结合起来，基于自然和人文全方位的学科交叉融合研究，将科学研究与应用需求紧密结合起来，以提高相关决策部门对研究成果的使用效率。"未来地球"计划强调基础理论与决策应用的贯穿融合，强调基础科学研究的应用性，是与长期以来中国人文与经济地理学所倡导的"面向国家和地方发展的重大现实需求、为国民经济和社会发展服务"的学科发展方向是一致的（樊杰，1999）。"未来地球"计划强调针对全球或区域可持续发展问题的系统解决方案，为人文与经济地理学研究区域可持续发展的未来走向提供了较好的借鉴。

综合"未来地球"研究理念和重大选项对人文与经济地理学系统研究区域可持续发展的启迪，可归纳出以下要点：①更聚焦的研究目标。突出应用导向无疑是地球科学研究和"未来地球"研究计划的重大突破。这里存在着一个始终困扰应用基础研究和应用研究领域的命题，即在全球与区域可持续发展研究中，应用目标导向是否可以作为学科发展的根本动力以及应用成果评价是否可以作为主要学科发展的核心标准？也就是说，这种应用目标导向会不会存在与科学目标牵引的研究范式具有冲突或重大遗漏？"未来

地球”给出了一个重要答案：当应用目标具有足够的高度、足够的前瞻性，以及充分反映了发展规律需求的时候，应用目标导向就必然是与科学目标牵引及科学发展路径相吻合的。全球和区域可持续发展研究就属于这类研究。因此，坚持应用目标导向，为区域可持续发展服务，应该是人文与经济地理学未来更加聚焦的发展目标。②更广阔的研究视角。“未来地球”计划在展现地球系统科学研究转型中，展示了广阔的研究视角，这是中国“未来地球”研究至今所未企及的高度和广度。“未来地球”能够使人类活动驱动力涉及“经济、人口、技术、文化和政治”诸方面，能够把社会—环境相互作用对人类社会的影响拓展到“生计、健康、价值观、财富、安全性、社会公正、人类福祉”等方面，这是人文与经济地理学都没有过的广阔视角。“未来地球—亚洲”的主要科学问题之一——“可持续发展研究与利益相关者的关系”比中国目前成型的“未来地球”重点研究领域更为广泛和前卫。因此，人文与经济地理学应该发挥在经济地理、政治地理、社会地理等面广和综合的优势，在区域社会和环境相互作用，以及人类社会的区域适应与应对两个领域，开展全面的研究。③更系统的研究路径。比照地球系统科学面向全球可持续发展选择的三大研究方向，人文与经济地理学在全面研究区域可持续发展中做出相应选择，就应该成为研究复杂问题的可行路径。一是从动态区域（Dynamic Region）入手，观测、理解、解释、预测区域环境—社会系统发展趋势、驱动因素和演变过程，研究区域社会—环境系统相互作用的理论、方法和模型，科学理解不同类型区域可持续发展状态、变化规律和时空分异特征。二是从区域发展（Regional Development）着手，在明确区域发展目标的指引下，围绕满足区域发展所需要的水土能源资源和物质材料、食物和生态安全以及人居和投资环境的有效管理，为解决当前困扰区域发展的重点问题提供科学的解决对策。三是实现向区域可持续性的转变（Transition to Sustainability），理解区域可持续性转变的过程和思路，探索科技—社会—经济发展的可持续道路。“未来地球”计划倡导的优先研究适应全球变化的“蓝色社会”和“绿色经济”，评估不同管理者应对全球变化问题的决策能力，讨论不同价值观和世界观对个人行为、贸易格局、生产与消费水平的影响，也不失为区域可持续发展研究的前沿领域。

人文与经济地理学作为地球系统科学中的有机组成部分，具有人文—自然相结合的交叉学科的性质，作为应用基础学科，其在综合认知和揭示人文与自然复合的地表过程及格局中发挥着独特的价值。因此，中国人文与经济地理学将继续坚持交叉学科定位，在地球系统科学中以研究自然圈层和人文圈层相互作用为科学命题导向，以解决地球表层不同空间尺度的可持续发展问题为应用导向，更加聚焦区域可持续发展，着力在预测能力和评估水平的提高、调控过程和管制模式的应用研究、体制机制设计等三个方面有所提升，使人文与经济地理学在美丽中国建设中发挥学科应有的价值。①显著提升对区域可持续发展格局变化的评估水平和预测能力。中国人文与经济地理学从擅长对历史过程和现状特征的理解性归纳，向科学性判断及前瞻性研究转变，是学科成熟的表现。为此，亟需加强相关基础理论和方法的建设，提升对区域可持续发展格局变化的预测能力和评估水平。未来，要加强地域功能成因和空间结构演进规律的研究，提升对地域空间格局和空间结构演变的预测能力；加强资源环境承载能力评价的研究，提升对区域可持续发展状态的评估能力；加强数据、模型、研究方法等学科发展的基础设施建设，提升人文与经济地理学的科学水平和服务社会需求的能力。②不断完善对区域可持续发展调控过程和管制模式的应用研究。区域可持续发展的系统解决方案的探索，从“未来地球”研究计划的要求，应延伸到决策及实施层面。从人文与经济地理学近年发展的态势看，这种延伸是本学科所擅长且收效良好的，因而也是应该坚持的。但人文与经济地理学以往更注重自然的延伸过程——也就是从目标导向和问题导向出发，对区域可持续发展的适应和应对提出方案，缺乏调控过程和管制模式的专项研究，远不能适应社会治理能力现代化和社会治理体系健全的客观需求。未来，要加强对区域可持续发展战略、规划、政策等应用领域的方案设计机理研究，提高针对区域可持续发展问题的调控和管制能力；加强区域政策体系和空间规划体系研究，提升基于区域发展调控机理和途径研究的决策支持能力。③适度加强对区域可持续发展体制机制的探索与发现。体制机制的保障水平关系着区域可持续发展方案实施部门能否高效运转以及方案设计能否有效实施。“未来地球”计划为了解决全球可持续发展问题，提出通过各利益攸关者之间的相互协同设计，建构实现全球可持续发展系统解决方案的体制机制，保障系统解决方案的顺利实施。这为中国人文与经济地理学针对区域可持续发展的体制机制的研究提供了重要参考范本。未来，中国人文与经济地理学应在明确核心任务和研究范畴的基础上，充分发挥学科在综合性研究与顶层设计的传统优势，适度加强对区域可持续发展体制机制的探索与发现，把系统解决区域可持续发展问题的方案设计、可操作性、实施效果作为检测人文与经济地理学从基础理论研究到应用研究整体水平的标准，其中，体制机制保障的研究有可能是最软但却最难啃的科学难题。

二、中国人文与经济地理学可供发展中国家借鉴且应继续加强研究的内容

中国人文与经济地理学研究也存在着不同的研究范式，本书介绍的主流学派是以人与自然系统之间相互作用研究为主导方向，以中国科学院地理科学与资源研究所的人文

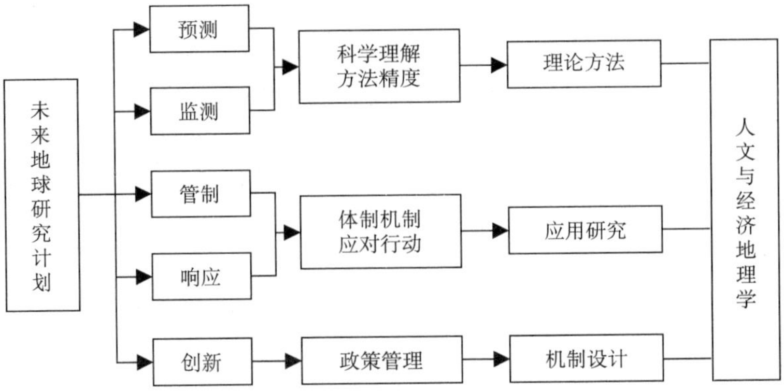

图 8—4 “未来地球”重大选项与人文与经济地理学研究策略

与经济地理团队①为代表。全国其他科研机构整体发展态势良好的领域也大多集中在这个方向，科研项目体量大、经费多，多采用若干教授合作的方式进行系统研究，对学科发展带动性及社会效益往往比较显著。另一类研究方向，是社会文化背景下对人文与经济地理格局和过程的研究，这一方向通常认为是与国际前沿接轨的学科方向，学科的人文化、社会化趋势明显，交叉学科属性在淡化。科研组织方式以分散化、自由探索为主体，研究对象涉猎范围广泛，文献发表数量多，构成了许多新兴的人文与经济地理学生长点，适应了高校文化的基本特征，因此通常是高校学者为主体。

未来发展中国家将面临着可持续发展、提升竞争力和民生与社会公平等多种问题的复合、交织。我们认为，欧美人文地理学对发展中国家人文地理学可借鉴的内容并不如中国人文与经济地理学形成的特色流派可供借鉴的内容多，特别是在区域可持续发展研究方面更是如此。一方面，应注重学科发展要直接面向社会发展重大战略需求。区域可持续发展往往是发展中国家面临的首要地理问题（樊杰、蒋子龙，2015）。另一方面，要紧扣人文与经济地理学综合性和区域性的学科特性和学科价值。从资源环境基础的合理延伸，从地理环境与社会经济发展的交叉综合，从地域分异到区域发展模式与区域政策等的全系列研究，区域可持续发展都是合理的选题。区域可持续发展的研究要点是：地球自然表层的生态、环境、资源等与人类的生产生活活动空间分布格局和变化过程的相互影响作用；人类生产生活活动内部各部分（包括不同领域和不同地域空间、横向和

① 中国科学院地理科学与资源研究所人文与经济地理学研究团队现有科研人员 60 人，有中国科学院唯一一位人文与经济地理学院士，学科方向主要包括：经济地理学（含工业地理和交通地理学）、城市地理学、农业和乡村地理学、社会文化和旅游地理学。现有教授 18 名，有全国人文与经济地理学领域唯一一个重点实验室——中国科学院区域可持续发展分析与模拟重点实验室。

纵向等）之间的相互作用对其空间分布与运动规律的影响作用及其机制；文化、社会等具有上层建筑属性的因素对人类生产生活活动空间格局的影响作用。发达国家人文地理学更侧重最后一个方面的研究而导致人文地理学整体人文化，发展中国家的人文地理学应予以规避（陆大道，2003b）。未来，应重点深化以下研究内容：①区域发展根本驱动力的研究。区域发展格局变化的根本驱动力是发展差距导致趋于区域均衡的力量，这是人文与经济地理学经典理论已形成共识的结论。中国人文与经济地理学者提出的空间均衡模型将传统人文与经济地理学寻求的单一空间经济均衡拓展和提升为综合的空间均衡，但仅仅给出了概念框架，并没有对实现空间均衡形成过程的驱动因素和驱动机制进行深入研究，均衡模型也远远没有展开。空间均衡的过程实质是势能向动能不断转化、势能逐渐衰竭的过程。产业的转移、人口的迁移、资本的流动等各种要素的运动都是空间均衡的不同实现形式。探究各种要素对空间均衡的驱动过程及其驱动机理，构建综合驱动模型，完善空间均衡理论是未来进一步研究的重要方向。此外，相关研究在技术和方法层面也面临一系列科学难点问题。譬如如何核算经济、社会、生态等各种效益，如何集成各种指标、合理确定各指标的参数、构建综合的科学测度体系，目前国内外的理论和方法都还难以支撑。②人—地系统相互作用的研究。相对于人类活动这一主体而言，自然圈层是人类活动主体的自然环境。人类活动主体和自然环境构成了一个极其复杂的相互作用系统（吴传钧，1996；傅伯杰、刘宇，2014）。其复杂性一方面表现为“主体”和“环境”内部各要素间、要素不同组合间以及“主体”和“环境”间的相互作用关系多样，特别是随着人类活动主体与自然环境之间融合程度不断加深，“纯”人类活动主体、“纯”自然环境越来越少，人类活动与自然环境的界面越来越模糊，相互作用的内生化趋势加剧、作用关系的复杂程度提高。另一方面各种作用的驱动关系和影响机理通常还存在着因时、因地、因尺度不同而发生变异，加之人类活动在这一作用系统中的影响力加强，因人而异产生的不确定性显著提升、作用机制的复杂程度提高。通过资源环境承载能力研究揭示自然系统（地）对人文系统（人）的作用力及作用关系，已被做为政府决策越来越通行的基础性工作，是人文与经济地理学做出的重要贡献。目前，资源环境承载能力主要面向自然系统对人文系统的作用机制分析与测度。然而，区域可持续发展和国土空间有序结构塑造是人地关系相互作用的交互过程（吴国雄等，2014；叶笃正，1999）。现阶段面向人文系统对自然系统的影响及其反馈过程研究，尚未找出有效研究抓手，仍需要学科做进一步探索（叶笃正，1999）。

区域可持续发展问题的研究，要求自然科学与人文科学相结合以及基础科学理论研究与政策制定相结合起来，把探索解决区域可持续发展问题完整的系统解决方案（陆大道、樊杰，2012）作为发展中国家研究的核心内容。从学术思路而言，就是应用基础研究和应用实践研究两个层次（图 8—5）。①应用基础研究，主要是构建基础理论和研究方法。一方面，区域可持续发展研究本身属于复杂系统科学的范畴，而复杂系统科学和自然科学—社会科学相融合的基础理论还较为薄弱，人文与经济地理学自身无法回避这一障碍，因此，其应用基础研究的关键前提就是如何克服这一障碍。突出区域尺度上资源环境各要素和人类生产生活活动各要素之间的相互作用和综合集成效应的研究，以及不同类型区分异规律和不同空间尺度相互转换的机制研究，能够更好地理解区域社会—环境系统和区域发展过程。特别应重视，科学认知并准确评估区域可持续发展中的各组成分量的作用方向、强度、效应与合力，揭示人类活动对区域环境变化的影响和适应规律。另一方面，区域可持续发展既讲求区域及代际公平，又要保持区域的发展效率；既要考虑区域的资源环境承载能力，又要考虑区域社会经济的发展竞争能力和均衡能力。这些区域可持续发展内涵衍生的科学难点问题是全球可持续发展研究可能忽视的。加之区域可持续发展自组织功能不断提高，自然生态系统和社会经济系统的不确定性逐渐增强，从而使得区域可持续发展的目标系统、约束条件及影响机理趋于复杂。人文与经济地理学作为面向可持续发展问题的应用基础学科，其在地球科学体系中的核心价值，首先体现为以地球表层自然圈与人文圈相互作用为研究对象，同时又以区域性为特色（樊杰等，2013）。因此，把区域可持续发展界定为一个重要的人文与经济地理过程进行综合研究和定量表达，提升预测、监测、评估能力，才能更好地为区域可持续发展服务。②应用实践研究。围绕解决区域可持续发展实际问题，提供具体的科学依据和应用方案的研究，这是以往地球科学探索全球可持续发展系统解决方案中最为薄弱但必不可少的关键环节。人文与经济地理学长期把区域战略、区域规划和区域政策作为应用实践研究的重要领域，基本实现了应用基础研究同应用实践研究的接轨，这在地球科学体系中是少有的。人文与经济地理学在具体的应用实践研究中，除了面临着数据的制约、局部利益与整体利益的矛盾以及短期利益与长远利益的协调等诸多问题之外，对体制机制的研究相对欠缺是与“未来地球”研究要求差距较大的一个方面。通过学者、政府、企业、资助机构、用户等利益攸关者协同设计、协同产出、协同发布科研成果和解决方案，增强全球可持续性发展的能力，应对全球环境变化带来的挑战，这一思路是值得人文与经济地理学在探索区域可持续发展问题中借鉴的。

三、与中国新常态相适应的中国人文与经济地理学研究取向

当前，中国发展和中国人文与经济地理学都处在一个重要的转型时期。中国人文与

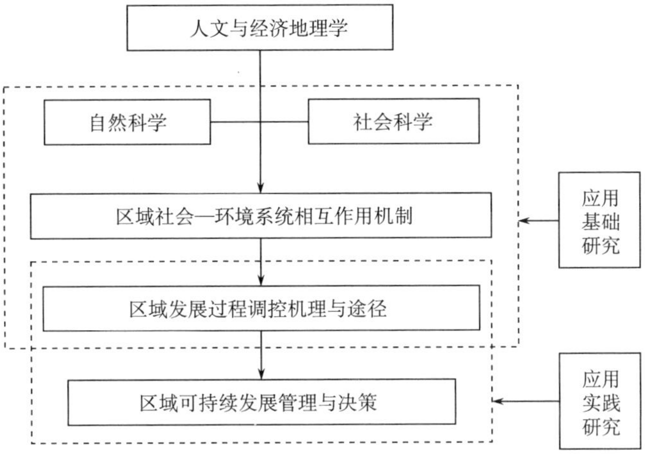

图 8—5　区域可持续发展问题的系统解决方案研究框架

经济地理学将经历从“社会需求”拉动型向“社会发展需求”与“学科自身发展”双重拉动并重的形式转换（陆大道、樊杰，2009），基于任务的实用理论与方法产出与系统的学科建设、应用基础理论体系的建设将共同构成学科未来发展的重点，现代技术方法，特别是 GIS 方法的应用将与学科发展相互促进，共同提升。特别是随着综合学科、交叉科学被社会接受和认可，人文与经济地理学的学科发展环境将有实质性改变。总之，中国人文与经济地理学面临着一个良好的发展前景，作为应用基础学科，支撑解决地表可持续发展重大问题的科技能力将会有显著提升；作为地球系统科学中的一个有机组成部分，将在人类科学认知和揭示人文地表与自然地表——或者更准确地说是在综合认知和揭示人文与自然复合的地表过程及格局中发挥独特的价值（樊杰，2014）。

1. 交叉学科的创新

在科学体系被划分为自然科学与社会科学的二元结构时，人文与经济地理学处于比较尴尬的地位。地理学的价值和特性之一是综合性，但综合性恰恰成为地理学最大的科学难点问题，人文与经济地理学如果忽视了综合性就难以有其合理的学科定位和学科价值。交叉学科的涌现、发展和创新，将打破科学体系的二元结构，逐步建构起交叉学科理论表达的形态与内涵、科学方法论的范式和特征、科学性检验的标准和途径等。人文与经济地理学科坚持以解决地球表层人类活动的有序空间结构及可持续发展等综合问题为学科发展任务，坚持以自然科学和社会科学相结合构筑具有交叉学科性质的理论基础与方法论体系，不仅是人文与经济地理学科获取持续发展动力的根本途径，也将对整个科学体系的进一步完善发挥一定的促进作用。

2. 基础理论的建设

区域差异性和区域相互依赖性始终是人文与经济地理学的基础性问题。建构地域功能成因理论并发展人类重要的生产和生活活动的区位原理，探索信息化条件下的区域之间相互作用模型，有助于在揭示人文与经济地理现象地域分异规律方面取得重大提升，为中国不断强化的空间管制和因地制宜的发展模式选择提供强有力的理论支撑。城市化过程是地球表层最重要的人文与经济地理过程，以城市化过程的地表投影为核心构筑的“点—线—面”和“生产—生活—生态”空间结构是地表最重要的人文与经济地理格局，建立城市化过程和空间结构有序化演进的学说，揭示城乡之间、区域之间的相互作用机制以及不同功能地域的空间组织模式，有可能成为能够与产业结构演进理论一样在社会经济发展中发挥同等重要作用的人文与经济地理独创理论。时空尺度转换与人文界面（线）作用的基础理论问题研究，在人文与经济地理学领域一直是被忽略或者说没有得到足够重视的研究命题，这是阐释人文与经济地理学一般规律时空变异特征的重要方面，特别是结合社会和文化转向的研究，其不确定性和复杂性将显著增加，能否在该领域有实质性突破将一定程度上决定着人文与经济地理学学科建设的水准。

3. 应用能力的提升

随着人类在自然—社会—经济可持续发展过程以及生产—生活活动空间形态与空间结构等面临的问题越来越复杂，对人文与经济地理学的应用需求就势必越来越强烈，应用的领域将从传统产业布局、城市化与区域发展等拓展到战略性新兴产业区位、文化和社会地理空间再造等更广泛的领域。因此，必须通过“融合”，创新和提升学科的应用能力。一是继续人文与经济地理学等与资源环境科学已有的融合，确保地理学科的特色和价值；二是高度重视与数据—计算—模拟—分析技术的融合，实现在更大的范畴、更深的层次、更系统的综合方面对人文与经济地理规律采用数理模型的揭示和表达；三是加大与经济、文化等社会科学的充分融合，增强人文与经济地理学阐释地表人文现象分布格局和演变过程的社会科学内涵。

4. 技术方法的完善

一方面，加强人文与经济地理学在演化机理、演变过程的分析模拟方法的建设。其中，建立多空间尺度、多界面人文与经济地理过程的有效观测和多元数据的采集网络，特别是第一手数据的制作，是现代技术方法的工作基础。进而建立开放型、据点式、网络化的数据库，建立人文与经济地理学不同领域刻画状态与过程的机理模型库与分析模拟模型库，提升学科的预测能力和前景判断能力。另一方面，必须重新高度重视实地调研，并将外业工作切实提升作为人文与经济地理学的“实验”手段，既要通过方案设计实现“政策”、“规划”、“调控”在现实过程中的实施效果比较并揭示其成因和机理层面的作用机制，还要逐步通过长期定点和系统样带的实验场地布局，达到对演变过程的动态监测与分析、科学判断的检验与完善。

5. 学科结构的优化

近年来，中国人文与经济地理学科构成不断丰富、学科领域不断拓展，这就给及时优化学科结构、促进人文与经济地理学整体壮大、健康发展提出了更高的要求。今后，人文与经济地理学科内并存的人文化发展指向和突出人地系统研究增强学科的社会科学与自然科学综合性发展指向这两大学科发展过程，将导致新领域不断壮大——旅游地理因顺应广大消费需求，金融地理因引领高端生产性服务业，文化与社会地理因为打造文化强国增强软实力提供科学依据而持续兴起；对新因素和新机制的探索将成为人文与经济地理学创新的主要推动力——关注制度—文化—技术创新、全球化与信息化等在人文与经济地理格局形成与变化中的作用，都将不断提高学科解释现实人文与经济地理格局与变化的能力。与此同时，人文与经济地理学的长足发展还必须体现在以团队的科研组织方式、解决社会重大需求特别是政府决策需求的能力和社会反响方面。如何避免一些经典研究领域——如以技术经济方法为特色的传统工业部门地理学的弱化给学科建设带来的负作用，也是应当越来越值得注意的一个问题。忽视这两个方面都将有可能动摇学科的基础、削弱学科的价值。

第五节　未来重点研究领域

随着中国可持续发展需求的不断旺盛及对科学界的要求不断明确，加之“未来地球”等外来理念影响和国际前沿的牵引，重视人类活动与自然环境变化的相互影响、响应适应，重视学科交叉综合解决全球和区域可持续发展问题等越来越成为共识。目前困扰“未来地球”在中国得以推进、困扰资源环境科学在解决中国重大可持续发展问题发挥重要作用的主要障碍，除了复杂系统科学和自然科学—社会科学相融合的基础理论薄弱之外，更为现实的问题是，怎样认识因研究对象的改变、理论基础的改变、学科和知识构成的改变，而构建适合的研究方法体系。按照一些学科擅长且行之有效的方法论移植或照搬到复杂对象和复杂问题研究上，有可能歪曲了复杂性科学机理的阐释，影响到综合性学术价值的效果。因此，包容的科学文化和相互尊重的学术氛围，可能成为近期实现研究创新和科学跨越的关键。

一、人地关系地域系统理论的深化研究

经济全球化趋势和全球经济一体化趋势的迅速加强，快速工业化和城市化以及强大新技术手段的运用，正在越来越深刻地改变着人地关系地域系统的基本结构和演化过程，也改变着全球及国家总体发展的空间格局。为此，必须加强人地关系地域系统理论的深化研究。

1. 地域功能成因理论与识别方法

"区域差异"揭示了地表自然地理环境和人文与经济地理事像分布的基本特征，"因地制宜"是地理学是在应用服务领域发挥其自身价值的根本理念。长期以来，探究区域差异规律、探究因地制宜的法则，是人文与经济地理学科发展的重要任务。究其理念层面，因地制宜已经得到社会的基本认同——城市化和区域发展应当实行差异化的模式。空间布局类规划也日益受到重视，试图通过确立不同区域的发展目标与定位、制定科学合理的发展路径与重点内容，促进国土空间有序开发和区域协调发展。但人文与经济地理学在揭示区域差异和因地制宜的基础理论研究层面，还处于不断探索的阶段。

市场经济发达的国家，空间管制是政府履行宏观调控管理职能，通过合理配置公共资源打造有序空间结构的重要方面。各国虽然在空间管制的规划体系、体制机制设计、法规政策手段方面存在一定的差异，但在把地域功能管制或者说是土地利用用途管制作为空间管制和编制空间布局规划的主要方式这一点上却基本上是共同的。特别是在土地资源私有化的国家，土地利用用途的确定往往是政府通过规划形式给出的，并且具有强制管理的法律效应。

土地利用用途、区域发展定位、宏观空间结构的确定是应当符合科学规律的，即遵从地域功能及地域功能空间组织的规律。所谓地域功能，就是自然生态系统提供的地域自然本底功能与人类因生活生产活动需要而赋予的开发利用功能的复合体，就是一个区块或区域在地球表层的自然生态格局和人类活动格局中所应当发挥的综合作用。如果着眼于地球系统科学，将人类活动圈层也纳入地球系统之中，那么地域功能就是地球表层系统中不同区域在维系地球系统有效、安全、可持续的运行中所应发挥的作用。其空间组织的基本原理，就是既要满足人类正常的生活生产功能及不断变化着的需求功能的空间需求，同时，还不能因破坏自然本底功能而使自然生态系统受损、无法恢复而难以持续发展。那么，揭示地域功能成因、地域功能空间组织的法则和地域功能空间格局的变化过程，就构成地域功能管制基本原理的理论要点，而准确识别地域功能、界定不同地

域功能的空间范围则成为地域功能管制基本原理的方法论要点。

地域功能形成与演变原理的研究及地域功能识别的技术方法的研究还有待取得实质性的进展，才能够满足地域功能未来在中国空间管制和区域协调发展中将发挥的作用。目前，除了主体功能区规划所推动的中国人文与经济地理学开展地域功能科学研究之外，资源环境承载能力的研究，通过区域资源环境对经济社会发展的承载能力的评价，成为阐释自然生态系统格局与人类生活生产活动空间格局之间相互耦合关系的一个切入点。

2. 空间结构有序化演进学说

“空间结构”有序化演进的学说，应当成为人文与经济地理学的核心学说之一。它阐释了地球表层或是以功能板块表达的地域空间（如农业生产空间、自然生态空间、城市化空间等），或是以空间形态表达的地域空间（如点状、轴带状、面状），或是以人为界限给定的地域区域（如行政区）等相互关系的数量比例表达及空间格局表达。人文与经济地理学研究的空间结构，都是针对人类生活和生产活动而形成的人文与经济地理事像空间而言的，这种比例关系和分布关系，是因地理环境和发展阶段不同而不同的，并成有规则的变化。与产业结构相似，空间结构不同，国土空间开发利用和区域发展的效益是有差异的。因此，揭示空间结构有序化演进规律，对于科学认知区域发展过程、判断区域发展状态、指导区域发展规划是有着重要的科学价值和应用意义的。

与产业结构不同的是，产业结构的变动对经济总量变化和效益，对当地的就业等社会效益和环境质量等的敏感性很大，具有显著的短期性、地方性、经济性的特征；而空间结构变动引起经济效应的变动是长周期的，其生态效应和社会效应往往是泛区域和整体性的。在政府和社会更多关注经济效益、短期利益和地方利益的发展阶段，产业结构问题更多地引起政府和社会的关注。随着科学发展观的深入落实，空间结构必将逐步得到重视。当然，空间结构理论的应用要达到像当今产业结构一样深入地渗透决策层和全社会的程度，除了区域的科学发展进程是关键因素之外，空间结构理论的成熟程度也将起到关键的作用。

产业结构给出了产业结构的形式——以具体数量化表达的不同产业、部门之间的比例关系（如三次产业结构）——与发展水平（如人均 GDP）、发展阶段（工业化阶段、城市化阶段、消费结构）、发展状态（缓慢增长、快速增长等）之间的对应关系。与之相比，空间结构理论的发展还有漫长的道路要走。“生态—生产—生活空间”之间的比例关系一定是随着地理环境、发展水平和发展方式不同而不同的，一个区域的产业空间的增长应该有一个合理的上限约束，打破这种比例关系和上限约束都将因空间结构的无序而要付出发展效益的代价。但“比例关系如何、上限约束怎样”都还是未解的科学命题。“点—轴系统”理论是截至目前发展最成熟的刻画空间结构演变过程的理论，但如何给出科学机理的阐释并将其演变模式与区域发展阶段、发展状态有确定的对应关系，也还有大量可供研究探索的空间。

3. 时空尺度转换与人文界面（线）作用

人文与经济地理事像也都存在着一个时间尺度和空间尺度问题，如同地理其他分支学科一样，人文与经济地理学也面临“尺度转换”和“界面作用”等基本科学问题。不仅如此，人文与经济地理学通过统计归纳形成的“规律”和“原理”，往往存在着时空变异的特征，导致人文与经济地理学的研究存在着复杂性、不确定性的属性。

事实上，地域功能必然是有空间层级的，上一层级的地域功能并不能简单地传输作为下一层级的地域功能，下一层级的功能类型往往趋于多样化。在上一层级的区域，如果生态保护是其主体功能，下一层级有直接承接上层级的地域功能的区块（如生态建设区块），也有进一步强化上层级地域功能的区块（如更严格的生态禁建区块），还有与上层级功能反向的区块（如工业化地区和城市化重点区域），等等。显然对局部工业化和城市化区块的功能而言是与上层位生态保护功能发生的逆转，如果发生逆转的区块在量级或位置上是不合理的，就会彻底改变上层位的生态保护主体功能。这种空间尺度转换相关问题的科学研究对于处理整体与局部的发展关系是重要的科学指南。

地域功能演变也是有阶段性的，这就提出了时间尺度的转换问题，如果把适合一段时间的定位不合理地延长到较长的时间内，也会在发展效果与发展性质上产生转变。地域功能随着时间应当适时转换。如一个城市在其生命周期中，其城市性质不应当是一成不变的。随着城市规模不断扩大，往往自然增生出许多新的功能。如果城市一开始是政治文化、交通运输、工业经济、商贸经济的中心城市，随着发展又出现了金融中心、研发中心、旅游中心等功能。这时，一方面对于城市的功能属性就必须瘦身，如放弃工业经济中心、商贸中心的属性，实现产业结构转型；另一方面，一些功能就必须精选，推进城市功能的提升。如文化中心就不一定以高校数量和在校生规模取胜，而是以名校质量取优；交通运输中心就不一定是以客货流吞吐量为指征，而是以技术信息金融等流动的枢纽地位为其体现门户功能的指征。否则，一个城市功能的膨胀将导致城市规模无节制的膨胀，这将成倍地放大城市病产生的概率和造成的负面影响，城市化最终将步入不健康的发展轨道。

由于人文圈层的分布是处于地球表层系统当中，界面的作用在人文与经济地理学中也就体现为界线的作用。常见的人文界线是行政区划在地表呈现的、通常又是看不见的界线。地表作用流在遇到这种人文界线时，其作用规律、路径和方式将会发生转变。而发展条件产生变化达到某个阈值时，处于人文界线两侧的不同状态体就会发生质的转变，使原有的系统发生根本性的变化。对自然过程而言，如太阳辐射遇到大气和水体界面时，其辐射过程将出现折射等新的现象；当温度超过 100℃时，水体将会转变为气体，水气界面逐步消失。同样地，人为划分的国界，就为国界两侧并存相近功能的城市创造了条件；如果区域发展差距程度超过某个临界点，区域整体关系将面临崩溃的危险。对于一个相同自然条件和相似发展阶段的自然—经济区而言，若有行政界线贯穿其中，也许其中的一部分地域在本行政区内被确定为重点发展的人口产业集聚区域，而另一部分地域在另一个行政区内却被确定为农牧业—生态旅游重点发展区域，其原因是行政区划使地域功能确定时采用的参照系是不同的。

二、城市、乡村地理与区域发展综合研究

（1）以城市地理与城市化研究为主体，探究城市化过程、城乡结构演变及其资源环境效应。一是城市化过程与途径选择及其资源环境效应。研究资源环境对中国城市化发展的支撑与约束；揭示不同发展阶段城市化的资源支撑系统及其不同区域城市化的环境影响，以及资源环境优化下的区域城市化发展模式与途径。二是大都市区空间集聚—扩散过程与机理研究。研究不同发展阶段的城市化驱动机制，探讨人口、产业集聚与扩散的空间效应及其对区域城镇体系结构的深层影响。三是城市演化轨迹的动力机制与空间结构优化模式研究。研究不同类型和不同发展阶段城市的运动轨迹和动力机制，确定城市发展系统类型与中国城市功能主体类型；建立适合中国城市发展的经济和空间格局优化模式。四是中国宏观土地利用结构优化与城乡统筹发展的模式研究。研究新时期城乡土地资源统筹配置的基本途径、城乡产业与就业的互动关系和城乡差异的时空分异特征；阐述未来城乡转型发展的时空走势和要素的有序流动；提出城乡社会经济统筹发展的途径与对策。五是中国城际物质流的发生机理及其人文—环境效应研究。探索中国城市间物质流的发生机理、规律及其环境效应，探索人—地系统的物质流交互模式。

（2）以农业地理与农村发展研究为主体，探究区域农业、新农村建设与城乡协调发展模式及其机制。一是中国农业生产的优势区、产业带发展新格局。模拟分析中国农业经济发展的地域分异规律及其动态变化；着眼“两种资源”与“两个市场”的宏观背景，揭示中国农业结构战略性调整、农业产业化的总体趋向；研究特色农产品优势区、基地化发展态势，以及中国农业生产的地域分工和产业带发展的新格局。二是新农村建

设的发展模式及经济社会动力机制。定量评估近20年来农村发展状态及其时空分异特征；梳理不同类型区农村经济社会发展的典型模式及重点区域问题；剖析一些典型模式成长的地理基础、空间行为及区域效应；揭示不同类型地区引领农村工业化、城镇化发展的经济社会动力机制。三是典型类型地区农村经济发展与战略规划研究。基于典型案例，研究农村经济结构调整与特色资源开发模式；探讨农村发展主导产业的培育机制与优化路径；总结提出农村乡镇体系空间布局优化原理、农村发展战略规划的理念、方法与规范；开展不同类型的典型模式的示范。四是中外农村发展的宏观背景及其模式比较研究。利用与欧盟、日本、韩国开展合作研究的良好基础，深入开展国内外农村发展的宏观背景、阶段特征、制度政策、管理机制的比较研究；总结提出发达国家在工业化、城市化进程中处理城乡协调发展关系的经验和模式；提出现阶段解决中国农业发展和农村建设的对策措施及咨询建议。五是经济全球化影响下的农业区域分异规律研究。研究农业资源与环境演变的区域性差异，揭示新因素影响下的中国农业格局变化与驱动机制；提出中国农业优势区的布局与调整思路。六是都市型农业与城乡协调发展模式研究。研究都市周边地区生态与环境友好的产业路径，提出城市与乡村互惠互利的互补发展模式。

（3）重点探究区域可持续发展机制与发展格局演变规律及其调控。一是经济全球化和全球环境变化的区域合成研究。重点研究外贸出口的资源环境载荷、全球环境框架的制订与实施对中国区域发展的影响等。二是产业空间形成、演变规律和机制的研究。探讨产业空间集聚过程及机制，揭示新型工业化进程对中国不同类型产业空间的形成和演变规律。三是中国综合交通通信基础设施体系发展的人文—环境效应研究。重点研究交通基础设施建设与城市化、区域发展的“协同”过程；探讨快速综合交通走廊和节点建设对城市化、区域发展格局演变的影响以及在高效利用国土理念下的“紧凑型”城市发展的科学基础。四是旅游资源可持续利用与休闲产业空间组织研究。研究旅游资源可持续利用途径及其对地方社区发展的影响；探讨新型休闲产业发展的演变规律，提出大都市区休闲空间组织模式。五是区域生态经济理论与可持续发展模式研究。研究生态经济区划与生态经济类型区；揭示资源—生态—经济地域分异规律与时空演变格局；通过区域资源—生态—经济要素互动机理和效应综合分析，探讨区域生态经济可持续发展模式。

三、新兴地理学拓展研究与交叉科学集成研究

改革开放以来，通过与国际同行研究的接轨以及国内发展需求的拉动，中国人文与经济地理学的研究得到了长足的发展，但通常是以增量拓展为主导趋势的。无论是人文与经济地理学人文化的发展指向，还是人文与经济地理学突出人地系统——即强调与资源环境相互作用研究取向，往往表现为新领域的成长——如旅游地理、金融地理、文化地理、社会地理等的兴起，或是对新因素和新机制的探索——如关注制度、文化、技术创新、全球化等在人文与经济地理格局形成与变化中的作用，不断地壮大和丰富着人文与经济地理学，提高了学科解释现实人文与经济地理格局与变化的能力。人文与经济地理学的长足发展通常体现在以团队的科研组织方式、解决社会重大需求特别是政府决策需求的能力和社会反响方面。随着现实社会不断出现新的人文与经济地理学问题，学科增量拓展依然是人文与经济地理学科建设的方式。我们也必须同时注意到，人文与经济地理学也同时丧失着一些经典的研究领域，如以技术经济方法为特色的传统工业部门地理学。传统优势的丧失给人文与经济地理学科建设带来的负作用，将在 10 年之后开始显现。规避这一问题出现的关键举措是大学人文与经济地理教育的调整与完善。

人文与经济地理学科质量要得到实质提升，取决于交叉科学在基础理论和研究方法论方面是否能产生质的飞跃。反过来说，加快人文与经济地理学科建设，对整个科学体系的完善乃至科学的革命也能够发挥一定的作用。长期以来，科学体系被人为地割裂为社会科学与自然科学的二元划分的方式，使人文与经济地理学处于尴尬的地位。通常我们会说，地理学的价值和特性之一是综合性，但恰恰是综合性成为地理学最大的科学难点问题。当自然地理学忽视综合性而名正言顺地归伍到自然科学体系之中时，人文与经济地理学若忽视综合性就难以有其合理的学科性质定位。所以说，只有当综合性学科或者说是交叉科学在理论表达的形态与本质内涵、科学方法论的范式和特征、科学性检验的标准和途径等方面建构起有别于二元科学划分体系已有套路并得到认可之后，人文与经济地理学科才有获得本质提升的可能。当然，人文与经济地理学也应当从自身做起，建构具有交叉学科性质的理论基础与方法论体系，否则，人文与经济地理学的科学性始终会受到质疑。

四、人文与经济地理过程、格局分析与模拟系统的开发研制

地理学在发生计量革命后，在许多国家和地方步入了艰难的发展阶段。直到 GIS 技术方法的应用和信息化不断地渗透，地理学才得以复兴。在当前各国都比较重视学科为现实社会发展服务时，特别是为决策提供科技支撑时，现代信息技术为人文与经济地理学提升服务功能创造了条件，包括信息采集、数据融合、过程集成、综合模型、人机互动、虚拟表达等方面，使人文与经济地理学在阐释区域可持续发展过程、判断区域可持续发展状态、模拟区域可持续发展情景和效应等方面，有了长足的进步。

仅就中国人文与经济地理学开展区域可持续发展研究，为政府决策提供科学依据而言，一方面，区域可持续发展优化决策面临的约束条件越来越多，除了传统的资源供给约束程度提高之外，环境容量和生态系统的约束不断强化；与之同时，区域可持续发展的目标趋于多元化，与改革开放初期到进入新世纪之际加速经济增长为主要目标比较，注重了以人为本理念下的均衡发展问题，注重了可持续发展理念下的生态环境效益问题，注重经济数量增长同时也将增长的质量作为提升竞争能力的重要方面。此外，发展的方式或模式多样，区域可持续发展各方面的关系更加复杂。另一方面，被服务方如决策层对辅助决策的科技支撑提出了更高的要求，包括准确快速全面的信息提供，定性与定量相结合的发展状态评估，定期和应急的预警预测报告，各种规划方案的优化比选，情景和效果的可视化表达，决策过程的人机互动的实现，等等。所有这些，都要求必须建立以强有力的数据库和模型库为基础、在强大的超算能力保障下、以智能化和可视化平台支撑的人机互动系统。

用未来 20 年的时间，通过地理学同其他地球科学、系统科学、计算科学、社会科学等的相互交叉，基于多空间尺度过程观测和多元数据采集网络，在计算机现代技术手段支持下，通过空间分析评价、机制规律研究、模型构建与应用、情景效果可视化表达等，建立支撑中国区域可持续发展的模拟和决策支持系统，用于对中国区域可持续发展状态诊断、发展过程预测预报，以及进行辅助决策效果与情景模拟，为政府、企业、民众等认识中国不同区域可持续发展目标、掌握发展现状、展望未来前景、参与决策过程，提供综合诊断、即时预警、可视化演示的研究与应用平台。

中国人文与经济地理学步入了历史上最好的发展阶段。应用需求强盛且要求层次高，学科创新加快推进且得到社会认可程度不断提高。因此，要认知学科发展规律，把握社会需求机遇，在中国生态文明和美丽中国建设、实现中华民族永续发展中发挥科学

应有的作用。与此同时，还应当充分认识到学科发展机遇和挑战并存。所谓挑战，就是相邻相近学科领域的不断拓展对人文与经济地理学的挤压作用，如建筑科学和城市规划科学向人居环境科学的拓展，生态科学中不断增加的人文生态比重，地球科学的自然科学分支越来越多地纳入人文因素的作用机理及其在区域发展方面的响应，等等。所以，认真体会人文与经济地理学的学术价值与应用价值，把人文与经济地理学科发展植入十八大优化国土空间开发格局的科学支撑体系当中，通过人文与经济地理学者的共同努力——特别是在30～40岁的学者出人才、出成果的加速过程中——建构人文与经济地理学理论方法体系，拓展人文与经济地理学研究领域和研究范畴，实现人文与经济地理学的持续繁荣和不断壮大。

时代赋予我们人文与经济地理学研究者们重大的责任，给我们提供了发挥人文与经济地理学科学价值和实现科学工作者人生价值的重要机遇，要求我们提升人文与经济地理学科水平，增强服务社会需求的科技支撑能力。我们应当从提高自身的研究能力为出发点，通过研究团队和跨学科合作，准确认识科学问题，合理设计技术方法路线，揭示重大规律法则等理论问题，创新关键的研究方法和技术手段，推动人文与经济地理学在未来10年中取得实质性飞跃，使人文与经济地理学成为以交叉科学为学科性质，在地球系统科学中以研究自然圈层和人文圈层相互作用为科学命题导向，以解决地球表层不同空间尺度的可持续发展问题为应用导向的一门经世致用的学科。

参考文献

邓静中："全国综合农业区划的若干问题"，《地理研究》，1982年。
樊杰："区域发展综合研究"，载陆大道主编：《地理学发展与创新》，科学出版社，1999年。
樊杰："地理学的综合性与区域发展的集成研究"，《地理学报（增刊）》，2004年。
樊杰："我国主体功能区划的科学基础"，《地理学报》，2007年。
樊杰："'人地关系地域系统'学术思想与经济地理学"，《经济地理》，2008年。
樊杰：《国家汶川地震灾后重建规划：资源环境承载能力评价》，科学出版社，2009年。
樊杰："人文—经济地理学和区域发展研究基本脉络的透视"，《地理科学进展》，2011a。
樊杰："优化中国经济地理格局的科学基础"，《经济地理》，2011b。
樊杰："人地系统可持续过程、格局的前沿探索"，《地理学报》，2014年。
樊杰、蒋子龙："面向'未来地球'计划的区域可持续发展系统解决方案研究：对人文—经济地理学发展导向的讨论"，《地理科学进展》，2015年。
樊杰、孙威："中国人文—经济地理学科进展及展望"，《地理科学进展》，2011年。
樊杰等："人文—经济地理学在生态文明建设中的学科价值与学术创新"，《地理科学进展》，2013年。
樊杰等："中国重大科技计划中人文—经济地理研究进展"，《地理科学进展》，2011年。
樊杰主编：《地理学学科（人文—经济地理学）发展报告》，中国科学技术出版社，2012年。

傅伯杰、刘宇："国际生态系统观测研究计划及启示"，《地理科学进展》，2014年。
陆大道：《区域发展及其空间结构》，科学出版社，1995年。
陆大道："关于地理学的'人—地系统'理论研究"，《地理研究》，2002年。
陆大道：《中国区域发展的理论与实践》，科学出版社，2003a。
陆大道："中国地理学发展若干值得思考的问题"，《地理学报》，2003b。
陆大道、樊杰：《2050：中国的区域发展（中国至2050年区域科技发展路线图研究报告）》，科学出版社，2009年。
陆大道、樊杰："区域可持续发展研究的兴起与作用"，《中国科学院院刊》，2012年。
吴传钧："论地理学的研究核心——人地关系地域系统"，《经济地理》，1991年。
吴传钧："展望中国人文地理学的发展"，《人文地理（增刊）》，1996年。
吴传钧：《人地关系与经济布局》，学苑出版社，2008年。
吴传钧、郭焕成：《中国土地利用》，科学出版社，1994年。
吴国雄等："全球气候变化研究与科学数据"，《地球科学进展》，2014年。
叶笃正："中国的全球变化与可持续发展研究"，《地球科学进展》，1999年。

后　　记

在1949年中华人民共和国成立之前，中国的人文与经济地理学的研究是零星的，学科发展是极其缓慢的。在1949年到1978年改革开放前，才步入加速发展阶段，由于模仿苏联学科划分方式，地理学下设自然地理学和经济地理学，没有人文地理学。1978年之后，人文与经济地理学才得以全面发展。鉴于我国人文地理学和经济地理学发展的特殊性，为了方便起见，本书在表述1978年之前和之后的学术探究和社会贡献时，均采用“人文与经济地理学”这一概念。

中国科学技术体系通常是三元划分法：自然科学、社会科学、工程技术。人文与经济地理学在中国被划分在自然科学领域。由于人文与经济地理学研究对象、理论体系和方法论与自然科学领域的其他学科存在显著的差别，具有鲜明的社会性、人文化特色，在大学报考专业时人文与经济地理学就往往受到冷落，我1978年上大学时80%以上同班同学的第一志愿并非该专业。尽管这种情况近年已有所改善，但人文与经济地理学、地理学得不到理科优秀考生的青睐是多年的常态。

人文与经济地理学、地理学并没有止步于被大学考生冷落，在科学体系特别是在自然科学体系中也时常处于弱势地位。也就是说，人文与经济地理学、地理学在中国的学科地位都是不高的。由于人文与经济地理学的“学科位”在自然科学中最接近决策应用，最有利于采用自然同社会相结合的综合研究方式，这为中国人文与经济地理学探索一条应用导向的发展道路提供了条件。而中国发展越来越强调可持续发展模式、越来越突出生态文明，优化国土空间开发保护格局、健全空间规划体系、建设资源节约环境友好型社会等成为生态文明建设的核心任务，这就给人文与经济地理学提供了优越的“应用位”。中国人文与经济地理学“学科位”同“应用位”的结合，造就了中国人文与经济地理学的特色和成就。

适逢第33届国际地理大会在中国举行，中国地理学界认为有必要向全世界介绍中国人文与经济地理学的发展特色，这些特色是对全球人文地理学发展的贡献，也可被发展中国家所借鉴，对未来全球人文地理学发展也许能够有所启迪。著书推介中国人文与经济地理学的想法得到中国地理学会理事长傅伯杰院士的积极支持，并得到中国地理学会常务理事会的通过。中国地理学会副理事长宋长青教授、张国友教授、李平教授具体主持策划本书，并在编写和出版过程中给与督促和指导。在此，向中国地理学会和学会领导表示衷心感谢！

本书编写分工如下：第二、六、七、八章、前言和后记，樊杰；第一章，杨桂山、樊杰、张落成；第三章，牛亚菲、樊杰、钟林生；第四章，刘彦随、樊杰、陈玉福；第五章，陈明星、樊杰。成书过程中，得到了孙威、盛科荣、陈东、周侃、孔维锋的大力协助，谨致谢意！

热烈欢迎各国人文地理学者和地理学界朋友到北京参加第33届国际地理大会！也期望各国学者能够通过这本书，了解并结识中国人文与经济地理学者，加强交流与合作，共同推进人文地理学的发展。

樊　杰

fanj@igsnrr. ac. cn

北京市朝阳区大屯路甲11号

中国科学院地理科学与资源研究所

彩　　图

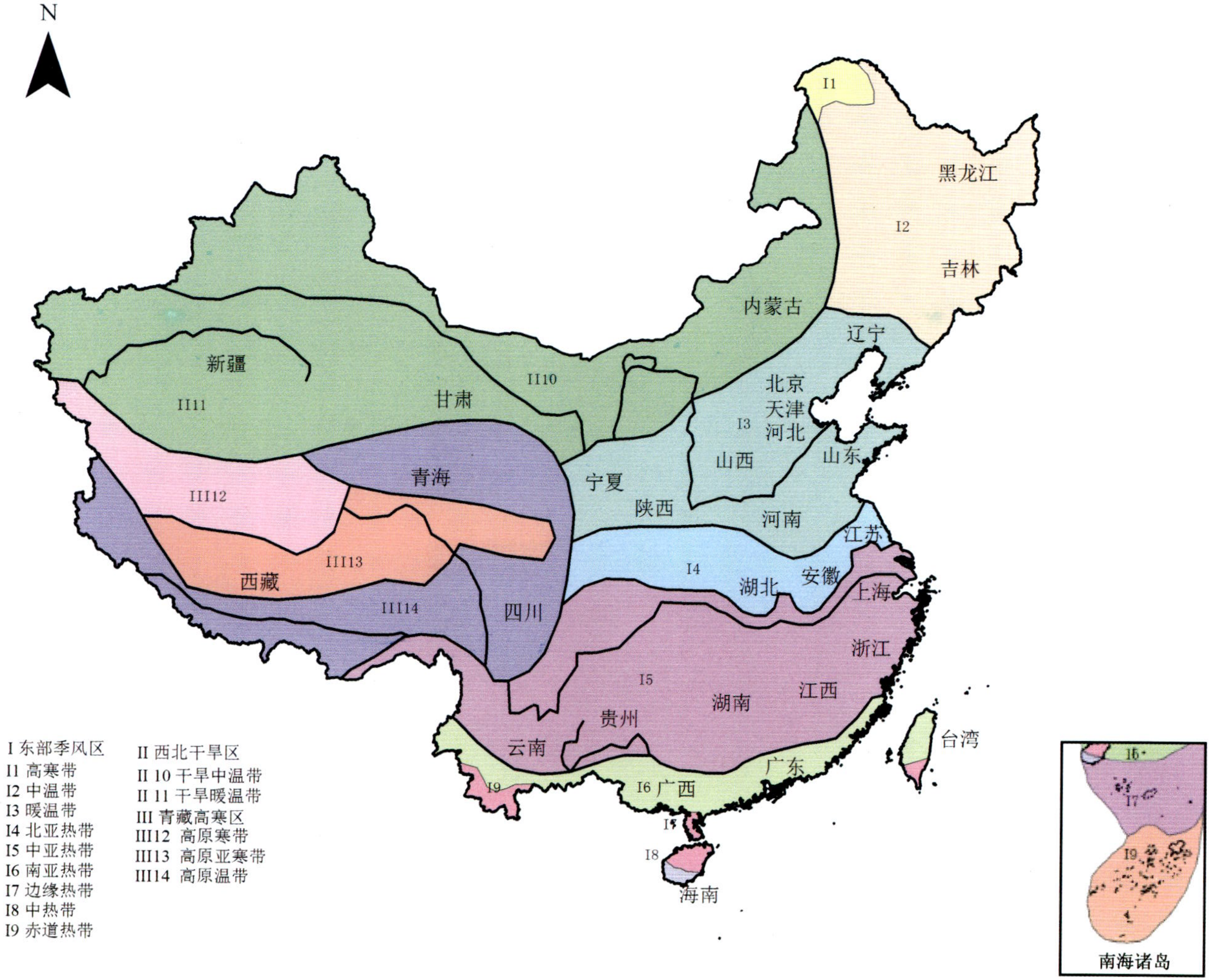

图1—4　中国综合自然区划图

资料来源：中国农业区划委员会，1984。

废弃农宅（山东禹城莒镇乡徐集村，2009-02-23）

空置农宅（山东单县浮岗镇耿刘村，2009-11-06）

村庄环境（山东平邑铜石镇北浚村，2009-11-01）

农田盖房（河南郸城丁村乡朱楼村，2010-05-30）

图4—3　黄淮海地区典型村域的土地利用情况

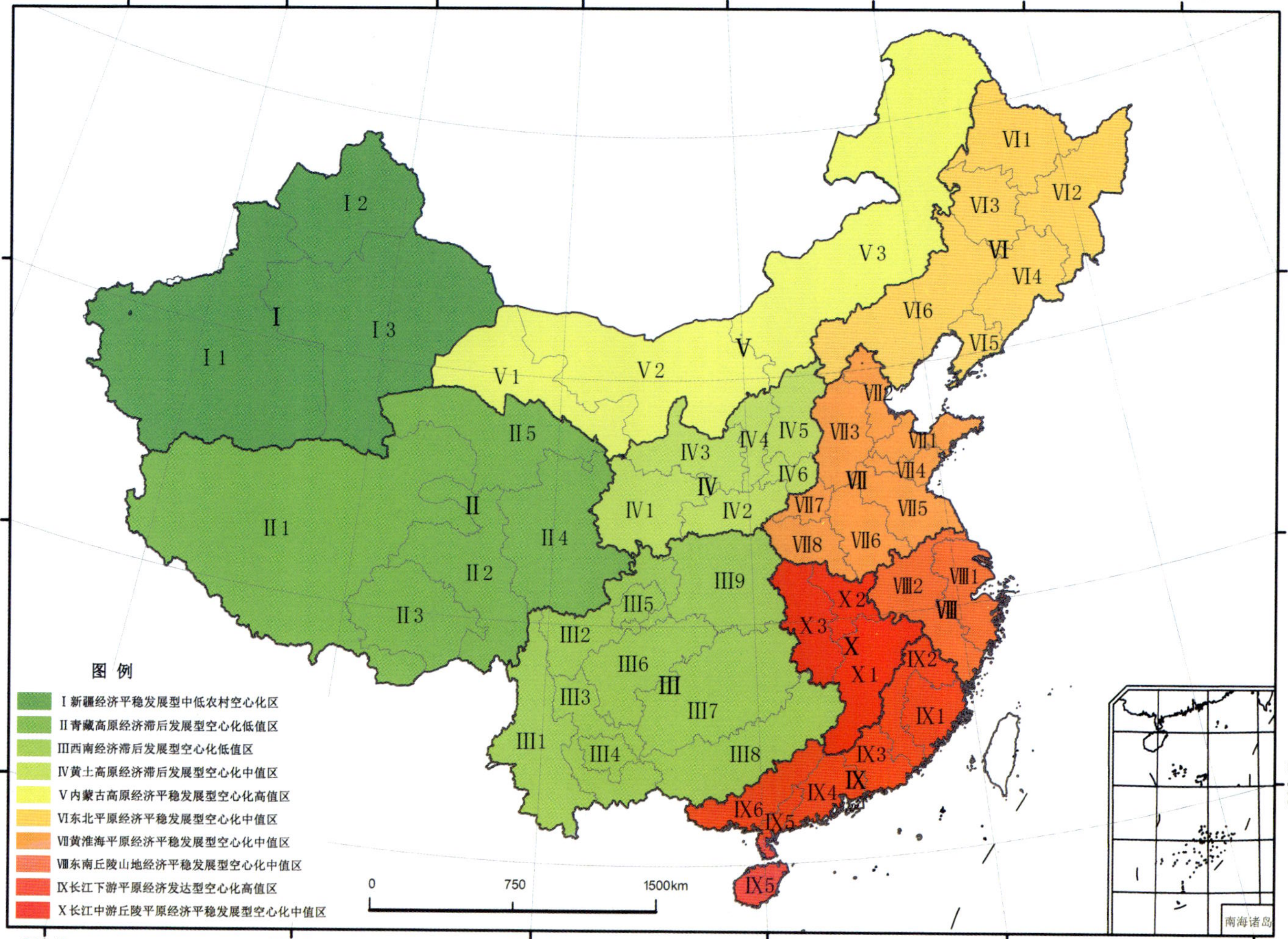

图4—9　中国农村空心化及其整治分区

“科禹新村”区位布局图

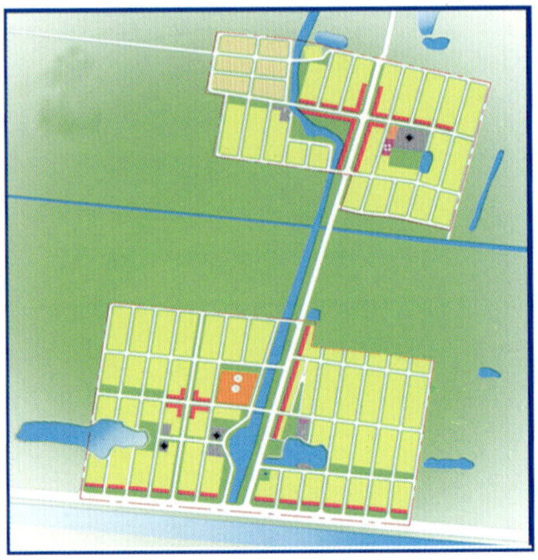

“科禹新村”功能规划图

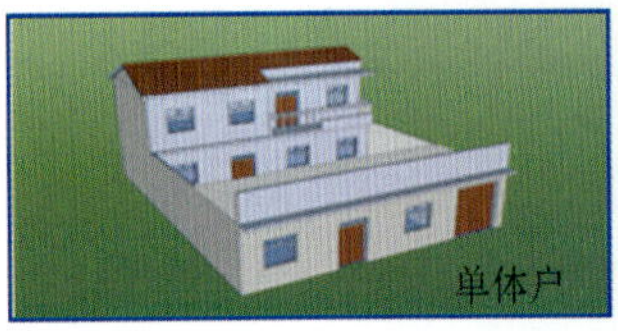

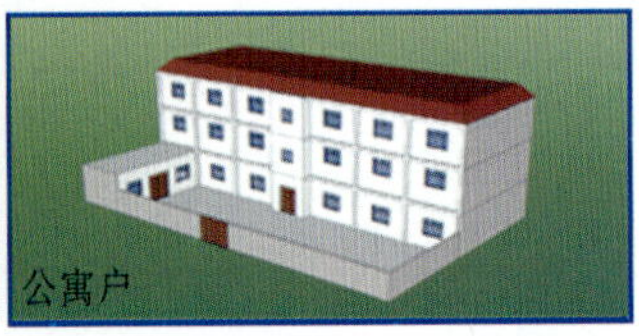

“科禹新村”规划效果图

图4—12　山东省禹城市村庄整治典型示范“科禹新村”规划

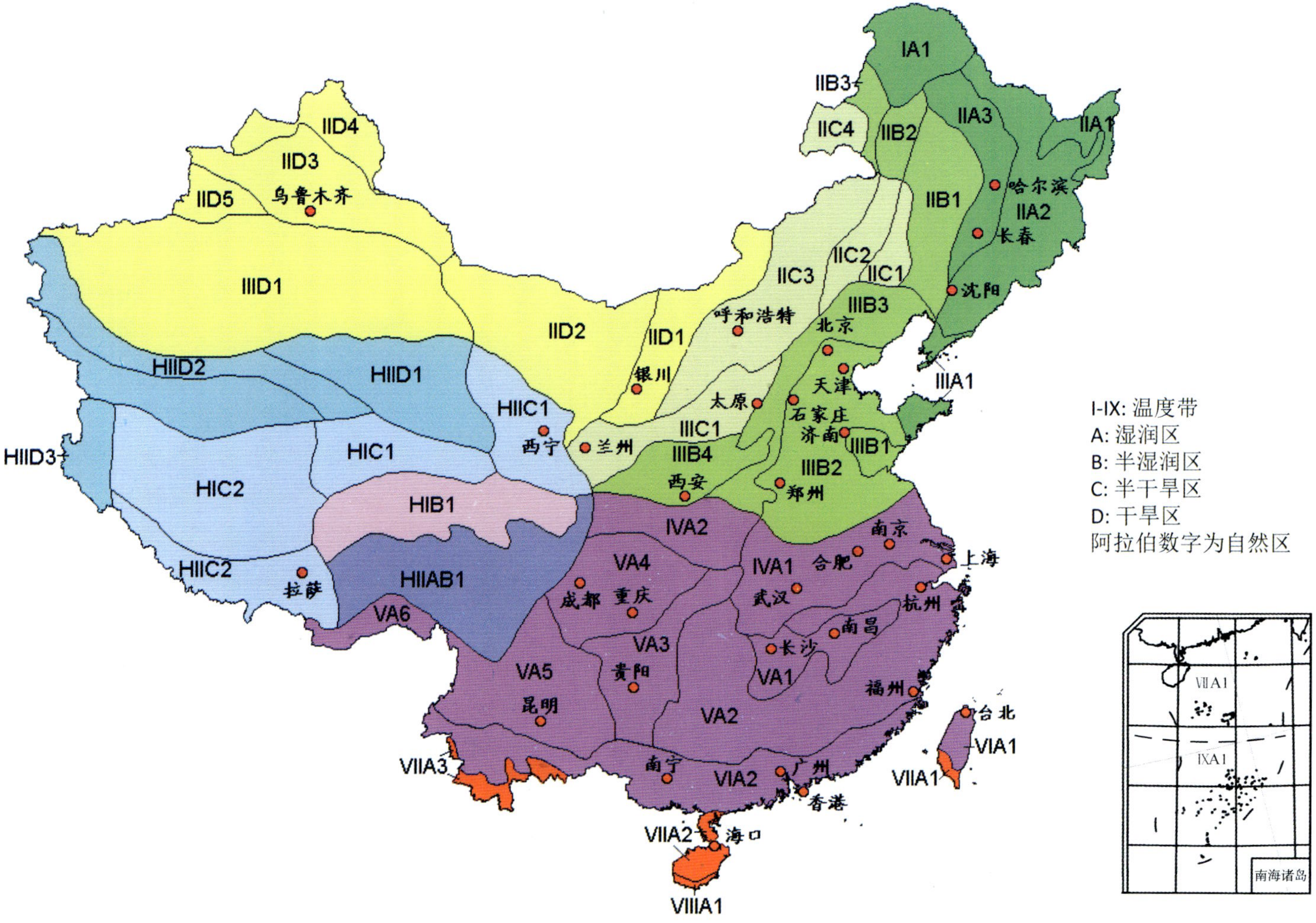

图6—3　中国生态地理区划（郑度等，2009）
资料来源：Wu et al.，2003。

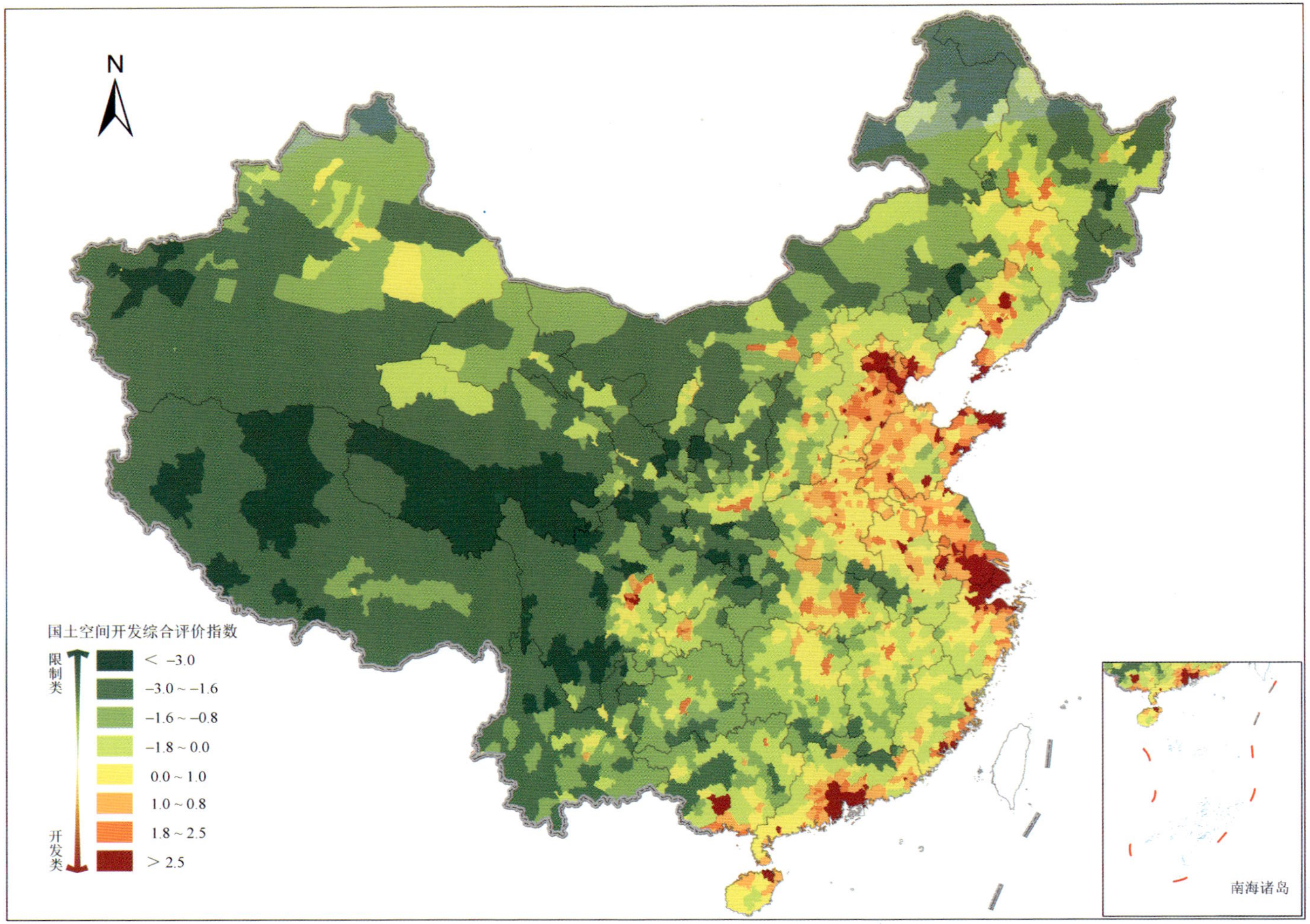

图6—12　中国地域功能适宜性综合评价

资料来源：樊杰，2015。

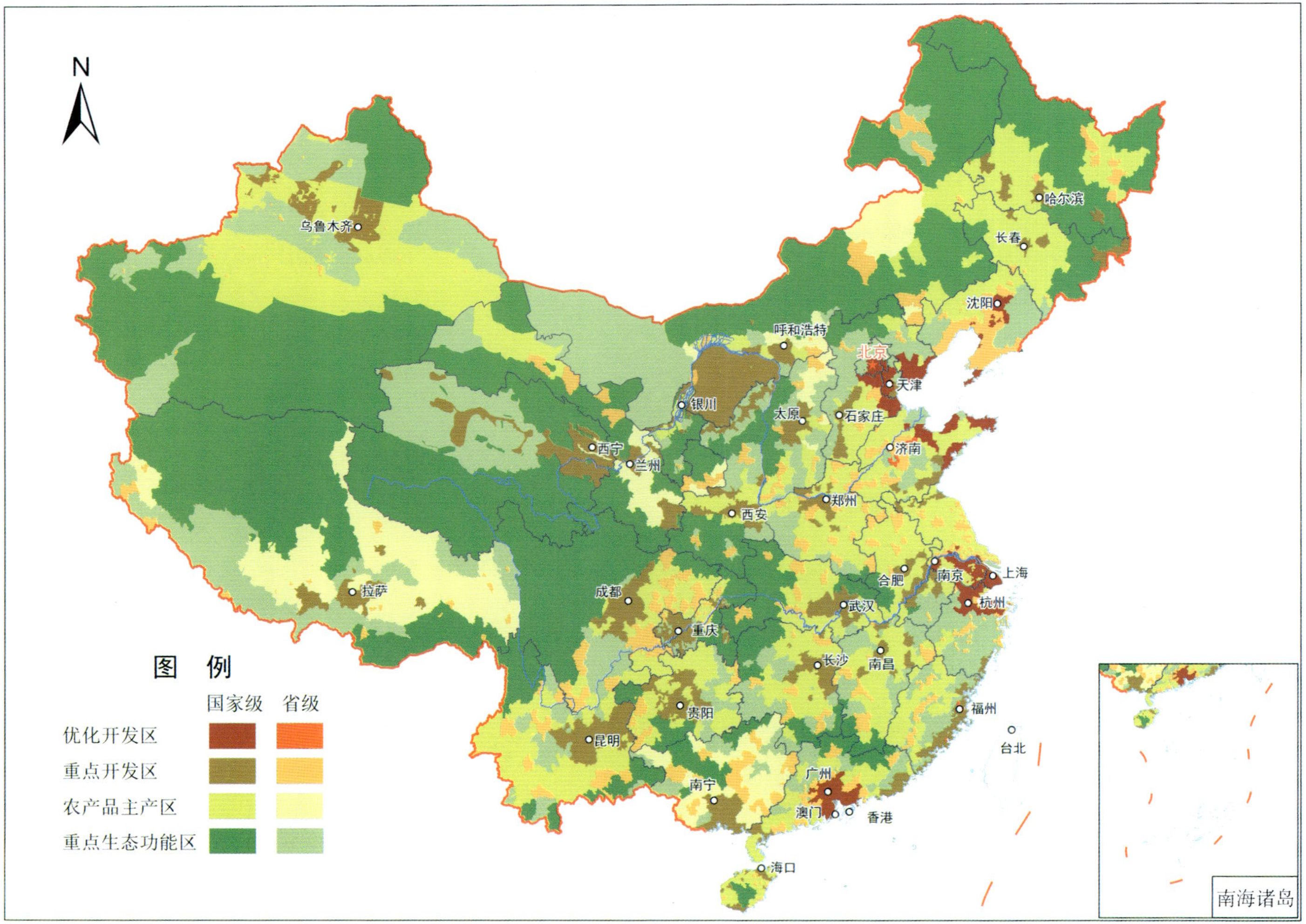

图6—13　中国主体功能区划方案

资料来源：樊杰，2015。

图6—15　中国人文与经济地理学者承担各省区市主体功能区规划科技支撑工作的分布

资料来源：樊杰、孙威，2011。

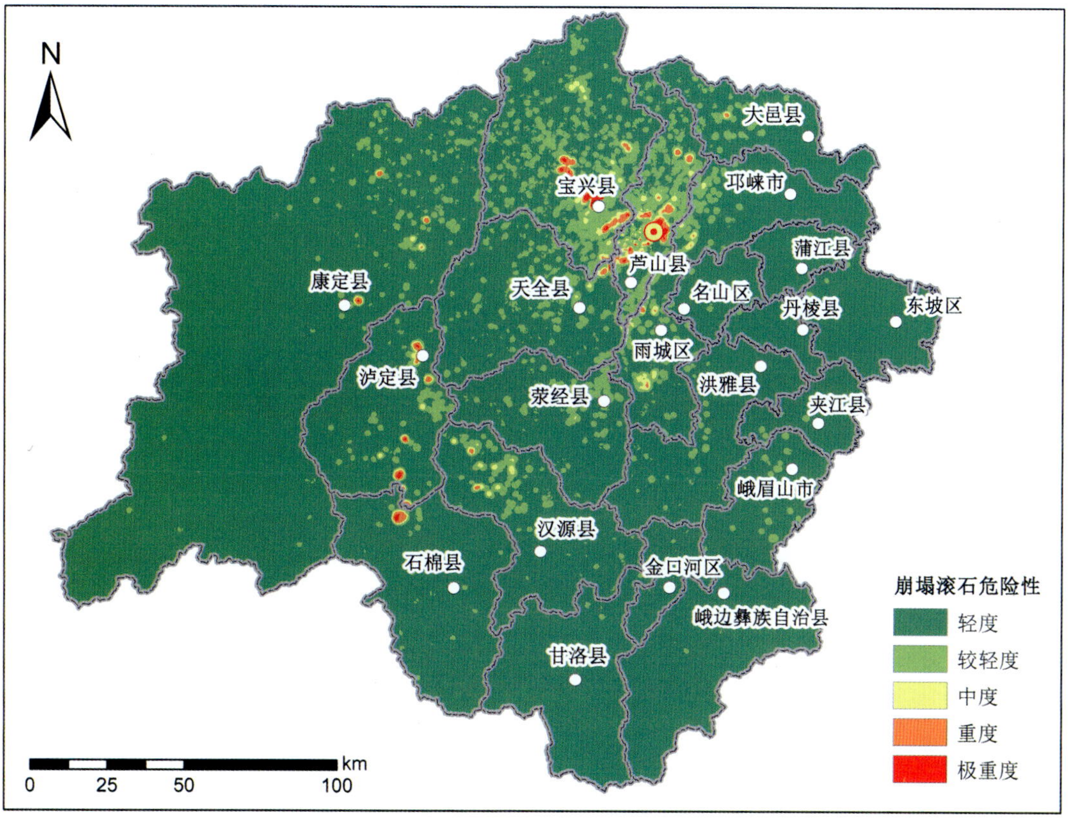

(a) 1 km × 1km（灾区全域）

图7—7　不同精度的单项指标评价与模拟（以芦山地震灾区的崩塌滚石危险性评价为例）

资料来源：樊杰，2014。

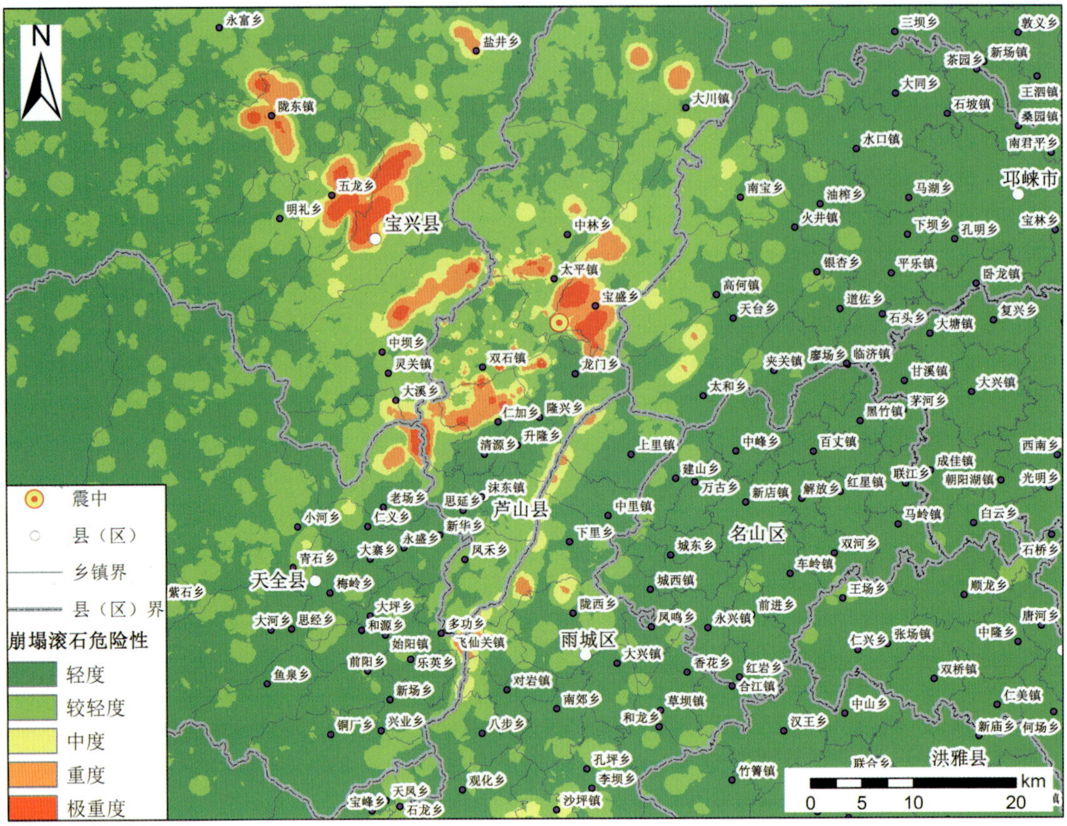

（b）30m×30m（极重和重灾区）

图7—7（续1）　不同精度的单项指标评价与模拟（以芦山地震灾区的崩塌滚石危险性评价为例）

资料来源：樊杰，2014。

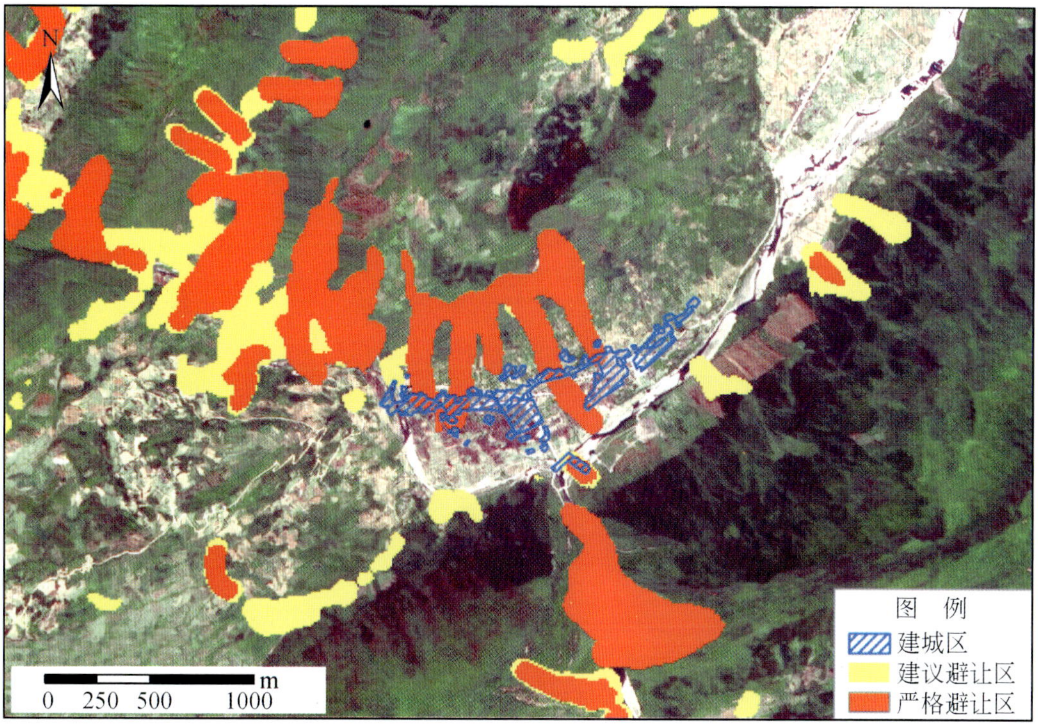

（c）10m × 10m（极重和重灾区居民点）

图7—7（续2） 不同精度的单项指标评价与模拟（以芦山地震灾区的崩塌滚石危险性评价为例）

资料来源：樊杰，2014。

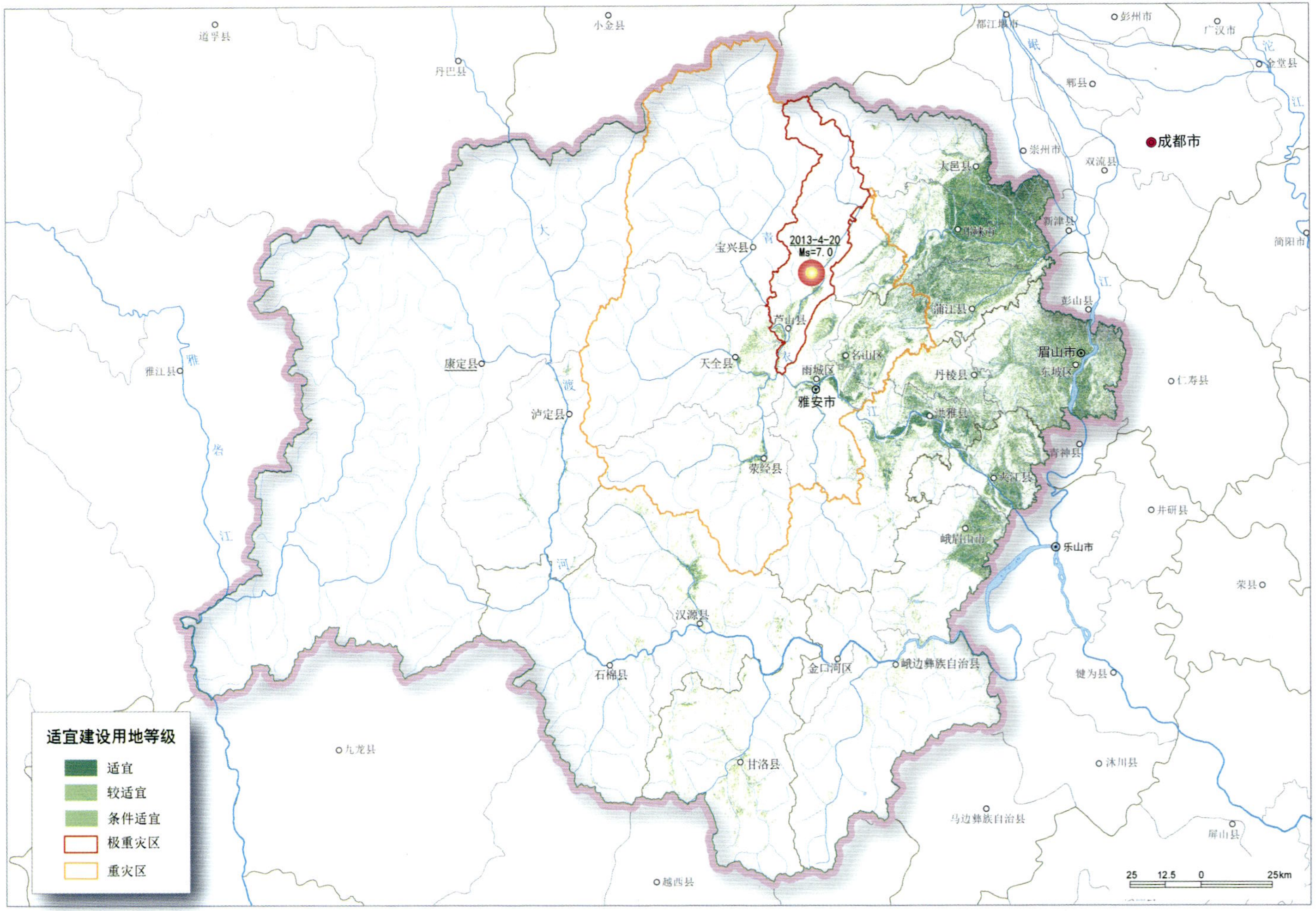

(a) 自然地理单元（30m × 30m）

图7—8　不同尺度的单项指标评价（以芦山地震灾区的建设用地条件评价为例）

资料来源：樊杰，2014。

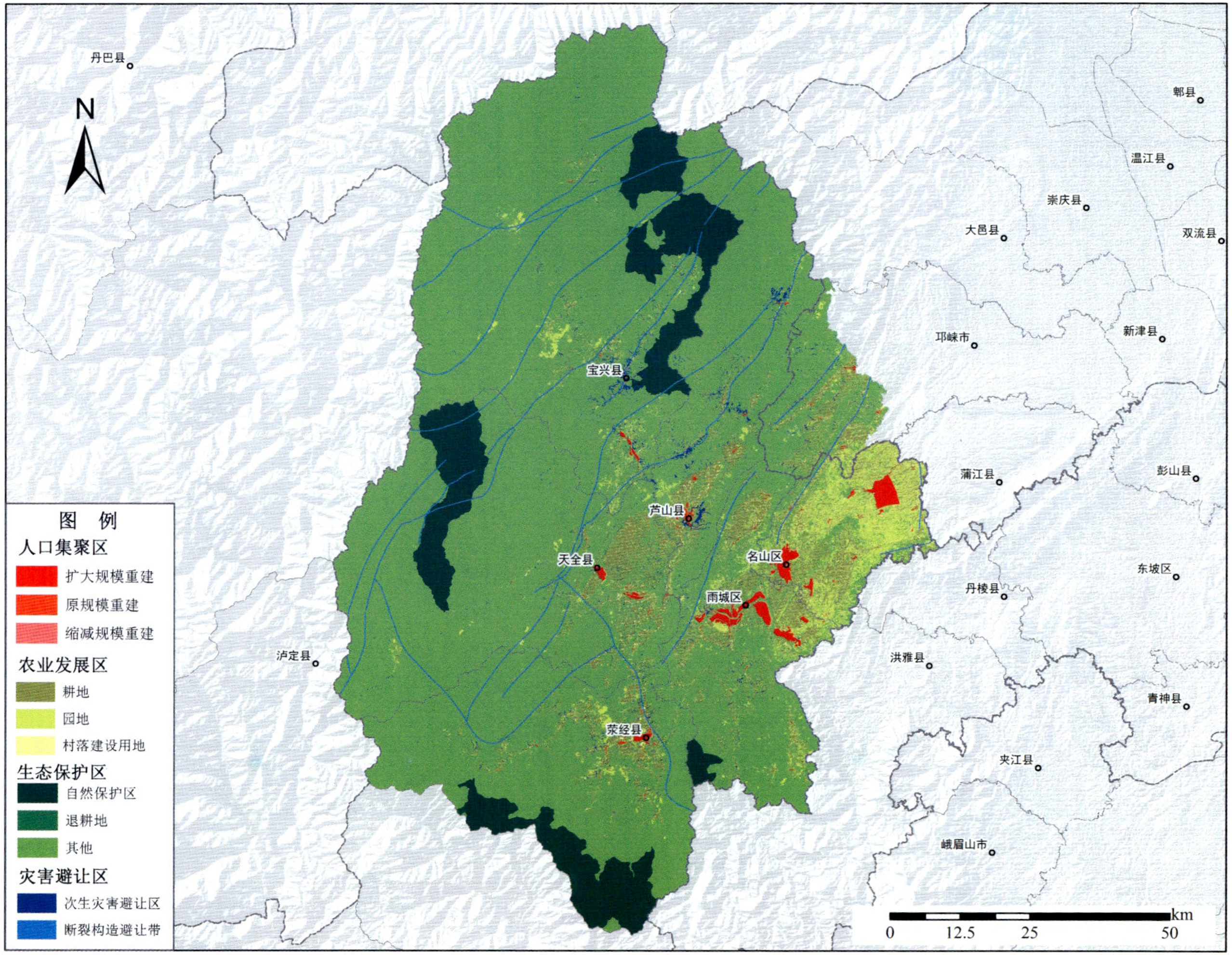

（b）亚类（极重灾区和重灾区）

图7—10（续）　灾后重建功能分区方案（以芦山地震灾区评价为例）

资料来源：樊杰，2014。

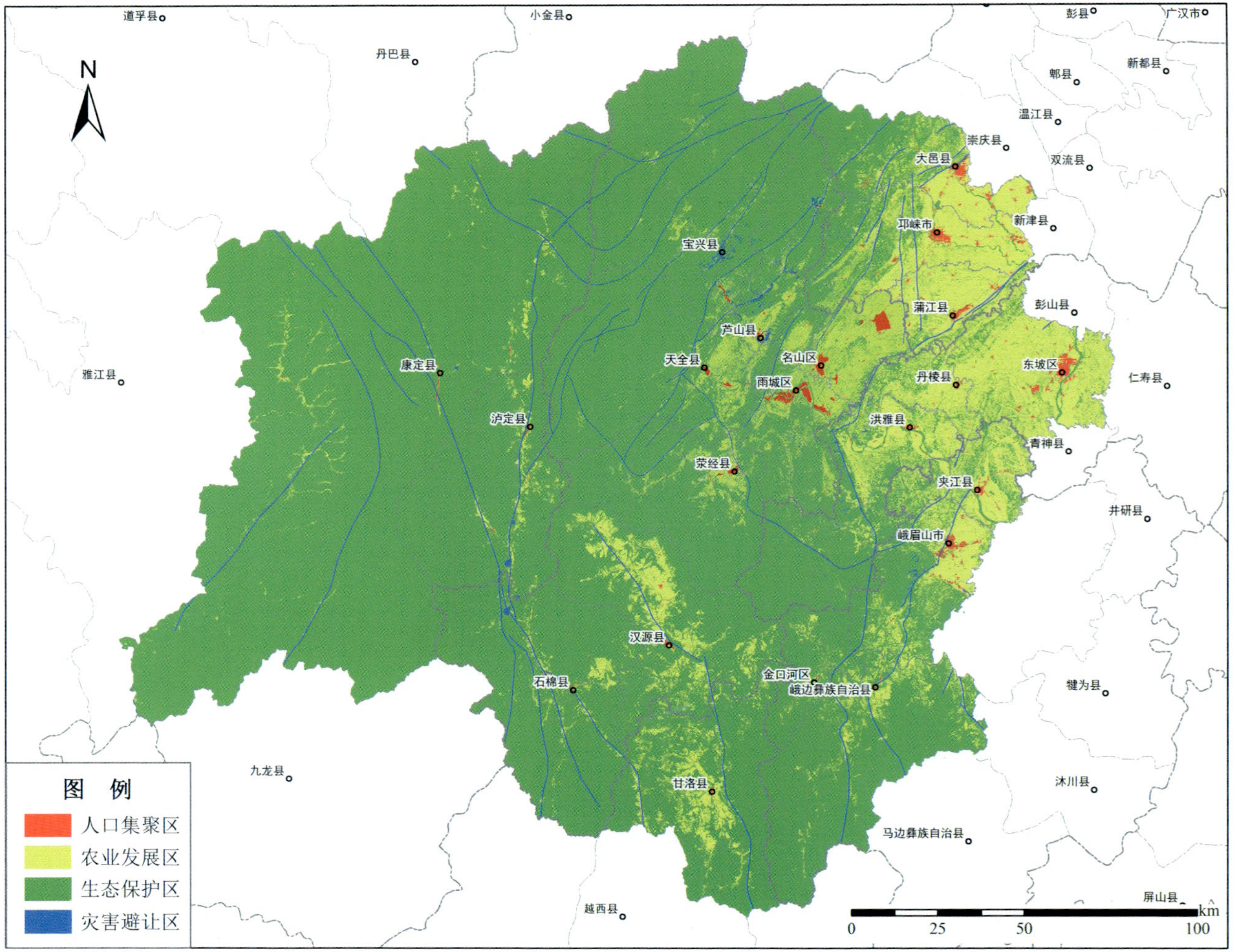

（a）大类（灾区全域）

图7—10　灾后重建功能分区方案（以芦山地震灾区评价为例）

资料来源：樊杰，2014。

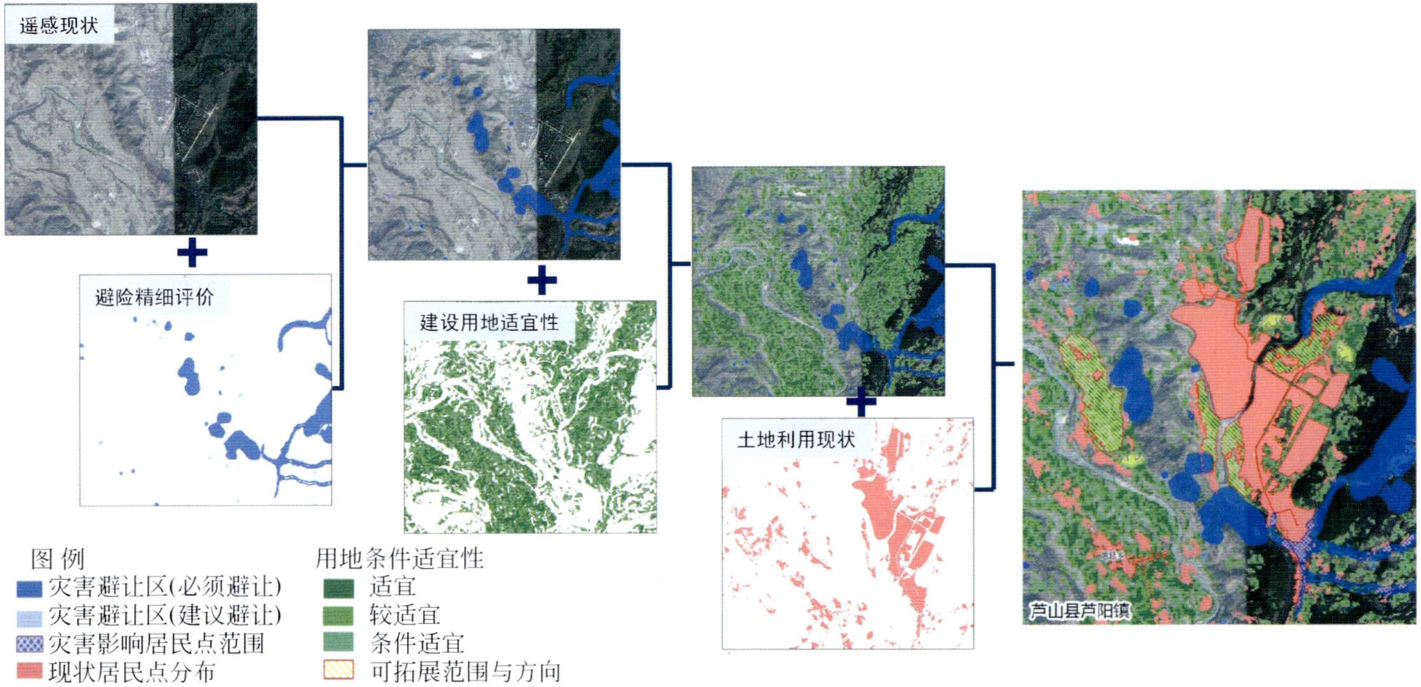

图7—9　人口集聚区精细评价过程（以芦山地震灾区芦阳镇居民点评价为例）

资料来源：樊杰，2014。

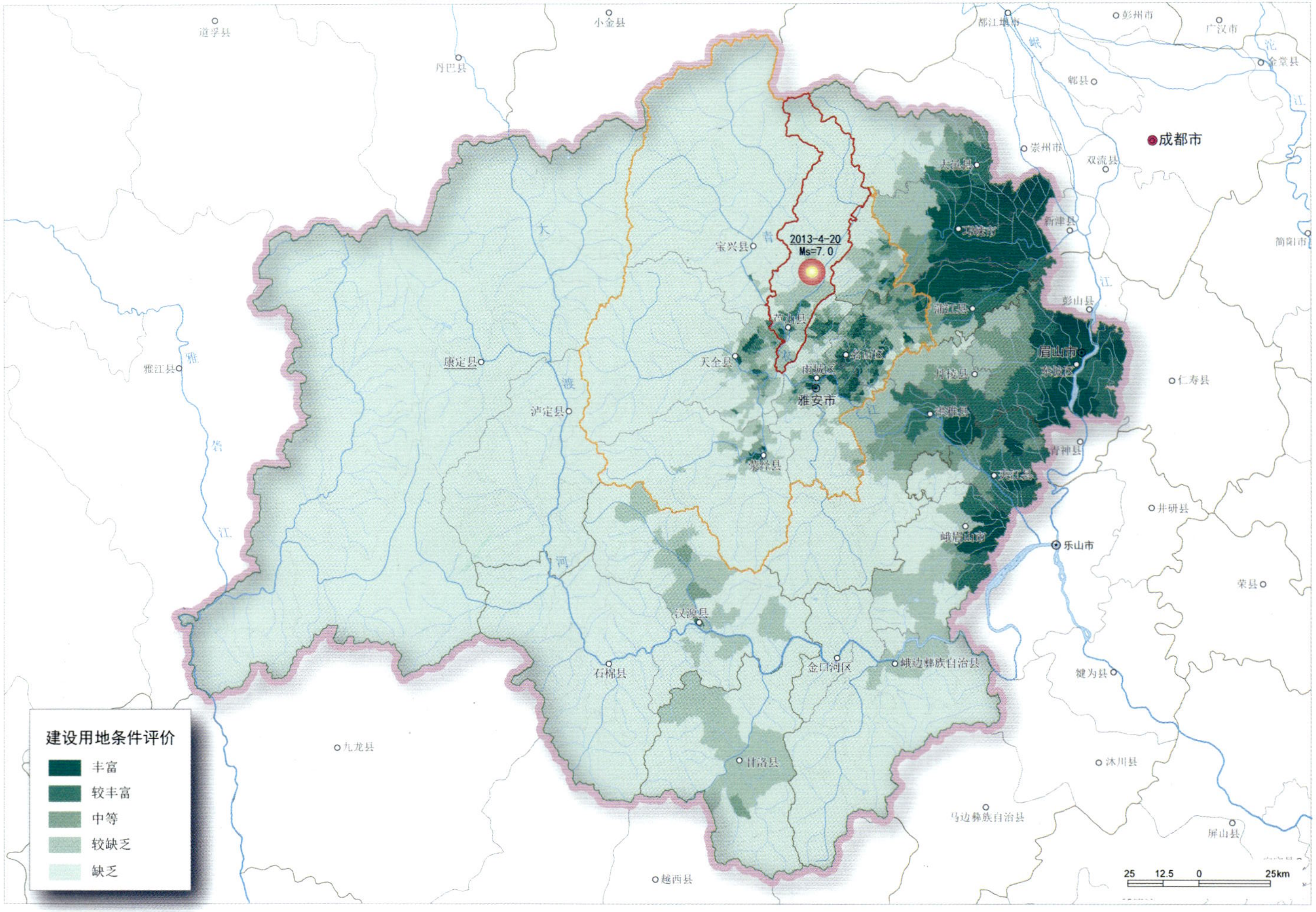

(b) 行政区划单元（乡镇）

图7—8（续）　不同尺度的单项指标评价（以芦山地震灾区的建设用地条件评价为例）

资料来源：樊杰，2014。